숙종, 조선의 지존으로 서다

【이한우의 군주열전】

숙종

조선의 지존으로 서다

해냄

조선 최고의 절대군주, 숙종

'국왕은 숙명이요 운명이다.' 이게 무슨 말인가? '어떤 국왕을 만나느냐에 따라 한 시대, 한 나라는 말할 것도 없고 한 개인의 운명까지 결정된다'는 뜻이다. 군주제 시대에는 어떤 능력과 성품의 국왕이 통치하느냐에 따라 그 나라와 백성의 운명이 이미 정해진 것이나 다름없다. 국왕의 생각 하나, 말 한 마디가 나라의 진로에 결정적인 영향을 미치기 때문이다. 사실 민주제 시대라고 해도 사정은 크게 다르지 않다. 다만 어떤 군주가 태어나느냐가 아니라 어떤 대통령이나 총리를 선출하느냐 하는 즉위방식에서 약간의 차이가 날 뿐이다.

그렇다면 숙종은 조선이라는 나라, 조선 사람들의 운명에 어떤 영향을 미친 군주일까? 숙종 식으로 말한다면 "쇠잔한 조선에 힘을 불어넣은 임금이 바로 숙종"이다. 이때 숙종 식으로 말한다는 것은, 에둘러 말하지 않고 곧바로 사안의 본질을 파고들어 정곡(正鵠)을 찌르는 화법을 이른다.

숙종(肅宗). 사후에 신하들이 붙인 이 묘호(廟號)에 조선 제19대 왕에 대한 인물규정이 고스란히 녹아 있다. 일상생활에서는 엄숙(嚴肅), 정숙(靜肅)이라고 할 때 말고는 숙(肅)이라는 한자를 사용하는 경우가 거의 없다. 숙(肅)은 '손에 수건〔巾〕을 들고서 깊은 연못〔淵〕에서 일을 한다'는 것으로 어떤 일을 함에 있어 매우 두려워하고 조심하여 깊은 연못에 임하듯이 삼가지 않으면 안 된다는 뜻이다. 그래서 '엄숙할 숙(肅)'에는 엄숙하다, 공경하다, 경계하다, 정제하다, 절하다, 삼가다, 엄하다 등의 뜻이 들어 있다. '숙'은 한마디로 카리스마의 의미와 가장 가깝다. 그런 점에서 참으로 그 사람에게 딱 맞는 시호다.

신하들이야 시호 짓는 법〔諡法〕에 따라 강덕극취(剛德克就), 즉 강건한 덕으로 지극한 성취를 이뤘다 해서 묘호를 '숙'이라고 했다지만, 오히려 본래적 의미의 '숙' 자에 들어 있는 다양한 의미야말로 격랑(激浪)이라고 불러야 할 숙종의 60년 생애, 특히 45년 10개월 재위를 오롯이 설명해 준다. 그렇다고 다른 국왕들의 묘호가 전부 실제 그 생애나 업적과 반드시 일치하는 것은 아니다. 대표적인 경우가 명종이다. 조선에 그 같은 암군(暗君)도 별로 없었을 것이다. 그런데도 명종(明宗)이라고 했다.

숙종은 그와 전혀 다르다. 그는 말 그대로 숙군(肅君)이었다. 그는 엄숙했으며, 한편으로는 신하들의 공경을 받았고 다른 한편으로는 신하들에게 공포와 경계의 대상이었다. 그의 숙청(肅淸)은 무자비했고 국왕으로서의 위엄을 강조할 때는 숙살지기(肅殺之氣), 서늘한 늦가을 기운이 감돌았다. 동시에 그는 국왕으로서의 중심을 잡고서 정치를 바로 잡은 숙정(肅正)과 숙정(肅政)의 임금이기도 했다.

우리의 허술한 역사교육 때문이겠지만, 보통 사람들은 숙종보다는 그의 후궁이었다가 잠시 왕비의 자리에 올랐던 장희빈과 더 친숙하다. 늘 그렇지만 주변부를 중심으로 먼저 이렇게 광범위한 견해가 형성되다보면 중심부를 그리는 일이 몇 배 더 힘들어진다.

필자가 한 이전의 작업들에서도 그랬다. 태종보다는 정도전을 높이 평가해 온 학계의 선입견을 뚫기가 만만치 않았고, 황희나 성삼문·신숙주의 이야기만큼도 전해지지 않은 인간 세종의 모습을 그려내기가 쉽지 않았으며, 그저 습관적으로 성군(聖君)이라 불리는 성송의 허상을 벗겨내는 일도 고민에 고민을 거듭해야 하는 작업이었다. 무엇보다 이순신의 『난중일기(亂中日記)』나 유성룡의 『징비록(懲毖錄)』에 의해 묘사되고 만들어진 임진왜란 때의 선조만으로 선조 시대 전체, 인간 선조 전체를 왜곡해서 보고 있는 기존의 시각에 정면으로 맞서는 것이 가장 힘들었다. 이순신이나 유성룡 중심의 역사해석은 자연스럽게 선조를 의심 많고 시기심 덩어리의 졸렬한 군왕으로 몰아세우기 마련이다. 이순신이 해전을 맡았다면 선조는 조선 반도 전체의 전쟁을 맡았다. 누가 뭐래도 선조가 전체이고 이순신이 부분이다. 부분으로 전체를 보려 할 때 왜곡은 불가피하다. 전체는 전체로서 볼 일이다.

숙종과 장희빈의 관계도 마찬가지다. 숙종이 시대의 전체이고 장희빈은 부분, 그것도 미세한 점에 가까운 아주 작은 부분이다. 한 개인의 인생사에 비유하자면 숙종이 장희빈에 빠진 것은 사람이라면 누구나 한 번쯤은 겪을 수 있는 일시적인 일탈이었다. 그것은 분명 인간적 결함이지만 동시에 인간적 매력이기도 하다. 만일 누군가가 우리의 삶을 이야기하면서 청소년기의 일시적인 일탈만으로 우리 인생 전체를 논하려 한다면 받아들이겠는가?

이처럼 뒤집혀 있는 부분과 전체의 관계를 원래대로 되뒤집는 것만으로도 숙종의 진면목은 드러난다. 결론부터 말하면 태종이 있어 세종이 가능했고 숙종이 있어 영·정조 시대가 열릴 수 있었다. 국왕권이 흔들리는 나라에서 번영은 기대할 수 없다. 특히 숙종은 방계승통으로 임금에 올라 사화(士禍) 없는 세상을 이룩했으나 당쟁이 열리고 왜란을 당하는 참화(慘禍)의 고통을 겪어야 했던 선조 때부터 시간에 따라 올라오며 바라볼 때 그 존재의미가 분명하게 드러난다.

임진왜란을 당한 조선은 뿌리에서부터 흔들리고 있었다. 선조 다음에 왕위에 오른 광해군이나 반정으로 왕위에 오른 인조 모두 후궁 소생이었다. 선조 이전에는 단 한 차례도 없던 왕위승계 과정에서의 치명적인 하자(瑕疵)가 이어지는 가운데 조선의 종묘사직은 위태(危殆) 그 자체였다. 게다가 인조 때는 병자호란까지 당하고 정신적 종주국이던 명나라는 얼마 후 지구상에서 사라져버렸다. 말 그대로 내우외환(內憂外患)의 조선이었다.

청나라를 등에 업고 자신의 왕권을 위협한다고 의심한 인조는 장남인 소현세자의 살해를 방치하는 비정함을 보였다. 세자의 동생 봉림대군이 효종으로 왕위를 이었지만 대의를 존숭하는 신하들로서는 마음속으로부터 동의하기 어려웠다. 이 문제는 효종의 아들 현종까지 짓눌렀다.

이런 상황에서 현종의 외아들이 열네 살의 어린 나이에 왕위에 올랐다. 어린 임금에게 시대적 구속은 만만치 않았다. 다만 그의 힘은 누구에게도 도움을 받지 않고 정상적인 출생과 절차에 따라 왕위에 올랐다는 정통성에서 나오고 있었다.

그는 날 때부터 임금이 될 사람으로 태어났다. 그리고 왕위에 올랐다. 숙종 때까지 이런 식으로 해서 왕위에 오른 임금은 문종과 연산군, 인종뿐이다. 이 점의 중요성을 21세기를 살고 있는 우리는 쉽게 간과하지만 당시 사람들은 잘 알고 있었다. 정당성을 갖춘 임금과 그렇지 못한 임금은 하늘과 땅 차이였다. 숙종이 즉위하자마자 송시열을 비롯한 서인을 매몰차게 내칠 때 사림에서는 긴장했다. 사화의 시대가 다시 열리는 것으로 생각했다. 어쩌면 '제2의 연산군'을 떠올리며 몸서리쳤는지도 모른다.

그러나 그는 폭정(暴政)의 단서를 연 것이 아니라 선정(善政)을 지향했다. 그는 도전을 피하지 않았다. 신하들의 권세가 강해질 대로 강해진 나라, 왕권이라고는 찾아보려야 찾아볼 길이 없던 나라 조선의 국왕으로서 왕권을 강화하는 역류(逆流)의 외길로 내달렸다. 이미 그것만으로도 피비린내 나는 군신(君臣) 간의 권력투쟁은 불가피했다. 어쩌면 조선시대 4대 사화를 모두 합쳐서 죽은 선비보다 더 많은 선비가 그 와중에서 목숨을 잃었는지 모른다. 그런데도 그를 어느 역사가도 '폭군(暴君)'이라고 부르지는 않는다.

숙종은 스스로를 타고난 임금이라고 생각했기 때문에 백성 사랑에도 뛰어났다. 그는 애민(愛民)의 군주였다. 어쩌면 이것 하나 때문에 홀홀단신으로 노회한 정객들과의 투쟁에서 언제나 승리를 거뒀는지 모른다. 그래서 그는 절대군주다. 적어도 국왕권의 행사만 놓고 보면 태종이나 세조를 훨씬 능가한다. 태종이나 세조는 최소한의 공신(功臣)만은 남겨놓고 숙청을 해도 했다. 그러나 숙종은 한순간에 모든 신하를 바꿔버리는 환국(換局)을 여러 차례 단행했다. 그는 과단성의 화신이었다. 그리고 반정(反正)의 빌미도 주지 않았다.

숙종은 조선 임금 27명 중에서 '순수 권력' 그 자체에 가장 가까이 간 국왕이다. 그런 그에게도 말년의 고민이 있었다. 태종은 단호하게 양녕을 충녕으로 바꿔 세종 시대를 열었다. 반면에 세종은 병약한 문종을 두고 수양대군으로 바꾸는 결단을 하지 못해 피의 역사를 만드는 데 일조했다. 그런 점에서 본다면 숙종은 태종과 세종의 중간쯤에 위치해 있다. 그는 세자를 바꾸고 싶어했다. 흥미 위주의 역사가들이 말하듯이 장희빈의 아들이어서가 아니라 세자로서의 자질이 부족한 것이 아닌가 하는 불안감 때문이었다. 게다가 세자는 자식을 낳지 못했다. 그는 후궁의 아들 연잉군에 주목했다. 그런 머뭇거림 속에서 숙종은 세상을 떠났고, 결국 권력은 잠시 동안 세자(경종)를 거쳐 연잉군(영조)에게 이어졌다. 태종이나 세조보다 무자비했던 철권통치의 숙종도 자식 문제 앞에서는 정답을 찾지 못했다.

그의 역사적 기여는 왕권 중심의 체제를 확고히 해놓은 데서 제일 먼저 찾아야 할 것이다. 그의 시대가 가장 당파싸움이 격렬했던 때이고 그에 관한 상당한 책임도 그에게 있지만 그럼에도 불구하고 숙종은 이 모든 싸움의 너머에 있었다. 공리공담을 멀리하고 백성의 실생활을 개선하기 위해 고군분투했던 한 국왕의 생애는, 그래서 21세기인 지금에도 생생한 감동을 주기에 충분하다. 그는 17, 18세기 조선의 지존(至尊)이었다.

2007년 8월
이 한 우

차 | 례

프롤로그

삼전도와 송시열,
그리고 소현세지의 억울한 죽음

삼전도의 굴욕

인조, 1637년 1월 30일 남한산성을 나서다

숙종이 즉위하기 37년 전인 인조 15년(1637년) 1월 30일, 한강의 동
남쪽에 자리 잡은 군사요충지 남한산성. 그날 새벽 인조는 그곳에 머
물고 있었다. 1636년 12월 14일 압록강을 넘어 파죽지세로 한양 서북
부까지 쳐내려온 청나라 군대를 피해 세자와 백관을 대동하고 피신해
온 지 45일째였다. 병자호란이 나던 그해 겨울에는 유난히 눈이 많이
내렸다. 남한산성으로 피해 온 그날도 애당초 인조는 그곳이 지리적
으로 불리하니 야밤에 강화도로 옮기자는 영의정 김류의 건의를 받아
들여 다음날 새벽 산성을 빠져나오려 했다. 최후의 항전을 위해서였
다. 그러나 결국 폭설로 인해 말을 움직일 수 없어 포기해야 했다. 당
연히 추위도 극심했다. 12월이 이 정도였으니 1월 말의 추위와 폭설은
더했다.

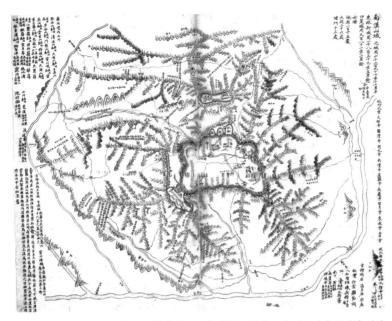

〈남한산성도〉_〈해동지도〉의 일부로, 한강 북쪽에서 남쪽을 향해 그린 지도여서 동서와 남북이 바뀐 듯 보이는 게 특징이다.

마침내 항복을 의미하는 출성(出城)을 결심한 인조는 1월 30일 새벽에 일어나 먼저 남색의 융복(戎服-군복)으로 갈아입었다. 그의 무너져 내리는 자존심과 참담한 심정을 헤아리기란 그리 어렵지 않다. 게다가 발에는 동상까지 심했다. 침소를 나서는 그를 처음 맞아준 것은 살을 에는 듯한 칼바람과 허리까지 올라오는 눈이었다. 다음으로 시선을 어디에다 둬야 할지 몰라 난감해 하는 신하들의 모습이 눈에 들어왔을 것이다. 웅성거리는 가운데 여기저기서 터져 나오는 백성의 비탄이 귓가를 울렸을 것임은 굳이 현장에 있지 않아도 쉽게 상상해 볼 수 있다.

서문을 나선 인조는 산을 내려가기 시작했다. 장남인 소현세자와 정승, 대신, 승지 등 500여 명의 신하를 거느린 하산(下山) 길은 그 자체가 고행이었다. 말을 탈 수도 없어 엉금엉금 눈 덮인 산길을 몸소 손으로 땅을 짚으며 내려와야 하는 길이었다. 빙판에 미끄러져 나뒹굴기까지 했다. 청나라를 얕잡아보다가 대패한 조선 국왕의 적나라한 처지를 상징적으로 보여주는 모습이다. 아무런 대항수단도 없이 결사 항전을 외친 척화파(斥和派) 신하들에 대한 원망은 들지 않았을까? 어렵사리 산을 내려온 인조 일행은 숨 돌릴 겨를도 없이 삼전도를 향한 길을 재촉해야 했다. 그곳에는 직접 12만 대군을 이끌고 압록강을 건너온 청나라 태종 홍타이지(皇太極)가 항복을 받아내기 위해 인조를 기다리고 있었기 때문이다.

삼전도, 비운의 단상

원래 삼전도(三田渡)란 한강진(漢江津 – 한강나루), 양화도(楊花渡 – 노들나루)와 함께 조선조 한강의 3대 나루 중 하나였다. 한양의 서쪽인 김포, 강화에 가려면 양화도를 이용했고 삼남 지방은 한강진을 통해 연결되었으며, 삼전도는 남한산성과 도성을 연결하는 간선 루트였다.

인조 일행은 마천리, 오금리, 가락리, 송파리를 거쳐 삼전도를 향하고 있었다. 이미 남한산성 서문부터 청나라 태종이 올라가서 기다리고 있던 수항단(受降壇)까지는 수만 명의 청나라 병사가 좌우에 창검과 깃발을 들고서 도열해 있었다. 삼전도에 설치해 놓은 수항단까지 2~3킬로미터 정도를 남겨둔 송파리에 이르렀을 때 청나라 장수 용골대와 마부대가 '영접'을 나왔다. 최명길 등이 바로 전날까지 항복조건을 놓고 치열하게 기싸움을 벌였던 청나라 장수들이었다. 이들은 수항단이 저만치 눈에 보이는 지점까지 인조 일행을 인솔했다.

그 이름도 치욕적인 수항단, 말 그대로 청나라 태종이 인조의 항복을 받는 예[降禮]를 거행하기 위해 설치해 놓은 단상이 인조 일행의 시야에 들어왔다. 삼전도 남쪽 언덕에 9층 계단식으로 쌓아올린 수항단에는 황제의 권위를 과시하려는 황금색 장막이 둘러쳐져 있고 맨 위 단의 용상에는 청나라 태종이 '제후'들을 좌우에 거느린 채 인조 일행을 내려다보고 있었다.

당시 현상을 직접 모았던 나만갑은 『병자록(丙子錄)』에 이렇게 기록하고 있다. "군진(軍陣)이 정연하고 엄숙하며 병기가 햇빛에 번쩍였다."

인조는 말에서 내렸다. 이어 3정승, 5판서, 5승지를 거느리고 걸어서 수항단 아래로 나아갔다. 맨바닥에서 인조는 '세 번 절하고 아홉 번 머리를 조아리는 예'를 행했다. 이후 청군의 인도에 따라 인조는 계단을 올라 여러 제후들의 오른편에 서쪽을 향해 앉았고 황제 태종은 보다 높은 단에서 남쪽을 향해 앉아 있었다. 남면(南面)이란 황제의 상징이었다. 이어 술과 안주가 나오고 군악연주가 있었다.

연회가 끝나고 저녁 무렵이 되어서야 인조는 한양 도성으로 돌아올 수 있었다. 인조의 행차는 강화도에 머물다가 포로가 되어 적진에 잡혀 있던 인평대군 등이 수행했다. 대신 소현세자와 빈궁, 봉림대군과 그 부인은 청군의 진중에 머물렀다. 이들은 당초에 맺은 강화조약에 따라 심양으로 가게 돼 있었기 때문이다.

소현세자, "내가 볼모로 가겠다"

병자년(인조 14년, 1636년) 12월 14일 인조가 도성을 버리고 남한산성으로 피할 때부터 조정에서는 이조판서 최명길을 적진에 보내 강화조건을 탐색하기 시작했다. 최명길의 자청(自請)이었다.

지금의 서울 홍제동 근처인 홍제원 일대까지 내려와 있던 청나라 장수 마부대를 만난 최명길은 "어찌하여 군사를 일으켜 이렇게 깊이 들어왔소?"라고 물었다. 이에 마부대는 "귀국이 까닭 없이 맹약을 더럽혔으므로 새로 화약(和約)을 맺기 위해 왔소"라고 답했다.

당시 청나라의 공격에 대해 당하는 조선 사람으로서는 두 가지 입장으로 갈릴 수 있었다. 정복이나 점령을 위한 것인가, 새로운 강화조약을 위한 것인가? 인조는 점령을 위해서, 다른 신하들은 대부분 강화조약을 위해서라고 보았다. 사실 바로 다음날, 마부대가 군대를 이끌고 한양 궁궐로 향하지 않고 인조가 남한산성으로 들어갔다는 소식을 듣자마자 삼전도에 진을 친 것은, 점령보다는 강화에 더 큰 비중을 두고 있었던 것으로 볼 수 있다.

12월 16일, 마부대는 왕자와 대신을 보내라고 요구했다. 대신은 3정승을 의미한다. 이에 조정에서는 인조의 외종형인 주사대장(舟師大將) 구인후(具仁垕)의 누이의 아들인 능봉수(綾峯守) 이(偁)의 품계를 군(君)으로 올리고 형조판서 심집(沈諿)에게는 가짜 정승의 직함을 주어 적진으로 들여보냈다. 수(守)는 조선 왕실의 관직명으로 왕비의 소생은 대군, 후궁의 소생은 군, 그 밑으로 정(正)·수(守) 등이 있었다. 수는 정4품이다. 황진이의 작품에 나오는 벽계수도 바로 이 수다. 양녕 '대군' 하듯이 벽계 '수'다.

일은 엉뚱한 데서 터졌다. 마부대에게 불려간 심집은 "나는 평생 충(忠)과 신(信)을 말해 왔다. 야만인이라도 속일 수는 없다"며 "나는 대신이 아니라 가짜 직함이요. 능봉군도 친왕자가 아니라 종실이오"라고 실상을 털어놓았다. 반면 능봉군은 "심집이 거짓말을 하고 있소. 이 사람은 정말 대신이고 나는 진짜 왕자요"라고 말했다. 마침 마부대의 진중에는 심양으로 갔다가 포로가 된 조선 장수 박난영이라는 인물이 있었다. 박난영은 광해군 시절 강홍립과 함께 명나라의 요청을 받아 청나라와 싸우기 위해 파견된 강직한 부장이었다. 마부대가 박난영을 불러 심집과 능봉군의 말 중에 어느 쪽이 옳으냐고 물었다. 이에 박난영은 당당하게 "능봉군은 진짜 왕제이고 심집은 진짜 대신이오!"라고 답했다. 그후 실상을 알게 된 마부대는 박난영의 목을 베고 능봉군과 심집은 돌려보냈다. 그날로 조정에서는 사태무마를 위해 좌의정 홍서봉과 호조판서 김신국을 마부대 진영에 파견했다.

홍서봉이 "실은 봉림대군과 인평대군 두 대군 중에서 한 분을 보내야겠는데 둘 다 강화도에 있기 때문에 보내기 어렵다"고 변명 아닌 변명을 하자, 화가 난 마부대는 요구의 강도를 높였다. "세자를 보내온 뒤에라야 강화를 의논할 수 있다." 남한산성 내 조정은 갈라지기 시작했다. 많은 신하가 인조를 찾아와 세자를 보내야 한다고 했다. 또 청의 요구대로 저들을 황제라 칭하고 그 신하가 되자는 것이었다. 뒤늦게 이 말을 전해 들은 예조판서 김상헌이 비변사에 들어와 "내 마땅히 칼로 이런 건의를 한 자의 목을 벨 것이다. 맹세코 그자와 함께 이 세상에서 살지 않을 것"이라고 일갈했다. 그러나 이런 기개의 인물은 드물었고 인조는 진퇴양난의 곤경에 빠져들고 있었다.

12월 22일, 다행히 마부대는 통역관을 보내어 화의 조건을 완화했다. 원래대로 왕자와 대신을 보내면 화의를 맺을 수 있다고 통보해 온 것이다. 그러나 인조는 이를 거부했다. 이런 가운데 남한산성 주위에서는 작은 전투들이 이어지면서 양쪽의 피해가 늘어가고 있었다.

12월 30일, 청나라 태종이 삼전도에 도착했다. 다음해 1월 2일 홍서봉 등이 적의 진중에 들어가자 「황제의 글」이라는 사실상의 협박장을 내놓았다. 여기에는 "원나라 때는 너희 조선이 끊어지지 않고 조공을 바쳤는데 이제 와서 어찌하여 하루아침에 이처럼 오만해졌느냐"는 구절이 들어 있을 만큼 일방적으로 조선을 호통 치는 글이었다. 다음날 조정에서는 답서를 올렸다. 여기에는 "이제 대국의 옛 맹약을 잊지 않으시고 분명히 가르치고 책망하심을 입으니 스스로의 죄를 알겠습니다"라는 구절이 들어 있다.

얼마간의 신경전이 끝나고 1월 18일 결국 최명길이 항복하는 내용의 답서를 지었다. 예조판서 김상헌은 비변사에 왔다가 이 글을 보고는 발기발기 찢어버리고 목놓아 울면서 최명길에게 말했다. "선대부(최명길의 아버지 최기남)께서는 사림들 사이에 꽤 이름이 있으셨는데 대감은 어찌 이런 일을 하시오?" 이에 최명길은 빙긋이 웃으면서 "대감은 찢으시지만 나는 도로 주어야겠습니다"며 조각난 종이를 주워 모아 풀로 붙였다. 이를 지켜보던 병조판서 이성구는 김상헌에게 큰 소리로 말했다. "대감이 전에 화의를 배척하여 나랏일이 이 지경에 이르게 됐으니 대감이 적에게 가시오!" 김상헌도 물러서지 않았다. "만약 나를 적진에 보내준다면 나는 죽을 곳을 얻은 것이니 이는 대감이 주시는 것으로 알겠소." 그러나 다음날 이 답서는 거부당했다. 국서 중에 조선을 '신하[臣]'로 칭하는 내용이 어디에도 없다는 이유였다.

최명길이 조선을 '신하'로 칭하는 새로운 답서를 보냈으나 이번에는 출성(出城-항복)과 척화신(斥和臣)을 잡아 보내는 문제에 대해 부정적이라는 이유로 청군은 다시 답서를 돌려보냈다. 이때 소현세자가 나섰다. 소현세자는 비변사에 자신의 생각을 담은 봉서를 내렸다.

"일이 너무도 급박해졌다. 나에게는 일단 동생이 있고 아들도 하나 있으니 역시 종사(宗社)를 받들 수 있다. 내가 적에게 죽는다 하더라도 무슨 유감이 있겠는가? 내가 성에서 나가겠다는 뜻을 말하라."

청이 요구한 항복조건의 무조건 수용이었다. 그것은 곧 소현세자가 인질이 되어 심양으로 잡혀간다는 내용도 포함돼 있었다. 결국 소현세자의 이 같은 결단으로 1월 30일의 출성이 이뤄졌고 소현세자와 봉림대군은 조선 역사 최초의 볼모가 되어 청나라로 끌려가게 되었다.

청나라의 '관용': "함벽여츤은 너무 참혹하니 그만두라!"

출성하는 쪽으로 방향이 잡히자 1월 28일 좌의정 홍서봉, 이조판서 최명길, 호조판서 김신국이 적진으로 가서 출성을 위한 구체적 절차를 논의했다. 사실 처음에는 세자를 내보내겠다고 했다가 청나라 장수 용골대에게 면박만 당했다. 이제 국왕이 직접 나오지 않는 한 항복을 받아들이지 않겠다는 것이다. 그 대신 용골대는 나름의 관용을 베푼다며 출성 절차와 관련해 이렇게 말한다.

"출성의 절차는 예로부터 규범이 될 만한 사례가 있는데 제1등 절목은 너무 참혹하니 그만두라. 대신 제2등 절목으로 행하는 것이 좋겠다."

홍서봉 일행은 이 말을 듣는 순간 온몸에 소름이 돋았을 것이다. '제1등 절목'이란 다름 아닌 함벽여츤(銜璧輿櫬)을 말하는 것이기 때문이다. 함벽여츤이란 패한 나라의 군주가 손을 뒤로 결박 지은 채 구슬을 입에 물어 진상하며, 죽음에 처해도 이의가 없다는 마음을 나타내기 위해 관(棺)을 짊어지고 가는 것이다. 실제로 그런 일이 벌어진다면 용골대의 말대로 '참혹' 그 자체였다. 만일 출성 절차로 함벽여츤이 이뤄졌다면 그날로 인조는 왕위를 세자에게 물려줘야 했을 것이다. 그래서 홍서봉 일행은 '제2등 절목'이라도 감지덕지할 수밖에 없었다. 제2등 절목이란 바로 신하의 예를 갖춰 '삼배 구고두례(三拜九叩頭禮)'를 행하는 것이었다. 세 번 큰 절을 한 다음 아홉 번 머리를 숙여 충성을 맹세하는 의식이다. 삼전도에서 인조가 수강단 위의 청나라 태종을 향해 행한 예가 바로 그것이다.

사실 청나라 태종은 처음부터 조선을 '정복할' 생각은 없었다. 정복할 요량이었다면 굳이 날도 추운데 위험하게 한강을 건너 삼전도에서 항복을 받아낼 이유가 없었다. 그가 삼전도에 진을 친 것은 남한산성에서 창경궁으로 들어가는 길목을 막아서서 인조에게 선택을 강요하려는 계산에서였다. 스스로 속국의 길을 걷겠다면 인조의 왕위를 보장해 줄 것이고 그렇지 않다면 일전불사밖에 없다는 최후통첩이었다. 당시 신흥국가였던 청나라로서는 장차 명나라를 치기 위해 배후를 안전하게 하자는 목적이 바로 조선 정벌이었다. 하지만 정벌을 하기에는 너무 큰 희생이 따를 게 뻔했고 명나라 정벌만 미뤄질 뿐이었다. 따라서 처음부터 함벽여츤은 그들의 구상 속에 없었다고 봐야 한다.

청나라의 본심은 청 태종이 1월 28일 인조에게 보낸 글에 고스란히 들어 있다. 이 글은 두고두고 조선을 옥죄는 문서라는 점에서 전문을 읽어둘 필요가 있다.

"관온 인성 황제(寬溫仁聖皇帝)는 조선 국왕에게 조유(詔諭)한다. 보내온 주문(奏文)을 보건대, 20일의 조칙 내용을 갖추어 진술하고 종묘사직과 백성에 대한 계책을 근심하면서 조칙의 내용을 분명히 내려 안심하고 귀순할 수 있는 길을 열어달라고 청하였는데, 짐이 식언(食言)할까 의심하는 것인가. 짐은 본래 나의 정성을 남에게까지 적용하니, 지난번의 말을 틀림없이 실천할 뿐만 아니라 후일 네가 유신(維新)하게 하는 데에도 함께 참여할 것이다. 그래서 지금 지난날의 죄를 모두 용서하고 규례(規例)를 상세하게 정하여 군신(君臣)이 되면 대대로 신의를 지킬 것이다.

그대가 만약 잘못을 뉘우치고 스스로 새롭게 하여 은덕을 잊지 않고 자신을 맡기고 귀순하여 자손의 장구한 계책을 삼으려 한다면, 명나라가 준 고명(誥命)과 책인(冊印)을 나에게 바쳐 죄를 청하고, 명과의 국교를 끊고, 그들의 연호(年號)를 버리고, 일체의 공문서에 우리의 정삭(正朔)을 받들도록 하라. 그리고 그대는 장자(長子-소현세자) 및 재일자(再一子-봉림대군)를 인질로 삼고, 제대신(諸大臣)은 아들이 있으면 아들을, 아들이 없으면 동생을 인질로 삼으라. 만일 그대에게 뜻하지 않은 일이 발생하면 짐이 인질로 삼은 아들(소현세자)을 세워 왕위를 계승하게 할 것이다.

그리고 짐이 만약 명나라를 정벌하기 위해 조칙을 내리고 사신을 보내어 그대 나라의 보병(步兵)·기병(騎兵)·수군을 징발하거든, 수만 명을 기한 내에 모이도록 하여 착오가 없도록 하라. 짐이 이번에 군사를 돌려 가도(椵島)를 공격해서 취하려 하니, 그대는 배 50척을 내고 수병(水兵)·창포(槍砲)·궁전(弓箭)을 모두 스스로 준비하는 것이 마땅하다. 대군이 돌아갈 때에도 식량과 편의를 제공하는 예(禮)를 응당 거행해야 할 것이다.

성절(聖節)·정조(正朝)·동지(冬至)·중궁천추(中宮千秋-중궁 생신)·태자천추(太子千秋-태자 생신) 및 경조(慶吊) 등의 일이 있으면 모두 모름지기 예를 올리고 대신 및 내관에게 명하여 표문(表文)을 받들고 오게 하라. 바치는 표문과 전문(箋文)의 정식(程式), 짐이 조칙을 내리거나 간혹 일이 있어 사신을 보내 유시를 전달할 경우 그대와 사신이 상견례(相見禮)하는 것, 혹 그대의 배신(陪臣)이 알현하는 것 및 영접하고 전송하며 사신을 대접하는 예 등을 명나라의 구례(舊例)와 다름이 없도록 하라.

군중(軍中)의 포로들이 압록강을 건너고 나서 만약 도망하여 되돌아오면 체포하여 본주(本主)에게 보내도록 하고, 만약 속(贖)을 바치고 돌아오려고 할 경우 본주의 편의대로 들어주도록 하라. 우리 군사로 죽음을 각오하고 싸우다 사로잡힌 사람은 그대가 뒤에 차마 결박하여 보낼 수 없다고 핑계대지 말라. 내외의 제신(諸臣)과 혼인을 맺어 화호(和好)를 굳게 하도록 하라. 신구(新舊)의 성벽은 수리하거나 신축하는 것을 허락하지 않는다.

그대 나라에 있는 올량합(兀良哈-여진족) 사람은 모두 돌려보내야 마땅하다. 일본과의 무역은 그대가 옛날처럼 하도록 허락한다. 다만 그들의 사신을 인도하여 조회하러 오게 하라. 짐 또한 장차 사신을 저들에게 보낼 것이다. 그리고 동쪽의 올량합으로 저들에게 도피하여 살고 있는 자들과는 다시 무역하게 하지 말고 보는 대로 즉시 체포하여 보내라.

그대는 이미 죽은 목숨이었는데 짐이 다시 살아나게 하였다. 거의 망해가는 그대의 종사(宗社)를 온전하게 하고, 이미 잃었던 그대의 처자를 완전하게 해주었다. 그대는 마땅히 나라를 다시 일으켜준 은혜를 생각하라. 뒷날 자자손손 신의를 어기지 말도록 한다면 그대 나라가 영원히 안정될 것이다. 짐은 그대 나라가 되풀이해서 교활하게 속였기 때문에 이렇게 교시(敎示)하는 바이다. 숭덕(崇德) 2년 정월 28일."

이로써 조선이라는 나라의 운명이 완전히 바뀌어버렸다. 적어도 공식적으로 조선이 청나라의 속박에서 벗어난 것은 청일전쟁에서 일본이 승리한 이후다.

청년 송시열의 충격

아버지에게서 학문을 익히다

송시열(宋時烈). 조선 역사 후반기에서 그를 빼놓고는 아무것도 이야기할 수 없다는 문제적 인물이다. 미리 밝혀놓지만 나는 송시열에 대해 선호의 감정도 없고 아무런 선입관도 없다. 친송(親宋)도 아니고 반송(反宋)도 아니다. 다만 여기서는 조선 군왕의 맥락에서 송시열이란 인물을 제한적으로 살펴볼 뿐이다.

송시열은 선조 40년(1607년) 충청도 옥천군 이원면 구룡촌에서 태어났다. 그곳은 그의 외가다. 그때만 해도 외가에서 출산하는 것이 사대부 집안에서도 하나의 관례였다. 아버지 송갑조(宋甲祚)는 명종비 인순왕후의 능인 강릉(康陵) 참봉을 지낸 것이 관직 경력의 거의 전부였다. 송시열을 처가에서 낳았다는 것은 그만큼 집안이 넉넉지 못했다는 뜻이기도 하다.

송갑조는 기개 하나만큼은 누구에게도 뒤지지 않았다. 광해군 때 송갑조는 사마시에 급제했다. 당시 급제자들은 광해군과 서궁에 유폐된 인목대비의 관계가 좋지 않은 점을 감안해 서궁에는 인사를 가지 않겠다는 상소를 준비했다. 일찍부터 실권을 가진 광해군과 대북세력에게 점수를 따놓겠다는 발상이었다. 그러자 송갑조는 홀로 분연히 반대했다. 그리고 혼자 서궁에 가서 인목대비를 찾아뵙고 절을 올렸다.

송시열_ 숙종 시대를 설명할 때 반드시 거론해야 할 중요 학자로, 우의정·좌의정을 지냈으나 왕세자 책봉에 관한 상소로 제주에 안치되었다가 서울로 오는 도중 사사되었다.

그 바람에 송갑조는 유적(儒籍)에서 삭제당하는 처벌을 받아야 했다. 그러나 바로 그 때문에 인조반정으로 정권을 장악한 서인은 그에게 강릉 참봉 자리를 주었다. 참봉이란 종9품의 미관말직으로 송갑조가 해본 거의 유일한 벼슬자리였다. 이후 송갑조는 사옹원 봉사(종8품)도 잠시 지낸다.

벼슬은 낮았지만 그의 학문은 의외로 탄탄했다. 어린 송시열의 공부도 직접 가르쳤다. 송갑조는 송시열에게 공부를 가르치면서 늘 다음과 같이 강조했다고 한다. "주자가 있은 후에 공자가 있고, 율곡이 있는 후에 주자가 있으니 공자를 배우려면 마땅히 율곡으로부터 시작해야 한다." 이것은 당시 서인이라면 대부분 공유하고 있던 학서(學序), 즉 학문하는 순서였다.

8세 때부터 친척인 송준길(宋浚吉, 1606년 선조 39년~1672년 현종

13년)의 집에서 공부를 배우기 시작한 송시열은 아버지로부터 12세 때 이이의 『격몽요결(擊蒙要訣)』을 배웠다. 이 책은 말 그대로 '몽매를 깨뜨리는 간략한 요령'이라는 뜻으로 일종의 어린이용 성리학 입문서다. 이미 『소학(小學)』은 읽었을 것이기에 송시열의 성리학적 세계관은 점점 더 강화되고 있었다고 볼 수 있다. 그것은 다름 아닌 '성인(聖人) 군자(君子)가 되겠다는 열망'이 커져갔다는 뜻이다.

이 시기에 더하여 송갑조는 송시열에게 김정국의 『기묘록(己卯錄)』과 허봉의 『해동야언(海東野言)』 등을 읽도록 했다. 둘 다 중종 때 조광조 일파가 훈구파로부터 화를 당한 기묘사화 등을 다루었다. 그것은 송갑조의 작은할아버지 송인수 이후 송시열의 집안에 면면히 이어져 내려오는 가학(家學)이자 가풍(家風)이었을 것이다.

송시열의 집안은 송갑조의 아버지, 즉 송시열의 할아버지 송응기가 도사(都事-종5품)를 지냈고 송갑조의 할아버지, 즉 송시열의 증조할아버지 송구수(宋龜壽, 1497~1538년)가 태조 이성계의 능인 건원릉 참봉을 지낸 것이 전부일 정도로 중앙조정에서 두각을 나타내지 못했다. 다만 송구수에 대해서는 "선악에 대한 좋고 싫음이 분명했다"는 인물평이 전한다.

송구수의 두 살 아래 동생인 송인수는 이 무렵 은진 송씨 집안에서 발군이었다. 송인수(宋麟壽, 1499년 연산군 5년~1547년 명종 2년)는 사림의 존경을 받은 김안국(金安國) 등에게서 학문을 익혔고 기묘사화가 일어난 지 2년 후인 중종 16년(1521년) 문과에 급제해 홍문관 정자로서 관직생활을 시작했다. 당시는 권간(權奸) 김안로(金安老)가 마구 권력을 휘두를 때임에도 불구하고 홍문관의 모든 관원과 함께 인사행정의 공정한 실시를 내세워 김안로를 탄핵했다. 중종 20년(1525년) 박사로 승진하고 이어서 부수찬·수찬을 거쳐 사간원 정언(正言)이 되어 검토관(檢討官)으로서 경연에 참여했다. 이후 사헌부지평, 홍문관의 교리·부응교 등을 역임하면서 당시 유행한 사치풍조를 배격하고 교육진흥책을 건의했다. 특히 김안로의 재집권을 막으려다가 오히려 그 일파에게 미움을 받아 중종 29년(1534년) 제주목사로 좌천되었다. 이때 그는 병을 칭탁하고 부임하지 않았는데, 이를 빌미로 김안로 일파에게 탄핵을 받아 사천으로 유배되었다. 전형적인 사림의 길을 걷고 있었던 것이다.

중종 32년(1537년) 김안로 일당이 몰락하자 풀려나 이듬해 예조참의가 되고 성균관 대사성을 겸임하면서 후학에게 성리학을 강론하였다. 이어서 승정원 동부승지와 예조참판을 거쳐 사헌부 대사헌이 되었는데, 문정왕후를 등에 업은 윤원형(尹元衡)·이기(李芑) 등의 미움을 받아 중종 말엽인 1543년 전라도관찰사로 좌천되었다.

관찰사에 부임하여 형옥사건을 제때에 처리하고 교화에 힘써 풍속을 바로잡았으며, 교육을 진흥시켜 많은 인재를 양성하였다. 특히 조정의 숭유정책을 받들어 영암에 기영정(耆英亭)을 세우고 학술을 장려하였다. 이때 전라도 지역의 남평현감 유희춘(柳希春), 무장현감 백인걸(白仁傑) 등과 뜻이 맞아 성리학의 교류를 가졌다.

인종이 즉위하자 동지사(冬至使)로서 명나라에 다녀와 다시 대사헌이 되어 윤원형을 탄핵하였으나, 1545년 명종 즉위와 함께 윤원형이 주도한 을사사화가 일어나자 한성부좌윤에 있다가 탄핵을 받고 파직당하여 청주에 은거하여 있다가 사사(賜死)되었다. 당시로서 집안에 이런 인물이 존재했다는 것만으로도 사림들로부터 대단한 존망(尊望)을 얻을 수 있는 조건이 되기에 충분했다. 송시열이 작은증조할아버지[從曾祖父] 송인수로부터 알게 모르게 많은 영향을 받았으리라는 것은 쉽게 추정해 볼 수 있다.

'산림의 원조' 김장생의 문하에 들어가다

18세 무렵인 인조 3년(1625년) 도사 이덕사의 딸과 혼인한 송시열은 본격적인 학문수련을 위해 성리학과 예학을 가르치며 명성을 얻고 있던 김장생을 찾아간다. 김장생을 알면 '양송(兩宋)' 송시열과 송준길이 보인다. 또 훗날 김장생의 증손자인 김만기의 딸이 숙종과 결혼해 왕비의 자리에 오르게 된다.

김장생(金長生, 1548년 명종 3년~1631년 인조 9년)은 선조 때 이이의 지우(知友)이자 대사헌을 지낸 김계휘(金繼輝, 1526년 중종 21년~1582년 선조 15년)의 아들로, 문과를 거치지 않고 선조 11년(1578년) 31세에 학행(學行)으로 천거되어 예종의 능인 창릉(昌陵) 참봉이 되고, 선조 13년(1581년) 이성계에 관한 명나라의 잘못된 기록을 바로잡기 위한 종계변무(宗系辨誣)의 일로 아버지를 따라 명나라에 다녀와서 돈녕부 참봉이 된다. 중간급 관리를 두루 거치다가 광해군 즉위와 함께 북인세력이 득세하자 충청도 연산으로 낙향하여 제자 양성과 예학(禮學) 연마에 몰두했다. 아버지 김계휘는 동인과 서인으로 당파가 처음 갈라질 때, 이이·정철 등과 함께 서인의 선봉장이었다. 특히 이이는 김계휘에 대해 "재상이 될 만한 인물"이라며 늘 칭송했으나 단명하는 바람에 크게 포부를 펼치지는 못했다.

어려서 김장생은 송익필이라는 인물에게서 사서와 주희의 『근사록(近思錄)』을 배웠다. 김계휘는 학문에 뜻을 두고 정진하는 아들을 자랑스러워하며 "우리 아이가 이러하니 나는 근심이 없다"고 흡족해 했다고 한다. 송익필에게서 '예학(禮學)'을 익혔다면 이이의 문하에서는 '성리학(性理學)'을 배웠다. 예학과 성리학은 김장생 학문의 양대 축으로, 이후 서인의 세계관을 지배하는 중요한 지적 근간으로 자리 잡게 되며 이런 전통은 송시열에게도 고스란히 이어진다. 차이가 있다면 송시열은 양자의 뿌리를 주회로 보고 주자학 근본주의로 나아간 정도다.

광해군 5년(1613년) 광해군 정권을 대표하는 권간(權奸)이던 이이첨이 선조의 적자인 영창대군을 죽이고 나아가 인목대비까지 모살하려 한 계축옥사가 일어났을 때 김장생의 이복동생인 김경손, 김평손 등이 연루되어 고문을 받다가 죽는 일이 벌어졌다. 사실 이이첨 일당의 '살생부'에는 김장생의 이름도 포함돼 있었을 것이다. 그러나 이이첨의 협박과 회유로 영창대군 옥사의 주범 역할을 한 박응서가 "김장생은 어진 사람입니다. 오히려 우리들이 처음 모의할 때 그가 알까 봐 두려워했습니다"고 적극 옹호하는 바람에 목숨은 건질 수 있었다.

이 사건이 김장생에게 준 충격은 컸다. 이후 그는 연산으로 내려가 문을 닫아걸고 외부 사람을 일절 만나지 않고 오직 경서 읽기와 사색으로 시간을 보냈다. 그가 세간의 주목을 다시 받게 된 것은 인조반정이 일어난 이후다. 서인세력의 도움을 받아 광해군을 몰아낸 인조는 인조 1년(1623년) "김장생은 내가 잠저(潛邸-임금에 오르기 전에 살던 집)에 있을 때부터 익히 그 이름을 들었노라"며 사헌부 장령을 제수하고 한양으로 올라올 것을 명했다. 이때 김장생의 나이 76세였다. 김장생은 정중히 사양했다.

이듬해 2월 '이괄의 난'이 일어나 인조는 남쪽으로 파천(播遷)해야 했는데 이때 김장생이 공주에서 인조를 맞이했다. 이후 난이 끝나고 환도하던 인조는 김장생에게 원자(元子-소현세자)의 교도(教導)를 맡아줄 것을 명했다. 이후 김장생은 강학관에 임명돼 원자의 교육을 맡았고 인조 3년(1625년) 8월 원자가 세자로 책봉되자 김장생은 특별히 가선대부(嘉善大夫-종2품)에 올라 중추부 동지사에 제수되었다. 그의 세자교육에 대한 인조의 만족감이 그만큼 컸다는 뜻이다.

임리정 _ 김장생이 1626년 인조 4년에 하향하여 후진양성에 힘쓰던 곳으로, 『논어』의 '如臨深淵', '如履薄氷'이라는 문장의 뜻을 따서 '임리정'이라 이름지었다고 전해진다.

그러나 이때 김장생은 연산으로 물러나 다시 학문연구와 제자양성에 힘쓴다. 열여덟 청년 송시열이 연산으로 김장생을 찾아간 것은 바로 이때다. 이미 '세자를 가르친 스승'이라는 명성이 자자했으리라는 것은 두말할 필요도 없다. 이후 송시열도 송준길과 더불어 '세자를 가르친 스승'으로 이름을 얻는다. 김장생 문하와 조선 왕실의 인연은 이렇게 세자교육을 중심으로 친밀하게 형성되어 갔다.

당시 김장생은 연산에서 둘째 아들 김집의 보필을 받으며 전국에서 몰려온 전도유망한 청년 제자들을 길러냈다. 장남 김은은 임진왜란 때 왜적에게 죽었다. 제자들은 김장생을 '노선생', 김집을 '선생'으로 불렀다. 조선 예학의 학맥은 송익필-김장생-김집으로 이어지고 있었다. 당시 연산에서 송시열과 함께 김장생에게 학문을 익힌 인물로는 송준길, 이유태, 이상형, 송시영, 송국택, 이덕수, 이경직, 임의백, 유계, 김경여, 윤선거, 윤문거, 김익희 등이 있고 최명길도 젊어서 김장생에게 배운 바 있다. 이들은 대부분 훗날 서인 기호학파의 중핵인물로 성장한다. 이때만 해도 당색은 그리 완고하지 않아 호남 남인계열의 인물도 제자군에 포함돼 있다.

관직의 길에 들어서다

김장생 문하에서 학문연마에 몰두하던 송시열은 인조 9년(1631년) 스승 김장생이 세상을 떠나자 김집에게서 계속 성리학과 예학의 세계관을 갈고닦았다. 27세 되던 인조 11년(1633년) 송시열은 생원시에 장원으로 급제해 그해 10월 성종의 아버지인 의경세자(훗날 성종에 의해 덕종으로 추존)의 능인 경릉(敬陵) 참봉에 제수되나 곧바로 사직했다. 이미 조정에서는 송시열의 학문적 깊이에 대한 소문이 자자했다.

2년 후인 1635년, 송시열은 대군(大君) 사부로 임명되어 봉림대군의 학문연마를 책임지게 된다. 물론 세자의 사부가 정1품이고 세손의 사부가 종1품인데 비하면 그의 관직은 종9품이니 여전히 참봉 수준이지만 그래도 일국의 대군을 가르친다는 것은 여간 명예가 아니었다. 송시열을 대군 사부로 추천한 인물은 다름 아닌 김장생의 제자이자 그런 점에서 송시열의 선배이기도 한 최명길이다.

당시 송시열은 스물아홉, 봉림대군은 열일곱이었다. 봉림대군은 훗날 효종으로 숙종의 할아버지다. 사실 그때만 해도 소현세자가 건재할 때이므로 누구도 봉림대군이 인조의 뒤를 이어 왕위를 계승하게 될 것이라고는 생각지 못했다. 6개월 정도밖에 안 되지만 송시열이 대군 사부를 맡은 일은 그가 봉림대군과 깊은 인연을 맺었다는 사실 이외에도, 그 관직으로 인해 송시열이 인조의 삼전도 굴욕을 직접 눈으로 목격하게 된다는 점에서 깊은 의미가 있다. 게다가 훗날 소현세자가 아닌 봉림대군이 왕위에 오르면서 6개월 '대군 사부'의 인연은 끝모르게 확장된다.

병자호란이 일어났을 때 송시열은 봉림대군의 사부였다. 당시 봉림대군은 인조의 비빈(妃嬪)들과 함께 강화도로 피신을 하지만 송시열은 인조의 파천행렬을 따라 남한산성에 함께 들어갔다. 청년 송시열은 45일 동안 남한산성에 머물면서 인조의 모든 것을 가까이에서 살필 수 있었다. 산성으로 피해 들어간 지 열흘째 되던 12월 24일, 겨울비가 하염없이 내리는 가운데 인조는 세자와 함께 너른 마당 한가운데에 섰다. 하늘에 죄를 빌기 위함이었다.

"오늘 이 지경에 이른 것은 저희 부자가 죄를 지은 때문입니다. 성 안의 군사나 백성이야 무슨 죄가 있습니까? 하늘이 재앙을 내리시려거든 저희 부자에게 내리시고, 모든 백성을 살려주시옵소서!"

송시열은 이 광경을 어떤 마음으로 지켜보았을까? 그리고 최종적으로는 인조가 청나라 태종 앞에 머리를 조아리며 신하의 예를 올리는 것까지 두 눈으로 똑똑히 목격해야 했다. 송시열의 남한산성 및 삼전도 체험은 인조에 대한 측은과 충성보다는 국가적 치욕에 따른 분노를 자아낸 것으로 보인다.

당시 송시열의 솔직한 심정은 병자호란 직후 속리산 복천사에서 윤휴를 만나 통곡을 하면서 나눈 대화에서 그대로 드러난다. 훗날 자신과 최고의 정적이 되는 바로 그 윤휴다. "혹시 우리가 정치를 하게 될 경우 결코 오늘의 치욕을 잊지 말자." 청년 송시열에게 조선의 패배와 인조의 굴욕이 준 충격은 이루 말할 수 없었다. '이것이 무슨 나라라고 할 수 있는가?' 그때부터 이미 송시열은 정신적으로는 망명을 해 버렸는지 모른다.

병자호란이 끝난 후 인조는 허물어진 체통, 즉 정당성 확보를 위해 송시열이나 송준길 같은 산림의 인사를 조정에 끌어들이기 위해 무진 애를 썼다. 송시열에게도 여러 차례 관직을 제수하여 조정에 출사해 줄 것을 요청했다. 인조 22년과 23년에는 인조가 송시열과 송준길에게 정5품직인 사헌부 지평을 제수하며 조정참여를 권했으나 두 사람은 단호하게 거부했다.

이 점에서 '양송'은 스승 김장생과 비슷한 경로를 걷는다. 조정의 관직권유와 단호한 거부가 반복되면서 두 사람의 관직은 계속 높아

남한산성_ 인조 2년에 축성된 남한산성은 병자호란 중 인조가 청나라에 항복한 치욕의 장소로 기억된다.

만 갔고 산림에서의 명성 또한 하늘을 찌르고 남을 정도였다. 이미 조선이라는 나라는 송시열과 송준길 같은 인물을 끌어안기에는 구조적으로 취약성을 드러내고 있었다는 뜻이기도 하다. 그러나 양송은 정치와 '절연하는' 입장은 결코 아니었다. 오히려 자신들의 뜻은 오로지 현실정치를 통해서만 실현할 수 있다는 관점을 한순간도 버리지 않았다. 그런 점에서 송시열은 이황과는 확연하게 구별된다.

권력 투쟁에 희생된 소현세자 가족

비운의 의문사

조선의 16대왕 인조는 인렬왕후 한씨와의 사이에 아들 다섯을 두었다. 막내는 일찍 죽고 나머지 네 왕자가 소현세자, 봉림대군(훗날 효종), 인평대군, 용성대군이다. 효종과 인선왕후 장씨 사이에 1남 7녀가 있었고 그 1남이 바로 현종이며, 현종은 명성왕후 김씨 사이에 1남 3녀가 있었고 그 1남이 바로 숙종이다. 간단히 말해 소현세자가 의문의 죽음을 하는 바람에 숙종의 할아버지 봉림대군이 옥좌에 올라 임금이 되었으며 숙종도 그런 맥락에서 국왕의 자리에 오를 수 있었던 것이다.

소현세자! 보기에 따라서는 조선의 개화, 서구화, 근대화를 300년 정도 앞당길 수 있었던 인물이다. 그러나 우리 역사에서 종종 그러하듯 위대한 기회를 구현할 수 있는 인물들은 비운의 삶을 살다갔고 소

인조 가계도

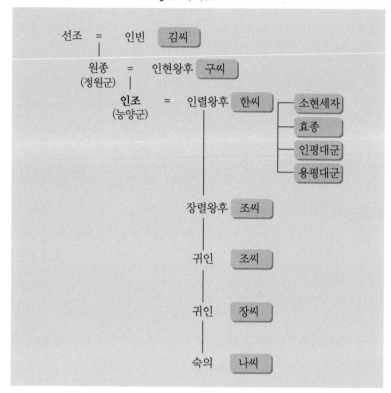

현세자 또한 예외가 아니었다.

인조 14년(1636년) 삼전도의 굴욕을 당한 끝에 병자호란에서 패한 조선 조정은 인조의 장남과 차남인 소현세자와 봉림대군을 청나라 수도인 심양에 인질로 보내야 했다. 두 사람이 조선으로 돌아오는 것은 8년 후, 청나라 황제가 태종에서 세조로 바뀐 후다. 정권의 안정으로 자신감을 가진 청나라 세조는 두 사람을 귀국시키기에 앞서 새로운 수도인 북경의 문연각에 이들을 위한 거처를 마련한 다음 70일간 체류케 했다. 소현세자가 청나라에 봉사하고 있던 아담 샬을 알게 된 것도 이

때다. 소현세자 나이 32세였다. 이 무렵 소현세자가 남긴 편지를 보면 그가 아담 샬을 통해 전해 들은 서양문물에 대한 충격을 생생하게 알 수 있다.

"천구의(天球儀) 및 서양의 서적류는, 이 세상에 이와 같은 것이 있었음을 몰랐던 것이며, 이것이 제 손에 들어오게 된 것이 꿈이 아닌가 하고 기쁘게 생각하는 바이며, 우리나라에도 이와 비슷한 것이 없는 바는 아니나 수백 년 이래로 천체 운행과 맞지 않으니 가짜인 것이 틀림없습니다. 지금 이 귀한 것을 얻으니 이 무슨 기쁨이겠습니까? 제가 고국에 돌아가면 궁중에서 사용할 뿐만 아니라 이것을 출판하여 식자들에게 반포할 작정입니다."

선진문물에 대한 열린 태도! 그러나 그후 조선 및 일제강점기, 대한민국, 조선민주주의인민공화국 등 300여 년 역사에서 이런 태도를 취하려 했다는 이유만으로 얼마나 많은 사람이 희생되었던가? 사문난적(斯文亂賊)이라 해서 죽고 야소교(耶蘇敎 – 기독교)를 믿었다고 해서 죽고 불온하다고 해서 죽고 주체적이지 않다고 해서 죽었다.

소현세자는 8년 만인 1645년 마침내 봉림대군과 함께 조선으로 돌아온다. 그러나 그를 기다린 것은 아버지 인조의 의심이었다. 임진왜란 때 명나라가 선조를 폐하고 광해군을 세우려 한 것처럼, 청나라가 자신을 폐하고 소현세자를 세우지 않을까 하는 것이었다. 삼전도 굴욕의 장본인인 인조는 명민했으나 이미 상처가 깊었고 마치 의처증 환자처럼 주변사람을 의심하기 시작했다. 세자가 돌아온다고 했을 때 인조의 일성은 "청나라가 세자를 돌려보내는 조치가 참으로 좋은 뜻이기만 하고 다른 마음은 없는 것이겠는가"라는 의심이었다.

인조 23년(1645년) 2월 한양에 돌아온 소현세자는 귀국 두 달 만인 4월 23일 '학질'로 병석에 눕는다. 어의(御醫) 이형익이 치료를 위해 침을 놓았고 3일 만에 세자는 세상을 떠났다. 『실록』의 기록을 보아도 그렇고 당시 역학관계를 보아도 소현세자는 '독살(毒殺)'에 희생된 것이 분명했다. 학계에서도 인조의 묵인 내지 방조 하에 당시 권세가 김자점과 인조의 후궁인 귀인 조씨가 합작해 세자를 독살했다는 것이 정설이다.

김자점(金自點, 1588년 선조 21년~1651년 효종 2년)은 강원도관찰사를 지낸 김억령의 손자로 음보로 등용되어 병조좌랑에까지 올랐으나 인목대비의 폐비논의에 반대하는 등의 행보를 보이다 광해군 말년 대북파에 의해 쫓겨났다. 그때부터 이귀, 김류, 신경진, 최명길, 이괄 등과 함께 모의하여 광해군과 대북파를 내몰고 능양군을 추대하여 인조반정에 성공하였다.

이때의 공으로 정사공신(靖社功臣) 1등에 책록된 그는 동부승지로 특진했고 이후 서인이 공신 중심의 공서(功西)와 산림 성향의 소장파인 청서(淸西)로 갈라지자 공서의 편에 서서 김상헌 등 청서 유림을 탄압해 비난을 받기도 했다. 인조 2년 '이괄의 난'이 일어나자 이를 평정하는 데 공을 세웠고 1633년 도원수에 올라 최고 군사령관 지위에 오르지만 병자호란 때 토산 싸움에서 참패한 죄로 전쟁 직후 절도로 유배를 가야 했다.

이후 인조의 배려로 유배에서 풀려난 그는 손자 김세룡이 인조와 귀인 조씨 사이에서 난 딸 효명옹주와 결혼함으로써 왕실의 외척이 됐고 귀인 조씨와 손을 잡고 갖은 악행을 일삼게 된다. 그에 비례해 인조의 총애도 커갔다. 인조 20년 병조판서에 오르고 1644년에는 좌의정에 임명된다. 이후 인조가 소현세자빈 강씨를 죽이려는 내심을 읽어내고서 인조의 수라상에 오르는 전복에 독약을 묻혀 그 혐의를 강씨에게 덮어씌워 죽게 했으며 소현세자의 세 아들도 모두 제주도로 유배보냈다.

1649년 효종이 즉위한 뒤 김상헌 등을 중용하면서 북벌을 꾀할 때 그는 파직당한다. 그러나 그는 유배지 홍천에서 자신의 심복인 역관 이형장을 시켜 조선이 북벌을 계획하고 있다는 사실과, 인조의 생부인 수순왕 원종의 묘 상릉(長陵)에 송시열이 지은 지문에 청나라의 연호가 아닌 명나라의 연호를 쓴 사실을 청나라에 밀고한다. 그 바람에 청나라에서는 대규모 병력을 압록강 입구까지 보내는 등 일촉즉발의 위기상황까지 갔으나 효종의 기민한 수습으로 무사히 넘어갔다. 그후 1651년 아들 김익의 역모가 드러나 연좌되어 사형을 당했다.

무리한 후사 교체

왜란과 호란을 겪은 조선은 실은 더 이상 나라라고 할 수 없었다. 하나의 가정이긴 하지만 이럴 때는 새로운 세력이 등장해 왕조를 교체했어야 하는 것이었는지도 모른다. 인조의 경우가 특히 그러했다. 이때 새로운 왕조가 들어서서 전란의 상처에 시달리는 백성을 위로하고 변화하는 국제정세에 능동적으로 대처할 수 있는 세력이 권력을 잡았다면 이후 우리의 역사는 상당히 다르게 진행돼 왔을지 모른다.

소현세자 '독살'이 아쉬운 것은 그런 맥락에서다. 설사 왕조를 교체하지 않더라도 30대의 소현세자가 집권했더라면, 그리고 수구세력과의 권력투쟁에서 승리했더라면 조선의 모습은 많이 달라졌을 것이다.

인조는 소현세자 '독살'에 그치지 않았다. 아니 그칠 수가 없었다. 이미 원손(元孫)으로 불리던 소현세자의 장남 석철을 그대로 둘 경우 장차 그 화가 자신에게 미칠 것은 불 보듯 뻔한 노릇이었다. 그래서 그는 석철이 아닌, 소현세자의 동생 봉림대군에게 다음 왕위를 물려 줄 구상을 드러낸다. 소현세자가 세상을 떠나고 두 달쯤 지난 윤6월 2일 인조는 정부 대신을 앞에 두고서 "내게 오랜 묵은 병이 있는데 원 손이 저렇게 미약하니 성장하기를 기다릴 수 없다. 경들은 어떻게 생 각하는가?"라고 물었다. 조정은 발칵 뒤집어졌다.

먼저 좌의정 홍서봉이 나섰고 이어 중추부 영사 심열, 판사 이경여, 원손 사부 김육 등이 나서 원손이 세손이 되어야 한다며 인조에게 맞 섰다. 우찬성 이덕형, 병조판서 구인후, 공조판서 이시백, 이조판서 이경석 등도 같은 의견이었다. 그러나 이미 사전에 입을 맞춘 영의정 김류와 낙흥부원군 김자점은 인조를 거들었다. 이미 인조의 마음은 정해져 있었다.

"자식 둘이 남아 있으니 대신이 그중에 나은 사람을 가려서 결정 하도록 하라!"

자식 둘이란 봉림대군과 인평대군을 말하는 것이다. 신하들이 결정 할 수는 없는 노릇이다. 결국 인조는 "두 사람 다 용렬하니 취하고 버 릴 것도 없다. 나는 그중에 장자를 세우고자 하는데 어떠한가?"라고 물었다. 그 자리에 있던 뜻있는 신하들은 마음속으로 생각했을 것이 다. '장자(長子)라니, 원손이 살아 있는데 봉림대군이 장자라니…….'

인조의 처사는 이미 상도(常道)를 벗어나고 있었다. 이제 인조의 칼 날은 남편 잃은 며느리 강빈을 향하였다. 이듬해인 인조 24년 1월 자 신에게 올라온 전복구이에 독이 묻은 사건이 발생하자 인조는 곧바로 강빈에게 혐의를 두고서 강빈을 압박하기 시작한다. 수많은 신하의 반대에도 불구하고 인조는 한 달 후 강빈을 폐출하고 사약을 내릴 것을 명한다. 인조는 제정신이 아니었다. 정통성 콤플렉스의 악순환에 빠져들고 있었다. 강빈의 형제에게도 억지로 죄를 덮어씌워 장살(杖殺)해 버렸다. 강빈의 친정어머니도 처형당했다. 광기(狂氣)였다.

여기서 끝날 인조가 아니었다. 그는 석철을 비롯한 소현세자의 세 아들을 인조 25년 7월 제주도로 유배 보낸다. 자신의 친손자들이었다. 오죽 했으면 『실록』의 사관은 이례식으로 인조를 강도 높게 비판하는 논평을 실어놓았다. "지금 석철 등이 국법으로 따지자면 연좌되어야 하나 조그만 어린아이가 무슨 아는 것이 있겠는가? 그를 독한 안개와 풍토병이 있는 큰 바다 외로운 섬 가운데 버려두었다가 하루아침에 병에 걸려 죽기라도 하면 소현세자의 영혼이 깜깜한 지하에서 원통함을 품지 않겠는가?" 실제로 석철은 다음해 9월 풍토병에 걸려 사망하고 만다. 이때 석철의 나이 13세였다.

송시열을 비롯한 산림은 이 같은 끔찍한 역사적 사실을 자신들의 학설의 출발점으로 삼았다. 흔히 송시열의 예론을 공허한 명분론으로 치부하지만 실은 연원을 거슬러 올라가보면 삼전도의 굴욕과 장자 소현세자 가족의 억울한 몰살이라는 분명한 역사적 사건에 뿌리를 둔 것이다. 다만 소현세자의 현실적 개국노선과 송시열의 관념적 복고(復古) 노선은 전혀 별개의 문제다. 송시열 등은 소현세자를 따른 게 아니라 소현세자 가족에 대한 인조의 '비윤리적인' 처리에 분노했을 따름이기 때문이다.

1장
당쟁의 소용돌이 속에서 크다

▌적장자 콤플렉스를 풀어줄 유일한 원자

조선 왕실 100년 만의 큰 경사, 원자 탄생

현종 2년(1661년) 8월 15일 경덕궁(훗날의 경희궁) 회상전에서 남자 아기의 우렁찬 울음소리가 울려 퍼졌다. 훗날 숙종으로 불리게 되는 원자가 태어난 것이다. 20일 후 병조에서는 이를 축하하는 무과시험을 특별히 실시할 것을 건의하며 "원자 탄생이야말로 100년 동안에 없었던 큰 경사"라고 말했다.

원자의 탄생은 효종 때부터 간절한 바람이었다. 어느 날 효종의 꿈에 며느리(현종비인 명성왕후 김씨) 침실에 이불을 씌워놓은 물건이 있어 들춰보니 용(龍)이 자리를 틀고 있어 꿈에서 깬 효종이 장차 원손을 얻을 길몽이라고 기뻐하며 미리 이름까지 지어놓았다. 효종은 원손을 보진 못했지만 바로 그 아이가 탄생한 것이다.

그러나 당시 21세의 현종은 기쁨과 함께 착잡한 감정에 휩싸일 수

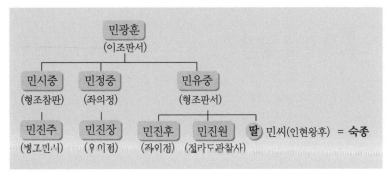

인현왕후 민씨 가계도

밖에 없었다. "원자라, 원자라……." 과연 이 아이의 운명은 어떻게
될 것인가? 원자로 태어나 무사히 왕위에 오른 선대가 누구였던가를
짚어보았을 것이다. 원자로 나서 왕위에 오른 이는 인종이 아니던가?
그러나 그분은 8개월 남짓 즉위했을 뿐이다. 그나마도 그게 벌써 150년
전의 일이다. 신하들이 "100년 동안에 없었던 큰 경사"라고 한 것도 바
로 그 점을 염두에 둔 축하인사였다. 실제로 그랬다. 그후 명종의 원
자로 태어난 순회세자는 일찍 죽었고 아예 대가 끊겨버렸다. 방계승
통한 선조의 원자였던 영창대군은 어린 나이에 비참하게 죽어야 했
다. 인조의 아들 소현세자는 인조가 반정을 했을 때 이미 12세 무렵이
니 원자로 난 것은 아니다. 현종 자신도 효종의 외아들이긴 하지만 태
어날 때는 원자로 난 것이 아니었다. 감회가 남다를 수밖에 없었다.

　게다가 이때 나라의 현실은 한 치 앞 일을 내다볼 수 없는 처참한
지경이었다. 병자호란(1637년)으로 할아버지 인조가 청나라 태종에게
무릎을 꿇은 지 불과 24년밖에 지나지 않았다. 나라의 기세(氣勢)는
떨어질 때로 떨어졌고 국가의 물력(物力) 또한 거덜이 난 상태였다.
백성은 숙종이 자주 쓴 표현대로 하자면 '거꾸로 매달린 듯 위급한 지

경'에서 하루하루를 살아가고 있었다. 1645년 4월 26일 큰아버지인 소현세자가 의문의 죽음을 당하고 이듬해 소현세자빈 강씨마저 음모에 희생돼 사사(賜死)됐다. 왕실을 바라보는 사림과 백성의 시각은 차가울 수밖에 없었다. 15년 전의 일이다.

원자가 태어나기 12년 전인 1649년 인조의 둘째 아들이자 소현세자의 동생인 봉림대군이 왕위에 올랐다. 그러나 이미 조선은 임금의 나라가 아니라 신하들의 나라였다. 당쟁(黨爭)은 극에 이르고 민생은 피폐했다. 청나라에 복수한다는 북벌론(北伐論)은 허울 좋은 구호에 불과했다. 그런 북벌을 위한 군비강화 때문에 백성의 삶은 기아선상을 헤매고 있었다.

1659년 5월, 아버지 효종이 죽고 현종이 즉위했다. 이때 효종의 국상(國喪)에 인조의 계비, 즉 효종의 계모인 자의대비 조씨가 3년상에 해당하는 상복을 입어야 하는지 1년상에 해당하는 상복을 입어야 하는지를 둘러싸고 남인과 서인 간에 제1차 예송논쟁이 시작된다. 송시열을 필두로 한 서인 진영은 1년상을 해야 한다는 것이고, 허목·윤선도 등은 "송시열과 송준길이 이끄는 서인의 1년상 이론은 효종의 적통을 부정한 것"이라며 날을 세웠다가 힘에서 밀린 윤선도가 유배를 가야 했다. 예로부터 장자를 위해 3년복을 입고 나머지 자식을 위해서는 1년복을 입도록 돼 있었다. 서인의 입장은 은근히 효종은 장자가 아니므로, 즉 적통이 아니므로 자의대비가 군이 3년복을 입을 필요가 없다는 것이다. 반면 남인은 효종이 둘째이긴 하나 왕위를 이었으므로 적통으로 봐야 하고 따라서 3년복을 입는 게 정상이라는 것이다. 적어도 양측의 외형적인 논지는 그랬다.

숙종이 태어나기 2개월 전인 1661년 6월 13일 윤선도는 유배지에서 다시 한 번 송시열의 예론을 반박하는 상소를 올렸다가 위리안치를 당한다. 앞으로 자주 보게 될 '위리안치(圍籬安置)'란 유배중인 중죄인의 거처에 탱자나무 등의 가시덤불을 둘러쳐 집 밖으로 나갈 수 없도록 하는 사형 바로 아래의 중벌이다. 어쩌면 숙종은 날 때부터 정쟁(政爭)과 불가분의 숙명을 안고 태어났는지 모른다.

어느 당파가 원자를 키울 것인가?

원자가 태어난 지 2년이 되어가던 현종 4년(1663년) 4월 19일 홍문관 수찬 홍우원이 윤선도를 변호하는 글을 올렸다. 그중에 원자의 교육과 관련된 부분이 들어 있다. 먼저 홍우원은 "지금 원자가 태어난 지 이미 몇 년이 지났으니 보양(輔養)하는 일을 조금도 느슨하게 할 수 없는데, 전하께서 과연 어떻게 교도(敎導)하고 계시는지 모르겠습니다"라며 은근히 현종을 비판한다. 이어 "대저 궁금(宮禁-궁궐) 안에서 태어나 부녀자와 내시의 손에 맡겨지면 눈은 사치한 물건을 보는 데 익숙해지고 손은 진기한 장난감과 친해지게 마련인데, 그가 하는 대로 내맡겨둔 채 놀게 하고 억제함이 없이 감정을 발산하게 하면서 '지금은 어려서 그렇지만 조금 자라면 저절로 그렇지 않게 될 것이다'고만 한다면, 이것이 어찌 옛적에 '말을 하게 될 때부터 교훈을 베풀고 행동을 할 수 있을 무렵부터 예를 지키도록 한다'는 뜻에 부합된다 하겠습니까"라며 너무 오냐오냐 키우지 말 것을 주청했다. 그러나 홍우원의 본심은 그 다음에 나온다.

"반드시 유학의 학식이 깊고 덕이 있는 인물과 단정하고 올바른
선비를 가려 사부로 삼고 보좌토록 하여 효제(孝悌)의 길로 이끌고
의로운 방향으로 타일러 나가야 할 것입니다."

현종 정권 초기 수세에 몰려 있던 남인은 조금씩 세를 회복하고 있었다. 1662년 3월 28일에는 윤선도의 위리안치를 제거하라는 명이 있었다. 이런 흐름 속에서 남인으로서는 원자를 미리 잡아두는 것이 자신들의 미래를 위해 중요했다. 홍우원의 상소가 있은 지 4개월도 안 된 8월 5일 남인의 거두 허목이 나서서 원자를 세자로 책봉할 것을 서둘러야 한다고 상소를 올렸다. 그러나 이제 우리 나이로 3세밖에 안 된 원자를 세자로 책봉하는 것은 무리였다. 통상 8세쯤 세자책봉이 이루어졌다.

세월이 흘러 현종 6년(1665년) 5월 22일 원자 나이 5살 때 현종은 영의정 정태화 등과 국정을 논의하다가 지방에 머물고 있던 송시열의 근황에 대해 이야기하면서 "원자의 탄생을 사람들이 모두 들어와 축하를 드리는데 시열이 홀로 축하하지 않으니 실로 알 수가 없는 처사"라고 말한다. 송시열에 대한 불만을 노골적으로 표명한 것이다.

이 말이 끝나자 정태화는 "원자 나이 다섯 살이 되도록 신들이 뵙지도 못했습니다"라며 외부세계와 접촉하도록 배려할 것을 주청했다. 그러나 현종은 "여염집 아이들은 다섯 살이면 제법 장성한 편이지만 이 아이는 충실하지 못하므로 바깥출입을 하기 어렵다"고 거절했다. 좌의정 홍명하도 "원자가 매우 출중하다고 들었습니다. 자주 밖으로 나오게 하여 신들과 접하게 한다면 좋을 듯합니다"고 했으나 현종은 아무런 대답을 하지 않는다. 그 이유는 아직 어린 원자가 "수염난 대신들을 만나보기를 싫어하기 때문"이었다. 이상의 대화를 종합해 보면 원자 시절 숙종은 건강은 별로였던 듯하고 머리는 뛰어났던 것 같다.

하지만 이때부터 원자의 교육, 즉 보양 문제가 급물살을 타기 시작한다. 6월 12일 의정부 좌참찬 송준길이 글을 올려 "훌륭한 스승을 골라 원자를 보양해야 한다"고 청한다. 이에 현종은 영의정 정태화에게

즉각 추진할 것을 명한다. 정태화는 그 자리에서 송시열과 송준길을 추천했고 현종은 만약의 사태에 대비해 두 사람을 더 추천토록 명했다. 그래서 김수항과 김좌명 등이 추가됐다. 이렇게 해서 6월 17일 이들 네 사람은 원자 보양관으로 임명된다.

9월 7일 강학청(講學廳)이 설치돼 본격적인 공부가 시작된다. 첫 번째 텍스트는 『효경(孝經)』이었다. 통상적으로는 『소학』에서 출발하는데 『효경』을 먼저 읽게 된 것은 그전에 이미 원자가 『소학』을 읽었기 때문이다.

그보다 4일 전인 9월 3일에는 희정당 서쪽 별당에서 원자와 보양관 송준길의 상견례가 있었다. "예를 행할 적에 마치 성인처럼 행동 하나하나가 모두 예에 어긋나지 않으니 보양관과 내시들이 탄복하였다." 의례적인 칭찬으로

숙종 어필_「조맹부 글씨에 제(題)함」이라는 제목의 글로, 원나라 조맹부가 쓴 시에 숙종이 소감을 적은 글이다.

보아 넘길 수도 있으나 훗날 숙종이 보여주는 단정한 모습을 감안할 때 이는 조금도 과장이 아닌 듯하다.

9월 14일 보양관 송준길이 현종을 찾아뵙고 그간 공부의 진행상황

을 간략히 보고한다. "우러러 원자의 낭랑한 목소리를 들으니 송독(誦讀)이 분명하고, 기운찬 필획(筆畫)을 살펴보니 정신을 집중하여 쓴 글씨였습니다."

1년 4개월 후인 현종 8년(1667년) 1월 22일 원자 순(焞)이 왕세자에 책봉된다. 그날 책봉식 장면을 『실록』은 이렇게 전한다.

"주상이 인정전(仁政殿)에 나아가 원자를 책봉하여 왕세자로 삼았다. 세자의 나이 겨우 7세였는데 거동 하나하나가 예에 맞지 않는 것이 없고 영특한 자태와 덕성스러움이 마치 성인(成人)처럼 엄연하니, 뜰을 가득 메운 신하들이 모두 탄복하여 목을 길게 빼고 바라보았다."

원래 이름은 광(爌)이었는데 현종 7년 3월 25일 대사헌 조복양이 글을 올려 이름이 옛 고사에서 흉악한 짓을 한 인물들과 발음이나 뜻이 같으니 개명을 건의했다. 약간의 논란이 있었지만 조복양의 지적에 타당성이 있다고 해서 다시 공모를 해서 순(焞)으로 바꿨다. 순은 '불이 성하다', '광명을 밝히다'는 뜻을 담고 있다. 실제로 숙종은 장성하여 그 이름처럼 불같은 기질을 유감없이 드러내게 된다.

조선의 제왕학 훈련

오늘날과 달리 왕조시대에는 차기 국왕이 누가 될 것인지는 대략 예측이 가능했기 때문에 소위 제왕학(帝王學)이라는 체계적인 교육이 이뤄질 수 있었다. 물론 국왕의 아들이더라도 세자로 책봉된 아들과 그렇지 않은 아들의 교육은 완전히 달랐다. 충녕(세종대왕)의 경우에는 셋째 아들이었기에 서연(書筵)과 같은 세자교육을 받지는 않았지만 여러 정황과 호학(好學)의 성품으로 볼 때 거의 세자에 준하는 교육을 받았고 스스로 공부하기도 했다고 봐야 한다.

조선시대에는 원자가 태어나면 곧바로 보양청(輔養廳)이라는 기관을 설치했다. 말 그대로 원자를 보호하고 양육하는 일을 맡는 곳이다. 그러다가 서너 살쯤 되면 글을 가르치는데, 이때부터는 보양청이 교육을 담당하는 상학청으로 바뀐다. 여기서 『천자문』에서 시작해 『소학』 등으로 이어지는 본격적인 글공부를 시작한다. 특히 『소학』은 세종이 세자(문종)에게 교육을 시킬 때도 별도로 지시할 만큼 조선의 왕가에서 중시하던 유아교육서다. 『소학』은 중국 남송(南宋)시대 주희(朱熹, 朱子)의 감수 아래 제자 유청지 등이 편찬한 책으로, 1187년 주희가 58세 되던 해에 완성하였다. 노년에 주희가 『소학』을 펴낸 까닭은 자라나는 어린 세대가 인간의 착한 본성을 회복하여 기본적인 윤리를 실천할 때 비로소 당시의 위기를 극복할 수 있을 것으로 보았기 때문이다. 내용은 바람직한 마음가짐에서 출발해 올바른 몸가짐과 언행으로 이어지도록 유학의 이론을 아주 쉽게 정리한 것이다.

그러나 강학청이란 요즘 식으로 유치원에 해당하므로 특별히 어려운 내용을 배우는 게 아니라 앞으로 글공부를 위한 기초가 되는 기본적인 글자를 깨우치는 단계의 교육을 실시하는 곳이었다. 물론 교육 내용은 유학이 핵심일 수밖에 없다. 기록에 따르면 교육방식은 스승이 한문 글자의 음과 뜻을 풀이해 주면 원자는 그대로 따라 읽고 외우는 식이었다. 서당에서의 교육과 별반 다를 게 없다. 다만 그때부터 이미 오전·오후·저녁 하루 세 차례의 강의가 있었기 때문에 명민하지 못하다든가 학문에 흥미가 없는 원자의 경우에는 여간 고통스러운 시간이 아니었을 것이다. 양녕이 그랬고 연산군이 그랬다.

원자가 세자로 책봉되는 8세 무렵이면 본격적인 세자교육을 위해 강학청이 서연(書筵)으로 바뀐다. 대부분의 왕이 20세를 전후해 왕위에 오른 것을 감안하면 서연은 오늘날의 중등교육 수준에 해당된다고나 할까? 본격적인 학문연마가 이뤄지고 교재에 담긴 유학의 정신을 이해하면서 실천을 위한 정신적 훈련을 받는 시기다. 반면 왕이 학덕이 뛰어난 신하들과 학문과 정치를 주제로 이야기를 주고받는 자리는 경연(經筵)이라 했다. 이처럼 조선은 보양청-강학청-서연-경연으로 이뤄지는 4단계 제왕학의 코스를 갖추고 체계적으로 국왕을 가르친 자랑스런 전통을 갖고 있었다. 앞서 숙종은 날 때부터 임금이 될 사람이라고 했다. 따라서 그는 이 코스를 모두 거친다. 어쩌면 이 모든 코스를 거치고서 성공적인 국왕이 된 유일한 경우라고 해도 과언이 아니다.

극진한 사랑 속에서 성장하다

당당하고 목소리가 우렁찬 세자

세자에 책봉된 지 정확히 한 달이 지난 현종 8년 2월 22일 서연이 열렸다. 이날의 교재는 『동몽선습(童蒙先習)』이었다. 세자는 누가 시키지 않아도 글을 읽을 때 목청껏 큰 소리를 내어 읽었다.

훗날 임금이 되어서도 큰 목소리로 책을 읽는 습관은 이어졌다. 숙종 2년 1월 경연에서 지사 민희가 "독서할 때 목청을 너무 높이면 기운을 상할 염려가 있습니다"고 하자 숙종은 "독서를 하다가 좋은 대목이 나오면 저절로 목소리가 높아지는 것"이라고 답한다. 어려서부터 매사에 당당하고 자신감에 차 있었다.

어릴 때의 일화는 많이 전하지 않지만 효심(孝心)과 관련한 이런 일화가 있다. 5세 때 명성왕후가 산후병으로 음식을 먹지 못하고 있었다. 이때 세자는 꼭 꿇어앉아 자기 손으로 어머니에게 미음을 떠 넣었

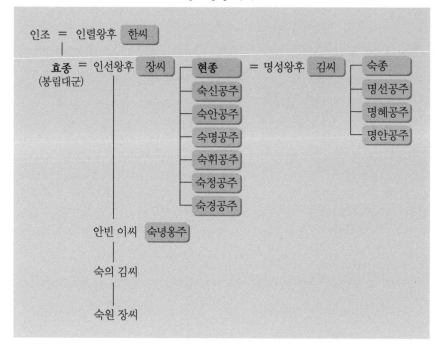

인조 = 인렬왕후 한씨
├
효종 = 인선왕후 장씨   현종 = 명성왕후 김씨   숙종
(봉림대군)   명선공주
       숙신공주   명혜공주
       숙안공주   명안공주
       숙명공주
       숙휘공주
       숙정공주
       숙경공주

안빈 이씨 숙녕옹주

숙의 김씨

숙원 장씨

고 걱정하는 낯빛이 완연했다. 병으로 힘든 와중에도 명성왕후는 "네
가 이리 권하니 내 어찌 안 먹을 수 있겠느냐"며 억지로 미음을 먹었
다는 것이다. 또 내의원에서 소젖을 짤 때 송아지가 슬피 우는 소리를
듣고는 더 이상 그 우유를 먹지 않을 정도로 어버이에 대한 사랑이 깊
었다고 한다.

아버지 현종은 엄부(嚴父)라기보다는 자부(慈父)였다. 현종은 매사
에 합리적이고 조용한 성품의 소유자였다. 게다가 자신이 아직 20대
였으므로 서둘고 싶은 마음이 없었다. 세자 책봉 직후에는 왕세자가
종묘에 알현하는 것이 관례였으나 전염병이 돌고 종로 거리가 깨끗하
지 않다는 이유로 무기한 연기했으며, 현종 9년 1월에는 예조판서 김

수항이 "세자가 여덟 살이 되면 입학(入學)하는 것이 옛 관례인데 이미 늦었으니 서둘러야겠습니다"고 하자 현종은 1년 후로 미루라고 명한다. 세자에게 과중한 부담을 주지 않으려는 배려였다. 2월 2일에도 세자시강원 보덕을 맡은 이유(李槱) 등이 입학을 서둘러야 한다고 했으나 현종은 "너희는 속히 서두르는 것만을 귀하게 여기지 말라"며 청을 물리친다. 입학이란 성균관에서 공부를 배우기 시작하는 것을 뜻한다. 대신 현종은 3월 28일 우의정 송시열에게 세자부를 겸하게하도록 명했다.

숙종은 어려서부터 병약했다. 세자는 그해 여름 더위로 인하여 몸이 편치 않았다. 9월경 지방을 순행 중이던 현종은 세자가 병으로 누웠다는 소식을 듣고 서둘러 환궁한다. 『실록』에는 "세자의 병이 위독했다"며 현종이 직접 병구완을 하느라 한동안 정사를 돌볼 수 없었다는 기록이 있다. 병명은 '학질'이었다. 10월 2일 세자가 거처를 내의원으로 옮겼다는 것으로 보아 병세가 상당히 위험한 수준에 이르렀던 것으로 보인다. 세자의 병은 10월 말에 가서야 회복조짐을 보였다. 당시 현종이 얼마나 가슴 졸였는지는 굳이 설명할 필요가 없다. 11월 10일 현종은 대신을 보내 세자가 병에서 회복되었다고 종묘에 고했다. 12월 14일에는 송준길도 세자 찬선(3품직)으로 명해 세자의 공부와 덕행을 돕도록 했다. 송시열은 세자부, 송준길은 세자 찬선으로 '양송'이 어린 숙종의 학문을 가르치게 된 것이다.

현종 10년 1월 15일 이번에는 좌참찬 겸 세자 찬선 송준길이 글을 올려 세자의 관례(冠禮)를 1월 중에 행할 것을 청했다. 다음날에는 예조에서도 1월 27일경 관례를 올리는 것이 좋겠다는 청을 올렸다. 이때에도 현종의 답은 종묘 알현이나 입학을 논의할 때와 같았다.

"지금 봄 추위가 아직 풀리지 않았는데 큰 병을 치른 뒤 노천에서 옷을 갈아입는다는 것은 실로 불편하다. 다시 생각해 보니 따뜻한 2월에 정한 날짜대로 시행하는 것이 낫겠다."

사실 세자는 아직 입학례도 치르지 못한 상태였다. 이 문제는 줄곧 논란이 되다가 6월 13일 마침내 현종이 "입학은 올가을에 하도록 하고 관례는 내년 봄에 치르는 것이 좋겠다"고 함으로써 일단락된다.

『소학』이냐 『대학』이냐

현종 10년 7월 24일 현종은 세자가 입학할 경우 성균관에서 『소학』을 가르치는 게 좋겠다는 의견과 함께 세자시강원에서 이 문제를 논의해 볼 것을 명했다. 당시 시강원은 사(師)가 영의정 정태화, 부(傅)가 송시열, 좌빈객 박장원, 우빈객 조복양 등이고 우부빈객 민정중이었다. 당시 송시열은 줄곧 사직의 의사를 밝히며 지방에 머물고 있었기 때문에 이 논의에는 참여하지 않았다.

이날의 논의는 여러 가지 점에서 중요하다. 일부 인사가 『소학』보다는 『대학』을 가르치는 게 좋다고 주장했기 때문이다. 특히 『소학』이냐 『대학』이냐는 수기(修己)냐 치인(治人)이냐는 강조점의 차이를 두는 것이기에 어린 세자에게는 두고두고 대단히 큰 영향을 줄 수 있는 결정이 아닐 수 없었다. 크게 보면 이황이 『소학』을 중시했고 이이는 『대학』을 중시했다.

나흘 후 시강원에서는 내부의 논의 내용을 있는 그대로 전해왔다. 정태화는 "근래에는 세자가 입학했을 때 『대학』을 진강하지만 거슬러 올라가면 『소학』을 진강한 적도 있으니 전하의 뜻대로 해도 무방할 듯하다"는 입장을 개진했고 좌빈객 박장원과 우빈객 조복양도 같은 뜻이라고 했다.

그런데 가장 낮은 직급인 민정중이 반대론을 폈다. "옛날 예법에 『소학』과 『대학』은 가르치는 뜻이 각각 달랐습니다. 『대학』에 든 사람에게는 궁리(窮理)·정심(正心)·수기(修己)·치인(治人)의 도리를 교육시켰는데, 천자의 원자로부터 국가의 책임을 맡을 사람들에게 모두 이러한 도리를 교육시켰습니다. 지금 세사가 입학하는 의식에서도 역시 이 예법을 준행해야 할 것입니다. 세자가 이미 『대학』을 공부하기 시작했는데 『소학』에서 가르치는 것을 거슬러 진강하는 것은 옛 사람이 수기치인하는 도리를 교육시킨 뜻에 어긋나는 것입니다. 더구나 세자는 나이가 비록 어리긴 해도 학업이 이미 진보된 상황이니만큼, 입학하는 날 『대학』을 수강하게 하는 것이 옳을 듯싶습니다." 이를 전해 들은 현종은 사(師) 정태화의 뜻을 따르겠다고 말한다. 『소학』을 진강토록 하겠다는 것이었다.

사실 이 또한 세자에 대한 현종의 각별한 사랑이 반영된 결과였다. 무리하게 어려운 공부를 서둘다가 학문에 염증을 느껴서는 안 된다는 속 깊은 배려다. 그러나 이 문제는 그렇게 간단한 사안이 아니었다. 그 자신이 현종의 뜻에 따라 『소학』을 진강해도 무방하다는 뜻을 밝혔던 정태화가 8월15일 정사를 논의하던 중 "외부의 의논을 듣건대 『대학』을 진강하지 않을 수 없다고 한다"며 다시 의논하여 결정하는 것이 좋겠다고 말한다. '외부의 의논'이란 무엇일까? 그것은 산림, 그중에서도 송시열의 의견이었을 가능성이 크다. 그런 시대였다. 영의정조차도 국왕의 의견보다는 송시열의 의견을 중시하던 당파의 시대였다. 아무래도 이이 계열인 서인 쪽은 『대학』을 중시하지 않을 수 없었다. 물론 정태화도 서인이지만 당파성이 그리 강하지 않은 온건한 관료였다.

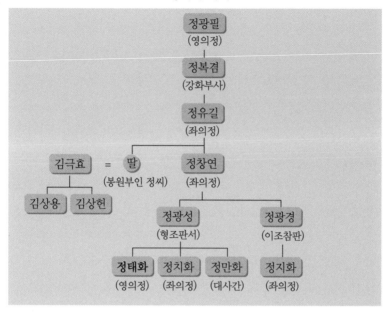

정태화 가계도

정광필
(영의정)

정복겸
(강화부사)

정유길
(좌의정)

김극효 = 딸
(봉원부인 정씨)

정창연
(좌의정)

김상용   김상헌

정광성
(형조판서)

정광경
(이조참판)

정태화   정치화   정만화   정지화
(영의정)   (좌의정)   (대사간)   (좌의정)

영의정 정태화(鄭太和, 1602년 선조 35년~1673년 현종 14년)는 조선 중기의 대표적인 명문가 출신이다. 그의 5대조 할아버지가 중종 때 영의정을 지낸 정광필이고 증조할아버지 정유길과 할아버지 정창연은 좌의정을 지냈다. 특히 정유길의 딸 봉원부인 정씨는 김극효와 결혼해 김상헌, 김상용 형제를 두었다. 이처럼 정태화는 김상헌 집안과 인척간이다. 아버지 정광성은 형조판서, 작은아버지 정광경은 이조참판을 지냈고 정태화는 영의정, 동생 정치화는 좌의정, 정만화는 대사간을 지내며 사촌동생인 정지화도 좌의정에 오른다.

인조 6년(1628년) 문과에 급제한 정태화는 사간원 정언, 이조좌랑 등의 관직을 거쳐 1636년 청나라 침입에 대비해 설치한 원수부의 종사관으로 도원수 김자점 밑에서 군사문제를 익혔다. 막상 병자호란이 발발하자 김자점은 도망쳤고 그는 황해도에서 패잔병을 수습해 항전을 펼쳐 이름을 얻었다. 소현세자가 볼모로 심양에 갈 때 배종하였고 이듬해 돌아와 충청도관찰사에 오르고 1649년 47세의 나이로 우의정에 오르기까지 대사헌과 6조판서를 두루 거쳤다.

1645년 호조판서로 있을 때 소현세자가 죽고 후계 문제로 논란이 일자 김육과 함께 봉림대군 세자책봉에 반대하고 소현세자의 아들로 적통을 이어가야 한다고 수상했다. 그러나 원만한 성품과 적대세력을 만들지 않는 처신으로 줄곧 중책에 있었다. 우의정에 오른 직후 효종이 즉위하자 사은사(謝恩使 - 조선시대 중국 명나라와 청나라에 보냈던 답례 사신)로 연경에 다녀온 뒤 좌의정에 올랐다가 얼마 후 영의정에 오르고 그후 몇 차례 영의정을 역임하며 조정의 분란을 조정하는 데 힘썼다.

제1차 예송논쟁 때는 송시열의 기년설을 지지해 이를 시행케 하는 데 결정적 기여를 했다. 특히 동생 정치화·정만화 등과 함께 청나라와의 난제를 해결하는 데 많은 외교적 공을 세웠다. 그는 청나라 고위 관리들과도 깊은 교유를 가져 문제가 생길 때마다 뛰어난 활약을 보여주었다. 1673년 심한 중풍 증세로 어렵사리 주청이 허락되어 생애 다섯 번째의 영의정에서 물러날 수 있었다.

정태화의 의견 변경에 사실 현종으로서는 속으로 대단히 분개했지만 겉으로 드러낼 수는 없었다. 다만 문종의 경우에 8세에 입학해서 『소학』을 강한 적이 있고 자신이 입학해서 『대학』을 강한 것은 이미 나이가 12세였기 때문에 그랬던 것이라면서도 "정 그렇다면 의논한 대로 하라"고 한 걸음 물러서고 만다. 어쩌면 이때 현종은 '송시열, 그대는 정녕 누구인가?'라고 물었을지도 모른다. 사실 그에 앞서 8월 5일 현종은 사관을 보내어 곧 있게 될 세자의 입학 때 송시열과 송준길이 반드시 참석해 줄 것을 유시했으나 아무런 답변이 없었다. 입 밖으로 내놓고 말하지는 않지만 양송, 그중에서도 특히 송시열은 자신의 존재를 인정하지 않으려는 것이 분명했다. 그러나 현종이 할 수 있는 것은 아무것도 없었다. 힘없는 왕권과 강력한 신권의 어색한 공존은 계속되고 있었다.

"세자의 독해력이 날로 진취되고 있습니다"

마침내 8월 25일 '양송'은 끝내 오지 않은 가운데 세자의 입학례가 성균관에서 거행되었다. 입학례를 행하던 세자의 모습에 대해 『실록』은 "행동이 의젓한 데다가 강독하는 소리도 낭랑하였으므로 밖에 둘러 모여 구경하던 사람들 모두가 감탄하며 기뻐하였다"고 적고 있다. 3개월이 지난 11월 25일 이조판서 조복양이 현종에게 "신이 연일 서연에 드나들고 있는데 세자의 독해력이 날로 진취되고 있습니다"고 아뢰었다. 그러면서 막 시묘살이를 마친 이유태를 찬선으로 임명해 세자의 학문을 도울 것을 청했고 현종은 즉석에서 받아들였다. 시강원 우빈객을 지냈던 이조판서 조복양은 어떤 인물이며 또 그가 세자를 도울 찬선에 천거한 이유태는 누구인가?

조복양(趙復陽, 1609년 광해군 1년~1671년 현종 12년)은 숙종의 어릴 때 이름을 광(爌)에서 순(焞)으로 바꾸게 만든 장본인이기도 하다. 그는 좌의정에 올라 김육과 함께 대동법 실시에 큰 공을 세운 조익(趙翼)의 아들로 김상헌 문하에서 배웠고 인조 16년(1638년) 문과에 급제했다. 이후 사헌부·사간원·홍문관의 청요직을 두루 거쳤고 효종 즉위년(1649년) 사헌부 지평으로 있을 때 붕당의 폐해를 주장하다가 왕의 노여움을 사기도 했다. 서인이면서도 당쟁과는 거리를 두었으며 성균관 대사성, 사간원 대사간 등을 거쳐 현종 9년에는 예조판서 겸 대제학에 올랐고 이때 이조판서로 있었다.

조복양이 천거한 이유태는 조금 달랐다. 이유태(李惟泰, 1607년 선조 40년~1684년 숙종 10년)는 한미한 집안 출신으로 민재문(閔在汶)에게 학문적 기초를 익힌 후에 김장생·김집 부자의 문인이 되어 그 문하의 송시열·송준길·윤선거·유계와 더불어 '호서산림 오현(五賢)'의 한 사람으로 꼽힐 정도로 학문석 두각을 나타냈다.

현종은 관례도 서둘렀다. 관례(冠禮)란 성인식이다. 당초 2월 중순에 예정돼 있던 관례는 "세자의 기체가 불편하여" 3월 9일로 연기된다. 이때 세자의 나이 10세였으므로 관례를 행하기에는 너무 빠르지 않으냐는 신하들의 지적이 있었지만 현종은 이를 무시하고 강행한다. 예정대로 3월 9일 열린 관례에는 찬선 송준길만이 참석했다. 송시열은 참석하지 않았다는 뜻이다.

'김장생의 증손' 김만기의 딸을 세자빈으로 맞아들이다

관례가 끝나자 곧바로 대례(大禮-혼인)를 위한 세자빈 간택에 들어 갔다. 8월 5일 사간원 정언 조근의 딸이 간택에 들었으나 병으로 참여하지 못했다. 그 바람에 조근은 그 직에서 쫓겨났다. 결국 그해 12월 26일 참의 김만기의 딸이 세자빈으로 최종 낙점되었다. 그가 훗날 숙종비인 인경왕후 김씨다.

김만기는 '예학의 원조' 김장생의 증손자로 그의 할아버지는 김장생의 셋째 아들 김반이고 아버지는 김반의 셋째 아들 김익겸으로 병자호란 때 강화도에서 김상용과 함께 청나라 오랑캐에 맞서 싸우다가 장렬하게 전사했다. 우리에게는 『사씨남정기』와 『구운몽』으로 유명한

인경왕후 김씨 가계도

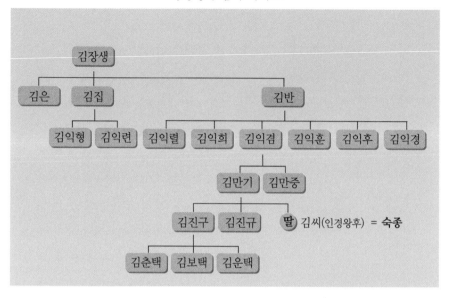

김만중이 바로 김만기의 친동생이다. 따라서 두말할 것 없는 서인의 핵심 집안이자 송시열계였다. 김만기 자신이 송시열의 제자이기도 했다. 세자빈 선택과정에 송시열이 어떤 영향력을 행사했는지는 알 수 없지만 일단 송시열 세력은 차기 국왕의 '절반'은 장악한 셈이었다.

이건창은 인조반정을 일으킨 공신들이 회맹하는 자리에서 두 가지 약속을 한 바 있다고 『당의통략(黨議通略)』에 썼다. 하나는 명분으로 산림(山林)을 숭용하자는 것이고 또 하나는 실리로 국혼을 잃어서는 안 된다는 것이다. 김만기의 딸을 세자빈으로 넣은 것은 바로 이 '무실국혼(無失國婚)'을 실천에 옮긴 것이다.

김만기(金萬基, 1633년 인조 11년~1687년 숙종 13년)는 효종 4년 (1653년) 문과에 급제해 수찬·정언·교리 등 청요직을 거쳤고 현종 초 예송(禮訟)이 일어났을 때 송시열의 기년설을 지지해 3년복을 주장하

는 남인 윤선도를 제거하는 데 앞장섰다.

현종 12년(1671년) 딸이 세자빈이 되자 외척으로서 정치적 지위가 더욱 굳어져 서인의 핵심인물로 떠올랐으며, 1674년 병조판서가 되어 군사권을 장악했고 같은 해 숙종이 즉위하자 국구(國舅-임금의 장인)로서 돈녕부 영사, 광성부원군에 봉해졌다. 이어 총융사를 겸하여 남인정권에 대해 군사권으로써 서인의 입장을 대변했다. 특히 숙종 6년(1680년) 경신환국이 진행되는 가운데 숙종의 특지로 훈련대장이 되어 김석주 등과 함께 영의정 허적의 아들인 허

김만기_ 숙종 즉위 후 국구(國舅)로서 영돈녕부사에 승진되고 광성부원군에 봉해졌다.

견의 역모를 다스린 공으로 보사공신(保社功臣) 1등에 책록된다. 이로써 다시 정권은 남인에서 서인으로 넘어가게 된다.

김만기의 딸이 세자빈으로 책봉된 것은 이듬해(현종 12년 1671년) 3월 22일이다. 세자빈에 대해 『실록』은 "예법 있는 집에서 태어나 일찍부터 참하고 얌전한 여자의 덕이 드러났었는데 때마침 세가(世家)의 처녀를 뽑는 데에 들어 궁중에 들어갔다. 빈의 나이가 겨우 10세였는데도 행동거지가 예에 어긋나는 것이 없었으므로 사전(四殿)이 모두 사랑하여 드디어 세자빈으로 정하였다"고 적고 있다.

현종의 뒤늦은 각성과 분노

제2차 예송논쟁

자신의 집권 초기 제1차 예송논쟁으로 조정 신하들이 남인과 서인으로 갈려 예송문제로 끝없는 논란을 벌이자 현종은 "만일 다시 복제를 가지고 서로 모함하는 자가 있으면 중형을 쓰리라"고 금지령을 내렸다. 그런데 현종 15년 2월 효종의 비이자 현종의 모친인 인선왕후 장씨가 세상을 떠났다. 행인지 불행인지 그때까지 제1차 예송논쟁을 촉발시킨 장본인이던 인조의 계비 자의왕대비가 여전히 생존해 있었다. 제1차 예송논쟁 때는 아들의 사망에 따른 복제(服制) 문제였다면 이번에는 며느리의 사망에 따른 복제 문제였다. 그러나 구조적으로는 동일했기 때문에 이미 예송논쟁의 재촉발은 예정된 것이나 마찬가지였다.

1차 때만 해도 현종이 어렸지만 그사이 15년이라는 세월이 흘렀다.

현종도 이제 나름의 관점을 갖고 있을 때였다. 세자도 열서너 살이었으므로 조정에서 돌아가는 문제에 대한 최소한의 의식을 갖추고 있었다.

현종 15년(1674년) 2월 23일 대비(인선왕후) 장씨가 56세를 일기로 승하했다. 예조판서 조형과 참판 김익경 등은 당초 사흘 후인 2월 26일 자의왕대비의 상복과 관련해 기년복을 입어야 한다는 의견을 올렸다. 그것은 곧 대비를 인조의 큰며느리로 본다는 뜻이고 이는 곧 효종도 장자로 본다는 뜻이었다. 그런데 15년 전에 있었던 1차 예송에서는 효종은 사실상 장자가 아닌, 둘째 아들로 간주되어 자의왕대비는 당시 3년복(참최복)이 아닌 1년복(기년복)을 입은 바 있다. 송시열이 이끄는 서인의 예론에 따른 것이다. 결과적으로 이번 예조의 의견은 송시열의 예론을 뒤집은 것이다.

문제는 바로 다음날 터진다. 예조에서 자신들의 의견을 스스로 번복하는 입장을 아뢴 것이다. "신들이 어제 복제의 절목 가운데 왕대비께서 입을 복제에 대해 기년복으로 헤아려 정해 재가를 받았습니다. 그런데 '가례복도(家禮服圖)' 및 명나라 제도에 며느리의 복은 기년복과 대공복(大功服-9개월)의 구분이 있었으며, 기해년 국상 때에도 왕대비께서 기년복을 입으셨습니다. 이로 본다면 이번 복제는 대공복이라는 게 의심할 것이 없는데, 다급한 사이에 자세히 살피지 못하여 이처럼 경솔히 하다 어긋나게 한 잘못이 있었으니 황공함을 금하지 못하겠습니다." 이에 현종은 일단 "알았다"고 짧게 답한다. 그러나 이미 속으로는 10년 이상 참아온 분노의 불길이 타오르고 있었다. 분위기는 이날 기사에 대한 사관의 평을 통해 어느 정도 엿볼 수 있다. "기해년의 복제를 처음 정할 때 송시열이 의논을 수렴하면서 국가의 복제는 기년이라고 핑계대었는데, 그 뜻은 사실 가공언(賈公彦)의 주소(注疏) 중에서 서자를 세워 후사를 삼았을 경우에 해당하는 설을 위주로 한 것이었다. 이때에 이르러 예조가 애초에 국가의 복제는 기년이라고 의논을 정해 올리자, 당시 선비의 이름으로 행세하며 송시열에게 편당 지은 자들이 송시열의 의논과 크게 차이가 나는 것을 미워해 옥당 사람들에게 편지를 보내 위협하니 예조판서 조형 등이 여론에 죄를 얻을까 두려워서 기년복을 다시 대공복으로 고쳐서 올렸다."『현종실록』의 편찬을 주로 남인이 맡은 것을 감안하더라도 사관의 이 지적은 사실과 크게 다르지 않은 것으로 보인다. 당시 '여론'이란 공론이 아니라 송시열 당의 당론, 혹은 송시열의 의견이었다.

침착한 성품의 현종은 일단 기년복이냐 대공복이냐를 떠나 대비의 장례절차에 차질을 빚었다는 이유로 예조판서 조형, 참판 김익경, 참의 홍주국, 정랑 임이도 등을 잡아다가 심문할 것을 명했다. 본질적인 문제는 일단 남겨두고 우회하려는 뜻이었다. 아직은 때가 아니라고 판단한 것이다. 여기서는 조형이 어떤 인물인지 알아둘 필요가 있다. 그가 남인이라면 의도적인 도발을 한 것이고 서인이라면 (서인의 입장에서 볼 때는) 정말로 어처구니없는 실수를 한 것이기 때문이다. 더욱이 서인이라면 실은 많은 서인이 송시열이 세운 당론과 달리 무의식 중에 현종을 장자로 보고 있었다는 뜻이기도 하다는 점에서 조형의 인물됨과 당파는 대단히 중요하다.

경력부터 보자. 조형(趙珩, 1606년 선조 39년~1679년 숙종 5년)은 승지를 지낸 조희보(趙希輔)의 아들로 인조 8년(1630년) 문과에 급제했고 1636년 병자호란 때 남한산성에 들어가 독전어사(督戰御史)가 됐으며, 인조의 환도 후 병조좌랑에 올랐다. 이후 이조좌랑, 승지, 충청감사, 대사간, 도승지 등을 두루 거쳤으며 이어 형조판서와 공조판서를 거쳐 대사헌을 지냈다. 1665년 의금부 지사, 우참찬을 거쳐 이듬해 공조판서, 좌참찬, 예조판서, 의금부 판사 등을 거쳐 이때 예조판서로 있다가 고초를 겪게 된 것이다. 이미 이때 그의 나이 일흔을 바라보고 있었다. 그는 당파와는 일정하게 거리를 두는 입장이었고 굳이 말하자면 대세에 따라 서인의 입장을 따르는 편이었다고 할 수 있다. 그러나 당쟁의 시대였다. 어느 한쪽에 온몸을 던지지 않는 인물들이 설 자리는 거의 없었다. 이는 그가 숙종 5년 6월 18일 세상을 떠났을 때 서인 쪽에서 쓴 『숙종실록』의 졸기를 보아도 알 수 있다.

"전 판서 조형이 졸(卒)하였다. 조형이 조금 간약(簡約)하다는 평이 있었으나, 사람됨이 느슨하고 무능하기 때문에 요직에 등용되지 못한 데다 또 사당(邪黨-남인)들이 그가 일찍이 예론(禮論)에 가담하였다 하여 여러 해 동안 폐치했는데, 이때에 와서 죽으니, 나이 74세였다. 뒤에 충정(忠貞)이란 시호가 내려졌다."

즉 자신들의 편에 섰음에도 불구하고 자의왕대비의 복제를 처음에 기년제로 올리는 등의 '잘못'을 저지른 데 대해 "사람됨이 느슨하고 무능하다"고 통박하고 그로 인해 훗날 양주에 유배를 가게 된 것 또한 깎아내리고 있다. 조형은 서인과 남인 모두로부터 환영받지 못했다. 이유는 적극적 당파주의자가 아니라는 것이다. 한편 입장을 바꿔 대공복설을 올렸다 하여 훗날 조형과 함께 유배를 가게 되는 참판 김익경은 철저한 서인으로 송시열의 문인이었다. 특히 그는 김장생의 셋째 아들 김반의 여섯째 아들로 세자(훗날 숙종)의 장인인 김만기의 아버지 김익겸의 막내동생이다. 숙종에게는 처 작은할아버지인 셈이다.

자의왕대비의 복제를 둘러싼 논쟁은 조형 등이 유배를 가는 것으로 일단락되는 듯했다. 자의왕대비의 복제는 대공복으로 결정되었다. 적어도 중앙조정에서는 현종이나 중신도 더 이상 그 문제는 언급하지 않았다. 그러나 중대현안 앞에서 이뤄진 과도한 침묵은 더 큰 폭풍우를 부르는 조짐이었다.

일개 유생이 올린 상소가 조정과 국가를 뒤흔들다

인선왕후가 세상을 떠나고 자의왕대비의 복제가 대공복으로 정해져 5개월이 흐른 현종 15년 7월 6일 남인계통의 대구 유생 도신징(都愼徵)이 문제의 상소를 올렸다. 이 상소는 남인의 논리를 일목요연하게 정리해 보여줄 뿐만 아니라 실은 이 당시 현종의 생각을 거의 그대로 대변하고 있었다.

"신이 비록 보잘것이 없으나, 그래도 없어지지 않는 이성이 있으므로 충정에 격동되어 어리석고 미천한 신분을 헤아려보지도 않은 채 천리길을 달려와 엄한 질책을 받게 되더라도 신의 소견을 말씀드리려고 하였습니다. 그런데 나이 60이 넘어 근력이 쇠약한 데다 불꽃 같은 더위를 무릅쓰고 오다가 중도에서 병이 나 지체한 바람에 집에서 떠난 지 한 달이 넘어서야 간신히 도성으로 들어와보니, 말씀드릴 기회는 벌써 지나 이미 발인한 뒤였습니다. 전하의 지극하신 효성에 감동되어 하늘과 사람이 순조롭게 도와 대례(大禮)를 완전하게 마쳤으니 이는 오늘날의 큰 다행이긴 하나, 사실 후세에 보일 원대한 계책은 아닙니다. 그러나 공자가 '지나간 일이므로 말하지 않는다'고 말씀하셨으므로 지금 이에 대해서는 논하지 않겠습니다. 다만 예(禮)가 잘못된 점만 들어 말씀드리겠습니다.

왕대비께서 인선왕후를 위해 입는 복에 대해 처음에는 기년복으로 정하였다가 나중에 대공복으로 고쳤는데 이는 어떤 전례를 따라 한 것입니까? 대체로 큰아들이나 큰며느리를 위해 입는 복은 모두 기년의 제도로 되어 있으니 이는 국조 경전에 기록되어 있는 바입니다. 기해년 국상 때에 왕대비께서 입은 기년복의 제도에 대해서 이미 '국조 전례에 따라 거행한다'고 하였는데, 오늘날 정한 대공복은 또 국조 전례에 벗어났으니, 왜 이렇게 전후가 다르단 말입니까.

만약 주공(周公)이 제정한 '큰며느리를 위해서는 대공복을 입어준다'는 예에 따라 행하였다고 한다면, 『주례(周禮)』 가운데 '제'이'비'기와 시어머니를 위해서는 기년복을 입고 큰며느리를 위해서는 대공복을 입는다'는 것은 증명할 수 없는 것으로, 모두 후세에서 준행하지 않고 있습니다. 당나라 위징(魏徵)이 건의하여 이 부분을 고쳤고, 송나라 주자도 고전을 모아 『가례(家禮)』를 편찬하면서 '큰며느리를 위해서는 기년복을 입어준다'고 하였습니다. 명나라 구준(丘濬)이 『가례의절(家禮儀節)』을 편찬할 적에도 변동하지 않고 그대로 따랐습니다. 그리고 본조(조선)의 선정신(先正臣-옛 명신) 정구(鄭逑)가 만든 「오복도(五服圖)」 가운데 『주례』의 '큰며느리는 대공복을 입어준다'는 것을 버리지 않고 그대로 둔 것은, 의심스러운 것은 그대로 전하는 『춘추』의 예를 지킨 것뿐이지 후세에서 따라하라고 한 것이 아닙니다.

그러고 보면 큰며느리에게 기년복을 입어주는 것은 역대 여러 선비들이 짐작해 정한 것으로써 성인이 나오더라도 개정할 수 없다는 것이 이처럼 명백합니다. 그런데 지금 사사로운 견해로 참작해 가까운 명나라가 제정한 제도를 버리고 저 멀리 삼대(三代)의 예를 취하였으니 전도된 것이 아닙니까. 더구나 일찍이 국가에서 제정한 예에 따라 기해년에는 큰아들에게 기년복을 입어주었는데, 반대로 지금에 와서는 국가에서 제정한 뭇 며느리에게 입어주는 복을 입게 하면서

『예경(禮經)』에 지장이 없다고 하였으니 그 의리가 후일에 관계됩니다. 왜냐하면 왕대비의 위치에서 볼 때 전하가 만일 못 며느리한테서 탄생한 것으로 친다면 전하는 서손(庶孫)이 되는데, 왕대비께서 춘추가 한이 있어 뒷날 돌아가셨을 경우 전하께서 왕대비를 위해 감히 중대한 대통을 전해 받은 적장손(嫡長孫)으로 자처하지 않을 수 있겠느냐는 것입니다. 예로부터 지금까지 중대한 대통을 이어받아 종사의 주인이 되었는데도 적장자나 적장손이 되지 못한 경우가 과연 있습니까. 전하께서 적장손으로 자처하신다면 양세(兩世)를 위해 복을 입어드리는 의리에 있어서 앞뒤가 다르게 되었으니 천리의 절문에 어긋나지 않습니까.

무릇 혈기가 있는 사람치고 어느 누가 놀라고 분개하지 않겠습니까. 그런데 안으로는 울분을 품고도 겉으로는 서로가 경계하고 주의시키면서 아직까지도 누구 하나 전하를 위해 입을 열어 말하는 사람이 없으니, 이러고도 나라에 사람이 있다고 할 수 있겠습니까. 예라는 한 글자는 세상 사람들이 기피하는 바가 되었습니다. 사람마다 제 몸을 아끼느라 감히 입을 열지 못하더니 더없이 중대하여 말하지 않을 수 없는 이러한 때를 당해서도 일절 침묵을 지키는 것을 으뜸으로 여기어, 조정에 공론이 없어지고 재야의 사기가 떨어지고 말았습니다. 국사가 이 지경에 이르렀으니 어찌 한심하지 않겠습니까.

전하께서 참으로 선뜻 깨닫고 즉시 반성하여 예관으로 하여금 자세히 전례를 상고토록 분명하게 지시해서 잘못된 것을 고치고 올바른 제도로 회복시킨 다음, 후회한다는 전교를 널리 내려 안팎의 의혹을 말끔히 씻어준다면, 상례 치르는 예에 여한이 없을 것이고 적장손의 의리도 밝혀질 것입니다. 떳떳한 법을 바로잡아 도에 합치되게 하는 것이 참으로 이 일에 달려 있으며, 말 한 마디로 나라를 일으켜 세울 수 있는 기회가 바로 오늘입니다. 이렇게 하였는데도 능히 백성의 마음을 기쁘게 하고 국시를 확실히 정하지 못하게 된다면, 망령된 말을 한 죄로 벌을 받는다 하더라도 신은 실로 달게 여기겠습니다.

신이 대궐문 앞에서 이마를 조아린 지 반달이 지났는데도 시종 기각을 당하기만 하였으니, 국가의 언로가 막혔으며 백성의 목숨이 장차 끊어지게 되었습니다. 신이 말하려는 것은 오늘날 복을 낮추어 입은 잘못에 대한 것일 뿐인데, 승정원이 금지령을 어기고 세를 논한다는 말로 억압하면서 받아주지 않고 물리쳤습니다. 아, 기해년의 기년복에 대해서는 경상도 선비들이 올린 소(疏)로 인해 이미 교서를 반포하고 금령을 만들어놓았습니다. 그러나 오늘날의 대공복에 대해서는 금령을 만들지도 않았는데 지레 막아버리니 정원의 의도가 아무래도 이상합니다.

과거에 기년복으로 정할 때 근거로 한 것은 국조 전례였는데 지금 대공복으로 정한 것은 상고해 볼 데가 없습니다. 맹자가 이른바 '예가 아닌 예'란 것이 이를 두고 한 말입니다. 대공복이 잘못되었다는 것은 미천한 자들도 알 수 있는데 잘 알고 있을 정원으로서 이렇게까지 막아 가리고 있으니, 전하께서 너무 고립되어 있습니다. 재야의 아름다운 말이 어디에서 올 수 있겠습니까. 진(秦)나라는 시서(詩書)를 읽지 못하도록 금령을 만들었다가 결국 나라를 망치고 말았습니다. 그런데 어찌 성스런 이 시대에 『예경』을 논하지 말라는 금령을 새로 만들 줄이야 생각이나 하였겠습니까. 신이 소를 올려 한 번 깨닫게 되기를 기대하였는데 안에서 저지하니 뜻을 못 펴고 되돌아가다 넘어져 죽을 뿐입니다만, 나라가 장차 어느 지경에 놓일지 모르겠습니다. 마음이 조여들고 말이 움츠러들어 뜻대로 다 쓰지 못하였습니다. 대궐을 향해 절하고 하직하면서 통곡할 뿐입니다."

읽고 또 읽었다. 어렵사리 도신징의 상소를 전해 받은 현종은 한 구절 한 구절 읽을 때마다 분노가 머리끝까지 솟구치는 것을 느껴야 했다. 어느 하나 자신의 속뜻과 다를 바가 없었다. '도대체 서인이란 자들은 뭐하자는 사람들인가?' '송시열, 그대는 과연 무슨 생각으로 일을 이 방향으로 끌어왔으며 지금은 도대체 무슨 생각을 하고 있는가?' '대신이란 자들은 나를 임금이라고 생각이나 하는가?' 끝 모를 분노의 의문들이 머릿속을 복잡하게 만들었다. '나는 그동안 뭘 한 건가?' 자책과 함께 향후 대처방안에 대해 고민하지 않을 수 없었다. 일전불사(一戰不辭). 현종의 마음은 이미 확전 쪽으로 잡혀가고 있었다. 평소의 그답지 않은 면모였다. 하지만 그러지 않고서는 나라가 더 이상 나라가 아닐 것이기 때문이었다. '한창 잘 자라고 있는 세자에게 뭘 물려주겠는가?'

도신징의 상소는 크게 두 가지로 구성돼 있다. 하나는 송시열을 필두로 한 예론이 실은 효종을 서자(庶子)로 취급하는 논리라는 것이고, 하나는 자신의 상소를 승정원에 포진된 서인세력이 반달 동안이나 가로막았다는 것이다. 국왕을 가장 가까이에서 모셔야 하는 승지들까지 자기 편이 아니라는 데 현종은 경악했다. 도신징의 말대로 자신은 고립돼 있었다.

도신징의 상소가 올라오자마자 대사간으로 임명된 전 예조참판 김익경이 현종을 찾아와 인피(引避)하겠다는 의사를 밝혔다. 인피란 어떤 사건이 발생했을 때 직간접적으로 연루된 사람이 관직을 내놓고 물러나 처벌을 기다리겠다는 뜻을 말한다.

"삼가 듣건대, 어떤 유생이 소를 올려 왕대비께서 입은 복제에 대해 예조에서 정한 것이 예에 맞지 않다고 논하였다 들었습니다. 그러나 그 소가 하달되지 않아 어떻게 말하였는지 자세히 알 수 없는 데 다가 또 옳고 그름과 잘잘못에 대해 지레 논해 가릴 필요는 없습니다 만, 신은 그 당시 예관의 한 사람이었는데 어떻게 태연히 있을 수 있 겠습니까."

일종의 선수를 치고 나온 것이다. 그런데 여기서 중요한 것은 두 가 지나. 하나는 노신생의 성소가 현종에게 진달되지미지 승경인에 포건 된 서인계통의 승지들이 김익경을 비롯한 서인의 핵심인사들에게 그 같은 사실을 전달했다는 것이다. 하나는 현종이 그 내용을 공개하지 않았다는 점이다. 서인진영은 불안과 공포에 빠져들었다. 전전긍긍(戰 戰兢兢). '과연 주상은 이 일을 어떤 방향으로 끌고 가려고 하는가?'

김익경이 인피하자 사간원의 사간 이하진, 정언 안후태 등이 엄호 사격에 나섰다. "이미 지나간 일인데 그 일로 인피할 것까지야 뭐가 있겠습니까. 김익경으로 하여금 출사하게 하소서." 그러나 서인의 입 장에서 보자면 이하진이나 안후태의 지원논리는 무성의한 것이었다. '이미 지나간 일'이 아니라 '잘못된 일'이라고 했어야 하는 것이다. 결 국 닷새 후인 7월 11일 사헌부 장령 이광적이 나서 "상복 제도는 이미 정해져 있는 것인데 유생이 올린 소는 망령되고 그릇된 것입니다. 그 런데도 그것을 제대로 분변하지 못하여 공론으로부터의 비난을 면치 못하게 되었습니다. 이하진과 안후태는 좌천시키고 김익경은 출사하 게 하소서"라고 소를 올렸다. '공론으로부터의 비난을 면치 못하게 되 었다? 또 공론인가?' 현종이 볼 때 서인의 '노는 꼴'이 가관이었지만 일단은 이광적의 상소를 받아들여 이하진과 안후태를 체차(遞差)했 다. 체차란 현직에서 내쫓았다는 뜻이다.

이때 현종은 몸이 좋지 않은 데다가 치통에 시달리고 있었다. 그러면서도 틈틈이 공부하고 연마해 온 예론 탐구를 바탕으로 도신징의 상소에 대한 치밀한 검토에 들어갔다. 검토 결과 도저히 묵과할 수 없다는 결론을 내린 현종은 7월 13일 영의정 김수흥을 비롯한 대신들을 부른다.

왕권과 신권의 정면충돌

현종은 먼저 영의정 김수흥에게 질문을 던진다.

"왕대비께서 입을 상복제도에 대해 예조가 처음엔 기년복으로 의논해 정하여 들였다가 뒤이어 대공복으로 고친 것은 무슨 곡절 때문에 그런 것인가?"

이 말을 듣는 순간 김수흥은 '올 것이 오고야 말았구나!'라고 생각했을 것이다. 현종과 김수흥의 예론 쟁론에 앞서 먼저 김수흥에 대해 알아둘 필요가 있다. 김수흥(金壽興, 1626년 인조 4년~1690년 숙종 16년)은 좌의정을 지낸 김상헌(金尙憲)의 손자로 원래는 중추부 동지사 김광찬(金光燦)의 아들인데 동부승지를 지낸 김광혁(金光爀)에게 양자로 입적되었다.

무엇보다 눈여겨봐야 할 사실은 그가 병자호란 당시 척화파의 선봉장이던 김상헌의 손자라는 점이다. 김상헌의 형 김상용도 호란 때 일부 종실을 호종하여 강화도로 피난했다가 인조 15년(1637년) 1월 청군이 강화도를 함락시킬 때 남문 누각에 올라가 화약을 터트려 분사(焚死)한 절의(節義)의 인물이다. 청나라 태종에게 굴욕을 당한 인조로서는 절의의 두 형제가 아무래도 부담스러웠겠지만, 의문의 죽음을 당한 형 소현세자를 이어 왕위에 오른 효종은 정당성 강화 차원에서 두 사람의 절의가 필수불가결했다. 특히 김상헌은 칠십 노구를 이끌고 청나라에 인질로 끌려갔다가 다시 돌아오면서 대로(大老)라는 극찬을 받으며 하늘을 찌를 듯한 명망을 이뤘다.

송시열은 예론이라는 이론 면에서는 김장생·김집의 정신을 계승했다면 절의의 현실정치에서는 김상헌을 이었다. 송시열에게 김장생·김집 부자가 마음이었다면 김상헌은 몸이었다. 송시열은 인조 23년(1645년) 경기도 모처에 은거하던 김상헌을 직접 찾아뵈었고 자신의 아버지 송갑조의 묘갈명을 부탁하기도 했다. 당시 산림들 사이에 묘갈명을 부탁한다는 것은 그만큼 존경을 표한다는 뜻이었다. 김상헌도 송시열을 '태평책을 품은 경세가', '주자를 이은 종유(宗儒)'라며 극찬을 아끼지 않았다. 이때 김상헌은 75세였고 송시열은 38세였다. 두 사람의 만남은 이후 3년 동안 이어졌다고 한다.

김수홍은 바로 이 무렵인 인조 26년(1648년) 사마시를 거쳐 효종 6년(1655년) 문과에 급제했다. 이듬해에는 아우 김수항과 함께 문과 중시에서도 거듭 급제했다. 송시열이 김상헌의 손자인 김수증·김수홍·김수항 3형제에게 건 기대는 각별했다. 특히 양자 입적을 통해 김상헌의 종지(宗旨)를 계승한 김수홍에게 모든 애정을 쏟아 부었다. 이런 지원에 힘입어 김수홍은 대사간, 도승지 등을 거쳐 현종 3년에는 34세의 나이로 예조판서에 오른다. 송시열을 비롯한 서인의 지원이 절대적이었음은 물론이다. 김수홍은 부친상을 당해 한동안 중앙정계를 떠나 있다 1672년(현종 13년) 우의정으로 복귀했는데 이때 좌의정이 바로 송시열이었다. 2년 후 송시열은 배후로 물러나고 김수홍이 영의정에 올랐을 때 자의왕대비의 복제문제가 점차 커져가고 있었던 것이다.

김상헌 · 김수항 가계도

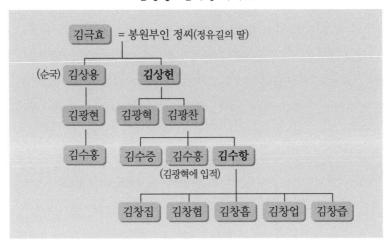

김수홍의 입장에서 보자면 효종을 서자로 보려는 서인의 예론은 단순히 왕권에 대한 반대를 넘어 할아버지의 절개를 드높이 숭상하는 사안이기도 했다. 현종의 질문에 김수홍은 간단하게 답한다.

"기해년에 이미 기년복을 입으셨기 때문입니다."

그러나 이는 현종을 너무 얕잡아본 대답이었다. 이미 현종은 예론에 관한 이론 무장을 거의 끝낸 상태였기 때문이다.

"그때의 이야기를 다 기억은 못하지만 중국 고례(古禮)가 아닌 국제(國制)에 따라 1년복으로 정한 것으로 안다. 그렇다면 이번 왕대비의 대공복도 국제에 따른 것인가?"

여기서 약간의 설명이 필요하다. 고례란 주나라 예법인 『주례(周

禮)』이고, 국제란 『경국대전(經國大典)』에 명문화된 예법을 말한다. 『주례』에 따르면 장자(長子)의 상에는 참최복(3년복)을 입어야 하고 나머지 아들〔衆子〕의 상에는 기년복(1년복)을 입어야 한다. 반면 국제에 따르면 장자와 중자는 구별없이 그 상에는 기년복을 입어야 한다.

명확한 사실은 효종이 승하한 기해년 때 자의왕대비는 기년복을 입었다. 그런데 현종은 국제에 따랐다고 생각하고 있었고 송시열을 비롯한 서인은 '내심' 고례를 따른 것으로 긴주하고 있었다. 문제는 다시 인선왕후가 죽자 자의왕대비의 복제 문제가 불거지면서 이 점을 분명히 하지 않을 수 없게 되었다는 데 있었다. 서인도 외형적으로는 국제를 따랐다고 이야기를 해왔기 때문에 이번에도 자의왕대비의 복제는 두말할 것도 없이 국제에 따라 기년복을 입어야 했다. 하지만 서인도 더 이상 내심을 숨길 수만은 없었다. 그래서 무리수를 써가며 기년복을 대공복으로 바꾼 것인데 도신징의 상소가 계기가 되어 자신들의 의도가 만천하에, 그것도 현종 앞에서 드러나버린 것이다.

김수홍은 "고례에 따르면 대공복입니다"고 정면돌파를 시도했다. 문제는 이럴 경우 자기모순에 빠진다는 것이다. 이 점을 현종은 놓치지 않았다.

"기해년에는 국제를 사용하고 오늘날에는 옛날의 예를 쓰자는 말인데 왜 앞뒤가 다른가?"

김수홍은 "기해년에도 고례와 국제를 함께 참작해 사용하였고 지금도 그렇게 한 것"이라고 얼버무리며 넘어가려 하자 현종은 평소와 달리 단호함을 보였다.

"그렇지 않다. 그때는 분명 국제를 썼던 것이고 그 뒤 문제가 되어 고례대로 하자는 다툼이 있었을 뿐이다."

김수홍이 수세에 몰리자 같은 서인계열의 호조판서 민유중이 거들고 나섰다. "기해년에는 고례와 국제를 함께 참작해 썼습니다." 그러나 현종은 들은 척도 않고 다시 김수홍에게 따져 물었다.

"자, 그러면 국제에 따를 경우 이번에는 어떤 복이 되는가?"

김수홍은 "국제에는 맏며느리의 복은 기년으로 되어 있습니다"라고 답한다. 이에 현종의 목소리는 점점 커지고 얼굴에도 노기(怒氣)를 띠기 시작했다.

"그렇다면 지금 왕대비께서 거행하고 있는 대공복은 국제와 무슨 관계가 있는가? 이건 놀라운 일이다. 기해년에 사용한 것은 국제였지 고례가 아니다. 만일 경들의 주장대로 기해년에 고례와 국제를 함께 참작해 사용했다고 한다면 오늘날 대공복은 국제를 참작한 것이 뭐가 있는가? 내 실로 이해가 안 간다."

맏며느리라면, 즉 효종을 장자로 간주했다면 국제로 하더라도 대공복이 아닌가 하는 정면반박이다. '효종을 적장자로 삼을 수 없다'는 서인의 묵계는 하나둘 허물어지기 시작했다. 현종이 다시 한 번 "기해년에 조정에서 결정한 것은 국제를 따른 것"이라고 못 박으려 하자 결국 김수홍은 본심을 드러낸다. "그렇지 않습니다. 고례를 따랐기 때문에 따지는 자가 그렇게 많은 것입니다." 너무 나갔다. 현종은 확실하게 논의의 주도권을 잡았다.

"고례에서 장자의 복은 어떻게 되는가?"

김수흥으로서는 "참최 3년복입니다"고 답할 수밖에 없었다. 자기모순의 덫에 단단히 걸려들었다. 자기 입으로 기해년에는 국제가 아닌 고례를 따랐다고 해놓고 상사의 복은 참최 3년복이라고 말해 버렸으니 당시 현종은 장자가 아닌 중자(衆子) 취급을 받았다는 것을 스스로 인정한 꼴이 되어버린 것이다. 상황은 끝났다. 그때서야 현종은 도신징의 상소를 김수흥에게 내보이며 읽어볼 것을 권한다. 김수흥과의 논쟁을 통해 현종은 자기 아버지가 서인으로부터 정통성을 인정받지 못하고 인조의 서자 취급을 당하고 있다는 것을 분명하게 알았다. 더불어 도신징의 상소가 한 치 어긋남도 없이 정확하다는 확신을 갖게 됐다.

이후 현종은 자의왕대비의 복제를 기년복으로 바꾸고 영의정 김수흥을 춘천으로 귀양 보냈다. 또 예론의 주무부서인 예조의 판서·참판 등을 하옥한 다음 귀양 보냈다. 그러고는 충주에 물러나 있던 남인의 영수 허적을 불러올려 영의정으로 삼았다. 전광석화 같은 조치를 통해 정권교체를 추진한 것이다. 훗날 숙종이 여러 차례 보여주는 환국(換局)의 모델이라고 할 수 있다. 그런데 예송논쟁 후 불과 한 달여 만인 8월 10일 갑작스런 복통을 호소하던 현종이 위독한 상태에 빠진다.

허적이 명을 받고 한양에 들어온 것은 8월 16일. 영의정 허적은 남인이지만 좌의정 김수항, 우의정 정지화 등은 서인이었다. 병환의 와중에도 이들 3상과 함께 처사촌인 우승지 김석주 등을 두루 인견하고 세자를 부탁한 현종은 8월 18일 창덕궁에서 숨을 거둔다. 이때 현종의 나이 34세였다. 그로써 서인세력을 숙청하려는 계획은 일단 전면 중단될 수밖에 없었고 예송논쟁도 미완으로 남았다. 숙종이 즉위했을 때 조정의 상황은 이랬다. 앞으로 숙종이 풀어야 할 숙제들이었다.

2장

폭풍전야와도 같았던 집권 초기

소년 왕임에도 수렴청정이 없었던 까닭

눈물의 즉위식

현종 15년(1674년) 8월 18일 현종이 세상을 떠났다. 이제 세자의 즉위는 정해졌다. 남은 것은 시기였다. 이틀 후인 8월 20일 예조에서는 즉위하는 절차에 관해 세자에게 보고를 올렸다. 이때 세자는 보고를 물리치며 이렇게 말한다.

> "부왕께서 승하하신 망극(罔極)한 중에 또 이런 말을 듣게 되니, 오장(五臟)이 타는 듯하여 스스로 안정할 수가 없으므로, 이 절목(節目)은 도로 내려보낸다."

절목이란 의전절차를 다룬 일종의 매뉴얼이다. 다음날에는 예조가 다시 절목을 올리고 원상 허적 등이 즉위를 청했으나 세자는 한사코 사양했다. 당시 원상은 영의정 허적, 좌의정 김수항, 우의정 정지화 등이었다. 세자로서는 절차도 중요하지만 아버지를 잃은 자신의 고통이 너무 심하다는 것이었다. 여러모로 볼 때 그것은 의례적인 거부가 아니라 사실, 내지 본심이기도 했다. 평균적으로 보더라도 너무 어린 나이에 아버지를 여의었기 때문이다. 다시 3정승이 백관을 거느리고 즉위를 청했으나 결과는 마찬가지였다.

결국 3정승은 그 다음날인 8월 22일 사의내왕내비(인조의 게비인 장렬왕후 조씨)와 중궁(명성왕후 김씨)에게 주청을 들여 세자의 즉위허락을 얻어낸다. 어쩔 수 없이 세자도 동의했다. 즉위식은 바로 다음날이었다.

세자의 즉위식은 창덕궁 인정문(仁政門)에서 거행되었다. 먼저 세자가 상복을 벗고 면류관과 길복을 갖춘 다음 상주(喪主)가 머무는 거처인 여차(廬次)에서 걸어나오면서 곡(哭)을 했다. "이때 곡소리가 끊이지 않았고 눈물이 비 오듯 흘러내렸다"고 한다. 이어 내시의 부축을 받는 가운데 창덕궁의 편전인 선정전(宣政殿) 동쪽 뜰에 나가 부친의 시신을 모신 빈전을 향해 네 차례 절을 올린 다음 선정문을 걸어 나와 연영문, 숙장문을 거쳐 인정문에 이르렀다. 그곳에는 즉위를 위한 행사가 마련되어 있었다.

이때의 상황을 『실록』

인정문_ 창덕궁의 중심 건물인 인정전의 정문. 효종·현종·숙종·영조 등 조선왕조의 여러 임금이 이곳에서 즉위식을 거행하고 왕위에 올랐다. 보물 제813호.

은 아주 상세하게 기록하고 있다.

"왕세자가 서쪽을 향하여 어좌(御座) 앞에 서서 차마 자리에 오르지 못하고 소리를 내어 슬피 울기를 그치지 아니하였다. 승지와 예조판서가 서로 잇달아 임금의 자리에 오르기를 권하였다. 삼공(三公)이 도승지와 더불어 나아가 왕세자를 부축하면서 번갈아 극진히 말하였다. 왕세자가 눈물을 흘리면서 슬피 우니, 이날 뜰에 있던 백관(百官)과 군병(軍兵)으로서 목소리를 내지 못할 정도로 울부짖지 않은 사람이 없었다."

한참이 지나서야 세자는 마침내 어좌에 올랐다. 임금이 되는 순간이었다. 그러나 세자의 눈물은 그치지 않았다. "얼굴에는 눈물이 범벅이 되었다." 절차가 끝나자 다시 신왕(新王)은 여차로 돌아왔는데 그곳에서도 울음을 그치지 않아 우는 소리가 멀리까지 들렸다고 한다.

어머니 '명성왕후' 김씨

숙종의 아버지 현종(顯宗, 1641~1674년)은 비교적 무난하고 반듯한 인물이었다. 정치를 함에 있어서도 크게 무리수를 두지 않았다. 재위 15년 3개월 동안 커다란 업적도 없지만 이렇다 할 큰 실정도 없었다. 특이하게도 현종은 조선 국왕 중에 유일하게 정실왕후 한 사람만을 아내로 두었다. 그가 바로 명성왕후 김씨다. 공식적으로는 후궁이 단 한 명도 없었다. 두 사람 사이에는 1남 3녀가 있었다. 1남은 숙종이고 3녀는 명선공주·명혜공주·명안공주이다.

현종이 승하하자 어린 숙종이 의지할 데라고는 어머니 명성왕후와

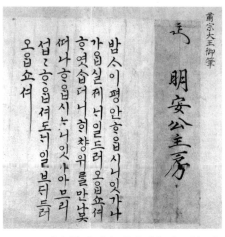

밤스이평안ᄒᆞᆸ시니잇가나
가읍실제니일드러옵소셔
ᄒᆞ엿ᄉᆞᆸ더니ᄒᆡ챵위를만낫
떠나ᄒᆞᆸ시노니잇ᄉᆞ아ᄆᆞᆯ리
섭ᄉᆞᄒᆞᆸ셔도긔일브더ᄂᆞ러
옵쇼셔

肅宗大王御筆

明安公主房

숙종 어필_ 명성왕후가 명안공주의 집을 방문했을 때.
숙종이 명성왕후에게 보낸 편지로, 숙종 5년 무렵으
로 추정된다.

그 집안밖에 없었다. 명
성왕후 김씨는 훗날 숙종
이 즉위한 후 일어나는
주요 사건에서 배후조정
자로서 막대한 영향력을
행사하게 된다는 점에서
도 주목을 요한다.

명성왕후 김씨는 김우
명의 딸로 1642년 5월
17일 서울에서 태어났
다. 김우명은 영의정을
지낸 김육의 아들이다.

김육(金堉, 1580년 선조 13년~1658년 효종 9년)은 한때 출사를 꿈꾸
었으나, 성균관 태학생으로 있으면서 사림들의 문묘배향을 건의했다
가 광해군의 노여움을 사 초야에 묻혀 지냈다. 산림(山林) 거사가 된
것이다. 1623년 인조반정으로 서인이 집권하자 그에게도 기회가 찾아
왔다. 제일 먼저 '유일(遺逸-벼슬을 버리고 초야에서 지내던 선비)'로
추천되어 음성현감을 맡았고 인조 2년 문과에 장원급제해 본격적인
벼슬길에 오른다. 충청도관찰사로 있으면서 대동법 실시를 건의했고
효종 즉위 후에는 영의정에 올라 충청도 지방에 대동법을 시험실시해
성공을 거두었다.

그는 성리학에 조예가 깊으면서 신문물에도 관심이 많아 1653년부
터 새로운 역법인 '시헌력'을 시행했고 수레와 수차(水車) 등의 개발
에도 적극적이었다. 또 상평통보 주조 등을 통해 화폐경제를 활성화
시키려 한 실학의 선구자라는 평을 받는다. 그는 죽기 직전 상소를 올

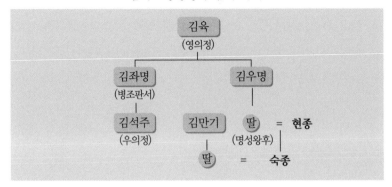

김육·명성왕후 김씨 가계도

려 "나라의 근본을 기르는 일은 오늘의 급선무인데 그 책임을 맡길 사람은 송시열과 송준길보다 나은 사람이 없을 것"이라며 세자(현종)의 스승으로 두 사람을 추천하기도 했다. 그래서일까? 훗날 서인이 집필한 『효종실록』을 보면 김육에 대해서는 극찬을 아끼지 않았다.

반면 송시열과 충돌한 명성왕후의 아버지 김우명(金佑明, 1619~1675년)에 대한 졸기는 "성품이 어리석고 지나치게 거만하였다"는 문장으로 시작한다. 김육의 큰아들 김좌명(1616~1671년)은 병조판서를 지냈고 작은아들 김우명은 딸이 왕비가 되는 바람에 청풍부원군에 봉해져 현종시대의 막강한 실력자로 부상한다. 그는 집안 배경상 서인이면서도 송시열과 틀어지는 바람에 남인계열의 허적과 가깝게 지냈다. 현종 말기에서 숙종 초기까지 남인세력이 득세한 데는 김우명과 함께 그의 조카이기도 한 김좌명의 아들 김석주의 역할이 크게 작용했다. 얼마나 사실인지 모르지만 이 무렵 현종은 명성왕후에게 "장인이 너무 남인과 가까이 지내니 중궁은 경계하는 데 힘쓰시오"라고 당부하기도 했다고 『실록』은 기록하고 있다.

효종 2년(1651년) 11월 21일 영의정 김육의 손녀이자 세마(洗馬) 김우명의 딸 김씨가 세자빈으로 책봉됐다. 이때 세자빈의 나이 10세였다. 현종 2년(1661년) 7월 29일 만삭이던 김씨는 중궁으로 책봉됐고 보름여가 지난 8월 15일 왕자를 생산했다. 숙종이 즉위했을 때 명성왕후 김씨의 나이는 33세였다.

수렴청정의 걸림돌, 자의대왕대비

본심이 어땠는지는 알 수 없지만 14세 어린 국왕의 어머니인 명성왕후 김씨(이때는 이미 대비였지만 편의상 명성왕후라고 칭하겠다)는 수렴청정을 하고 싶었을 것이다. 아무리 어린 왕이 똑똑하다고 해도 14세는 너무 어렸다. 성종의 경우를 보더라도 20세가 될 때까지 정희왕대비가 수렴청정을 한 전례가 있다. 명종의 경우에도 문정왕후의 수렴청정이 있었다. 그런데도 숙종이 즉위할 당시 원상(院相)들이 국정을 사실상 대행하는 체제는 세우면서도 대비의 수렴청정 이야기는 단 한 번도 내놓지 않았다.

수렴청정을 할 생각이 애당초 없었다면 모르겠지만, 그렇지 않고 수렴청정을 하고 싶었으나 어쩔 수 없이 그만둘 수밖에 없었다면 그것은 아마도 자의대왕대비의 존재 때문이었을 것이다. 수렴청정을 하게 된다면 우선순위는 명성왕후 김씨가 아니라 자의대왕대비에게 있었기 때문이다.

그렇다면 자신의 의지와는 전혀 무관하게 두 차례에 걸쳐 상복 문제로 조선의 조정을 뒤흔들어놓은 자의대왕대비는 어떤 인물이었는가를 알아둘 필요가 있다.

자의대비, 즉 장렬왕후 조씨는 말 그대로 비운의 왕비다. 1624년생으로 15세 때인 인조 16년(1638년) 3년 전 세상을 떠난 인렬왕후 한씨의 뒤를 이어 인조의 계비(繼妃)가 되었다. 그러나 피부병이 있는 데다가 후궁 중에서 소용(귀인) 조씨가 인조의 총애를 받는 바람에 이궁(離宮)으로 쫓겨나 사실상 별거에 들어갔다. 게다가 장렬왕후는 아이를 낳지 못하는 석녀(石女)였다. 그러나 소현세자가 죽고 세자위에 오른 봉림대군(훗날의 효종)은 장렬왕후에 대해 친어머니 대하듯 지극한 효성을 보였다. 실제로 경덕궁에 쫓겨나 있던 장렬왕후가 왕실의 어른으로 제대로 대접을 받게 된 것은 인조가 죽고 효종이 즉위한 뒤부터였다. 효종은 즉위하자마자 계모인 장렬왕후를 창덕궁으로 모셔왔고 효종 2년에는 자의(慈懿)라는 존호까지 올렸다. 그 유명한 '자의대비'라는 말은 이렇게 해서 탄생하게 된 것이다.

이런 자의대비였기에 왕실 내에서 별다른 힘이 있을 리 없었다. 정작 자신의 상복을 둘러싼 당쟁이 격화될 때에도 그와 관련된 단 한 마디의 말도 하지 않았다. 실은 말할 처지도 되지 않았고 말을 한다고 해도 귀 기울여줄 사람이 단 한 명도 없다는 것을 정확히 인식하고 있었다. 그러니 손주며느리인 명성왕후 김씨가 그를 진심으로 챙겨줄 리 만무했다.

그럼에도 불구하고 자의대왕대비의 존재 자체가 명성왕후의 입장에서 보자면 껄끄러울 수밖에 없었다. 수렴청정을 할 경우 절차가 대단히 복잡해지고 특히 시간이 지나면서 적대세력이 자의대왕대비에게 접근하지 말란 법도 없었다. 결국 수렴청정보다는 숙종의 친정(親政)을 자기 집안이 음양으로 돕는 것이 가장 효과적이겠다는 쪽으로 의견이 수렴된 것으로 보인다. 마침 자신의 뜻을 정확히 대변해 아들 국왕의 곁에서 보좌할 수 있는 사촌 김석주가 있었다. 아들도 똑똑한 데다가 효심이 깊어 자기의 뜻을 거스르지는 않을 것이라는 자신감까지 있었다. 그러나 이는 곧바로 오판(誤判)이었음이 드러나게 된다.

냉혹의 기술로서의 정치를 가르친 김석주

명성왕후 김씨의 종형(從兄), 즉 사촌오빠인 김석주의 존재가 아니었다면 명성왕후는 수렴청정 포기라는 결단을 못 내렸을지 모른다. 김육의 후손답게 서인이면서도 '친(親) 남인 반(反) 송시열' 성향을 갖고 있던 김석주는 특히 서인과의 일전불사 및 남인으로의 정권교체를 추진했던 현종 말년에 주목을 끌 수밖에 없는 위치에 있었다. 그리고 현종이 급서했을 때 현종이 그 같은 유지(遺志)를 거스르지 않고 이어서 관

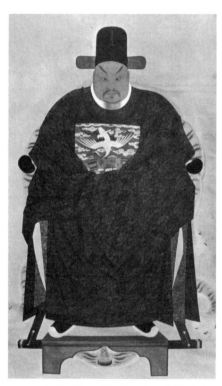

김석주_ 제2차 예송논쟁을 주도했고, 숙종 때에는 그의 말과 행동이 곧 숙종의 뜻이었을 정도로 막대한 영향력을 행사했다. 기사환국으로 공신호를 박탈당했다가 후에 복구되었다.

철할 수 있는 유일한 적임자였다. 게다가 숙종과 혈육지간이었다. 결론부터 말하자면 흔들리는 집권 초반기의 혼란을 극복하고 어리고 미숙한 숙종을 권력의 반석 위에 올려놓은 1등공신이 다름 아닌 김석주였다.

김석주(金錫冑, 1634년 인조 12년~1684년 숙종 10년)는 영의정 김육의 손자이자 병조판서를 지낸 김좌명의 아들로 어려서부터 문무에 뛰어났다. 남아 있는 영정에서 보듯이 어릴 때부터 그는 호랑이를 닮았다는 소리를 들었다. 현종 3년

문과에 장원급제해 사헌부·사간원 등의 청요직을 두루 거쳤으나 한당(漢黨)이라 하여 서인 중에서도 핵심인 송시열의 산당(山黨)에는 들지 못했다.

전통적으로 김육 집안과 송시열은 같은 서인이면서도 대동법 논쟁에서 촉발된 현실주의 노선(한당)과 명분주의 노선(산당)의 대립으로 인해 갈등을 빚어왔다. 여기에는 약간의 추가 설명이 필요하다. 김석주의 조부 김육은 일찍이 대동법을 힘써 주장하였고, 반면 김장생의 아들 김집(金集)은 철저한 반대의 입장이었다. 그 때문에 김집이 조정을 떠났고, 김육도 끝까지 굽히지 않아 이후 김육은 사림들로부터 부정적인 평가를 받게 된다. 그러나 김육은 공리공담을 일삼는 사림이라기보다는 국태민안(國泰民安)을 염려한 탁월한 경세가였다.

그런데 한당과 산당의 대립은 김육이 죽자 더욱 격화되며 대를 이어가게 된다. 김육을 장례지내면서 김좌명 등이 '참람하게' 수도(隧道)를 파서 산당의 비난을 자초했다. 수도란 평지에서 묘소까지 난 길을 말하는 것으로 왕실에서만 할 수 있었다. '참람하게'란 분수를 넘어서 왕실의 영역을 침범했다는 뜻이다. 서인계통의 대신(臺臣) 민유중 등이 법에 의거하여 김좌명 등을 죄주기를 청하였다. 이때 이조판서 송시열이 민유중의 편을 들어 김좌명을 몰아세웠다. 그로 인해 김석주 집안에서는 산당에 대해 깊은 원망을 갖게 되었다.

게다가 현종 때 김석주는 중궁의 사촌이라는 이유로 인사상의 불이익까지 받아야 했다. 그러나 현종이 말년에 제2차 예송논쟁을 주도하면서 김석주는 핵심 참모로 떠오른다. 도신징의 상소가 올라왔을 때 현종이 은밀하게 부른 이가 바로 좌부승지였던 처사촌 김석주였다. 당시 현종은 제1차 예송논쟁을 재검토하기 위해 김석주로 하여금 당시의 주요 문건들을 정리해 보고할 것을 명했는데, 김석주는 남인 허목의 상소를 비롯해 주로 남인의 입장을 옹호하는 문건을 중심으로 보고를 함으로써 현종의 서인 제거 결심에 결정적 영향을 주었다.

이후 그의 영향력은 숙종 때까지 이어졌다. 그가 숙종 10년 51세로 세상을 떠나기까지 그의 노선이 곧 숙종의 노선이었다고 할 만큼 두 사람은 정확하게 같은 노선을 걸었다. 숙종은 김석주의 길을 헤아렸다. 김석주는 숙종의 의중을 미리 따랐다. '표범의 정치' 숙종과 '범의 정치' 김석주는 누가 먼저날 것도 없이 같은 길을 꿸이긴다.

우선 숙종 즉위년 한 해 4개월여 동안만 김석주의 특진과정을 추적해 본다. 8월 23일 숙종이 즉위했을 때 김석주는 우승지였다. 그리고 한 달 후인 9월 20일 김석주는 수어사(守禦使)로 임명된다. 수어사란 정묘호란 이후 북방의 경계를 강화하면서 남한산성에 설치한 중앙군영으로 굳이 오늘날에 비유하자면 수도방위사령관에 해당하는 요직이다. 원래 이조와 병조에서 올린 인사후보군에는 들어 있지 않았으나 숙종의 특명으로 품계가 다소 낮음에도 불구하고 김석주가 발탁된 것이다. 수어사는 비변사의 일원으로 국가 중대사를 논의할 때 직접 참여하여 발언할 수 있었다.

10월 10일에는 송시열에게 현종의 묘지문을 지으라고 명했으나 끝까지 사양하자 신하들은 이단하와 김석주 두 사람을 추천했고 결국 숙종은 김석주가 묘지문을 쓰도록 한다. 이 또한 김석주에 대한 총애를 만천하에게 확인해 주는 결정이었다. 열흘 후인 10월 20일에는 이조참판 남구만이 사직서를 내자 통상 만류하는 관례를 뿌리치고 단번에 수리해 버렸다. 이조참판은 사람을 뽑는 자리이므로 서인세력을 물리치고 그 자리에 김석주를 박아놓기 위함이었다. 『실록』의 평이다.

"당시 임금은 서인을 미워했는데 김석주는 (서인임에도 불구하고)

취향이 조금 다르다고 생각하여 김석주를 인사책임자로 끌어다 두기 위함이었다."

실제로 이날 김석주는 이조참판에 오른다. 그러면서도 수어사를 겸직했다. 문무의 핵심요직을 동시에 장악한 것이다.

서인은 반발했다. 혈육을 중용해서는 안 된다는 논리였다. 그게 부담스러웠는지 11월 13일 김석주는 이조참판에서 물러나겠다는 사직상소를 올렸다. 그러나 숙종은 일언지하에 사직서를 물린다. "맡은 바 직무에 충실하라!" 오히려 숙종은 불과 22일 후인 12월 5일 김석주를 도승지로 제수하여 최측근에 갖다 놓는다. 서인 제거작전을 보다 긴밀하게 협의하기 위한 조처였다. 서인은 분노와 원망 속에서도 김석주의 일거수일투족을 그저 바라볼 수밖에 없었다. 그의 말과 행동이 곧 숙종의 뜻이었기 때문이다. 한마디로 김석주는 숙종의 주석지신(柱石之臣)이었다.

❚ "나는 조선의 군왕으로 태어났다"

14세 소년 숙종, 67세 대로 송시열과 한 판 대결을 벌이다

처음에는 모든 게 순조로운 듯했다. 1674년(숙종 즉위년) 8월 21일 아버지 현종이 세상을 떠난 지 사흘밖에 안 되었고 아직 왕위에도 오르지 않은 14세 세자는 송시열을 원상(院相)으로 삼기로 했다. 원상이란 어린 임금이 즉위했을 때 주요 정무를 3정승과 공신들이 함께 처결하는 제도로, 조선에서는 세조 말기에 처음 생겨 성종의 경우처럼 어린 임금이 즉위하면 국왕이 친정을 펼치기 전까지 한시적으로 운용되었다. 이미 현종이 승하한 다음날인 8월 19일 영의정 허적, 좌의정 김수항, 우의정 정지화 등 3상(相)이 원상을 맡기로 했는데 이틀 후 원상인 허적 등이 전임 대신 중에서 덕망이 있는 인물은 원상으로 삼는 사례가 있었으니 송시열도 원상에 명하는 것이 좋겠다고 해 세자가 기꺼이 승락한 것이다.

그러나 마침 한양 도성 근처에 머물고 있던 송시열은 거부의 의사를 보내왔다.

"범죄(犯罪)를 한 것이 지극히 중하여 한양 가까운 곳에서 대죄(待罪)한 지가 이미 한 달입니다. 선침(仙寢-현종의 시신)이 아직 식지도 않았는데, 어찌 차마 갑자기 무죄(無罪)로 자처하면서 임금 계신 곳에 드나들 수가 있겠습니까?"

이런 가운데 원상을 비롯한 신하들의 즉위요청은 이어졌고 마침내 8월 22일 대비전의 강청(强請)을 수용하는 형식으로 세자는 왕위에 오른다. 즉위식이 있던 날 성균관 유생 이심 등은 송시열이 도성 밖에 머물러 있는 것은 도리에 맞지 않다며 신정(新政) 초기에 송시열을 중용해야 한다는 상소를 올렸다. 숙종은 바로 다음날 사람을 보내어 송시열을 당장 한양으로 들어오도록 명했으나 송시열은 오히려 수원으로 내려가버렸다. 어린 숙종의 호의(好意)에 대한 두 번째 거부였다.

숙종이 내민 세 번째 손길은 능지(陵誌), 즉 현종의 묘지문을 지어 올리라는 명이었다. 그러나 송시열은 상소를 올려 완곡하게 거절했다. 숙종의 반응은 "경의 상소를 보고 내가 매우 놀랐다"였다. 송시열은 9월 8일 재차 상소를 올려 능지를 지을 수 없는 자신의 입장을 밝혔다. 숙종의 독촉이 이어지자 송시열은 한강을 건너와 도성에는 들어오지 않고 다시 자신을 처벌해 줄 것을 청하는 상소를 올렸다. 송시열로서는 허적을 중심으로 한 남인과 자신에 대해 부정적인 김석주가 득세하기 시작한 정국에서 현종과의 사이에 있었던 '애매한 문제'가 명료하게 풀리기를 기대했는지 모른다. 사실 그 문제가 모호하게 남아 있는 가운데 조정에 복귀한다는 것은 남인의 덫에 걸리는 죽음의 선택일 수도 있다는 것을 송시열이 몰랐을 리 없다.

9월 17일 숙종은 정치화를 중추부 영사로 임명하면서 송시열에게도 중추부 판사라는 관직을 제수했다. 숙종의 네 번째 손길이었다. 중추부(中樞府)란 일종의 원로원과 같은 곳으로 실권은 없지만 국가의 중대사에 대해 고견을 내던 기구였다. 중추부에는 영사(정1품), 판사(종1품), 지사(정2품), 동지사(종2품) 등의 자리가 있었다. 참고로 대균, 3정승이 정1품이고 군이나 의정부의 찬성이 종1품, 6조의 판서나 의정부의 참찬, 한성부 판윤, 최고군사령관인 오위도총부 도총관 등이 정2품, 6조의 참판이나 대사헌 등이 종2품이다. 송시열의 중추부 판사 임명이 그만큼 중요한 정치적 의미를 갖고 있었다.

남인의 반격 : 정국을 뒤흔든 유생 곽세건의 상소

송시열의 중추부 판사 임명은 이제 막 힘을 얻어가려던 남인을 위기감 속으로 몰아넣기에 충분했다. 남인이 정국을 장악한 것은 아직 두 달도 되지 않았다. 서인의 영의정 김수흥이 예론을 잘못 쓴 책임을 지고 귀양을 떠나야 했던 것이 현종 15년(1674년) 7월 16일이었다. 이때부터 현종은 송시열의 문인들을 제거하려고 결심을 했고 막 실행에 옮기려던 차에 세상을 떠나버린 것이다. 남인의 허적이 김수흥의 뒤를 이어 영의정이 되긴 했으나 김수흥의 동생인 좌의정 김수항, 전 영의정 정태화의 사촌동생인 우의정 정지화 등은 모두 서인의 핵심인데서 알 수 있듯이 남인의 세상이라고 하기에는 아직 일렀다. 이런 상황에서 송시열의 복귀는 곧 남인의 몰락이었다.

서로 먼 인척관계이기도 한 김수항과 정지화에 대해 간략히 알아둘 필요가 있다. 특히 김수홍 집안은 다음 대에까지도 숙종의 첫 번째 장인인 김만기의 집안과 함께 서인 노론의 핵심을 형성한다는 점에서 주목을 요한다.

김수항(金壽恒, 1629년 인조 7년~1689년 숙종 15년)은 효종 2년(1651년) 문과에 장원급제해 청요직을 두루 거쳤으며 효종 능비를 전서(篆書)로 쓴 공을 인정받아 도승지와 이조참판 등을 지냈고 자의대비 복상문제 때 기년설을 지지해 윤선도를 귀양 가게 하는 데 큰 공을 세웠다. 이후 현종 때 예조판서와 이조판서 등을 지내고 현종 13년 44세의 나이로 우의정에 올랐다. 이어 좌의정에 제수되기도 했으나 현종 말년 인선왕후가 죽었을 때 형 김수홍과 함께 대공설을 주장하다가 남인의 기년설이 채택되자 벼슬에서 물러났다. 숙종 즉위와 함께 남인정권이 들어서자 원주·영암·철원 등을 떠돌다가 숙종 6년 경신환국으로 중추부 영사로 복귀해 얼마 후 영의정에 올라 8년 동안 재임했다. 그러나 다시 기사환국이 일어나자 남인을 가혹하게 다스렸다는 죄명을 입어 전라도 진도로 유배되었다가 사사되었다.

정지화(鄭知和, 1613년 광해군 5년~1688년 숙종 14년)는 영의정 정태화의 사촌동생으로 인조 15년(1637년) 문과에 장원급제했다. 세자시강원 사서로 있으면서 심양으로 파견되어 소현세자를 보필했으며 이후 대사간과 관찰사를 거쳐 현종 5년(1664년) 형조판서에 올랐다. 이후 6조판서와 대사헌을 지내고 여러 차례 사신으로 북경을 다녀왔으며, 1674년 좌의정에 서용됐으나 사양하다가 중추부 판사로 전임됐다. 숙종 즉위와 함께 남인정권이 들어섰으나 당색이 강하지 않았으므로 특별한 화를 입지 않았고 숙종 6년 경신환국 이후에도 좌의정에 임명됐으나 비교적 무난한 처신으로 적을 만들지 않았다는 평을 듣는다.

9월 25일 남인의 전통이 강한 경상도 진주의 유생 곽세건(郭世楗)이라는 인물이 총대를 멨다. 그의 상소를 요약하면 이랬다.

"기해복제(1차 예송) 때 효종이 서자라는 말을 주창한 것이 송시열인데 이 사론(邪論)에 동조한 김수흥은 유배를 갔거늘 송시열이 무사하다는 것은 법에 어긋난다. 게다가 이런 조정의 죄인으로 하여금 능지를 짓게 한다는 것은 있을 수 없는 일이다. 피통을 비로잡은 것은 현종의 최대 업적 중 하나인데 만일 송시열이 사실대로 기록한다면 그것은 서자를 주창한 자신의 잘못을 자복하는 것이 되고, 또 선왕의 미덕을 은폐하려 한다면 그 업적을 인멸하는 결과가 되기 때문에 송시열은 능지를 쓰는 붓을 잡기가 어려울 것이다."

일언가파(一言可破), 단칼에 정곡을 찔렀다. 일개 유생의 상소에 조정 대신들이 보인 반응을 보면 곽세건 상소의 파괴력을 짐작하고도 남는다. 곽세건 상소는 현종 말년 도신징의 상소에 버금가는 폭발력을 갖고 있었다. 다음날 대사헌 민시중과 지평 신완이 곽세건에 대한 엄한 국문을 요청한 것을 시발로 사간 이무도 곽세건의 단죄를 주청했다. 이어 좌의정 김수항은 곽세건의 상소가 자신의 형 김수흥을 배척한 것이라는 이유로 사직을 청했고 우의정 정지화도 사직의사를 밝혔다. 일파만파(一波萬波). 조정 내 서인이 모두 들고 일어났다.

이 정도 되면 아무리 대담한 국왕이라도 섬뜩할 수밖에 없다. 사실 조선 국왕의 왕권은 세조를 끝으로 쇠락의 길에 들어섰고 신하들이 이렇게 나오면 십중팔구 없던 일로 하면서 덮어버렸다. 더욱이 서인에게는 송시열이라는 태산과도 같은 인물이 버티고 있지 않은가?

그러나 오판(誤判)이었다. 숙종은 100년에 한 번 나올까 말까 하는 권력왕(權力王), '호모 폴리티쿠스(homo politicus)'였다. 날 때부터 임금이 될 사람이었다. 이런 인물은 무엇보다, 또 누구보다 강한 왕권을 추구하는 성향을 보이기 마련이다. 게다가 집권과정에서 정변을 통하지 않았기 때문에 신세를 져야 할 공신이 없었다. 군주로서 본인의 능력만 탁월하다면 왕권강화를 추구하기에는 더 없이 좋은 조건이 바로 '날 때부터 임금이 될 사람의 즉위'였다. 문종, 인종은 병약했고 연산군은 문란했지만 숙종은 달랐다. 앞으로 보게 되겠지만 숙종은 조선 최고의 '호모 폴리티쿠스' 태종에 버금갈 정도의 정치력을 갖춘 인물이다. 그러나 당시 서인들이 14세 소년왕에게서 그런 모습을 미리 읽어낸다는 것은 실은 불가능에 가깝다. 그저 품행이 방정하고 똑똑한 세자라는 정도로만 생각해 왔을 테니까.

곽세건의 상소가 올라온 지 이틀 후 숙종은 영의정 허적, 중추부 영사 정치화, 좌의정 김수항, 승지 김석주를 불러 각자의 의견을 듣는다. 허적의 입장이 가장 애매할 수밖에 없었다. 자신은 당파가 다른 김수항과 함께 원만한 국정운영을 위해 힘쓰고 있는데, 그 같은 괴이한 상소가 올라와 당혹스럽다는 것이다. 그러니 유생이 상소를 올렸다는 이유로 중벌을 가하는 것은 옳지 않으니 유생의 자격을 박탈하는 선에서 처벌이 이뤄지면 좋겠다고 말한다. 애매한 입장이 그대로 반영된 엉거주춤한 의견이다.

김수항도 자신은 당파를 떠나 허적과 협력에 최선을 다하고 있는데 자신의 형이 연루되는 이 같은 일이 터져 입장이 곤란하다고 했고 정치화, 김석주는 강력한 처벌을 주장했다. 결국 곽세건 문제는 허적의 의견보다도 조금 약하게 그의 과거시험 자격을 박탈하는 '정거(停擧)' 조치를 취하는 선에서 마무리됐다. 처벌이 너무 약했다. 서인의 완패였다. 대신 송시열이 능지를 쓰는 일은 계속 추진하기로 했다.

다음날 다시 서인이 벌떼처럼 들고 일어났다. 대사헌 민시중과 대사간 윤심 등이 곽세건을 먼 곳으로 유배 보내야 한다고 주청했다. 10월 2일에는 성균관 유생 한석우를 비롯한 180명이 연명으로 상소를 올려 곽세건을 처벌하고 송시열의 억울함을 풀어줄 것을 청하는 상소가 올라왔다. 이에 대한 숙종의 반응은 "이들을 벌주고자 하는데 어떤가?"였다. 허적과 김수항의 만류로 그냥 넘어갔지만 이미 눈 밝은 조정 대신들은 머리를 갸웃거리기 시작했다. 남인과 서인에 대한 어린 임금의 태도가 확연히 다르지 않은가?

이런 상황에서 송시열에게 계속 능지를 쓰도록 한다는 것은 송시열의 입장에서 보자면 도저히 받아들일 수 없는 조치였다. 자신을 모욕하는 자는 봐주고 자신을 옹호하는 자는 처벌하려 하면서 또 자신에게는 능지를 맡기려 한다? 자신을 궁지로 몰아넣고 있지 않은가? 주상 혼자의 뜻인가? 아니면 뒤에 누가 있는가? 있다면 허적인가 아니면 주상의 모친인 대비나 김석주인가? 일단 송시열은 다시 한양을 떠났다. 결국 숙종은 10월 6일 능지 짓는 일을 송시열이 아닌 김석주에게 맡긴다.

숙종은 여기서 그치지 않았다. 연이어 송시열을 옹호하고 곽세건을 처벌해야 한다고 주장한 사헌부 지평 이수언(10월 5일), 예조정랑 김광진(10월 6일), 홍문관 수찬 강석창(10월 7일) 등에 대해 10월 7일 파직을 명하고 "앞으로 상소를 올려 예(禮)를 논하고 선왕에 대해 말하는 자는 역률(逆律)로 다스리겠다"고 선포했다. 원상이던 허적조차 깜짝 놀라 "역률이란 말은 함부로 써서는 안 되니 중률(重律)로 고쳐 줄 것"을 청했으나 숙종은 비망기를 통해 '일죄(一罪)'로 고쳐서 답했다. 일죄란 사형으로 사실상 역률로 다스리겠다는 뜻이었다. 허적이 재차 글을 올리자 숙종은 마지못해 '역(逆)' 자를 '중(重)' 자로 바꿔

주었다.

실제로 경기도 유생 이필익이라는 인물은 10월 29일 곽세건을 공격하는 상소를 올렸다가 그 즉시 중률의 적용을 받아 극변(極邊)인 함경도 경흥으로 유배를 가야 했다. 이때도 영의정 허적의 중재로 유배지가 강원도 안변으로 조정되기는 했지만 송시열을 중심으로 한 서인세력에 대한 숙종의 태도는 점점 강경해지고 있었다.

덫에 걸린 대제학 이단하

다음날인 11월 1일 대제학 이단하가 대행대왕(현종)의 행장(行狀)을 지어 올렸다. 실은 송시열로 하여금 능지를 짓게 하려던 시도가 좌절된 이후 송시열의 핵심제자인 이단하로 하여금 능지 못지않게 중요한 행장을 지어 올리게 한 것은 대단한 정치적 함의를 갖는 행위였다. '너는 과연 스승 송시열의 행적을 어떻게 기록할 것인가?'를 보겠다는 숙종의 치밀한 계산이 깔려 있었기 때문이다.

이단하(李端夏, 1625년 인조 3년~1689년 숙종 15년)는 예조판서를 지낸 뛰어난 문장가 이식(李植)의 아들이다. 이식은 신흠·이정구·장유와 함께 조선 중기를 대표하는 한문학 4대가 중 한 명으로 꼽힌다. 이단하는 이런 아버지를 배경으로 처음에는 음보로 관직에 진출해 공조좌랑으로 재직하고 있던 현종 3년(1662년) 문과에 급제했다. 그는 일찍부터 송시열에게서 학문을 익혔다. 사헌부·사간원·홍문관의 요직을 두루 거친 그는 숙종 즉위 당시 성균관 대사성이면서 대제학을 겸하고 있었다. 숙종과의 논쟁도 바로 이때 터진 것이다. 이 일로 인해 그는 어려운 시간을 보내야 했다. 이후 숙종 6년 경신환국이 일어나면서 다시 관직에 복귀해 대사헌, 예조판서 등을 지내고 우의정·좌의정 등에 오르게 된다.

숙종과 이단하의 논쟁은 불과 몇 개월 전 현종과 영의정 김수흥의 논쟁을 연상시키기에 충분했다. 이단하가 지은 행장을 꼼꼼하게 읽어본 숙종은 먼저 얼핏 보기에 '사소한' 문제부터 시비를 걸었다. 아버지 현종이 복제를 바로잡은 후에 복제 문제에 책임이 있는 대신과 예관을 처벌하였는데, 이단하의 글은 '대신과 예관을 처벌한 후 국가의 전례(典禮)가 바로잡혔다'고 서누도 서술해 놓있나는 깃이다. 그러니 이것은 결코 사소한 문제가 아니었다. 이단하의 글대로 하자면 현종이 힘으로 대신과 예관을 억누른 다음에 억지로 복제를 바로잡았다는 뜻이 되기 때문이다.

이단하는 곧바로 이 부분을 바로잡아 다시 행장을 올렸다. 이에 대한 숙종의 반응은 더욱 싸늘했다. 뭔가가 또 걸린 것이다. 이단하로서는 당혹스러울 수밖에 없었다. 명을 받아 고치라고 해서 고쳤는데 오히려 추고(推考)할 것을 명하는 것 아닌가? 추고란 조선시대 때 벼슬아치의 죄과를 조사하는 것을 말한다.

이단하의 불길한 예감은 이어지는 숙종의 말을 들으면서 조금씩 분명해졌다. "선왕(현종)께서는 친히 『예경』의 본의(本意)를 상고하셔서 한결같이 『예경』에 따라 복제를 바로잡으셨다. 그런데 지금 이 행장에서 '특별히' 바로잡았다고 말한 것은 마치 선왕께서 『예경』에 의거하지 아니하고 억지로 정한 것처럼 되었으니, 속히 고쳐서 다시 들이라."

두 차례의 가벼운 공방전을 지켜보는 주변의 신하들도 목이 바싹바싹 타오르고 있었다. 이미 어린 임금이 지향하는 바를 알아차린 대신도 많았다. 걱정은 과연 이 어린 임금이 어디까지 이 문제를 몰아갈 것인지였다. 무엇보다 서인계열의 신하들은 극도의 공포감에 빠져들 수밖에 없었다.

제3라운드, 어렵사리 고쳐서 다시 들고 간 이단하의 행장에 대해 숙종은 이번에는 영의정 김수홍을 처벌한 이유를 두고 다시 문제를 제기했다. 행장에 김수홍이 벌을 받게 된 이유를 '실대(失對)'라고 적어 놓았는데 잘못 대답해서 그런 게 아니라 다른 의논을 냈기 때문에 처벌을 받았다는 것이었다. 아버지 현종이 영의정의 실수를 이유로 처벌을 할 만큼 옹졸한 인간이라는 말이냐라는 질책과 함께 김수홍을 포함한 누군가, 즉 송시열이 주도한 '다른 의논'에 대해 책임을 물으려 한 현종의 본뜻을 왜 왜곡하고 있는가라는 정면 추궁이었다.

그러나 행장에 '송시열' 이름 석 자를 자신의 손으로 쓰는 순간 이단하는 그 자리에서 목숨은 부지하겠지만 이미 사림세계에서는 송장이나 마찬가지였다. 생물학적 생명을 포기할 것인가 사회적 생명을 포기할 것인가?

일단 이단하는 애초에 행장 작성을 명받을 때 자신이 김석주와 함께 '다른 의논을 부탁했다'는 대목은 도로 거두어달라고 청했더니 전하께서도 그르다고 하지 않으셨지 않냐고 되물었다. 그것은 사실이었다. 그러나 여기서 물러설 숙종이 아니었다. "그렇지만 실대라고 한 것은 온당치 못하니 속히 다시 적어 올리라!" 이렇게 해서 이단하가 드디어 『예경』을 잘못 인용하였으므로 대사(大事)를 당하여 대신(大臣)의 직임을 잘못 행했다'는 뜻으로 고쳐서 올렸다. 그나마 이단하로서는 스승 '송시열' 이름 석 자를 행장에 기록하지 않을 수 있게 된 것으로 위안을 삼으려 했는지 모른다.

그러나 단 한 마디로 정곡을 찌르는 직설적 성품의 숙종은 그때 이미 제4라운드를 준비하고 있었다. 이단하의 수정본을 읽은 숙종은 "(영의정 김수홍이) 선왕(先王)의 은혜를 망각하고 (송시열이 제기한)

다른 의논을 부탁했다는 말이 『승정원일기』에 실려 있는데 지금 이 행장에는 끝내 싣지 않았으니, 이는 무슨 뜻이냐?" 마침내 이단하로서는 더 이상 피하려야 피할 데가 없었다.

숙종은 『승정원일기』를 근거로 '다른 의논을 부탁했다'는 말을 추가할 것을 명했고 이단하는 그것만은 절대로 할 수 없다고 버텼다. 결국 사태를 불안하게 지켜보던 영의정 허적이 중재에 나섰다. 『예경』을 살못 인용하였고 내사를 닝이여 대신의 직임을 잘못 행히였다'는 정도의 말이면 '실대'와는 비교할 수 없는 큰 책임을 김수홍에게 물었으니 이 정도에서 그치는 것이 조정의 화합을 위해서도 좋겠다는 논리였다. 허적의 오랜 설득 끝에 결국 이단하는 '不從禮經而從他人之議罪首相(『예경』을 따르지 아니하고 타인의 예론을 따랐다 하여 영의정을 죄주었다)'는 13자를 첨입하고 일단 '사지(死地)'에서 몸을 피할 수 있었다. 문제는 '타인(他人)'이라는 대목이 포함됐다는 사실이다. 타인은 바로 송시열이었기 때문이다. 사실 '타인'이라고 적은 것만으로도 이미 이단하는 스승에게 큰 죄를 지은 셈이었다.

강력한 카리스마의 시작

"스승만 알고 임금은 알지 못하는구나!"

숙종이나 이단하나 일단 이 정도로 행장 문제는 일단락된 줄 알았다. 그런데 한 달도 지나지 않은 11월 29일 박봉상이라는 진사가 "타인이란 누구를 가리키는 것입니까?"라며 애써 덮으려 했던 급소를 찌르는 상소문을 올렸다. 이 점을 분명히 하고 나서 행장을 완성해도 늦지 않다는 것이다. 실은 숙종 자신이 원하던 바였다. 일개 진사의 상소였음에도 불구하고 숙종이 해당 문장을 즉각 고치겠다고 반응한 데서 그의 의중이 드러난다. 숙종은 바로 그날 이단하에게 문제의 대목을 개정할 것을 지시했다. 박봉상이 던진 불씨로 인해 거의 꺼져가던 짚단에 다시 불이 붙기 시작했다.

이단하로서도 더 이상 물러설 수 없었다. 다음날 이단하는 개정된 행장 대신 상소를 올렸다. 이에 숙종은 즉시 이단하를 불러들였다. 직접 말해 보라는 취지였다. 역시 송시열의 문제였다. "선조(先朝-현종)께서 수상을 죄주라는 전지(傳旨) 가운데에 다만 다른 예론[他論]에 붙었다는 하교만 있었고, 당초에 사람 이름은 지적하지 아니하셨습니다. 지금 신(臣)이 만약 모인(某人)을 가리켜서 말한다면, 이는 신 스스로 내리는 말이 되고 선왕의 전지가 아닌 것입니다. 어떻게 감히 이렇게 하겠습니까?" 타론(他論)이 아니라 타인지의(他人之議)로 고쳐야 했던 대목이 아무리 생각해도 마음에 설린 것이나. 그때시 이딘 거는 더 이상 고쳐 쓰는 것은 불가하다는 입장을 보였다.

제4라운드는 이단하가 먼저 시작하고 있었다. 숙종도 "선왕의 뜻은 판부사(判府事)가 『예경』을 그릇되게 논했다고 여기셨는데, 어찌하여 이렇게 고치지 않느냐?"며 맞받아쳤다. 이제 숙종이 '판부사(중추부 판사)'라고 특칭을 함으로써 '타인'이 누구인지가 보다 분명해졌다. 사정이 이렇게 되자 이단하의 입에서도 '송시열' 이름 석 자가 나오지 않을 수 없었다.

"선왕(현종)께서는 그 사람을 모르시는 것이 아니었는데, 그 이름을 구체적으로 거명하지 아니하신 것은, 양조(兩朝-효종·현종)에서 빈사(賓師-스승)로 예대(禮待)하시던 신하인지라 차마 갑자기 그 이름을 지적하여 현저하게 배척하시는 뜻을 나타낼 수가 없었기 때문이 아니겠습니까? 비록 그 이름을 쓰지 아니한다 하더라도 후인(後人)이 어찌 이 일을 알지 못하겠습니까? 선왕의 포용하시는 덕(德)이 더욱 빛날 것입니다. 신이 끝내 봉명(奉命)하지 못하는 것은 이 때문입니다."

현종도 알면서 지나간 일을 굳이 자신이 이름을 거론한다는 것은

110

현종의 뜻과도 배치되는 것 아니냐며 숙종의 약점을 넌지시 건드려보는 논법이었다. 사실 이단하로서 펼칠 수 있는 논리도 어쩌면 그것밖에 없었는지 모른다. 천성이 그랬는지 어려서 그랬는지 몰라도 아직 우회의 묘(妙)를 모르는 숙종이었다.

"장자(長子)를 위하여 응당 3년을 입어야 할 것인데 기년으로 내렸기 때문에, 선왕께서 그 잘못을 알고 고치신 것이다."

자신의 아버지를 거론하며 책임을 회피하지 말라는 경고였다. 이에 이단하는 자신은 더 이상 고쳐 쓸 수 없으니 다른 사람에게 행장 개수 책임을 맡기는 게 좋다며 배수의 진을 쳤다. 급기야 숙종의 입에서도 '송시열' 이름 석 자가 튀어나온다.

"송시열이 나라의 전례(典禮)를 그릇되게 논했기 때문에 선왕께서 특별히 바로 고치시고, 그 뒤에 수상이 송시열의 뜻에 따랐다는 이유로 죄주신 것이니, 이러한 뜻으로 고쳐서 말을 만들어 들이게 하라."

일단 탑전(榻前-어전)에서 물러나온 이단하는 아무리 생각해도 숙종의 명을 받들 수가 없었다. 고민 끝에 그는 다시 상소를 올려 다른 사람으로 하여금 개수 책임을 맡겨 달라고 청했다. 숙종은 진노했다. "내가 어린 임금이라고 하여 무시하는 소치이니 중률로 다스리겠다." 극변 유배에 처하겠다는 의사였다. 이에 놀란 승정원에서 중재에 들어갔고 오랜 설득 끝에 이단하도 나름의 방법을 찾아내 이런 대목을 추가시켰다. '宋時烈所引禮(송시열소인례)', 즉 송시열이 예론을 이끌었다는 뜻이다. 이단하로서는 스승의 이름을 노출은 시켰지만 '예를 이끌었다'는 말은 적어도 송시열이 기년복을 주장했다는 점은 지적하지 않았기 때문에 스승에 대한 도리는 지킬 수 있다고 본 것이다. 이점을 숙종이 모를 리 없었다. '잘못 이끌었다'로 고쳐 넣으라는 엄명이 떨어졌다. 소(所)를 오(誤)로 바꾸라고 명한 것이다. 이단하로서는 따르지 않을 수 없었다.

이로써 이단하로서도 넘어서는 안 될 선을 넘어버렸다. 이단하의 고민은 깊었다. 12월 18일 그사이 '이소참반'으로 승진한 이단하는 긴 글의 상소를 올렸다. 그중에 이런 대목이 포함돼 있었다.

"신은 송시열에게 스승과 제자의 의(義)가 있습니다. 행장을 고쳐 올릴 때에 엄명(嚴命)에 핍박되어 이미 그의 성명(姓名)을 썼으며, 또 성교(聖敎)를 받고 오자(誤字)를 그 이름 아래에 썼습니다. 신이 마땅히 문생의 의리로 인피(引避)하고, 다시 다른 사람에게 고쳐 명하시도록 청했어야 할 것인데, 생각이 여기에 미치지 못하였으니, 후회막급일 뿐입니다."

이를 본 숙종의 분노는 극에 달했다. "한갓 사표(師表-스승)만 알고 군명(君命)이 있음은 알지 못한 것이니 신하로서 임금을 섬기는 도리가 어찌 이와 같은가?" 곧바로 이단하는 삭탈관작 문외출송을 당하였다. '문외출송(門外出送)'이란 한양 밖으로 추방하는 벌이다. 송시열을 정점으로 하는 서인세력에 대한 본격적인 선전포고가 시작되는 시점이었다. 당시 분위기에 대해 이건창은 『당의통략』에서 "이때 숙종의 나이는 14세였는데 온 조정에서 두려워 떨지 않는 사람이 없었다"고 적고 있다.

송시열, "청풍 김씨의 참소가 드디어 실행되는구나!"

비록 현종의 급서로 중단되기는 했지만 현종의 입에서 "임금에게 박하게 하고 누구에게는 후하게 하는가"라는 말이 나온 직후 영의정 김수흥은 귀양길에 올라야 했다. 그리고 그때 중단된 서인의 숙청 작업은 불과 몇 달 후 숙종의 입에서 "한갓 사표만 알고 군명이 있음은 알지 못한 것이니 신하로서 임금을 섬기는 도리가 어찌 이와 같은가?"라는 말이 나온 직후 급속하게 재개되었다.

이단하의 삭탈관작 문외출송 명이 떨어진 12월 18일 사헌부와 사간원에 포진해 있던 남인계통의 장령 남천한, 지평 이옥, 헌납 이우정, 정언 목창명이 합동으로 계를 올려 송시열 파직을 청하자 숙종은 그 자리에서 "아뢴 대로 하라"고 답한다. 당시 송시열은 중추부 영사라는 직함을 갖고 있었다. 그러나 다음날 대사간 이합은 구차스럽게 송시열 파직 합동상소에 참여할 수 없다며 하명을 기다리겠다는 상소를 올렸다. 이에 대한 숙종의 불같은 반응이다.

"당을 비호하면서 공갈 협박 하는 작태가 아닌 것이 없으니 진실로 놀라울 따름이다."

이미 송시열의 파직을 둘러싼 논쟁과정에서 남인과 서인의 치열한 정치투쟁이 진행되었고 그 과정에서 숙종은 서인이 송시열의 파직을 반대하는 족족 삭탈관직을 명했다. 이합은 그 첫 번째 희생물에 불과했다. 서인이 떠난 자리에는 속속 남인이나 김석주와 가까운 인물들로 채워졌다. 12월 20일 대사간에 임명된 이지익도 '척리(戚里-김석주)'와 가깝다는 이유로 그 자리에 임명되었다. 한마디로 그는 서인이면서도 당파에 크게 구애되지 않는 인물이었다.

이지익(李之翼, 1625년 인조 3년~1694년 숙종 20년)은 효종 3년 (1652년) 문과에 급제했다. 바로 김석주와 동방(同榜), 즉 과거동기다. 1616년 사헌부 지평으로 있을 때 공조판서 이일상(李一相)의 뇌물 문제를 탄핵하다가 호남의 한직으로 좌천당했고 이듬해 남구만(南九萬)의 구론(救論)으로 다시 대직(臺職)에 돌아왔다. 이후 성주목사, 동래부사, 광주부윤, 황해도관찰사 등 외직을 두루 맡으며 크게 치적을 올렸다. 숙종 원년(1674년), 이내 김석주의 진기로 대사간에 오른 그는 송시열의 파당성과 예론에는 반대를 하면서도 송시열이 두 조정의 융숭한 대접을 받은 사실을 고려하여 조정을 편하게 할 것을 주장하다가 여의치 않자 얼마 후 사임하였다.

이듬해 다시 대사간에 복직해 사은부사(謝恩副使)로 청나라에 다녀오고 1676년 예조판서로 승진하고 이어 대사헌 우참찬, 중추부지사 등을 거쳐 형조판서에 오르지만 앞서 송시열을 변호한 일로 파직당한다. 1678년 공조판서에 다시 기용되어 두 번째 형조판서가 되고, 개성부 유수와 함경도·전라도·평안도 관찰사 등을 두루 역임하지만 기사환국 때 파직을 당한다. 그는 조정에 있는 40년 동안 여러 차례 환국이 진행되었음에도 불구하고 당파에 얽매이지 않고 자기 신념대로 일관했다는 평을 듣는다.

송시열의 파직이 정해지자 서인의 반격은 점점 더 거세졌다. 12월 20일 중추부 판사 정지화가 나서 16년 전의 일로 구신(舊臣)들을 조정에서 내쫓는다면 현재의 조정을 위해 좋을 일이 없다고 말했고 22일에는 사간 이헌이 "사화(士禍)가 박두하고 있다"며 자신을 교체해 줄 것을 청했다. 이미 칼을 뽑은 숙종은 바로 다음날 이헌을 사간에서 체직시켜 버렸다.

"이헌이 감히 (내가) 사론(邪論)을 주워 모았다느니 갑자기 참소 무함하는 말을 따른다느니 한 말은 극히 참람하며, 예(禮)를 그르친 잘못을 완전히 엄폐하고 그른 것을 옳다고 하면서 방자하게 당을 비호하는 모습을 보니 극히 놀랍다."

숙종의 서인숙청 의지가 워낙 강해 김석주의 주선으로 대사간에 오른 이지익조차 12월 25일 사직상소를 올렸다. 송시열의 예론에는 동의하지 않지만 그렇다고 지금처럼 처벌하려는 것은 온당치 못하다는 취지였다. 이미 이지익은 서인과 남인 모두로부터 부정적 평가를 받고 있었다. 당파의 시대에 자기의 길을 걷는 것은 그만큼 험난했다.

송시열의 파직을 이끌어낸 남인의 장령 남천한, 지평 이옥, 헌납 이우정, 정언 목창명 등은 다시 12월 26일 송시열의 삭탈관작과 문외출송을 청하는 상소를 올렸고 숙종은 기다렸다는 듯이 그 자리에서 "아뢴 대로 하라"고 답했다. 점점 처벌의 수위가 강해지고 있었다.

다음날 야대에서 『논어』를 진강한 다음 시독관 윤지완이 나서 송시열의 억울함을 호소하자 숙종은 그 자리에서 윤지완의 체직을 명한다. 그 자리에 있던 동지사 남구만이 송시열을 옹호하려 하자 말을 제대로 시작도 안 했는데 숙종는 말허리를 끊으며 "본분에 넘치는 말을 하지 말라"고 호통을 쳤다. 왕권에 대한 추호의 도전도 용납하지 않겠다는 의지가 흘러넘치고 있었다. 반면 서인으로서는 이헌의 걱정대로 사화를 걱정했을 수도 있다.

해가 바뀌어 숙종 1년(1674년) 1월 2일 장령 남천한과 정언 이수경이 합계하여 이번에는 송시열뿐 아니라 송준길, 이유태 등을 모두 벌할 것을 청하였다. 그런데 송준길은 이미 이 세상 사람이 아니었다. 송시열과 이유태는 먼 곳으로 귀양을 보내자는 것이고 송준길의 경우에는 생전의 관직을 삭탈하자는 것이었다. 예송논쟁이 말 그대로 남인과 서인의 대결로 본격화하는 순간이었다. 여기서는 숙종도 일단 숨고르기를 한다. 그리고 마침 이날 숙종은 남인의 양대 이론가인 허목과 윤휴의 경연 출입을 특명으로 내렸다. 이때 허목은 이조참판, 윤휴는 사헌부 장령으로 경연에 참석하기에는 직급이 너무 낮았다.

당시 송시열에 대한 숙종의 인식은 단순명료했다. "송시열은 효종의 예우를 입었는데도 모립하려고 생각하지 않고 도리어 서자라는 폄칭(貶稱)을 가하였으니, 어찌 죄가 없을 수 있겠는가?" 그것은 분명한 사실(史實)이자 사실(事實)이었다. 그러나 동시에 인조 이래 조선은, 아니 조선 왕실은 뜻있는 신하들이 선뜻 받아들이기에는 정통성을 크게 상실하고 있었다. 이 또한 부정할 수 없는 사실(史實)이자 사실(事實)이었다. 사실(史實)과 사실(史實), 사실(事實)과 사실(事實)이 충돌하는 상황에서는 힘만이 지배하게 된다. 15세 소년왕의 권력이 68세 대로(大老)의 권력을 제압하고 있었다.

1월 5일 우의정 김수항이 사직서를 제출했고 다음날에는 남구만이 사직서를 올렸다. 1월 9일에는 좌의정 정치화가 열한 번째 상소를 올렸으나 윤허하지 않았다. 영의정 허적을 제외하고 좌·우의정 모두 사직하겠다는 일종의 스트라이크를 벌이고 있었다. 이런 가운데 마침내 1월 12일 숙종은 "송시열을 멀리 귀양 보내라"는 명을 내린다.

"올 것이 오고야 말았다." 당시 충청도 진천 길상사에 머물고 있던 송시열은 유배 소식에 "청풍 김씨의 참소가 드디어 실행되는구나. 지금까지 더뎌진 것은 임금께서 많이 참으신 것이다"라며 담담하게 현실을 받아들였다. 청풍 김씨는 김육의 집안을 말한다. 송시열은 숙종의 이 같은 움직임 뒤에 대비인 명성왕후 김씨와 김석주가 있다고 본 것이다. 결국 68세의 대로 송시열은 함경도 덕원으로 유배를 떠나야 했다.

당시 병조판서 이상진은 송시열의 귀양을 뒤늦게라도 취소해 보려고 숙종에게 이런 상소를 올리기도 했다. "효종 임금께서는 일찍이 담비갖옷을 송시열에게 하사하였는데 과분하다고 사양하자 효종께서 '경은 나의 뜻을 깨닫지 못하는가. 머지않아 요동의 풍설 속에서 더불어 원수를 갚을 때 쓸 물건이오'라고 깨우쳐주셨습니다. 당시 군신의 사이가 이와 같았습니다. 비록 중도에 원통한 일을 만나 이 담비갖옷을 요동 벌판에서 쓰지는 못했으나 어찌 오늘날 풍설 속에서 재를 넘어 다닐 때(즉 귀양을 갈 때) 쓰이리라고 생각이나 했겠습니까?" 그러나 어린 숙종은 한 치의 동요도 보이지 않았다. 아마도 숙종은 "그렇게 잘 대해 준 효종 임금을 서자 취급했단 말이냐"고 더 분노했을지도 모른다.

대신들도 놀란 어린 숙종의 국사 능력

즉위 당시 숙종의 나이가 14세밖에 안 됐기 때문에 수렴청정을 하는 것이 관례였다. 숙종은 달랐다. 수렴청정은 처음부터 없었고 허적을 중심으로 한 원상들의 도움으로 국정을 이끌어갔다. 그러나 송시열 문제를 놓고서 이단하와 대결하는 모습에서 보듯 숙종은 탁월한 정치력을 일찍부터 드러냈다. 숙종 즉위년 12월 25일 이제 즉위한 지 4개월밖에 안 된 숙종에게 승정원에서 원상제 혁파를 건의한 것도 그 때문이다. 충분히 홀로 서기를 할 수 있다고 많은 신하가 생각한 것이다.

이날 승정원에서 원상제를 없애자는 건의를 올리자 처음에는 숙종도 "그대로 두어 나의 부족한 점을 돕도록 하라"며 반대의사를 나타냈다. 이에 허적이 입대하여 다시 한 번 원상제 폐지를 청했다.

"원상은 으레 공제(公除-왕이나 왕비가 훙한 후에 26일 동안 공무를 중단하고 조의를 표하는 일) 후에는 파출하는 법인데 그때 특별히 그 대로 머물러 있게 하라고 명령하셨으므로, 신 등이 감히 군이 사직하지 못했습니다. 근래에 성상께서 독단(獨斷)하시는 일 중에 합당하지 아니한 것이 없는데, 무엇을 신들에게 의뢰하시겠습니까? 또 세상인심이 각박하여 근래에는 대신과 승지들의 비난이 일고 있는 실정인데, 지금 또 그대로 머물러 있게 되면 끝날 기한도 없고 사체(事體)도 합당하지 못합니다."

이에 대해서도 숙종은 "내 나이 어려 모든 일에 부족한 점이 많기 때문에 경들이 빈청에 있으면서 그때그때 도움을 주는 것이 바로 나의 소망이다"며 거부의사를 밝혔다. 그러나 허적이 또다른 대신이 병이 들어 지금처럼 숙직(宿直)을 계속하는 것은 무리라고 하자 숙종은 "그러면 그렇게 하라"고 답했다. 적어도 형식적으로는 14세 국왕이 불과 4개월 만에 홀로 서기에 나서게 된 것이다.

3장

청년 숙종의 정신세계

▌최고의 학자들에게 학문수련을 받다

여막에서 경연을 시작하다

숙종의 경우 14세에 왕위에 올랐기 때문에 정신세계가 형성되고 있는 중이었다. 따라서 통상 경연(經筵)은 경사(經史)와 함께 국정을 논하는 자리였지만 숙종에게는 교육의 장으로서 비중이 더 컸다. 적어도 20세 때까지의 경연은 다른 임금들이 세자 시절 받아야 했던 서연(書筵)에 해당한다고 보면 될 것이다. 어린 시절 누구로부터 어떤 책을 어떤 방식으로 읽었느냐 하는 것은 훗날 그가 보여줄 통치방식을 미리 점칠 수 있게 해준다. 이 점에서 국왕의 학문수련 과정을 살피는 일은 무엇보다 중요하다.

즉위한 지 넉 달이 되어가던 1674년 12월 25일 영의정 허적은 경연을 계속 미룰 수 없으니 일단 임시로 현종의 신주를 모신 여막에서라도 약식으로 조강이나 주강을 시작할 것을 건의했다. 원래 경연은 편전인 선정전에서 해야 하지만 아직은 상중(喪中)이었기 때문이다. 조강이나 주강에서는 현재 읽고 있는 책을 계속해서 읽고 석강이나 야대에서는 그때그때 신하들과 의논해 책을 고르는 것이 좋겠다는 의견도 덧붙였다.

도승지 김석주는 "경서(經書)와 사서(史書)는 체(體-기본)와 용(用-응용)의 관계"라며 석강과 야대에서는 국가의 흥망과 치란을 살피는 사서를 읽는 것이 좋겠다는 의견을 낸다. 이에 히적은 주희의 『자치통감강목』을 추천했고 김석주도 "세종대왕도 『강목』을 좋아하셔서 사정전에서 신하들을 불러 모아 함께 그 뜻풀이를 해 『사정전 훈의』라는 책까지 편찬하셨다"며 동의를 표했다. 그때부터 14세 숙종의 공부는 『논어』와 『자치통감강목』을 양축으로 해서 진행된다. 숙종 1년 1월 2일부터는 허적의 추천으로 조정에 들어온 남인계통의 허목과 윤휴도 '특별히' 참여하게 된다. 숙종의 기본적인 학문 틀은 이처럼 남인에 의해 만들어지기 시작한다.

1월 18일 주강은 이런 남인과 서인인 김석주의 의견 차이를 드러내 보였다는 점에서 주목을 요한다. 윤휴는 "『논어』의 주(註)는 읽을 필요가 없습니다"고 말한다. 그러나 김석주는 즉각 "『논어』의 주는 버릴 수 없습니다"고 반박한다. 이에 윤휴는 다시 "임금의 공부는 과거를 준비하는 선비의 공부와는 다르니 읽을 것 없습니다"고 재반박했다. 서인은 송시열에서 드러나듯 아무래도 『논어』 자체보다는 주자의 『논어집주』를 중시하는 편이었다.

그러나 『논어』의 경우 이미 숙종은 읽어보았기 때문인지 경연에서는 공부보다는 정사(政事)에 대한 논의가 훨씬 활발했다. 같은 날 주강에서 윤휴는 과거를 폐지할 것을 건의했다. 천거의 방식으로 사람을 선발해야 한다는 것이다. 이에 숙종이 놀라 허적에게 묻자 같은 남인인 허적도 윤휴의 의견에는 반대했다. 과거로 사람을 뽑는 것을 갑자기 폐지할 수는 없다는 것이었다. 산림에 오래 있었던 허목이나 윤휴는 아무래도 급진적이었고 오랜 관료생활을 해온 허적은 온건파였다. 이후 경연은 거의 하루도 빠지지 않고 진행되었다. 숙종의 학문적 진보도 빨라 경우에 따라서는 같은 주강에서 『논어』와 『강목』을 함께 강하기도 하였다.

1월 22일의 주강에서는 이런 일도 있었다. 시독관 이유가 서인 남구만과 이상진이 폐기된 것은 조정을 위해 아까운 일이라고 말하는가 하면, 유생들이 올린 송시열 지지 상소에 송시열의 입김이 작용했다고 보는 것은 곤란하다고까지 말했다. 당시만 해도 송시열이라고 하면 경기를 일으키는 숙종이었다. 숙종 스스로 지난번 경연에서 "송시열의 기염(氣焰)이 두렵다"고 말하기까지 했었다. 당연히 이유의 이같은 말에 숙종은 놀랐을 것이다. 『실록』은 "임금이 놀라서 똑바로 쳐다보며 아무 말도 하지 않았다"고 적고 있다. 이유는 송시열의 제자로 숙종 말년 좌의정에까지 오르게 되는 인물이다.

경연의 쌍두마차, 허목과 윤휴

초창기 경연에서 숙종이 주로 어떤 정신세계에 노출되었는지를 알려면 특지(特旨)로 경연에 참여하게 된 허목과 윤휴 두 사람에 대해 먼저 주목할 필요가 있다.

이때 이미 80세였던 허목(許穆, 1595년 선조 28년~1682년 숙종 8년)은 명종 때 좌찬성과 이조판서를 지낸 허자(許磁)의 증손으로 정구(鄭逑)와 장현광(張顯光)의 문인이다. 50대가 되도록 세상에 알려지지 않고 제자백가(諸子百家)의 책들을 연구하다가 다시 경서(經書)의 연구

허목 조선 중기의 문인으로 기호 남인의 선구이며 남인 실학파의 기반이 된 인물. 그림·글씨·문장 모두에 뛰어났으며, 특히 전서에 뛰어나 동방 제1인자라는 찬사를 받았다.

에 전심을 기울였으며 특히 예학(禮學)에 일가를 이루었다. 효종 1년(1650년)에 참봉에 천거되었으나 나가지 않다가 1657년 사헌부 지평, 이듬해 장령이 되었다.

현종 1년(1660년) 자의대비의 복상(服喪) 문제로 제1차 예송논쟁이 일어나자 당시 집권층인 서인 송시열 등이 채택한 기년설(1년설)을 반대하고 3년설을 주장하였으나, 현종이 최종적으로 기년설을 채택하였다. 이로 인하여 남인이 대거 숙청당하고, 허목도 삼척부사로 좌천당했다가 2년 뒤 사직하고 고향으로 돌아갔다.

현종 15년(1674년) 제2차 예송논쟁이 일어나자 서인의 대공설을 반대하고 기년설을 주장하였다. 숙종은 즉위한 지 석 달 만인 11월 2일 허적의 추천으로 80세 노인 허목을 대사헌으로 임명한다. 송시열에 맞서려면 남인 쪽에도 이 정도 인물은 있어야 한다는 계산에 따른 것이다. 그러나 허목이 명을 받들어 숙종을 직접 만나게 되는 것은 11월 29일이었다.

이후 이조참판을 거쳐 1678년 우의정을 지내고 뒤이어 중추부 판사로 정치 일선에서는 물러났다. 그때 유배중이던 송시열에 대한 처벌을 강화하는 문제로 영의정 허적과 의견이 갈려 허목은 강경파 청남(淸南)의 영수가 되고 허적은 온건파 탁남(濁南)의 영수가 되어 대립했다. 이듬해 허적을 탄핵했다가 오히려 자신이 파직당했고 이후 고향에

서 저술과 후진 양성을
하다가 생을 마쳤다.

허목 못지않은 '송
시열의 천적(天敵)' 윤
휴(尹鑴, 1617년 광해군
9년~1680년 숙종 6년)
는 대사헌 윤효전의 아
들로 학행(學行)으로 천
거되어 효종 7년 세자

미천서원 허목의 도학정신을 기리기 위해 1690년 건립되었다가 3년 후 미천서원이라고 사액되었다. 이후 허목의 학문을 따르고 미천서원에 많은 공을 세운 채제공을 추가로 배향했다.

시강원 자의(諮議)를 시작으로 효종 9년에는 사헌부 지평에 올랐으며 제1차 예송논쟁 때 허목·윤선도 등과 함께 송시열의 예론을 논박하다가 사문난적(斯文亂賊)으로 몰렸다. 현종 말기 남인의 발탁에 관심을 가진 현종의 배려로 사헌부 장령 등에 임명되나 출사하지 않았다.

이후 숙종 집권과 함께 본격적인 남인정권이 들어서자 성균관 사업(司業)으로 기용됐고 이후 동부승지, 이조참의 등을 거쳐 대사헌에 오른다. 숙종 2년에는 우참찬·공조판서 등으로 초고속 승진가도를 달린다. 숙종 5년에는 정승 바로 아래인 종1품 우찬성으로 있으면서 청남과 탁남의 대립이 심화되자 처음에는 허목의 청남을 지지하다가 뒤에 탁남으로 돌아선다. 그러나 이듬해 경신환국으로 서인이 정권을 잡게 되자 갑산으로 유배되었다가 허적의 서자인 허견의 옥사에 관련된 혐의로 사약을 받는다.

그는 독학자답게 당시 유학자라면 누구나 당연시 하던 주자학적 경전해석을 거부하고 『중용』『대학』『효경』 등의 경전에 독자적 해석을 가해 당시 학계에 큰 파문을 불러일으켰다. 그가 경연에 나와 숙종에게 『논어』를 진강하면서 주(註)는 볼 필요가 없다고 한 것도 같은 맥

윤휴_ 허목과 함께 '송시열의 천적'으로 불리며 남인으로 활약했다. 여러 경전 해석에 독자적 해석을 가해 당대 학계에 큰 파문을 일으켰으며, 국방과 세제개혁 등 현실문제에도 깊은 관심을 보였다.

락에서 한 이야기였다.

윤휴는 특히 국방과 세제개혁 등 현실 문제에도 깊은 관심을 갖고 있었다. 숙종 1년 2월 21일 주강에서 윤휴는 병거(兵車)라는 신무기 개발을 숙종에게 건의했다. 병거란 마퀴널린 수레에 조총 10정을 배치한 다음 동시에 발사할 수 있도록 만든 자신의 독창적 발명품이었다. 이에 허적은 "병거 300승만 있으면 어떤 적이든 막아낼 수 있지만 만드는 데 비용이 많이 드는 것이 문제"라고 평한다. 그 밖에도 세제개혁 아이디어를 많이 냈고 이듬해 이조판서로 있을 때는 남산에 성을 쌓아야 한다는 아이디어도 냈으나 받아들여지지는 않았다.

숙종의 경연에 참여했을 때 허목은 80세, 윤휴는 58세였다. 나이 때문인지는 몰라도 경연에서 허목은 진중한 반면 윤휴는 다변이었다. 그러다 보니 윤휴는 실수도 잦았고 다른 동료로부터 비판이나 반박도 많이 당했다. 숙종 1년 10월 11일 주강의 한 장면이다.

이 자리에서 윤휴는 자신과 가깝다는 이유로 한 인물을 높이 평가했다. 그런데 그는 대북파의 중요인물의 아들이었다. 인조반정 이후 대북파의 출사는 여전히 엄격하게 금지되고 있었다. 허적이 그 점을 정면에서 반박하자 윤휴는 서둘러 변명을 했다. 흥미로운 대목은 그

126

다음이다. 경연에서 물러나온 윤휴가 "내가 오늘 땀이 났다"고 하자 허목은 그 자리에서 "나는 땀이 나지 않았다. 임금을 속이는 일을 하지 않았으니 어찌 땀이 나겠는가?"라고 면박을 줬다.

두 사람에 대한 숙종의 총애가 커갈수록 주변의 견제도 심해졌다. 숙종 2년 4월 12일 종실의 영평정(寧平正) 이사(李泗)가 숙종을 찾아와 허목과 윤휴를 '양송(兩宋-송시열과 송준길)'에 비유하며 당쟁을 격화시키고 있다고 탄핵했다. 이사는 특히 윤휴를 지목하며 "제가 윤휴의 사람됨을 아는데 결단코 바른 사람이 아닙니다"고 비판했다. 이에 숙종은 "그대가 허목과 윤휴를 비난하는 까닭이 무엇인가?"라고 묻는다. 이사가 "효종 때 양송이 크게 임용되고 예우함을 받았음에도 힘쓰는 바가 당론뿐이었는데 허와 윤도 똑같습니다"라고 답하자 숙종은 "구체적으로 어떤 일을 가리키는가"라고 되물었다. "자기와 뜻이 다른 자는 배척하고 자기에게 붙는 자는 끌어들이니, 이것이 당론입니다." "배척한 자가 누구이며 끌어들인 자는 또 누구인가?" 이사는 더 이상 할 말이 없었다. 이를 지켜보던 허적이 "종신(宗臣)이 조정의 일을 논하는 것은 망령됩니다"고 말하자 숙종은 그 자리에서 영평정 이사를 파직할 것을 명한다. 이어 이사는 송시열을 비호하려 하였다는 이유로 평안도 용천으로 유배를 가야 했다. 그만큼 이 당시 허목과 윤휴에 대한 숙종의 총애가 깊었다는 뜻이기도 하다.

"하루 경연을 쉬면 학문 공부가 중단된다"

숙종 1년 10월 8일 승정원에서는 경연청 공사로 인해 당분간 경연을 중단하는 게 좋다는 청을 올렸다. 그에 대한 15세 숙종의 답변이다.

"하루 경연을 쉬면 학문 공부가 중단된다. 공자가 말하기를, '아침에 도(道)를 들어 깨달으면 저녁에 죽더라도 좋다'고 하였다. 내가 밤낮으로 생각하며 이를 마음에 새겼기 때문에, 밤중에 비로소 잠을 자고, 닭이 처음 울면 곧 책을 펴고 성현(聖賢)을 대하여 부지런히 힘쓰고 게을리 하지 아니하였으니, 혹시 옛사람의 일컬은 바, '오늘 배우지 아니하여도 내일이 있다고 이르지 말라'는 경계에 어긋남이 있을까 봐 두려워한 것이다. 역사(役事)를 미칠 동안 단기 주강(晝講)만 여차에서 하는 것이 좋겠다."

숙종의『논어』공부는 1년 2개월여 동안 이어져 숙종 2년 3월 20일에 끝나고 그때부터는 텍스트가『맹자』로 바뀌었다.『맹자』를 읽은 첫날 숙종은 이런 소감을 밝힌다.

"『맹자』에 '신하가 임금 보기를 원수와 같이 한다'고 한 것과, '바라보니 임금 같지 아니하다'고 한 것 같은 말은 너무 박절하다."

어려서부터 국왕으로서의 지존(至尊) 의식이 누구보다 강했던 숙종에게는 많이 거슬렸던 것 같다. 11월 8일 주강에서는 영의정 허적이 이제 상제(喪制)가 끝났으니 부부관계를 가져도 무방하지만 아직 나이가 어리니 몸 관리에 더욱 철저해야 할 것이라고 말한다. 평소 건강한 편이 아니던 숙종인 데다가 아마도 이때쯤 숙종이 성(性)에 본격적으로 눈을 떠 탐닉하는 경향을 보였기 때문일 것이다. 그에 대한 숙종의 반응이 흥미롭다. "임금이 답하지 아니하였다."

경연에서『맹자』진강은 정확히 1년 6개월 만에 끝났다. 공부 못지않게 정사를 논의하는 경우가 많았으므로 독서의 속도는 그리 빠르지 않았다. 숙종 3년 9월 24일 『중용』을 강의하게 되자 숙종은 이렇게 말한다. 뉘앙스로 보아 이미 한 번쯤은 읽었거나 책의 내용을 개략적으로라도 알고 있었던 것으로 보인다.

"『중용』은 다른 책과 달라서 마음을 가라앉혀 깊이 생각하며 음미하고자 하니, 이제부터는 많이 하려고 힘쓸 필요가 없이 간략하게 강론(講論)하는 것이 좋겠다."

17세 국왕은 책에 어울리는 독서법을 이미 알고 있었다. 여전히 경연을 주도한 인물은 우의정 허목과 대사헌 윤휴였다. 그래서 숙종은 주자의 정통해석보다는 훨씬 융통성 있게 경전을 배울 수 있었다. 그래서 서인의 입장에서 서술된 『숙종실록』은 윤휴에 대해서는 극단적일 만큼 비판적이다. "윤휴는 주자에 대해서 반대하고 거슬려서 장구(章句)를 마구 뜯어고쳤으며, 『중용』에 이르러서는 주를 고친 것이 더욱 많았다. 항상 스스로 말하기를 '자사(子思)의 뜻을 주자가 혼자 알았는데, 내가 혼자 모르겠는가?' 하였으니, 이는 진실로 사문(斯文)의 반적(叛賊)이다."

그러나 즉위 초 윤휴에 대한 숙종의 총애는 절대적이었다. 예를 들면 숙종 1년 11월 16일 숙종은 「어제주수도설(御製舟水圖說)」이라는 것을 만들어 3정승과 윤휴에게 보여준다. 이는 곧 윤휴를 3정승 못지않게 공경으로 대했다는 뜻이다. 「어제주수도설」이란 만경창파(萬頃蒼波)에 일엽편주(一葉片舟)를 띄워놓은 그림에다 숙종이 직접 글을 지어 옆에 써넣은 것이다. 거기에는 국왕으로서 명심해야 할 다섯 가지 항목을 스스로 정해 해설까지 덧붙인 글을 써놓았다. 다섯 가지 항목이란 첫째 학문을 좋아하는 것이고, 둘째 현량(賢良)을 기용하는 일이고, 셋째 충간(忠諫)을 받아들이는 일이고, 넷째 자신의 허물 듣기를 좋아하는 것이고, 다섯째 보물을 천하게 여기고 현자를 귀하게 여기는 것이다. 그리고 허적 등에게 자신이 이런 글을 짓고 그림을 그리게 한 이유를 설명한다.

"이상의 다섯 가지는 내가 정신을 늘 거기에 두고 그대로 해보려고 하는 것들이다. 군신의 의리는 비유하자면 창파에 떠 있는 거룻배 같은 것이다. 배가 임금이라면 물은 신하다. 만일 노도 없이 풍파를 만난다면 배는 전복되기 마련이다. 그렇게 볼 때 임금된 입장을 알 만하지 않겠는가? 가령 임금의 정교(政敎)가 멀고 가까운 곳 없이 고루고루 흡족하게 미친다면 백성도 덕과 은혜에 감복할 것이니 그렇게만 된다면 나라가 편하겠지만 임금의 덕과 은혜가 아래까지 미치지 못하고 간사한 무리가 조정에 앉아 우롱한다면 나라가 위태로울 것 아닌가? 어느 날 문득 내 생각이 거기에 미쳤을 때 너무 두려운 생각이 들어 이에 화공을 시켜 배와 물을 그리게 하고 내가 직접 글을 짓고 썼다."

당시 숙종은 실제로 학문연마에 혼신의 힘을 쏟고 있었다. 밤 12시까지 책을 보는 일은 다반사였고 어떤 때는 새벽까지 책을 보다가 아침에 일어나자마자 바로 경연에 참석하기도 했다. 숙종 4년 1월 15일에는 전염병이 돌아 허목이 경연을 잠시 중단할 것을 청했으나 윤휴가 반대하고 허적도 경연을 중단해서는 안 된다고 말하자 숙종도 강행했다.

경신환국으로 경연관이 남인에서 서인으로 교체되다
숙종 6년 경신환국으로 경연을 책임지는 신하들도 남인에서 서인으로 교체되었다. 이때 숙종의 나이 20세였다. 달라진 분위기는 7월 24일 경연에서 홍문관 부교리 오도일이 이이의『성학집요(聖學輯要)』독서를 권한 데서도 알 수 있다.『성학집요』는 이이가 송나라 진덕수의 명저『대학연의』를 우리 실정에 맞게 고쳐서 쓴 일종의 제왕학 교과서로 선조(宣祖)의 성군되기를 바라며 지어올린 책이다. 서인에게는 경전에 준하는 책이다. 오도일은 이이의『성학집요』에 대해 이렇게 설명한다.

"치지(致知)와 역행(力行)의 방법은『대학』1부에 자세히 기재되어 있는데, 진씨(眞氏-진덕수)의『대학연의(大學衍義)』는 오히려 요점 정리가 모자랍니다. 선정신(先正臣) 이이(李珥)가『대학』의 뜻을 유추하여 해석하고 경적(經籍)을 모아 간추려 책 하나를 지었으니, 곧『성학집요』입니다. 이이는 세상에 드문 대유학자로 선조대왕을 만나 서로 잘 어울리고 밝게 분별하여, 뜻을 삼대(三代-하·은·주 시대)로 돌이키려고 이 책을 써서 바쳐서 을람(乙覽-임금의 독서)에 대비하게 하였습니다. 학문하는 규모와 나라 다스리는 제도를 조목별로 나누고 유별로 나열하여, 찬란하게 모두 갖추었습니다. 이미 뜻을 밝히고 또 글을 갖추어서 번잡하지도 아니하고 간략하지도 아니하니, 진실로 제왕이 정도(正道)에 들어가는 본보기이며 정치를 하는 지침서입니다."

오도일(吳道一, 1645년 인조 23년~1703년 숙종 29년)은 인조 때 영의정을 지낸 할아버지 오윤겸(吳允謙)이 성혼의 문하였던 데서 알 수 있듯이 당파는 서인, 그중에서도 소론이었다. 현종 14년(1673년) 문과에 급제해 숙종 6년(1680년) 홍문관 부교리, 병조좌랑 등을 지냈고 1687년 승지가 되어 동인(東人)을 옹호하다가 파직당한다.『실록』졸

오도일_ 인조 때 영의정을 지낸 오윤겸의 손자로 재주가 뛰어나 숙종에게 특별한 사랑을 받았다.

기에 따르면 오도일은 재주가 뛰어났고 사람을 움직이는 힘이 있었다고 한다. 숙종도 그 재주가 많음을 기특하게 여겨 '세상에 드문 특별한 은혜'를 입게 된다.

도승지·대사헌·이조참판을 거쳐 안내 양양부사도 좌천되지만 다시 1700년 대제학·한성부판윤을 거쳐 병조판서에 이른다. 특히 숙종 때 병조판서를 지냈다는 것은 숙종의 총애가 그만큼 컸다는 뜻이 된다. 그러나 성품이 단정하지 못하고 남을 업신여기기를 좋아해 불필요한 적을 많이 만들었다. 또 청렴하지 못한 데다가 당론을 주장하는 데 과격해 결국 노론의 원망을 한몸에 받다가 1702년 민언량의 옥사에 무고로 연루되어 전라도 장성으로 유배를 갔다가 이듬해 그곳에서 세상을 떠난다.

오도일은 8월 3일 상소를 올려 경연 초기부터 병행해서 읽어오던 『강목』은 양이 너무 많아 몇 해 안에 끝날지 모르니 일단 중단하고 현재 읽고 있는 『서경』과 『성학집요』를 병행해서 읽는 것이 훨씬 좋지 않겠냐는 의견을 밝힌다. 그때 숙종은 『중용』을 마친 다음 『서경』을 읽고 있었다. 그러나 『강목』 중단 요청에 대해 숙종은 완곡하게 거부 의사를 밝힌다.

　　『강목』을 진강하는 데 권질(卷帙)이 비록 많다고 하더라도 치란 (治亂)과 안위(安危)의 자취가 사책(史冊)에 밝게 실려 있으니, 정지하는 것은 마땅치 아니하다."

숙종이 옳았다. 우선 몇 년을 두고 읽어온 책을 중단한다는 것은 말도 안 될뿐더러 국왕으로 보다 자세한 역사서를 읽어 역사 감각을 익히는 게 간략한 해설서보다는 훨씬 국정에도 도움이 될 것이기 때문이다. 『대학연의』와 『자치통감강목』을 반복해서 읽으며 군왕으로서의 탁월한 정신세계를 구축한 세종을 생각하면 숙종의 생각은 더욱 설득력을 갖는다.

서인의 복권은 무엇보다 송시열의 복귀를 의미했다. 숙종 6년 10월 12일 숙종과 송시열은 역사적 만남을 가진다. 두 사람의 대화다.

"성상께서 춘궁(春宮-동궁)에 계실 적에 잠깐 입시하였는데 그 뒤 오랫동안 천안(天顔)을 뵙지 못하였으니 원컨대 쳐다볼 수 있게 해주소서."

"춘궁에 있을 때 한두 차례 경을 보았는데 지금 경의 수염과 머리가 이미 쇠잔하여 희었구나."

"전하께서 춘궁에 계실 때에는 『소학』을 강하셨는데, 그 뒤에 경연에서 몇 책(冊)이나 끝마쳤으며, 지금은 무슨 책을 강하시고 계십니까?"

"『논어』 『중용』을 읽었고, 최근에 겨우 『서경』을 끝마쳤으며, 앞으로 『시경』을 읽으려 한다."

다음날 시독관 임영과 홍만종은 송시열이 고향으로 돌아가려 하니 그전에 주렴계의 『태극도설(太極圖說)』과 장횡거의 『서명(西銘)』 두 편에 대한 강의를 청해 들을 것을 강청했고 숙종은 받아들인다.

▌현실의 제왕과 사상의 제왕의
운명적인 만남

송시열의 『태극도설』 강의

10월 14일 경연청에서는 보기 드문 장면이 연출된다. 숙종과 홍문
관 관원들이 입시한 가운데 중추부 영사 송시열도 함께 참석했다. 강
의는 먼저 『태극도설』이었고 방식은 홍문관 관원 임영이 진강을 하면
그 다음에 송시열이 그 뜻을 풀이하고 뒤이어 필요할 경우 숙종이 묻
거나 소감을 말하는 방식으로 진행되었다.

임영(林泳, 1649년 인조 27년~1696년 숙종 22년)은 서인계의 인물로
소론 박세채의 제자이면서 송준길·송시열의 문하에서도 학문을 배웠
다. 현종 12년(1671년) 문과에 급제해 이때 홍문관에서 근무하고 있었
고 이후 사가독서를 했다. 관직은 대사헌을 거쳐 전라도관찰사를 지
냈다. 그는 무엇보다 경사(經史)에 두루 능통했다는 평가를 받았고 특
히 제자백가에도 조예가 깊었다.

『실록』은 이례적으로 이날의 광경을 중계방송 하듯 아주 상세하게 기록하고 있다. '현실의 제왕' 숙종과 '사상의 제왕' 송시열의 정신적 만남을 두 눈으로 확인할 수 있는 기회다. 더불어 당시 송시열로 대표되던 조선 성리학의 진면목을 만나볼 수 있는 기회이기도 하다. 이날 진강은 『태극도설』이란 어떤 책이냐에 대한 송시열의 개괄적인 소개로 시작되었다.

"태극(太極)은 곧 음양(陰陽)의 본체(本體)인데, 동(動)하여 양(陽)이 되고 정(靜)하여 음(陰)이 되는 것입니다. 『중용』첫머리에서 말하기를, '하늘이 명하는 것을 성(性)이라고 이른다' 하였는데, 이것은 태극을 말하는 것이니, 곧 하늘 위에 또 한 층(層)이 있다는 논리입니다. 소강절(邵康節)이 말하기를, '천지(天地)로써 만물(萬物)을 보면, 만물이 만물을 만들지만, 도(道)로써 만물을 보면 천지도 만물의 하나다'라고 하였는데, 이것은 『태극도설』과 한가지입니다. 무극(無極)이면서 태극이라는 것은 오로지 이(理)로써 말하는 것이니, 이(理)에 무슨 소리와 냄새가 있겠습니까? 대개 상천(上天)이 실리어도 본래 소리와 냄새가 없지만 실로 조화(造化)의 요체(要諦)이며, 만물의 온갖 종류의 근저(根柢)이기 때문입니다. 그러므로 '무극이면서 태극이라'고 하는 것이니, 태극 이외에 다시 무극이 있는 것이 아닙니다."

아직 『주역』은 읽지 않았어도 『중용』은 읽었기에 숙종으로서는 알 듯 모를 듯 했을 것이다. 이어 본론으로 들어간다. 임영이 '태극이 동하여 양을 낳는다'라는 대목을 강하자 곧바로 송시열의 물 흐르는 듯한 해석이 이어진다. 두말할 것도 없이 주자의 학설을 그대로 옮겨놓은 것이다.

　"이것은 동(動)과 정(靜)이 서로에게 근본이 되는 묘한 이치〔妙〕를 말한 것인데, 태극에 동과 정이 있는 것은 천명(天命)의 유행(流行-흐름과 움직임)입니다. 천명은 곧『중용』에서 말하는 천명과 같은 것입니다. 동이 극(極)하면 정이 되고, 정이 극하면 다시 동이 되는데, 한 번 동하고 안 년 성하는 짓이 시로에게 그 근본이 된기는 것은 명(命)이 유행하여 그치지 않는 것입니다. 동하여 양(陽)이 되고 정하여 음(陰)이 되므로, 음으로 나누고 양으로 나누어져 양의(兩儀)가 세워지는데, 나눈 것이 한 번 정해져서 옮겨가지 않는 것입니다. 대개 태극이란 것은 본연(本然)의 묘(妙)이고, 동과 정이란 것은 상승(相乘)하는 기(機)입니다. 이것이 한 번 음이 되고 한 번 양이 되는 것을 도(道)라고 하는데, 이를 음이 되게 만들고 양이 되게 만드는 것이 바로 태극입니다. 만물로 하여금 시작하게 하는 것은 양이요, 만물로 하여금 이룩하게 하는 것은 음입니다. 봄·여름은 양이 되고 가을·겨울은 음이 되며, 형체가 없으면 '도(道)'라고 하고 형체가 있으면 '형(形)'이라고 합니다. 태극은 어디 가든지 있지 않은 곳이 없습니다. 양이 변한 뒤에 음이 합하고, 음양이 변하여 합한 뒤에 수(水)·화(火)·금(金)·목(木)·토(土)가 생성되는 것입니다. 수는 음이 성(盛)하기 때문에 오른쪽에 있고 화는 양이 성하기 때문에 왼쪽에 있습니다. 목은 양이 약하기 때문에 화 다음에 있고, 금은 음이 약하기 때문에 수 다음에 있으며, 토는 기(氣)가 조화되기 때문에 가운데 있습니다. 기로써 말한다면 오기(五氣)요, 시(時)로써 말한다면 사시(四時)인데, 토기(土氣)는 어디에 가든지 운행하지 않음이 없으니, 목은 봄을 말하고 화는 여름을 말하고 금은 가을을 말하고 수는 겨울을 말하나, 토는 사시에 붙어서 왕성(旺盛)하게 하는 것입니다."

전통적인 음양오행설의 기본원리를 설명하고 있다. 이 정도는 숙종도 익히 들어서 알고 있었을 것이다. 이제부터 본격적으로 음양오행설에 대한 담론이 시작된다. 임영이 '오행(五行)은 하나의 음양이다'라는 대목을 강하니 송시열이 풀이한다.

"처음에 음양오행을 말하고, 이것에서부터 차례대로 말씀을 올리겠습니다. 대개 오행이 구비(具備)되면 조화(造化)와 발육(發育)의 내용을 갖추지 아니함이 없는 법입니다. 그러나 그 근본을 유추하면 또한 무극(無極)의 묘(妙)가 아닌 것이 없으니, 무극의 묘는 또한 일찍이 한 가지 물건 속에 각각 구비하지 않은 적이 없는 것입니다. 그러나 오행의 생성은 그 기질(氣質)에 따르는데, 그 부여받는 바가 같지 아니한 것은 이른바 각각 그 성(性)이 하나이기 때문입니다."

먼저 송시열이 "대저 무극은 2(二 – 음양) 5(五 – 오행)가 섞여서 융합하여 간격이 없기 때문에 이른바 '묘(妙)하게 합(合)한다'는 것은 그 뜻입니다. 진(眞)은 이(理)로써 말하는 것이요, 정(精)은 기(氣)로써 말하는 것인데, '망령됨이 없는 자는 헛되지 아니한다'라는 것을 말하는 것입니다"라고 각론에 들어갔다. 이에 숙종은 초보적인 반응을 보인다. "『중용』에서 이른바 '둘이 아니고 섞이지 아니한다'는 것이 바로 이것이다." 송시열은 숙종의 반응에 전혀 개의치 않고 다시 각론을 이어간다.

"성(性)은 이 때문에 음양을 주장하고 오행은 이 때문에 경위(經

緯)가 되는데, 경(經)은 남북(南北)으로 말하는 것이고 위(緯)는 동서(東西)로 말하는 것입니다. 대개 이기(二氣)가 교감하여 만물을 화생(化生)하는 것인데, 양건(陽健)한 것은 남(男)이 되니 부(父)의 도(道)요, 음순(陰順)한 것은 여(女)가 되니 모(母)의 도입니다. 대개 천하 만물이 각각 남녀가 있는데, 초목(草木)도 모두 남녀가 있습니다. 삼[麻]을 가지고 말한다면 꽃이 피는 것이 수컷[雄]이 되고 열매를 맺는 것이 암컷[雌]이 되니, 대나무[竹] 또한 남녀가 있습니다. 그러므로 천하에서 성(性)이 없는 물건이 없으며 성(性)이 존재하지 않는 것이 없습니다. 이로써 남녀 만물이 각각 하나의 태극을 구비하기 때문에 옛말에, '만물 전체가 하나의 태극이다'라고 하는 것은 이것을 이르는 것입니다."

이야기는 이제 천지만물에서 사람으로 옮아간다. 형이상학에서 인간학으로 나아가는 것이다. 임영이 '오로지 사람만이 그 빼어남을 얻은 것이다'라는 대목을 강하고 송시열의 풀이가 이어진다.

"인물(人物)이 생기는 것도 태극의 도(道)에 있지 아니하는 것이 없는데, 사람이 부여받는 것은 오로지 그 빼어난 것만을 얻는 것이기 때문에 그 마음이 가장 빼어난 것입니다. 오성(五性)은 곧 인(仁) · 의(義) · 예(禮) · 지(智) · 신(信)이요, 형(形)은 곧 귀[耳] · 눈[目] · 입[口] · 코[鼻]인데, 입은 음식을 먹고자 하고 눈은 색을 보고자 하기 때문에 오성이 감동하여서 선악이 생겨나는 것입니다. 선악이 생기므로 만사(萬事)가 나오게 되는데, 만약 욕심이 동(動)하여 감정이 앞서게 되어서 이해(利害)가 서로 충돌하면, 인극(人極)이 세워지지 못하여 금수(禽獸)와 다름이 없을 것입니다."

이제 진강은 조금씩 흥미를 더해간다. 사람 중에서도 성인(聖人)의 문제를 다루는 단계에 이르렀다. 성인은 성리학의 세계에서는 성군(聖君)과도 일맥상통하는 것이기 때문에 숙종으로서는 더욱 귀를 기울이지 않을 수 없었다. 더욱이 날 때부터 자신은 임금이라는 의식을 갖고 자란 숙종이지 않은가? 임영이 '성인(聖人)은 정(靜)을 주장한다'는 대목을 강하자 송시열은 이렇게 풀이한다.

"사람은 2(二) 5(五)의 빼어난 기(氣)를 부여받아서 생겨나는데, 성인은 그 빼어난 기 중에서도 가장 빼어난 기를 얻은 자입니다. 대개 정(靜)이란 것은 성(誠)의 회복이요 성(性)의 진(眞)인데, 이러한 마음이 반드시 확보된 다음에라야 사물(事物)의 변화에 부응하여 천하의 동함에 합일할 수가 있습니다. 그러므로 성인은 중(中)·정(正)·인(仁)·의(義)로써 반드시 정(靜)을 주장하는 것이니, 이것이 중심(中心)에 자리를 이루는 까닭입니다. 천지(天地)·일월(日月)·사시(四時)·귀신(鬼神)도 결단코 이로부터 어긋날 수가 없습니다."

여기서 갑자기 송시열이 중·정·인·의를 끌어들여 이야기하자 임영은 숙종이 이해하지 못할 수도 있다고 생각했는지 간략한 설명을 덧붙인다.

"정(正)과 의(義)는 정(靜)의 가장자리를 말하는 것이요, 중(中)과 인(仁)은 동(動)의 가장자리를 말하는 것인데, 사람의 마음이 정하지 아니하면 근본을 세우지 못하는 것입니다. 그러므로 동하는 때에는 반드시 정을 가지고 말하는 것입니다."

간접적이나마 당시 숙종의 학문 수준이 어느 정도였는지를 엿볼 수 있다. 이어 송시열은 군자와 소인의 구분에 대해서도 추가적으로 설명한다.

"이것은 성인·군자·소인의 세 경우를 들어서 차례로 말한 것입니다. 군자는 태극을 닦고 소인은 태극을 거스르며, 군자는 경(敬)을 시키는데, 소인은 망령된 행위임을 알기 못하는 것이니, 이것이 길흉이 현격하게 달라지는 까닭입니다. 닦는다느니 거스른다느니 하는 것은 오로지 경과 사(肆-그릇됨)의 사이에 있을 뿐입니다. 경은 욕심이 적고 이(理)가 밝아지므로, 정(靜)할 때 허(虛)하고 동(動)할 때 곧아져 성학(聖學)을 배울 수가 있는 경지에 이르게 되는 것입니다."

『태극도설』 강의는 막바지를 향하고 있었다. 임영이 '하늘의 도(道)를 세운다'는 대목을 강했다. 다시 처음으로 돌아온 듯하지만 그것은 아니다. 이미 한 바퀴를 돌아서 처음으로 돌아온 것이기 때문에 그것은 처음이라기보다는 한 단계 높아진 새로운 시작이기도 했다. 동시에 지금까지의 강의를 다시 한 번 요약 정리하는 것이었다.

"천(天)·지(地)·인(人) 삼재(三才)는 각각 체(體)와 용(用)의 나눔이 있는데, 그 실체는 하나의 태극인 것이니, 천도(天道)의 음과 양, 지도(地道)의 강(剛)과 유(柔), 인도(人道)의 인(仁)과 의(義)는 곧 물(物)의 시종(始終)인 것입니다. 능히 그 처음[始]을 살펴보아서 물(物)의 생겨나는 까닭을 알 수가 있으면, 그 끝[終]을 돌이켜보아서 물(物)의 죽는 까닭을 알 수가 있습니다. 이것이 천지가 조화하는 요체요, 고금(古今)에 유행(流行)하는 말로는 도저히 표현하지 못하는 신비인 것입니다. 그러므로『주역』의 도(道)가 비록 크다고 하지만 여기서 벗어나지 않는 것입니다. 이정(二程-주희와 함께 성리학을 정립한 정호와 정이)이 일찍이 주렴계(周濂溪)에게 도(道)를 물었더니, 주렴계가 손수 그림을 그려서 이들에게 준 것인데, 이정(二程)이 끝내 이 그림을 남에게 보여 밝히지 아니하였던 것입니다. 주자가 말하기를 '반드시 은미한 뜻이 있을 것이다'라고 하였는데, 대개 그 정자(程子)의 문인(門人) 가운데 이를 능히 전수받을 만한 자가 있지 아니하였기 때문에 끝내 남에게 전수하지 아니하였던 게 아닌가 의심하였다고 합니다."

일단『태극도설』강의는 이로써 일단락됐다. 그러자 입시하였던 홍문관 관원 홍만용은 이렇게 말한다. 「태극도(太極圖)」와『서명』은 또한 이황이 쓴『성학십도(聖學十圖)』안에 있으니, 옥당관(玉堂官-홍문관 관원)으로 하여금 병풍을 만들어 어전에 바치게 하여 예람(睿覽)에 대비하도록 하는 게 좋을 것 같습니다." 숙종은 당장 그리하라고 명한다.

이미 상당한 시간이 흘렀다. 게다가 진강하는 내용이 워낙 어렵고 추상적이라 강의를 하는 사람이나 듣는 사람이나 그것을 곁에서 지켜보는 사람이 모두 피곤할 만하였다. 송시열은 아주 조심스럽게 "어제 들으니 몸이 편찮으시다는데, 오늘 눈바람이 좀 차가우니, 오래도록 전각(殿閣)에 납시었다가 옥체(玉體)가 상하지나 않을까 두렵습니다.『서명』은 내일 개강(開講)하는 게 어떠하겠습니까?"라고 말하자 숙종은 즉석에서 거부한다. "종일 강론하여도 피로한 줄 모르겠으니, 곧바로『서명』을 다 강(講)하는 것이 좋겠다."

이어지는 송시열의 열띤 『서명』 강의

역시 임영이 먼저 『서명』의 개요에 대해 강하자 송시열의 설명이 이어진다.

　"『서명』의 주된 뜻은 인(仁)에 있는데, 장횡거(張橫渠)가 지은 것입니다. 일찍이 학당(學堂)의 두 들창에다 왼쪽에는 폄우(砭愚-어리석음을 깨우치는 글)를 쓰고 오른쪽에는 성완(訂頑-고집스럽고 용매함을 일깨우는 글)을 썼습니다. 정이천(程伊川)이 말하기를 '이것이 논쟁의 단서를 열어주는 것이다' 하고 각각 '동명(東銘)', '서명(西銘)'이라고 고친 것인데, 동명은 그 말뜻이 가리키는 바와 기상(氣象)이 미치는 바가 대개 미진한 점이 있어서 서명의 위로 통하고 아래로 통하는 일이관지(一以貫之)의 뜻과는 같지 아니하였습니다. 때문에 정이천의 문하에서는 오로지 '서명'만을 가지고 배우는 자에게 개시(開示)하였고 동명에 대해서는 일찍이 이를 언급하지 아니하였습니다. 대개 하늘(天)은 양(陽)으로서 부(父)의 도(道)요 땅(地)은 음(陰)으로서 모(母)의 도(道)이니, 사람이 하늘에서 기(氣)를 부여받고 땅에서 형(形)을 부여받아서 조그마한 몸(身)이 혼연히 만물과 섞여서 중간에 자리한 것이 자식의 도(道)입니다.

　주자가 말하기를, '자식이 생겨나는 것은 비록 부모의 기를 몸받는다고 하지만, 천지의 기를 받는 것이 가장 많으니, 순(舜)임금이 거룩하게 된 것은 고수(瞽瞍-순임금의 아버지)의 기를 받은 것은 적었고 천지의 기를 받은 것이 많았기 때문이다. 그러나 천지라고 하지 아니하고 건곤(乾坤)이라고 하는 것은 천지는 형체이고 건곤은 성정(性情)인데 성정이 사람에게 가장 절실한 것이기 때문이다'라고 하였습니다. 천지의 기가 하늘과 땅 사이에 가득 찼는데 인물이 이것을

142

자용(資用)하여 체(體)가 되는 것이므로, '내가 이 체(體)가 된다' 하였고, 건(乾)은 굳세고 곤(坤)은 순하므로 '내가 이 성(性)이 된다'고 합니다. 대개 '가득 찬다〔塞〕'라는 글자는 곧 『맹자』의 호연장(浩然章)에서 '천지 사이에 가득 찬다〔塞乎天地間〕'라는 말에서 나온 것인데, 곧 기(氣)입니다. '주재〔帥〕'라는 글자는 『맹자』에서 '무릇 지(志)는 기(氣)의 주재다〔夫志氣之帥也〕'라는 말에서 나온 것이니, 곧 이(理)입니다."

송시열은 할 말이 많았다. 그의 강의는 계속 이어졌다.

"백성은 모두 나의 동포(同胞)인 사람들인데, 천지의 기를 같이 받았기 때문에 '동포'라고 하는 것입니다. 동포란 곧 같이 태어난 사람이니, 말하자면 '내가 남을 볼 적에 모두 자기의 형제와 같이 본다'라고 하는 것입니다. 물(物)이 되는 것은 대저 형(形)과 기(氣)가 치우친 것인데, 나와는 비록 유(類)가 같지 아니하다고 하더라도 그 체(體-본질)와 성(性-성질)이 비롯된 곳을 살펴보면, 이것 또한 천지에 바탕을 두고 있어서 같지 아니함이 없었던 것입니다. 그러므로 '나는 그것들을 볼 적에 또한 자기의 제배(儕輩-비슷한 무리)와 같이 본다'라고 하는 것입니다. 대개 물(物)과 아(我)가 비록 친소(親疏)의 구분은 있지만 똑같이 하나의 기(氣)인 것이므로, 마땅히 사랑하고 아껴야만 하는 것입니다. 그러므로 '어버이를 친애하고 백성을 인(仁)하게 하며 백성에게 인(仁)하고 물(物)을 사랑해야 한다'는 것이 바로 이 뜻입니다."

어느새 천지의 형이상학이 군왕의 통치론으로 연결되고 있었다. 숙종으로서는 사실 쉽지 않은 내용이었다. 그 때문인지 임영의 보충설명이 이어진다.

"물(物)은 사람과 동류(同類)가 되지는 못하지만, 또한 인간처럼 천지의 기를 같이 받았기 때문에, 마땅히 제배의 친구와 같이 보아야 하는 것입니다. 그러나 정(情)이 있는 물(物)과 정(情)이 없는 물(物)이 각각 제자리를 얻은 뒤에야 천시에 삼니아니 화육(化育)을 도울 수가 있는 것입니다."

임영의 보충설명이 끝나자 송시열은 다음 차례로 넘어간다.

"무릇 천하의 사람들은 모두 천지의 자식입니다. 그러나 한 왕가(王家)로 말한다면, 천지는 곧 부모요, 인군(人君-임금)은 곧 부모의 종자(宗子)요, 대신(大臣)은 곧 종자의 가상(家相)인데, '가상'이란 것은 속칭 마름과 같은 것입니다. 성인(聖人)은 형제 가운데 부모와 덕(德)이 합일하는 자이요, 현자(賢者)는 형제 중에서 가장 빼어난 자입니다. 그렇다면 병들고 가난한 사람들은 어려움을 당하여도 나의 형제 가운데 홀로 하소연할 데가 없는 자가 아니고 무엇이겠습니까? 그러므로 무릇 인군이 대신을 대우하기를 백성이 항상 골육(骨肉-형제 친척)을 대하는 것과 같이 보는 것이 마땅한 것입니다."

뒤이어 임영이 '하늘의 위엄을 두려워하여 때로 이를 보존한다'는 대목을 강하자 송시열의 강의가 이어진다. 신하에 대한 임금의 도리에 이어 임금에 대한 신하의 도리로 넘어간다.

"인군이 항상 하늘에 죄를 지을까 봐 두려워하는 것은 곧 자식이 부모를 두려워하는 도(道)인 것입니다. 여기부터 그 이하에는 모두 자식이 어버이에게 효도하는 뜻을 말하는 것입니다. 하늘을 어기는 것을 패덕(悖德)이라고 하는데 패덕은 곧 『효경』에서 이른바 '자기 어버이를 사랑하지 아니하고 다른 사람을 사랑한다'는 것입니다."

이어 송시열은 다음 대목을 설명하며 열띤 강의를 마무리한다.

"숭백(崇伯)의 아들(우임금을 뜻하는 것으로, 숭백은 우임금의 아버지)은 부모의 봉양(奉養)을 돌보았고, 영고숙(潁考叔-정나라 장공의 신하)은 자손에 선량한 자가 있었고, 순임금은 어버이를 기쁘게 하기에 이르렀고, 신생(申生-진나라 헌공의 태자)은 아버지의 명을 따라 팽형(烹刑)을 기다렸으며, 증자(曾子)는 온전한 몸으로 돌아갔고, 백기(伯奇-주나라 윤길보의 아들)는 부모의 명령을 용감히 따랐습니다. 이들은 어버이를 섬기고 효도를 다하는 도리를 하지 않음이 없었기 때문에 『서명』에서 이들을 인용하여 하늘을 섬기는 상도(常道)를 밝히려고 하였으니, 이것이 천지가 부모되는 이유인 것입니다. 곧 하늘을 섬기는 것이 어버이를 섬기는 것과 같은 경우가 바로 이런 것입니다.

그리하여 『서명』은 '살아 계셔서는 순하게 섬기고 돌아가셔서는 혼백을 편안케 해드린다〔存順沒寧〕'고 글을 끝마쳤는데, 대개 효자와 어진 사람이 어버이를 섬기고 하늘을 섬기는 것은 살아 계실 적에는 그 뜻을 어기지 않고 그 이치를 거스르지 않으며, 돌아가셔서는 어버이에게 부끄러운 점이 없고 또한 하늘에 부끄러움이 없어야 하는 것입니다. 이것이 이른바 공자가 이야기한 '아침에 도를 들으면 저녁에 죽어도 좋다'는 것인데, 내가 바르게 죽을 수 있는 방법입니다. 주자가 자신의 암자(菴子)에 게시하는 글을 지어서 '순녕(順寧)'이라고 이름붙인 것도 대개 이러한 뜻을 취한 것입니다. 기해년(1659년) 효종의 대상(大喪) 때에 고(故) 상신(相臣) 정태화(鄭太和)가 대간(臺諫)의 우두머리로 있으면서 '편안할 영(寧) 자로써 능호(陵號)를 정하자'고 발의하였던 것이니, 주나라 무왕(武王)을 영왕(寧王)이라고 부른 것은 모두 이러한 뜻에서였습니다."

마침내 장시간의 『태극도설』 및 『서명』의 진강이 끝났다. 숙종은 흡족해하며 이렇게 말한다.

"경의 개진(開陳)하는 바를 들으니, 내 마음이 확 트이는 것 같다."

그러나 송시열과 숙종은 끝끝내 사상적인 면에서 스승과 제자의 관계로 나아가지 못했다. 오히려 정반대였다. 숙종이 불이라면 송시열은 물이었다. 숙종은 불길을 거세게 키워 물기를 말려 없애려 했고 송시열은 불꽃에 물을 끼얹는 모험을 굳이 피하지 않았다. 숙종은 조선 최고의 절대왕권론자였고, 송시열은 조선 최고의 절대신권론자였기 때문이다.

대로 송시열의 정치력

송시열은 학자인가 정치가인가? 지금도 한쪽에서는 '송자(宋子)'라고 부르기를 주저하지 않고 다른 한쪽에서는 '시열이'라고 폄하하는 상황에서 이런 질문을 한다는 것 자체가 세상물정 모르는 순박한 짓일 수 있다. 그래서 필자는 이런 질문보다는 '그가 학자건 정치가건 간에' 당시 송시열이 보여준 '정치행위' 혹은 '정치적인 것'에만 집중해서 간략하게나마 송시열의 정치력 혹은 정치적 자산을 정리해 두고자 한다.

물론 이런 분석은 숙종의 정신세계를 파악하는 일과 무관하다. 그럼에도 불구하고 어떤 의미에서 숙종이 생전에 대면해야 했던 최대의 정적(政敵)이라고도 할 수 있는 송시열의 '파워 폴리틱'을 알아두는 것이 무의미해지는 않을 것이다.

조선조 전체를 통틀어보자면 학문, 그중에서도 성리학을 무기로 국왕의 권력을 견제하려 했던 대표적인 인물로 정도전을 들 수 있다. 그가 내세운 군신공치(君臣共治)의 이상이 그것이다. 반면에 송시열은 명시적으로 군신공치의 이상을 내걸고 국왕권에 맞서지는 않았다. 대신 왕실의 아킬레스건이라고 할 수 있는 적통(嫡統)의 문제를 예론의 시각에서 문제삼으면서 왕실과 왕권을 지속적으로 압박했다.

정도전과 송시열에게는 또 큰 차이가 있다. 정도전은 현실 정치 속에 뛰어들어 그 속에서 인맥을 만들고 싸움을 진두지휘했다. 반면 송시열은 한 발 물러서서 제자군을 통해 정치투쟁을 원격조정했다. 사실 이런 제자군을 통한 원격조정 정치의 뿌리는 이황부터 시작했다고 할 수 있다. 다만 이황의 경우에는 그 자신의 정치적 욕심이 컸다고 할 수 없다. 반면 송시열은 그 같은 원격조정 정치를 즐겼다고도 할 수 있다. 말이 산림(山林)이지 그의 관심은 늘 조정 한복판을 향하고 있었다.

송시열의 정치는 묘갈명의 정치였다. 송시열이 학문적 명망을 정치적 에너지로 전환시키는 데 있어 중요한 계기가 된 것이 바로 묘갈명 써주기, 넓은 의미에서 말하면 소위 전기(傳記) 쓰기의 정치였다. 이

점은 송시열이 어느 누구도 따를 수 없는 정치 감각의 소유자였음을 여실히 보여주기에 충분하다.

이 무렵 조선에서는 누가 죽으면 그의 행적을 정리한 행장(行狀)을 쓰고 특히 그중에서 핵심적인 사항만 정리해 묘비에 담은 묘갈명 쓰기가 한창이었다. 누가 그 묘갈명을 써주었느냐에 따라 죽은 사람의 사후 평가가 결정되곤 했다. 그래서 묘갈명을 쓰는 사람은 학문도 뛰어나야 하시만 실의(師義)의 측면에서 그금의 희기도 있으면 안 되었다. 이런 면에서 송시열만큼 적임자도 없었다. 송시열에게 자기 조상의 묘갈명을 받아낸다는 것만으로 집안의 영광이 아닐 수 없었다. 오죽했으면 숙종조차 자기 아버지의 능지, 즉 묘갈명을 다른 사람이 아닌 송시열에게 맡기려 했겠는가?

송시열의 저작집 『송자대전』을 보면 수를 헤아리기 힘들 정도의 묘갈명이 실려 있다. 송시열은 묘갈명이나 신도비, 그리고 제문(祭文) 쓰기 등을 통해 자신의 역사관과 인물관을 관철하고 확산시켰다. 게다가 송시열은 『삼학사전』『장군 임경업전』『포수 이사룡전』『효자 김충렬전』등 많은 수의 약전(略傳)도 지어 충효사상을 널리 알렸다. 이런 글쓰기는 학술활동이라기보다는 고도의 정치행위였다. 역사 속에서 누구와 무엇을 보고 누구와 무엇을 버려야 하는지를 간접적으로 암시하는 행위였기 때문이다.

더불어 송시열은 부재(不在)의 힘을 잘 알고 활용한 인물이기도 했다. 그는 조정의 부름을 그때마다 거절함으로써 자신의 힘을 극대화한 역설의 인물이다. 그러나 그는 결코 은둔지사가 아니었다. 그의 거절 하나하나는 현실정치와 깊숙이 연결돼 있었다. 때로는 충청도에 머물다가 수원에 올라왔다가 한강 바로 앞 노량진에 머물다가 한강을 건너 청파에 머물다가 다시 노량진으로 돌아가고 하는 등의 행동들이 정치적 의미를 갖게 된 것은 송시열이 부재의 정치적 힘을 정확히 알고 있었기 때문이다. 적어도 조선의 역사에서 이런 정도로 자신의 몸과 정신 모두를 정치화했던 인물은 송시열 이전에도 없고 이후에도 보기 힘들다. 이 말은 찬사도 아니고 비난도 아니다. 그저 그러했다는 사실만을 지적할 뿐이다.

성리학의 세계로 나아가다

『심경』을 강하다

숙종 7년 1월 11일 숙종은 자신이 직접 홍문관에 명을 내려 경연에서 『심경(心經)』을 읽겠다고 말한다. 『심경』을 읽겠다는 것은 학문의 기초가 되는 고전적인 유학의 경전공부를 마치고 본격적으로 성리학의 세계로 뛰어들겠다는 의미였다. 이황은 특히 『심경』을 좋아하여 해설서까지 쓴 바 있고 이이도 선조 8년(1575년) 홍문관 부제학 시절 선조가 "그대는 어떤 책을 특히 좋아하는가"라고 묻자 『근사록』과 『심경』이라고 답한 바 있다.

당시 조선 성리학자들 사이에는 『심경』을 읽는다는 것이 학문적 논의를 넘어 종교적 귀의에 해당될 만큼 의미심장한 일이었다. 예를 들어 세종은 개인적으로는 불교적 세계에 심취하면서도 공적인 영역에서는 철저하게 유학적 사고로 일관했다. 『심경』을 읽는다는 것은 바로 이 개인적인 세계마저 유학적인 영역으로 만들겠다는 의지의 표현이다. 실제로 숙종은 처음부터 끝까지 유교적인 인간이었다. 어쩌면 그는 애초부터 그런 심성을 타고난 인물인지 모른다.

원래 『심경』 읽기에는 송시열의 추천이 있었다. 그래서 숙종은 가능하면 송시열에게 직접 『심경』을 배우고 싶어했다. 그런데 송시열은 관직에서 물러나 조용히 살겠다며 귀향을 고집하고 있었다. 숙종 7년 2월 20일 사직의사를 밝히고 한양 근교 청파에 머물고 있던 송시열에게 숙종이 승지를 보내 만류를 권하는 글을 보냈다. 거기에 이런 대목이 나온다.

"『심경』 제1부는 가장 요긴한 심법(心法)이므로, 매번 강하고자 한 지 오래되었는데, 한결같이 경이 올라온 후에 연석(筵席)에 출입하면서 미묘한 말과 심오한 뜻을 밝게 분석하여 나의 혼매함을 크게 열어주었으니, 감탄하는 마음에 어찌 가슴속에서 조금이라도 잊을 수 있었겠는가? 하물며 지금은 봄기운이 점차 화창해져 진실로 강독하는 날이 자주 있어야 마땅할 것이니, 이것이 더욱 그대를 버려서 영영 가버리도록 할 수 없는 이유이다."

그러나 송시열은 숙종에게 『심경』을 강의하지 않았다. 그 대신 7월 27일 홍문관 부제학 이익상이 글을 올려 이황의 제자들이 이황의 강의를 듣고 펴낸 『심경』에 대한 해설서인 『심경석의(心經釋義)』를 송시열이 보충하는 작업을 하도록 명할 것을 청하자 숙종은 받아들였다. 실은 송시열이 국왕의 재가를 받은 다음 이황의 강의를 교정 보완하려 했을 가능성이 더 크다. 송시열 본인의 뜻과 관계없이 이익상이 그런 건의를 한다는 것은 무례(無禮)인 데다가 숙종이 명하자 곧바로 송시열이 『심경석의』를 '바로잡는' 작업에 착수한 것도 그런 추측을 가능하게 해준다. 숙종의 명을 받은 송시열은 자기 스승 김장생이 그에 관해 일부 논급을 한 것이 있기 때문에 그에 입각해 손을 보겠다는 뜻을 밝힌다. 그리고 한 달여의 작업 끝에 9월 18일 송시열은 개정『심경석의』를 지어 올렸고 숙종은 다음날 그것을 책으로 찍어 널리 전파할 것을 명한다.

『심경』은 어떤 책인가?

숙종의 『심경』 강독은 대략 1년 반쯤 걸려 숙종 9년 초에 끝이 났다. 그 다음 책은 송시열의 추천에 따라 『주역』을 읽도록 돼 있었다. 그런데 행사직(行司直) 박세채가 상소를 올려 경연에서 『주역』을 강하지 말고 다시 『심경』을 읽을 것을 권했다. 지적 호기심이 왕성했던 숙종은 송시열의 권유도 있고 해서 『주역』을 읽으려 했다. 그러나 결국 박세채의 상소를 받아들여 다시 『심경』을 읽는다. 과연 『심경』이 어떤 책이기에 박세채는 반복해서 공부할 것을 권했고, 또 박세채는 어떤 인물이기에 송시열의 권유까지 뿌리치고 숙종은 그의 상소를 받아들인 것일까?

『심경』은 송나라 학자로 『대학연의』의 저자이기도 한 진덕수(眞德秀)가 편찬한 책으로 사서삼경 등에 있는 마음〔心〕에 관한 설들을 모아 일목요연하게 정리한 것이다. 조선에서는 연산군 이후 중종 때부터 경연에서도 텍스트로 채택되기도 했으며 특히 사림(士林)이 되려면 『소학』 『근사록』과 함께 필독서의 하나로 읽어야 했다. 효종 9년 11월 2일 홍문관 부응교 이경휘와 부수찬 민유중이 올린 글에 보면 당시 서인이 진덕수의 『심경』을 어떻게 생각하고 있었는지를 엿볼 수 있다.

"학문의 도는 다른 데 있지 않고 마음을 다스리는 데 있습니다. 성현의 수많은 가르침과 훈계 가운데 어느 것인들 여기에 대해서 말하지 않았겠습니까만 여러 경전에 흩어져 있어서 막막해 찾기가 어려웠습니다. 그런데 송나라 때 진덕수가 비로소 여러 설을 편집해 이 책을 만들었으며, 그 뒤 명나라 정민정(程敏政)이 다시 정주(程朱)의 여러 설을 모아 그 아래에다 주(註)를 붙였습니다. 그러니 그 심법(心法)을 미루어 밝혀서 후학에게 도움을 준 것이 참으로 지극합니다."

『심경』을 중시한 데는 당파가 따로 없었다. 조선의 성리학자라면 누구나 한 번쯤은 깊이 읽어야 하는 책이었다. 현종 6년에는 송준길이 현종에게『심경』을 강의한 바 있다.

조선 왕실에서도 필독서였다. 그렇지만『심경』이 아무리 중요한 책이라 하더라도 송시열이『주역』을 추천했는데 박세채라는 인물의 상소 때문에 경연교재를 바꾼 이유는 여전히 의문으로 남는다.

박세채(朴世采, 1631년 인조 9년~1695년 숙종 21년)는 홍문관 교리를 지낸 박의의 아들로 처음에는 한양 현석동에 소동루(小東樓)를 짓고 살았으므로 현석 선생으로 불렸고, 뒤에 경기도 파주의 남계에 거주했다 해서 남계 선생으로도 불렸다. 그는 아버지가 김장생의 문하에서 수학한

박세채_『동유사우록(東儒師友錄)』을 통해 조선시대 성리학자의 계보를 파악했다. 경기도 유형문화재 제163호.

연유로 이이의 『격몽요결(擊蒙要訣)』로 학문을 시작하였다. 선조 말년부터 제기된 이이와 성혼의 문묘종사 문제가 효종 때에도 제기되었는데, 영남의 남인 유생들이 이에 반대하는 상소를 올렸다. 초야에 있던 그는 상소의 부당성을 제기하는 글을 내었으나, 효종이 냉담한 반응을 보였다. 이를 계기로 과거의 뜻을 버리고 학문에 전념하게 되었다.

그는 김상헌과 김집의 문하에서 성리학을 연구하고 송시열·송준길과도 학문적 교류를 가졌다. 1659년 자의대비의 복상(服喪) 문제가 대두되자 남인의 3년설을 반대하고 송시열·송준길의 기년설을 지지하여 관철시켰다. 이로 인해 숙종 초 남인 집권시절 불우한 시절을 보내기도 했으나 경신환국으로 서인 세상이 열리자 '행사직'을 첫 번째 관직으로 해서 다시 정계에 나섰다. 그가 『심경』을 다시 읽어야 한다고 숙종에게 상소를 올린 때도 바로 이 무렵이다.

이후 1683년 서인세력이 노소(老少)로 나뉠 때 송시열과 갈라서 소론의 영수가 되었고 1694년(숙종 20년) 갑술환국 이후 숙종이 소론 중심의 정치를 펼치면서 좌의정에 올랐다. 이와 같은 정치적 배경으로 같은 소론계인 남구만·윤지완 등과 더불어 평생의 숙원사업이던 이이와 성혼의 문묘종사를 관철시킬 수 있었다.

그의 학문 경향도 역시 당시의 정치적 상황과 밀접한 연관을 가지고 있다. 요컨대 그는 평생 정통론과 예론을 확립하는 데 매진했다. 중국대륙의 질서 변화에 따른 위기의식 속에서 조선의 정통성을 강조하고자 한 것이 『이학통록보집(理學通錄補集)』의 저술로 나타났고, 조선의 도학연원을 밝힌 『동유사우록(東儒師友錄)』을 편찬하였다. 『남계선생예설(南溪先生禮說)』『육례의집(六禮疑輯)』 등은 예(禮)의 구체적 실천문제를 다룬 저술로서, 이 또한 예론을 매개로 한 정치대립 과정에서 자파의 이론적 토대를 마련코자 한 데서 나온 것이다. 이 같은 학문적 배경이 있었기 때문에 송시열에 당당히 맞설 수 있었다.

그는 정치적으로 탕평을 주장하여 「황극탕평론(皇極蕩平論)」을 발표하기도 했으나 실제로는 소론의 정치적 중심인물로 활동하였다. 그가 지은 저술은 수백여 권에 이르며 『심경』과 관련해서도 『심학지결(心學至訣)』이란 책을 지은 바 있다. 실제 숙종에게 미친 학문적 영향으로 치자면 송시열보다 박세채가 더 컸다고 할 수 있다. 숙종은 집권기의 대부분을 서인의 소론과 함께했는데 그것은 탕평론을 비롯한 박세채의 시국관을 받아들인 결과였다.

『심경』 다음 교재를 둘러싼 송시열과 박세채의 두 번째 대결

다시 1년 반이 지난 숙종 11년 5월 2일 『심경』 재독이 끝나자 다음 경연교재를 둘러싸고 다시 송시열과 박세채가 맞붙었다. 숙종이 예관에게 다음 교재를 무엇으로 할 것인지 신하들의 의견을 받아볼 것을 명했다. 이에 봉조하(奉朝賀) 송시열은, 주희의 『근사록』을 보면 『서경』을 읽은 다음에는 『주역』을 읽도록 하고 있다며 『주역』을 권했다. 그러면서 주희는 진덕수의 『대학연의』는 사서(史書)이기 때문에 경서에 대한 공부가 끝난 후에 읽는 것이 좋겠다고 말한 바 있다고 덧붙였다. 박세채가 『대학연의』를 읽어야 한다고 주장한 때문인 듯하다.

이에 대해 이조참판으로 승진해 있던 박세채는 정면으로 반박한다. "『대학』은 일천 성인의 연원(淵源)으로서 백왕(百王)의 규범입니다. 이미 『대학장구(大學章句)』 『대학혹문(大學或問)』 등의 해설서가 있으며 『대학연의』를 풀이한 『대학연의정보(大學衍義正補)』, 이이의 『성학집요』가 있으니 이것들을 도움삼아 마땅히 『대학연의』를 주로 강하셔야 하며, 오늘날 이를 버릴 수가 없습니다." 『대학연의』는 특히 세종이 좋아했고 이이도 중요하게 여겼던 책이다.

송시열은 숙종을 '보다 완숙한 성리학자'로 만들려 했고 박세채는 현실적인 통치자로 키우고 싶어했다.『주역』과『대학연의』는 그런 차이를 상징하고 있었다. 이에 대사헌 이상(李翔)이 중재에 나섰다. 절충안을 내놓은 것이다. "『주역』은 안 읽을 수가 없고『대학연의』는 치도(治道)에 절실하니,『주역』을 위주로 하시고『대학연의』를 겸강하시는 게 마땅할 듯합니다."

이상(李翔, 1620년 광해군 12년~1690년 숙종 16년)은 효종 9년(1658년) 박세채·윤증과 함께 유일(遺逸)로 천거되어 산림직 진선(山林職進善)을 지냈으며, 현종 2년(1661년) 이후 사헌부 지평을 비롯하여 장령, 집의 등의 사헌부 관직을 주로 맡았다. 동생 이숙은 우의정에까지 오르게 된다. 현종 말년에 예송(禮訟)에서 남인 허적을 탄핵하다가 실세하였으나 숙종 6년(1680년) 경신환국 이후 김수항의 천거로 재등용되어 형조참의를 거쳐 숙종 8년(1682년) 서울시 부시장격인 한성부 우윤에 올랐고 이때 대사헌이 되었다. 이후 노론과 소론이 분열할 때는 송시열을 따라 노론의 길을 걸었고 다시 기사환국으로 서인이 권력을 잃자 숙종 16년(1690년)에 옥사하였다.

여러 대신의 의견을 들어본 후 숙종은 송시열의 손을 들어준다. 이제 송시열과 박세채 두 사람은 적어도 경연교재를 둘러싼 싸움에서는 1승 1패였다.

숙종의『주역』공부

어렵사리『주역』을 읽기로 정해졌지만 이번에는 공부방법을 두고 논란이 벌어져 정작 경연에서의『주역』진강은 한참 후에나 시작된다.

봉조하 송시열의 손을 들어주고서 열흘 정도 지난 5월 13일 숙종은 『주역』을 진강하는 절차와 방법에 대해 신하들에게 묻는다. 이에 우의정 남구만은 "먼저 64괘를 강하고 그 다음에 『역학계몽(易學啓蒙)』을 강해야 합니다"고 말한다. 바로 본문을 본 다음에 해설서를 보도록 하자는 것이다. 이미 이때 숙종의 나이 25세에 학문적 역량이 출중했으므로 가장 무난한 방식이라고 할 수 있다. 『역학계몽』이란 『주역』에 대한 양대 해석의 조류인 상수역(象數易)과 의리역(義理易) 중에서 주희가 상수역을 총정리해 놓은 책이다. 경전(『주역』)과 주자 해석을 자연스레 연결하려는 의도도 있었다.

이에 좌참찬 신정(申晸)은 "먼저 『정전(程傳)』을 강해야 합니다"라며 남구만과 다른 의견을 냈다. 텍스트보다 해설서를 먼저 강해야 한다는 주장이다. 우리에게는 『사씨남정기』 『구운몽』 등으로 잘 알려져 있는 예조판서 김만중은 "『주역본의(周易本義)』를 먼저 강해야 한다"며 신정과는 다른 주희의 해설서를 추천했다. 이에 숙종은 남구만의 주장을 받아들이기로 하고 대제학 이민서로 하여금 송시열에게 물어볼 것을 명한다. 사실 송시열이 예전에 숙종에게 강의했던 주렴계의 『태극도설』도 『주역』에 대한 일종의 해설서라는 점에서 숙종이 바로 『주역』의 본문으로 들어간다고 해서 완전히 낯선 것은 아니었다.

이들이 벌인 논란의 의미를 알려면 『주역』에 대한 양대 해석에 대한 약간의 지식이 필요하다. 『정전』이란 송나라 유학자 정이천이 쓴 『정자역전(程子易傳)』을 말하는 것으로 인륜도덕을 주로 해서 『주역』을 의리역으로 해석한 대표적인 주석서다. 반면 『주역』을 점서로 이해한 주희가 쓴 『주역본의』와 『역학계몽』은 상수역을 대표하는 주석서다. 따라서 남구만과 김만중은 주자학의 전통에 따라 상수역의 차원에서 『주역』을 보려 하였고 신정은 의리역의 차원에서 접근하고 있었다. 이

둘의 차이는 미묘하면서도 중대했다.

신정(申晸, 1628년 인조 6년~1687년 숙종 13년)은 인조 때 영의정을 지낸 신흠(申欽)의 손자로 아버지는 참판을 지낸 신익전(申翊全)이다. 현종 5년(1664년) 문과에 급제해 청요직을 두루 거친 다음 전라도·평안도 관찰사와 대사간·대사성 등을 지냈고 숙종 즉위와 함께 남인이 집권하자 파직당했다가 3년 후 도승지로 기용되었다. 이 점은 대단히 중요하나. 분낭 서인 십안임에도 님인집권기에 도승기에 오랐가는 것은 당색이 덜하고 송시열 류의 경색된 주자학 일변도의 학문을 하지 않았다는 뜻이기 때문이다. 그러나 결국 경신환국이 있기 1년 전인 숙종 5년(1679년) 허적을 탄핵하다가 삭직당하지만 환국으로 다시 대사헌에 발탁되어 조정에 복귀했다. 이후 예조·공조·이조 판서를 두루 거친다. 글씨가 뛰어났고 시에도 능했다. 원래 그의 할아버지 신흠이 조선 중기를 대표하는 최고의 한문학자 중 한 명이다.

이 같은 논란 끝에 경연에서의 첫 번째 『주역』 진강은 6월 9일에 열린다. 그러나 이 무렵은 숙종이 후궁 장씨에게 흠뻑 빠져 있을 때였다. 두 번째 진강은 3개월이 지난 9월 4일 열리는데 이때서야 본격적으로 서문과 건괘를 읽는다. 강의 방식도 원래 남구만이 제시한 안이 아니라 신정의 안을 따르고 있다. 괘를 읽은 후 그에 해당하는 『정전』을 읽은 것이다. 이에 춘추관 기사관 송주석이 문제를 제기했다. "대개 『주역』은 이것이 복서(卜筮)에 관한 글인데, 정자는 다만 의리를 주로 하여 해석하였습니다. 그런 까닭으로 주자도 일찍이 '정씨(程氏)의 역(易)'이라고 따로 일컬었습니다. 진실로 『주역』의 뜻을 깨달아 알고자 한다면, 본의가 더욱 지극히 중요한 것이니, 본의를 겸하여 읽지 않아서는 안 됩니다. 이는 신이 조부(祖父)에게 들은 것이 이와 같기에 감히 그대로 말씀드립니다." 숙종도 송주석의 문제제기가 옳다고 여겨 주희의 『본의』도 함께 읽는다. 송주석(宋疇錫, 1650~1692년)은 송시열의 손자다.

숙종의 『주역』 읽기는 무려 5년이 걸려 숙종 16년 11월 2일에야 『대학연의』를 시작한다. 서인과 함께 시작한 『주역』 읽기는 숙종 15년 2월 장희빈의 아들(훗날의 경종)을 세자로 책봉하는 문제로 이를 비판하던 송시열의 노론이 실각하고 그해 6월 송시열이 사사되면서 한동안 중단되고 만다. 이후 『주역』 후반부는 다시 집권한 남인 학자들과 함께 읽게 된다. 학문적 수준에서는 서인이 남인을 압도하고 있었기 때문에 숙종 15년 윤3월에는 중단된 『주역』 강독을 위해 지방에까지 사람을 보내 『주역』에 능한 사람을 찾아오는 등의 해프닝이 일어나기도 했다. 『주역』 공부가 끝났을 때 숙종의 나이 30세였다. 남인과 서인, 소론과 노론을 오가야 했던 환국(換局)과 『주역』을 숙종은 어떻게 연결시켜 이해했을까?

4장

자신감으로 어루만진 역사의 상처

조선의 역사가 제자리를 잡다

왕위쟁탈을 둘러싼 300년 역사가 남긴 상처

1684년 숙종이 제19대 임금으로 즉위했을 때 조선이라는 왕국은 건국 300년을 바라보고 있었다. 돌이켜보면 말 그대로 영욕(榮辱)으로 점철된 시간이었다. 특히 왕실의 입장에서 보면 더욱 그랬다. 그 상처는 왕실 내부의 갈등에서 생겨난 것도 있고 신하들과의 충돌로 인해 생겨난 것도 있었다. 그러나 약간의 시도가 있긴 했지만 제대로 그 상처를 치유해 본 적이 없었다. 오히려 상처를 치유하려던 시도가 더 큰 상처를 내고 끝나야만 하는 경우가 더 잦았다.

역사는 승자의 기록이라고 할 때 전제군주 국가의 공식 역사는 특히 그러했다. 조선이라고 예외일 수 없었다. 실은 조선의 탄생 자체가 500년 고려에 말할 수 없는 생채기를 만들어냈다. 이런 상처의 치유는 대부분 태종과 세종을 거치면서 진행됐다. 고려의 부흥을 명분으로 한 반란이 거의 없었던 데는 태종과 세종의 그 같은 노력이 결정적이었다고 할 수 있다.

그러나 태종 자신이 쿠데타를 일으키면서 정도전을 비롯한 신하들은 말할 것도 없고 그에게 희생 당한 태조와 신덕왕후 강씨 사이에서 난 이방번과 폐세자 이방석은 300년이 지나도록 역사의 망각 속에 빠져 들었다. 그들을 복권(復權)시킨다는 것은 조선의 방향을 결정지은 태종의 거사 '제1차 왕자의 난'을 원천적으로 부정하는 지시였다.

태종에 의해 허수아비 임금으로 2년 2개월간 재위한 태종의 형 영안대군 이방과도 실은 제대로 된 칭호를 얻지 못했다. 이런 상황은 숙종 때까지 그대로 이어졌다.

그러나 왕자의 난만 해도 건국 초기의 혼란기였기 때문에 도덕적 비난은 일시적인 데 그쳤다. 그러나 수양대군의 왕위찬탈은 사정이 달랐다. 삼촌이 조카의 왕위를 빼앗고 세종이 길러낸 수많은 신하가 목숨을 잃는 비극적 상황이 발생한 것이다. 게다가 폐위된 조카의 목숨까지 앗아버렸다. 뜻있는 인사들은 할 말을 잃고 초야에 숨어들었다. 조선시대 사림이니 산림이니 하는 재야 세력의 뿌리를 세조의 왕위찬탈에 두고 있음은 어쩌면 자연스러운 일이다.

그러다 보니 역사의 억지가 발생했다. 세조를 부정할 수도 없고 그렇다고 사육신(死六臣)을 마냥 충신이라고 선양할 수만도 없었다. 적어도 현실정치에 참여한 인사들로서는 그럴 수밖에 없었다. 오히려 연산군이나 광해군의 경우에는 후대의 임금과 신하들의 입장과 의견이 일치했기 때문에 굳이 복권의 필요성이 제기되지 않았다.

그런데 연산군 때부터는 사화(士禍)로 인해 수많은 신하들이 말할 수 없는 고초를 겪어야 했다. 다행히 사화로 인한 피해자들은 대부분 선조에 의해 재평가되고 복권됐다. 그러나 다시 인조가 소현세자를

'죽임으로써' 왕실 내부에 상처가 생겨났고 그 고통은 숙종 때까지 고스란히 이어졌다. 예송논쟁의 다른 면을 보면 결국 소현세자의 정통성에 대한 평가논란이라고 할 수 있다. 송시열을 비롯한 서인은 소현세자의 복권을 눈에 보이지 않는 나름의 정치적 명분으로 삼을 정도였기 때문이다.

비명에 간 이방번·이방석의 한을 풀어주다

신덕왕후 강씨는 태조 이성계의 두 번째 부인이다. 개국 초 세자를 정하는 논의가 있을 때 공신들의 마음이 이방원에게 가 있는 것을 알고 이성계에게 눈물로 호소해 자기 몸에서 난 방석이 세자가 될 수 있게 한 장본인이다. 강씨는 세자 방석이 왕위에 오르는 것을 보지 못한 채 일찍 세상을 떠났고 정릉(貞陵)에 묻혔다.

게다가 몇 년 후 이방원이 왕자의 난을 일으켜 자기 몸에서 난 이방번과 이방석은 죽음의 길을 떠나야 했다. 이후 조선의 왕통이 태종으로 이어졌기 때문에 신덕왕후 강씨나 이방번 형제 그리고 이들을 도운 정도전을 긍정적으로 입에 올린다는 것은 금기처럼 돼버렸다.

이런 가운데 현종 10년 1월 중추부 판사이던 송시열이 글을 올려 신덕왕후 강씨가 묻혀 있는 정릉을 보수하고 아울러 강씨를 종묘의 태묘(太廟)에 배향해야 한다는 의견을 올렸다. 오랜 기간의 논란 끝에 마침내 그해 10월 1일 신덕왕후 강씨는 태묘에 배향된다. 그것은 전적으로 송시열의 공(功)이었다.

그러나 이방번이나 이방석은 여전히 비(妃)의 몸에서 난 대군(大君)임이 분명함에도 숙종 즉위 때까지도 관심 밖이었다. 물론 두 사람을 죽인 장본인인 태종은 태종 6년 이방석을 소도군(昭悼君)으로 추시한 바 있다. 그후 이방번은 무안군(撫安君), 이방석은 소도군으로 불리면서 숙종 때까지 이어졌다.

신덕왕후를 정비로 인정해 태묘에 배향한 이상 이방번과 이방석을 대군으로 불러야 하는 것은 정해진 순서였다. 그러나 애초에 송시열과 적대적이던 남인이 집권했던 초기에는 그 같은 조치가 취해질 수 없었다. 남인은 신덕왕후에게 제사 지내는 것조차 부정적으로 생각했기 때문이다.

결국 남인을 몰아내고 서인이 집권한 숙종 6년 7월 27일이 돼서야 춘추관 영사를 맡고 있던 김수항 등이 숙종에게 두 사람을 대군으로 추증해야 한다고 건의하고 숙종이 이를 받아들이고서야 마침내 이방번과 이방석의 300년 한(恨)은 비로소 풀리게 된다. 이후 이방번은 무안대군(撫安大君), 이방석은 의안대군(宜安大君)으로 추증되고 국가에서 올리는 제사를 받게 된다. 역사의 패자에 대한 때늦은 관용조치였다.

공정대왕에게 묘호 '정종'을 내리다

태종 이방원에 의해 잠시 허수아비 임금을 했던 공정(恭靖)대왕에게는 숙종 때까지도 묘호, 즉 우리가 조(祖), 종(宗)이라고 하는 호칭이 없었다. 숙종 7년 5월 18일 왕실족보인 『선원계보(璿源系譜)』를 편찬하던 교정청에서 글을 올려 이 문제를 제기했다.

"공정대왕의 묘호(廟號)가 빠져 있습니다. 해평부원군 윤근수(尹根壽)의 집에 소장하고 있는 글에 이르기를, "지난해에 내가 은대(銀臺-승정원)에 있으면서 마침 양도대왕조(襄悼大王朝-예종)의 『승정원 일기』를 상고해 보니, 예종께서 전교하기를, '공정대왕은 종사(宗社)에 죄를 지은 것도 아닌데 묘호가 없으니, 이제 묘호를 올림이 마땅하다' 하시고, 마침내 묘호를 안종(安宗)이라고 하고 '물론 이에 대해서는 마땅히 전고(典故)에 달통한 자를 기다려 엄밀하게 논의한 다음 분명하게 정하도록 해야 한다'고 하는 말이 있다"고 하였습니다. 다만 윤근수 개인이 사사롭게 기록한 글을 바탕으로 수백 년 동안 빠졌던 묘호를 갑자기 청하기는 어렵습니다. 청컨대 대신들에게 『실록』을 상고하여 처리하게 하소서."

이렇게 해서 공정대왕의 묘호를 정하는 문제는 국정의 이슈로 떠오른다. 사실 조선 역사에서 태종이나 세조의 문제는 여간 부담스러운 게 아니다. 자칫하면 충역(忠逆)이 헷갈리고 조선 왕실의 정통성에도 새로운 논쟁이 제기될 수 있기 때문이다. 당시의 의논을 보면 정도전에 대해서는 철저하게 '역도(逆徒)', '간역(奸逆)'이라고 부르면서 조심스럽게 이 문제에 접근하고 있다. 아무리 오래됐다고 하지만 태종을 부정하는 조치를 쉽게 취해서는 안 되기 때문이다. 오히려 이방석의 문제는 태종이 어느 정도 풀어놓았기 때문에 쉬운 측면이 있었다. 그런데 어쩐 이유에서인지 태종은 신의왕후에 대해서처럼 공정대왕에게도 묘호를 올리지 않았다.

한 달쯤 지난 춘추관 지사를 맡고 있던 조사석이 이와 관련된 『실록』을 샅샅이 조사한 다음 보고서를 올렸다.

"예종 원년(1469년) 예종께서 특명을 내려 공정대왕의 종호(宗號)를 추상(追上)할 것을 의논케 하였는데, 정인지가 대답하기를, '애초에 종(宗)으로 일컫지 않은 것은 반드시 뜻이 있었을 것입니다'고 하자, 일이 마침내 정지되었습니다. 성종조(成宗朝)에 다시 왕손인 운수군(雲水君) 이효성(李孝誠) 등의 상소로 인해서 영돈녕(領敦寧-돈녕부 영사) 이상과 예관(禮官)에게 의논하도록 명하니, 예조판서 이파가 대답하기를, '태종(太宗)의 깊으신 뜻은 다른 사람이 감히 억측하여 의논할 것이 아닙니다. 세종조(世宗朝)에는 예악(禮樂)이 명백하게 갖추어졌었는데, 마침내 그사이에 한 번도 의논한 적이 없었으니, 어찌 태종의 본뜻을 깊이 안 때문이 아니겠습니까!' 하였습니다. 그리고 중종조(中宗朝)에 종친인 창화수(昌化守) 이장손(李長孫) 등이 다시 상소하기를, '양도대왕조(襄悼大王朝)에 일찍이 공정 대왕께 묘호를 더하는 일을 조정에 내려 의논하게 하니, 곧 희종(熙宗)이라고 묘호를 정하였는데 예종께서 급서하시는 바람에 오늘에 이르렀다고 하니, 승정원에 명하여 일기(日記)를 상고하여 아뢰게 하소서'라고 하니 중종께서 하교하기를, '일기를 상고해 보니, 예종조(睿宗朝)에서 하고자 하였다가 도로 정지하였고, 세종·세조·성종 조에는 모두 할 만한 시기였는데도 결국 거행하지 아니하였으니, 지금 어떻게 할 수 있겠는가?'라고 답하고, 마침내 그 상소를 받아들이지 않았습니다. 그러니 윤근수의 기록에 묘호를 안종(安宗)이라고 하였다는 말은 『실록』에 나오지 않습니다."

결국 공은 숙종의 손에 넘어왔다. 숙종은 일단 대신들에게 이 문제를 논의하도록 명했다. 그러나 두 달이 넘도록 별다른 결론이 나지 않은 채 갑론을박만 이어지자 사관을 보내 송시열의 의견을 물어보도록 한다. 이때 송시열은 중추부 영사로 주요 현안에 대한 숙종의 자문에 응할 때다. 송시열은 당연히 시호를 올려야 한다고 답했다. 9월 14일 숙종은 단안을 내린다.

"열성(列聖-역대 임금)에게는 모두 묘호가 있는데, 공정대왕의 경우 위대한 공과 성대한 덕이 있었음에도 칭호가 지금까지 빠뜨려졌으니, 어찌 국가의 큰 잘못이 아니겠는가? 묘호를 추가하여 올리는 것은 조금도 불가한 것이 없으니, 해조(該曹)로 하여금 즉시 거행하도록 하라."

이렇게 해서 나흘 후인 9월 18일 공정대왕에게는 시법에 따라 '백성을 편안하게 하고 크게 염려하였다'는 뜻을 담아 '정종(定宗)'이라고 정하였다. 이렇게 해서 숙종 7년 12월 7일 공정대왕은 공식적으로 정종으로 불리게 된다. 즉 우리가 흔히 '태정태세문단세……'라고 외우는 조선의 왕계(王系)는 이때서야 비로소 확립된 것이다. 역사에 대한 따뜻하고 열린 시각이 없이는 불가능한 조치들이었다.

노산군에서 단종으로

숙종은 어린 나이에 즉위했음에도 타의 추종을 불허하는 자의식을 갖고 있었다. "나는 날 때부터 임금으로 태어났다"는 자의식이 유난히 강했다. 또 그렇게 키워졌다. 조선에서 이런 임금은 연산군을 제외한다면 거의 유일했다. 게다가 그는 어려서부터 늘 병약했지만 동시에 강단이 있고 대담했다. 집권하자마자 서인을 내칠 때 적어도 서인의 입장에서는 '제2의 연산군 등장'을 우려했을지도 모른다. 많은 서인이 '다시 사화(士禍)를 보게 되는구나'라고 한탄한 것도 같은 맥락이었다. 실제로 연산군이나 숙종은 세자로 태어나서 왕위에 정상적으로 등극한 몇 안 되는 조선의 임금이었다. 그러나 연산군과 숙종은 애당초 성장과정부터 달랐다. 연산군은 성종의 무관심과 홀대 속에서 성

장했고 숙종은 현종의 사랑을 듬뿍 받으며 자랐다. 연산군은 그 때문
인지 자신을 학대했고 부모의 극진한 사랑과 배려 속에서 성장한 숙
종은 자기애(自己愛)가 누구보다 강한 인물로 성장했다.

경신환국으로 서인이 정권을 잡았던 1680년 12월 22일 강화유수 이
선이 상소를 올려 사육신과 김종서·황보인 등의 신원(伸寃)을 청했
다. 이때만 해도 숙종은 다소 조심스러운 입장을 보인다. "사육신에
대한 일은 내가 모르는 바가 아니나 열성조에서도 피를 응시킨 적이
없다. 다만 사림에서 그들을 존모(尊慕)하는 일에 대해서는 굳이 금지
할 것이 없겠다." 이는 실은 그 이전까지 사림들의 역사인식을 그대로
이어받은 것이라고 할 수 있다.

이 무렵부터 숙종은 조선의 역사에 대해 깊이 있는 공부를 했던 것
으로 보인다. 이듬해 7월 21일 송시열·박세채·윤증 등 당대의 석학
들이 참석한 경연에서 숙종은 이렇게 말한다.

"정비(正妃)가 낳았을 경우 모두 대군(大君)·공주(公主)라고 일컬
으니, 노산군도 당연히 대군으로 일컬어야 한다. 그것을 대신에게 의
논하도록 하라."

사실 노산군을 노산대군으로 부를 경우 연산군이나 광해군도 연산
대군이나 광해대군으로 불러야 하는 것 아니냐는 논리적 반박이 나올
수도 있다. 그런데 숙종은 그 근거로 '정비로부터 탄생했을 경우'를
제시했다. 이렇게 될 경우 폐비 소생인 연산군이나 후궁 소생인 광해
군은 자연스럽게 배제할 수 있었다. 게다가 이 문제는 신하들이 먼저
발의한 것이 아니라 숙종 자신이 발의해 대신들로 하여금 의논케 했
다는 점에서 의의가 크다.

그래서인지 엿새 후인 7월 27일 춘추관 영사를 겸하고 있던 영의정 김수항은 태조와 신덕왕후 강씨 사이에서 난 방번과 방석의 경우에도 마땅히 대군의 작위를 내려줘야 한다고 건의했다. 그래서 두 사람은 각각 무안대군과 의안대군으로 추증됐고 숙종은 이들을 위한 제사를 지내게 해주었다.

그럼에도 불구하고 노산대군에게 왕호를 추복하는 일은 좀더 많은 시간을 기다려야 했다. 노산군을 노산대군으로 높여 부르기로 한 지 17년이 지난 숙종 24년 9월 30일 현감을 지낸 신규가 노산대군의 억울함을 호소하며 왕호를 되찾아줘야 한다는 상소를 올렸다. 예전 같았으면 거의 역모에 해당하는 중죄를 받을 내용이다. 그러나 이미 사육신의 명예회복을 해준 숙종이다. 그런 믿음이 있었기에 신규는 이런 상소를 올릴 수 있었던 것이다. 그러나 이는 그렇게 간단한 사안이 아니었다. 숙종은 일단 대신들에게 자유롭게 의논해 볼 것을 명한다.

논란은 계속됐다. 10월 23일 사안의 중대성을 감안해 숙종은 종친과 문무백관을 모두 대정(大庭)에 모이도록 했다. 일종의 대토론회를 열기로 한 것이다. 갑론을박이 이어졌다. 이날 분위기에 대해『실록』은 이렇게 적고 있다. "회의에 참석한 백관이 무릇 491인이었는데, 그 의논에 있어서는 혹은 시행해야 한다고 하고, 혹은 시행할 수 없다고 하였는데, 그 시행할 수 없다고 한 자도 일이 선조(先朝)에 관계된 것이므로 감히 경솔하게 논의할 수 없다고 하는 데 지나지 아니하였다." 즉 숙종만 결심하면 결정적인 반대는 없는 분위기였다.

각자의 의견을 충분히 들어본 숙종은 의미심장하게 말한다. "이 일은 이미 마음속으로 말없이 계획했던 바이나 문무백관의 의견을 듣고 싶었을 뿐이다." 방향은 정해졌다. 다음날 숙종은 빈청에 자신의 뜻을 담은 비망기(備忘記-왕명을 기록하여 승지에게 전하는 문서)를 내린다. 노산대군을 왕으로 추복하라는 내용이었다.

"내가 생각하기로는 세조께서 선위(禪位)를 받으신 초기에는 노산 대군(魯山大君)을 존봉(尊奉)하여 태상왕(太上王)으로 삼았고, 또 한 달에 세 번씩이나 문안하는 예를 시행하였다. 불행하게도 마지막에 내린 처분은 아마도 세조의 본뜻이 아닌 듯하며, 그 근원을 추구해 보면 사육신에게서 발비암은 것이나. 그런데 사육신이 이미 깅포(旌 褒-복권)되었는데, 그들의 옛 임금의 위호(位號)를 추복(追復)하는 것은 또다시 어떤 혐의와 장애가 있는지 알 수 없으나, 명나라 경태 제(景泰帝)의 일은 비록 서로 같지 않다고 하더라도, 역시 본받아 시 행할 수 있는 것이다. 나의 생각으로는 이제 추복하면, 이는 세조의 성덕(盛德)에도 더욱 빛이 있을 것으로 여긴다. 아! 지난날 신규(申 奎)의 상소를 반도 읽기 전에 슬픈 감회가 저절로 마음속에 간절해 져, 일찍이 중대한 일을 경솔하게 거론했다는 것으로써 털끝만큼이 라도 불평스러운 생각이 없었으니, 이것이 바로 경연에서 먼저 묻게 된 까닭이었다. 아! 신도(神道)와 인정(人情)은 서로 그렇게 먼 것이 아니니, 하늘에 계신 조종(祖宗)의 영령이 명명(冥冥)한 가운데서 열 락(悅樂)하여 이렇게 서로 감동할 이치가 있었던 것인가? 말직에 있 는 신하로서 지극히 중대한 일을 거론하게 되었으니, 이는 천 년에 한 번 있는 일이라고 할 수 있는 것인데, 그 일을 끝내 시행하지 않는 다면 또 다시 어느 때를 기다리겠는가? 아! 천자(天子)나 왕가(王家) 의 처사는 필부(匹夫)와는 같지 않다. 그러므로 혹 판단에 의해 결정 하고 논의에 구애받지 않는 경우도 옛부터 있었으니, 진실로 시행할 수 있는 일이라면 어찌 반드시 의심할 필요가 있겠는가? 예관(禮官) 으로 하여금 속히 성대한 의식을 시행하도록 하라."

이제 남은 것은 절차뿐이다. 11월 16일 대신과 육경, 당상관이 모두 모인 가운데 노산대군의 시호와 묘호를 정했다. 묘호는 단종(端宗)으로 정해졌다. 그 이유에 대해 "예를 지키고 의를 견지함을 단(端)이라고 한다"

장릉_ 1698년 숙종은 노산대군을 추복하여 묘호를 단종으로 하고 능호를 장릉이라 개명했다.

고 밝혔다. 능호는 장릉(莊陵)으로 정해졌다. 누구 하나 제대로 찾지 않던 노산군의 묘가 이제는 당당히 왕릉의 하나로 제자리를 찾게 된 것이다. 6년 후인 숙종 30년 8월 5일에는 『노산군 일기』의 표지만이라도 『단종대왕실록』으로 개명할 것을 명한다. 이로써 단종의 명예는 온전하게 회복되었다. 오늘날 우리가 노산군이라고 하지 않고 단종이라고 부르게 된 것은 숙종의 이 같은 대승적인 결단이 있었기 때문이다.

사육신의 복관

선조 9년(1576년) 선조는 경연관이 추천한 남효온의 『육신전(六臣傳)』을 읽고 큰 충격을 받고서 3정승을 급히 불렀다. 당시 선조의 반응은 역대 조선 왕의 노산군과 사육신에 대한 기본적인 인식을 고스란히 보여준다는 점에서 좀 상세하게 볼 필요가 있다.

"이제 이른바 『육신전』을 보니 매우 놀랍다. 내가 처음에는 이와 같을 줄은 생각지도 못하고 아랫사람이 잘못한 것이려니 여겼는데, 직접 그 글을 보니 춥지 않은 데도 떨린다.

지난날 우리 광묘(光廟-세조)께서 천명을 받아 중흥하신 것은 진실로 인력(人力)으로 할 수 있는 것이 아니었는데 저 남효온이란 자는 어떤 자이길래 감히 문묵(文墨)을 희롱하여 국가의 일을 드러내어 기록하였단 말인가? 이는 바로 아조(我朝)의 죄인이다. 옛날에 최호(崔浩-중국 후위 사람으로『국서(國書)』라는 책을 썼다)는 나라의 일을 드러내어 기록했다는 것으로 주형(誅刑)을 당하였으니, 이 사람이 살아 있다면 내가 끝까지 추궁하여 죄를 다스릴 것이다. 기록된 내용 가운데 노산군에 대해 언급하면서 신유년(1441년 세종 23년)에 출생하여 계유년(1453년 단종 1년)까지 그의 나이가 13세인데도 16세로 기록하였으며, 광묘께서 임신년(1452년 문종 2년)에 사은사(謝恩使)로 중국에 갔었는데 여기에는 부음(訃音)을 가지고 중국에 갔다고 기록하였다. 또 하위지(河緯地)가 계유년에 조복(朝服)을 벗고 선산(善山)으로 물러가 있었는데 광묘께서 즉위하여 교서(敎書)로 불렀기 때문에 왔다고 하였다. 하위지가 갑술년(1454년 단종 2년)에 집현전에서 글을 올린 것은 무엇인가? 이와 같은 것이 한둘이 아니다. 그 왜곡되고 허탄함은 진실로 믿을 만한 가치가 없는 것이지만, 가슴 아픈 것은 뒷사람들이 어떻게 그 일의 전말(顚末)을 자세히 알 수 있겠는가 하는 점이다. 한번 그 글을 보고 곧 구실(口實)로 삼는다면, 이 글은 사람들의 심술(心術)을 해치기에 적당한 것이 될 것이다.

또 한 가지 논할 것이 있다. 저 육신(六臣)이 충신인가? 충신이라면 어째서 수선(受禪-단종이 세조에게 왕위를 넘겨줌)하는 날 쾌히 죽지 않았으며, 또 어째서 (백이·숙제의 고사처럼) 신발을 신고 떠나가서 서산(西山)에서 고사리를 캐먹지 않았단 말인가? 이미 몸을 맡겨 (세조를) 임금으로 섬기고서 또 시해하려 했으니 이는 두 마음을 품은 것이다. 저 육신은 무릎을 꿇고 아조를 섬기다가 필부의 꾀를 도모

하여 자객(刺客)의 술책을 부림으로써 만에 하나 요행을 바랐고, 그
일이 실패한 뒤에는 의사(義士)로 자처하였으니, 마음과 행동이 어긋
난 것이라고 할 만하다. 그런데 열장부(烈丈夫)라고 할 수 있겠는가?

어떤 이는 '헛되이 죽는 것이 공을 세우는 것만 못하고 목숨을 끊는
것이 덕을 갚는 것만 못하다. 성삼문(成三問) 등은 그 마음에 잠시도
옛 임금을 잊지 않았으므로 아조를 섬긴 것은 뒷날의 공을 세우기 위
한 것이다'라고도 하지만, 이는 그렇지 않다. 진실로 공을 이루는 것만
을 귀히 여기고 몸을 맡긴 것을 부끄럽게 여기지 않는다면 백이·숙제
와 삼인(三仁-은나라 말기의 3충신으로 미자는 멀리 떠났고 기자는 노예
가 되었고 비간은 간하다가 죽었다)도 반드시 서로 모의하여 머리를 굽
히고 주나라를 섬기면서 흥복(興復)을 도모했을 것이다. 이로써 보건
대 육신은 자기 임금에게 충성을 바치지 않았을 뿐 아니라 후세에도
모범이 될 수 없는 것이다. 그래서 내가 이제 드러내서 아울러 논하는
것이다. 더구나 사람은 각기 군주를 위하는 것인데 이들은 아조의 불
공대천(不共戴天)의 역적이니 오늘날 신하로서는 차마 볼 것이 아니
다. 내가 이 글을 모두 거두어 불태우고 누구든 이에 대해 서로 이야
기하는 자가 있으면 그도 중하게 죄를 다스리려 하는데 어떠한가?"

지금의 관점에서 보면 선조의 이 같은 말이 이상하게 들릴지 모르
지만 당시로서는 어쩌면 지극히 정상적인 판단이었다. 그렇기 때문에
숙종의 결단이 더욱 눈부신 것이다.

선조가 읽고서 분서(焚書)의 충동까지 일으킨 문제의 책『육신전』
을 쓴 남효온은 김시습·원호·이맹전·조려·성담수 등과 함께 생육
신의 한 사람이다. 남효온(南孝溫, 1454년 단종 2년~1492년 성종 23년)
은 사림의 원조인 김종직의 문하로 김굉필·정여창·김시습 등과 가까

웠고 성종 9년(1478년) 단종의 생모인 현덕왕후의 능인 소릉(昭陵)의 복위를 상소하였으나, 훈구파인 도승지 임사홍, 영의정 정창손 등에 의해 저지당하자 실의에 빠져 유랑생활로 생을 마쳤다. 1504년(연산군 10년) 갑사사화가 일어나자 김종직의 문인이었다는 것과 소릉 복위를 상소했다는 이유로 부관참시를 당한다. 『육신전』은 말년에 쓴 것으로 숙종 때에 와서야 정식 간행되며 중종 8년 소릉이 추복될 때 그도 신원되어 쇠능시에 추증된 바 있있다.

사육신의 복권 문제가 숙종 때 처음 제기된 것은 앞서 본 대로 1680년 12월 강화유수 이선의 상소에 의해서였다. 그리고 숙종 17년(1691년) 숙종이 열무(閱武)를 위해 노량진을 지나다가 길가에 있는 성삼문 등 사육신의 묘를 보게 되었다. 숙종은 그 자리에서 사육신의 복관(復官)과 사당의 제사를 명한다. 사육신이 죽은 후 조선의 임금 입에서 처음으로 나온 명예회복 조치였다. 더불어 노산대군의 묘에도 제사할 것을 명했다. 그러나 승지들이 거세게 반대해 일단 사육신의 복관과 제사는 유보했다.

그러나 숙종의 마음은 이미 사육신을 용서하고 있었다. 12월 6일 숙종은 예조에 명을 내려 사육신의 복작(復爵)을 명하고 관원을 보내 제사를 지내도록 조치했다. 그리고 사당에는 '민절(愍節)'이라는 편액을 내려주었다. 이후 조선 사람이라면 누구나 사육신의 충절을 내놓고 존경하게 됐다.

그러나 김종서와 황보인의 경우에는 안평대군을 끼고 수양대군에게 맞섰다는 점에서 사육신과는 다르다는 것이 숙종의 판단이었다. 그래서 이들의 복관은 이때 이뤄지지 않았고 그 대신 그의 후손들의 관직 진출길은 열어주었다. 일종의 타협책인 셈이었다. 결국 김종서와 황보인도 숙종의 아들 영조에 의해 1746년(영조 22년) 복관된다.

한 맺힌 원혼을 되돌아보다

자손 없음은 하늘의 천벌인가?

역사의 상처를 보듬는 문제와 관련해 숙종을 가장 어렵게 만든 사안은 소현세자 집안과 관련된 것이다. 많은 사람이 여전히 국통(國統)은 소현세자 쪽으로 이어졌어야 하는데 봉림대군 쪽으로 바뀌면서 현재의 숙종이 있게 되었다는 부정적인 생각을 갖고 있다는 사실을 숙종도 분명하게 의식하고 있었기 때문이다.

그래서인지 다른 역사문제와 달리 소현세자빈 강씨의 피맺힌 한을 풀어주는 데는 많은 시간이 걸렸다. 무엇보다 왕통의 정당성이 굳건해지지 않고서는 해결이 거의 불가능했다. 이 문제를 살피기에 앞서 숙종의 개인적 고민을 살펴볼 필요가 있다.

앞서 잠깐 살펴본 바대로 왕통이 봉림대군으로 이어지면서부터는 아들이 귀했다. 효종의 경우 정비 인선왕후 장씨와의 사이에 1남 6녀

숙종 가계도

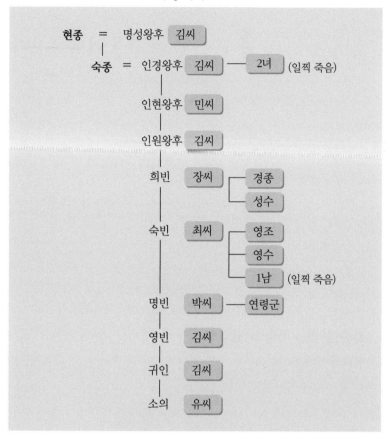

를 두었다. 현종도 1남 3녀를 두었다. 흥미로운 것은 인조 때부터 시작해 효종·현종 모두 후궁을 두는 데 대단히 조심했다는 점이다.

선조만 하더라도 2명의 정비와 6명의 후궁이 있었다. 그러나 인조의 경우 2명의 정비와 1명의 후궁(귀인 조씨)뿐이었고 효종의 경우 1명의 정비와 1명의 후궁(안빈 이씨)을 두었다. 숙종의 아버지 현종은 아예 후궁이 없었고 정비 1명이 전부였다. 그 이유를 정확히 알 길은 없다. 어쩌면 정통성이 약한 데따라 신하들의 눈치를 살핀 결과일 수도 있다.

숙종의 경우도 사정은 크게 다르지 않다. 46년이나 재위했음에도 그에게는 희빈 장씨를 포함할 경우 4명의 정비와 단 3명의 후궁이 있을 뿐이다. 3명의 정비는 아예 아들을 낳지 못했고 희빈 장씨가 아들 둘을 낳았으나 장남은 훗날 경종으로 왕위에 오르지만 나머지 하나는 어려서 죽었다. 영조의 친어머니인 숙빈 최씨의 경우도 아들 셋을 나았으나 첫째와 셋째는 어려서 죽었다. 명빈 박씨가 연령군을 낳았지만 연령군도 성인이 되기 전에 세상을 떠난다. 이런 상황을 지켜보면서 숙종은 무슨 생각을 했을까? 혹시라도 소현세자와 강빈, 그리고 그 집안을 몰살시킨 데 따른 저주 내지 천벌을 받고 있다고 생각지는 않았을까?

사실 우리는 장희빈 문제로 인해 너무나도 쉽게 숙종을 '색을 밝힌 국왕'으로 생각하지만 실상은 전혀 다르다. 당시 신하들이 숙종의 다른 문제는 비판해도 사냥과 여색을 조심하는 데 대해서는 한결같이 찬사를 아끼지 않았다.

훗날의 역사를 보면 숙종의 불안과 걱정은 이유가 없지 않았다. 스캔들과 논란 속에서 희빈 장씨를 잠시라도 정비의 자리에 올리지 않았더라면 자신의 후계는 결국 방계(傍系), 즉 후궁의 자손이 이어갔을 것이다. 그야 죽어서 몰랐겠지만 결국 경종으로 대는 끊어지고 다시 조선 왕실은 방계승통으로 간다.

방계로 경종의 뒤를 이은 영조의 경우에도 사정은 마찬가지다. 정성왕후 서씨나 정순왕후 김씨에게서는 자손이 없었다. 결국 훗날 빈으로 추존되는 후궁 이씨의 몸에서 난 아들을 효장세자로 책봉하지만 어릴 때 죽고 다시 또다른 후궁 이씨의 몸에서 난 아들을 세자로 책봉하니 그가 바로 비운의 사도세자다.

이후 사도세자의 장남을 세손으로 책봉했지만 일찍 죽었고 둘째 아들을 다시 세손으로 책봉하게 되는데 그가 조선 22대 임금 정조다. 숙종이 걱정했던 저주는 무서울 정도다. 정조와 정빈 효의왕후 김씨 사이에서도 자손은 나지 않았고 결국 수빈 박씨와의 사이에서 난 순조가 왕위를 이었다. 순조와 순원왕후 김씨 사이에는 효명세자와 또 한 명의 아들이 있었지만 세자는 의문사했고 또 한 아들도 어려서 죽었다. 순조가 죽었을 때는 효명세자의 아들인 헌종이 그나마 왕위를 계승할 수 있었지만 2명의 정비 사이에 자식이 없었고 후궁이 딸 하나를 낳았지만 어려서 죽었다. 8세에 즉위해 23세의 나이로 헌종이 세상을 떠나자 조선 왕실은 사실상 대통이 끊어진 것이나 마찬가지였다.

명종 때와 사정이 비슷했다. 경종이 죽었을 때는 연잉군(영조)처럼 배다른 형제라도 있었지만 헌종의 경우에는 찾으려야 찾을 길이 없었다. 왕실에 남자의 씨가 마르고 있었다.

결국 찾다 찾다가 사도세자와 숙빈 임씨(추존) 사이에서 난 은언군과 은신군이 그나마 가까운 혈육이었다. '강화도령'으로 유명한 철종은 바로 이 은언군의 손자다. 아마도 이때 왕실에서는 대를 잇기 위한 눈물겨운 노력을 했을 것이다. 그래서 철종은 철인왕후 김씨 외에 6명의 후궁을 두었다. 그러나 김씨가 낳은 아들 하나는 어려서 죽고 귀인 박씨, 귀인 조씨, 궁인 이씨 등이 아들을 낳긴 했지만 하나같이 어려서 다 죽었다.

철종이 죽자 다시 왕실 족보를 뒤지기 시작했고 이번에는 은신군의 양자로 입적된 남연군의 손자 익성군이 선택돼 철종의 뒤를 잇게 된다. 그가 바로 고종이다. 숙종이 그토록 우려했던 저주의 주술은 역설적으로 마지막 임금인 순종 때에야 풀린다. 고종과 명성왕후 사이에 4

명의 아들이 태어났다. 그중 3명은 어려서 죽고 둘째인 순종이 대를 이었던 것이다. 그러나 이때는 이미 나라가 망해가고 있었다. 게다가 순종은 두 명의 '황후'를 맞아들였지만 이들 사이에서도 자식은 없었다. 숙종의 우려는 충분히 이유 있는 고민이었던 것이다.

소현세자빈 강씨의 원한을 풀어주다

집권 초기만 해도 숙종은 인조에 의해 사사된 소현세자빈 강씨 문제를 언급할 때 '강옥(姜獄)'이라고 불렀다. 인조의 후궁 조씨에 의해 억울하게 죽었음에도 불구하고 공식적으로는 인조가 내린 조치였기 때문에 효종의 경우 강씨의 신원(伸冤)을 청하는 것만으로도 역률로 다스렸다. 이런 흐름은 자연스럽게 현종을 거쳐 숙종 초반까지 이어지고 있었다.

사실 강씨 문제는 소현세자 문제다. 그것은 할아버지 대의 사안이기 때문에 숙종으로서도 민감하지 않을 수 없다. 그러나 말년의 숙종은 관용의 여유를 가질 수 있었다. 또 병중에 있었기 때문에 기분이 더 멜랑콜리해졌는지도 모른다. 숙종 44년(1718년) 3월 25일 대신들을 부른 가운데 숙종은 강빈의 문제를 생각할수록 "너무나 측은한 마음이 든다"며 신원 문제를 거론한다.

그러면서 숙종은 그 이유를 구체적으로 설명한다. 우선 강빈의 경우 억울하게 죽었고 그 아버지 강석기에도 이명한이란 사람이 쓴 문집을 읽어보니 대단히 현명한 재상이었다는 것을 뒤늦게 알았다는 것이다. 또 『주역』의 곤괘(坤卦)에 나오는 말, 즉 "선을 쌓는 집안은 반드시 남는 경사가 있고, 불선을 쌓는 집안은 반드시 남는 재앙이 있다"를 언급하면서 소현세자의 후손인 임창군(臨昌君)의 자손이 번창

하는 것도 바로 이 곤괘의 말이 옳다는 것을 입증해 주는 것이라고 말한다. 소현세자에게는 석철·석린·석견 세 아들이 있었다. 훗날 셋은 각각 경선군·경완군·경안군으로 책봉되는데 경안군의 장남이 바로 임창군 이혼이다. 숙종의 이 말은 현종과 자신으로 이어지면서 아들이 많지 않음을 염두에 둔 발언인지도 모른다. 특히 숙종은 아들 문제로 얼마나 큰 고통을 겪어야 했는가?

이날 숙종은 사신의 마음이 진심임을 제차 확인시켜 주기 위해 며칠 전 자신이 경덕궁 높은 곳에서 바라다보이는 소현세자의 사당을 보며 지은 어제시(御製詩) 한 수를 공개한다.

혼령 모신 사당을 돌아보니 더욱더 처연하구나.
세월은 흘러 광음은 칠십여 년인데,
궁주를 어찌하여 아울러 받들지 못하는고?
세상 사람 그 누가 마음으로 항상 가련하게 여기는 줄 알리오.

마침내 4월 4일 강빈의 위패와 시호를 회복시키도록 명한다. 이때 숙종이 내린 하교는 그의 심중을 정확하게 담고 있다.

"내가 강빈의 옥사에 대해 마음속으로 슬퍼해 온 지가 오래되었다. 작년에 조목별로 열거하여 하교한 것은 그 단서를 열기 위해서였다. 금일에 이르러 경연에서 하교하여 자세히 말하였고, 친히 지은 절구(絶句)를 내어 보여 조정에 있는 신하들이 나의 뜻을 다 알게 하였으니, 또한 남은 회포가 없다. 아! 하교 가운데 '은미한 뜻[微意]'이라는 두 글자는 우리 성조(聖祖)께서 측은하고 불쌍하게 여기시던 마음을 일찍이 잊은 적이 없으므로 내가 '우러러 알고 있다[仰認]'라고 한 것이다. 아아! 원통함을 알고서도 그 억울함을 씻어주지 않는다면 이것이 옳은 일이겠는가? 나의 뜻이 먼저 정해지자 공의(公議)도 이와 대동하니, 신원하는 은전과 차례로 응당 행하여야 할 일을 빨리 유사(有司)로 하여금 거행하도록 하라."

강빈의 신원을 주도한 장본인은 바로 숙종 자신이었다.

5장

숙종의 꿈, 부국강병

국가의 골격을 바로 세우다

청나라와의 항복조건을 깨고 북한산성을 수축하다

"새 성을 쌓거나 낡은 성을 수리하는 것을 허락하지 않는다." 이것은 병자호란 때 인조가 받아들인 청나라 태종의 핵심 요구사항이다. 이 사항을 위반할 경우 청나라는 즉각 조선을 침공할 수 있었다.

실제로 숙종의 할아버지 효종이 왜구 창궐을 이유로 성지(城池)를 보수하고 무기를 정비하려다가 청나라 사신 6명이 대거 조선에 몰려온 적이 있었다. 강화조약을 위반했다는 것이다. 청나라는 압록강변에 군사를 주둔시켜 조선을 압박했다. 일촉즉발의 상황이었다. 청나라에서 온 사신의 이름은 말 그대로 조사를 하기 위해서 왔다는 뜻의 사문사(査問使)였다. 이런 사신의 파견은 극히 이례적인 일이었다.

사문사 일행은 영의정 이경석을 자신들이 머물던 남별궁으로 불러이 사안을 따졌고 급기야 '대국을 기망한 죄'로 이경석을 처형하려고 했다. 당시 효종이 직접 나서서 간절하게 구명운동을 펼치고 막대한 뇌물을 제공해 일단 이경석은 목숨을 구했고 성지보수의 문제도 일단락될 수 있었다. 그러나 이를 통해 우리는 성지보수에 대해 청나라가 얼마나 민감하게 생각했는지 충분히 알 수 있다.

이후 새 성을 쌓거나 낡은 성을 수리하는 것은 절대금기로 자리잡았다. 그런데 숙종이 즉위할 무렵 청나라에서는 오삼계의 난(1673년), 남성충의 난(1674년), 싱지신의 난(1676년) 등이 연이어 터져 주석에 크게 신경 쓸 여유가 없었다. 숙종 즉위년 11월 13일 형조판서 오정위가 숙종에게 북한산성을 수축해야 한다는 건의를 올릴 수 있었던 것도 청나라의 정국 혼란을 틈타려 했기 때문인지 모른다. 그러나 그것은 쉽게 결정할 수 있는 사안이 아니었다. 자칫 청나라와 일전불사(一戰不辭)의 상황까지 치달을 수 있기 때문이다.

이런 가운데 숙종 1년 9월 18일 개성을 둘러보고 한양으로 돌아온 영의정 허적은 개성 인근 천마산에 대흥산성을 쌓을 것을 주청했다. 대흥산성은 남한산성처럼 외적의 침입이 있을 경우 개경이 관리와 백성이 주둔하며 항전을 할 수 있는 근거지였다. 이 일은 허적의 지원을 받는 훈련대장 유혁연이 맡아 반년 후인 숙종 2년 4월 25일 축성을 완료한다. 대흥산성은 새롭게 쌓은 성이라기보다는 고려 때부터 개경을 호위하는 성으로 이미 성터가 남아 있었기 때문에 단기간에 개축을 할 수 있었다.

문제는 오정위가 제안한 북한산성이었다. 한양 도성 바로 옆에 산성을 쌓은 일은 곧바로 청나라에게 발각될 수밖에 없다. 그래서 이 일은 숙종 29년에 가서야 본격적으로 추진된다. 그 중간에도 종종 북한산성 수축을 건의하는 상소가 올라왔지만 쉽게 결정을 내리지 못하다가 마침내 이때 숙종은 단안을 내린다. 북한산성 수축은 전적으로 숙종의 결단에 따른 것이다. 이해 3월 15일 숙종은 "남한산성은 외롭게 떨어져 있고 강화도는 조금 멀 뿐만 아니라 바다로부터 진격해 오는 적을 막기에 적합지 못하다"며 도성과 붙어 있는 곳에 산성을 쌓을 것을 비변사에 명한 것이다. 당장 신하들의 반대가 이어졌다. 여러 이유가 있었지만 결

북한산성_ 숙종은 청나라의 눈치를 보는 대신들의 반대를 무릅쓰고, 유사시에 대비하기 위하여 한양을 뒤에서 지켜줄 북한산성을 축조하였다. 사적 제162호.

국 핵심은 청나라의 분노를 살 수 있다는 우려였다. 그러나 숙종은 "내 뜻은 이미 정해졌다"며 반대의견을 묵살하고 북한산성 수축을 명한다.

그러나 북한산성 수축은 즉각적인 시행에 들어가지 못한다. 무엇보다 연이은 흉년으로 백성의 고통이 극에 달했기 때문이다. 결국 10년 가까이 지난 숙종 38년 5월 3일에야 총융청이 주도하여 북한산성 수축이 본격화된다. 5개월 후인 10월 8일 마침내 한양을 뒤에서 지켜줄 북한산성이 웅장한 모습을 드러냈다.

돈대를 쌓아 강화도를 요새화하다

숙종 4년(1678년) 10월 23일 숙종이 대신과 비변사의 고위관리들을 인견하는 자리에서 병조판서 김석주와 부사직 이원정이 강화도를 순

시하고 돌아와 '강화도 요새화' 프로젝트를 보고했다. 부국강병을 향한 숙종의 첫번째 꿈을 실현하기 위한 방안이었다. 프로젝트의 골자는 강화도 49곳에 돈대를 축조하겠다는 것이었다. 돈대(墩臺)란 봉화를 피우는 연대(烟臺)와 함께 최전선 방어시설로 요즘 식으로 말하자면 조금 큰 규모의 벙커 시설이라 할 수 있다. 그 속에서 총이나 포를 쏠 수 있도록 총통에 구멍을 낸 작은 성곽 시설이다.

강화도의 선략적 중요성은 이미 고려 때 몽골이 침입했을 때 그 가치를 보여준 바 있다. 그러나 병자호란 때는 그 같은 방어시설이 미비했던 때문에 남한산성보다 먼저 함락당하였다. 그 같은 쓰라린 역사적 체험을 교훈 삼아 적의 침입이 쉽게 이뤄질 수 있는 곳곳에 돈대를 쌓아 강화도 전체를 요새화함으로써 한양의 방어를 강화하려던 계획이 바로 김석주의 '강화도 요새화' 프로젝트였다.

사실 돈대 축조의 필요성은 임진왜란 당시 여러 장수가 제안한 바 있다. 그러나 논의만 무성했을 뿐 실행에 옮겨지지 않다가 병자호란을 겪으면서 다시 강화도의 전략적 중요성이 부각되자 마침내 김석주가 구체화 작업에 들어간 것이다. 그러나 이때는 숙종도 아직 국방의 중요성에 눈뜨지 못했을 때고 대신들도 백성의 공역을 심하게 할 수 있다며 반대해 즉각적인 시행에 들어가지는 못했다.

예를 들어 당시 실력자이던 대사헌 윤휴는 한 달여가 지난 11월 25일 탄환이나 돈대를 만드는 일보다 군사훈련을 강화하고 무예를 단련하는 게 훨씬 효과적인 국방책이 될 것이라고 말하자 숙종도 "그렇다"고 답한다. 숙종도 돈대 축조의 의미를 정확히 이해하지 못하고 있었던 것이다. 그러나 김석주는 이듬해 2월 다시 강화도 돈대 축조의 필요성을 역설해 숙종의 재가를 이끌어냈고 곧바로 축조작업에 들어갔다. 돈대 축조작업에는 1만여 명의 인력이 동원됐고 그중 상당수는 승려였다.

작업은 일사천리로 진행돼 불과 몇 개월 만에 50개에 가까운 돈대가 완성됐다. 이 과정에서 숙종은 국방의 중요성을 배울 수 있었다. 숙종은 백성의 반발이 심해지자 "돈대 설치는 유비무환의 대책에서 나온 것"이라며 백성의 어려움은 다른 방법으로 풀어줄 것을 명하기도 했다. 이후 숙종은 강화도에 성도 쌓았다.

군제개편을 단행하다

1682년 숙종 8년 3월 병조판서 김석주는 「군제변통절목(軍制變通節目)」을 지어올렸다. 말 그대로 군제를 개편하는 마스터플랜이었다. 이때 숙종의 나이 아직 22세였다. 병권에 관한 한 김석주가 전권을 쥐고 있었다. 김석주는 당파보다는 숙종의 왕권 강화에 도움이 되는 일이라면 무엇이든지 한다는 생각이었다.

「군제변통절목」이라는 김석주의 군제개편안은 실은 국방 강화와는 약간 동떨어진 것이다. 오히려 그것은 병권, 군권에 대한 국왕의 통제권을 강화하는 방안이다. 따라서 이 시점에서 김석주가 「군제변통절목」을 지어 올려 군제를 개편하려 한 의의를 정확하게 포착하려면 선조 때부터 조선의 군제에 대한 개략적인 이해가 필수적이다.

임진왜란이 터지기 전까지 조선의 수도인 한양의 방어는 오위제(五衛制)를 기본으로 하였다. 지방의 경우는 진관(鎭管) 체제가 기본이었다. 그러나 임진왜란과 함께 기존의 군제가 사실상 붕괴되자 임란 이듬해인 1593년(선조 26년) 유성룡의 건의와 명나라 장수 낙상지(駱尙志)의 권유에 따라 명나라에서 왜구 소탕에 큰 기여를 했던 척계광의 『기효신서(紀效新書)』를 채택하게 된다. 척계광은 명나라 장수로 왜구의 피해가 잦았던 절강지구의 장수로 임명돼 1555년부터 1566년까지 11년간 왜구 토벌에 큰 공을 세운 인물이다.

명나라뿐 아니라 우리의 군사편제도 기본적으로는 북방 오랑캐를 가상의 적으로 상정한 작전과 무기체계를 지원하기 위한 것이었다. 그래서 기병전과 수성전(守城戰)을 기본으로 하였다. 임진왜란 당시 그런 전술로 오랑캐 토벌에 큰 공을 세웠던 신립 장군이 일순간에 왜군에게 패한 것은 과거의 전술을 고집한 이유도 컸다.

조총과 칼로 무장하고 기동신에 뛰어난 왜적을 상대하려면 새로운 군제와 무기체계를 갖추지 않으면 안 되었다. 마침 척계광의 친척인 척금이라는 인물이 임진왜란 때 참전했고 조선에 『기효신서』를 소개했다. 특히 오랑캐 소탕에 능했던 조승훈의 군대가 평양성 탈환에 실패하고 이후 이여송이 척계광의 전법을 바탕으로 평양성 탈환작전에 성공한 사실이 알려지면서 조선 조정에서도 『기효신서』체제의 도입에 큰 관심을 갖게 됐다.

『기효신서』는 1560년(명나라 가정제 39년) 척계광이 절강현(浙江縣) 참장(參將)으로 있을 때 왜구(倭寇)를 소탕하기 위해 자신의 전투경험을 토대로 편찬하였다. 권1「속오편(束伍編)」부터 권18「치수병편(治水兵編)」에 이르는 총 18권으로 이루어졌다. 당시 왜구는 주로 해안선을 따라 중국의 절강 지방 등을 노략질하였다. 이를 소탕하는 데에는 종래 북방 유목민족을 소탕하기 위하여 편제된 군제와 무기 및 전술이 적합하지 않았다. 기본적으로는 왜구의 기습적인 침략에 대비해 소부대의 운용과 접근전에 적합한 전술, 그리고 그에 필요한 신무기 등을 고안한 것이 특징이다.

『기효신서』는 먼저 명확한 지휘편제와 연대책임을 강조하는 속오법(束伍法)을 채택했다. 속오법이란 5명의 병사를 기본단위로 해서 지휘자가 일사불란하게 지휘 통제할 수 있도록 한 것이 특징이다. 오늘날 정규군의 분대에 해당한다고 할 수 있다. 이와 함께 조총(鳥銃), 등나무로 만든 방패인 등패(藤牌), 대나무를 이용해 왜구의 긴 칼을 막는 장비인 낭선(狼筅), 장창(長槍), 권법(拳法) 등 접근전에 대비한 다양한 무기와 전술을 소개하고 있다.

속오법과 더불어 특기할 만한 내용은 삼수기법(三手技法)이다. 『기효신서』는 전투병을 크게 대포를 쏘는 포수(砲手), 창검을 사용하는 살수(殺手), 활쏘기를 전담하는 사수(射手)로 역할 분담을 시켜 그에 적합한 군제를 만들었다. 그것이 삼수기법이다. 이 같은 속오법과 삼수기법을 근간으로 해서 전체적인 군대편제는 중앙군의 경우 훈련도감, 지방군의 경우 속오군으로 조직했다. 이후 조선에서 훈련도감과 속오군 체제를 수용한 것도 바로 이 『기효신서』에 따른 것이다. 훈련도감이 처음 설치됐을 당시 총 병력수는 5,000명 정도였다. 그리고 인조반정 이후 어영청(御營廳)·총융청(摠戎廳)·수어청(守禦廳) 등이 새롭게 설치됨으로써 훈련도감과 함께 오영체제의 중앙군영이 갖춰진다.

이후 효종이 북벌정책을 강력하게 추진하면서 군비 확장 등으로 재정난에 봉착할 지경에 이르렀고 이 과정에서 서인과 남인은 군비 감축 및 병권 장악을 놓고 치열한 대립을 보였다. 현종 10년 남인의 허적과 유혁연은 훈련도감을 대신해 훈련별대를 창설했고 이는 남인의 군권기반이 됐다. 유혁연이 바로 훈련별대의 훈련대장이었다. 게다가 현종이 말년에 예송논쟁을 계기로 서인에 대해 등을 돌리면서 군권은 상당 부분 남인의 손에 넘어가게 됐다.

그러나 현종과 숙종의 총애가 남달랐던 서인의 김석주만은 병조판서로 있으면서 병조의 직할 부대인 정초군(精抄軍)을 기반으로 나름의 견제 역할을 할 수 있었다. 숙종 8년 3월 병조판서 김석주의 「군제변통절목」의 핵심골자는 다름 아닌 훈련별대와 정초군을 통합한 금위영(禁衛營)의 창설로 이미 실각한 남인의 군사적 기반을 원천적으로 붕괴시키겠다는 의도였다. 더불어 숙종은 병조판서를 통해 핵심 군부를 직접 통제할 수 있는 체제를 갖추었다. 강력한 왕권을 향한 실질적 기반이 마련된 셈이다. 이어 숙종은 김만기·신여철·김익훈 등 외척에게 중앙군영의 군권을 맡기게 된다. 외척의 병권 장악은 숙종 재위 내내 일관된 흐름이 된다.

"백두산 경계를 철저히 하라!"

숙종 6년 청나라 사신들이 귀국길에 백두산에 들러 제사를 올리는 일이 조정에서 현안으로 떠올랐다. 그들은 조선이 자신들의 제사를 강력하게 반대하지 않으면 은근슬쩍 백두산을 자신들의 영토로 만들어버릴 속셈을 갖고 있었다. 그해 3월 5일 이 문제로 영의정 허적 등과 대책을 논의하면서 숙종은 단호하게 말한다. "처음부터 준엄하게 막지 않을 수 없다." 이어 숙종은 평안도관찰사에게 책임지고 청나라의 움직임을 사전에 차단시키라고 엄명을 내린다.

숙종은 북방의 정세에 특히 관심이 많았다. 수시로 북방경계 강화를 지시하고 함경도나 평안도를 다녀온 암행어사들을 불러 실태를 파악하고 그곳 주민을 지원하는 방안을 일일이 직접 지시하는 면모를 보였다.

백두산을 둘러싼 청나라와 조선의 신경전이 계속되자 숙종 38년 2월 청나라에서는 이 문제를 조선과 의논하기 위해 사신 목극등 등을 보낸다. 사실 이때 두 나라 사이에는 백두산과 함께 폐사군(廢四郡) 문제가 주요한 외교적 현안이었다. 폐사군이란 원래 세종이 개척한 여연

(閭延)·우예(虞芮)·무창(茂昌)·자성(慈城) 등 4개의 군이 단종 3년 여연·우예·무창, 세조 5년에 자성 등이 각각 오랑캐의 손으로 넘어가 조선의 통치 범위에서 벗어난 지역을 말한다. 숙종은 이를 되찾아오는 데도 많은 노력을 쏟았다.

목극등은 정계(定界), 즉 국경선을 명확하게 확정 짓기 위한 임무를 띠고 있었다. 힘이 약한 조선의 입장에서는 긴장하지 않을 수 없다. 숙종은 해당 관리들에게 "강역(疆域)의 일은 지극히 중요하니 힘써 다투도록 하라"고 격려했다. 이후 10개월여에 걸친 협상이 끝나 마침내 같은 해 12월 백두산정계비가 세워진다. 당시 협상은 그리 성공적이라고 보기는 어렵다. 정계비도 원래 합의한 위치보다 훨씬 남쪽에 세워졌다. 이 때문에 조정에서는 책임 문제로 한동안 논란을 빚기도 했다. 그러나 조선시대 내내 불명확한 상황에 놓여 있던 압록강·두만 강을 둘러싼 국경분쟁을 일단 정리하고 명문화했다는 점에서 큰 의미가 있다.

울릉도가 조선 땅임을 분명히 하다

숙종 19년(1693년) 11월 18일 울릉도에 일본 사람들이 와서 산다는 보고가 조정에 입수되었다. 이때만 해도 울릉도의 전략적 중요성 등을 몰랐는지 좌의정 목래선과 우의정 민암 등이 "300년 동안 내버려둔 땅인데 불필요하게 일본과 갈등을 빚을 필요가 없으니 내버려두는 게 좋다"고 말해 숙종도 이들의 의견을 받아들인다.

이 사건의 전말은 이렇다. 숙종 19년 봄에 안용복을 비롯한 울산의 어부 40여 명이 울릉도에 도착했을 때 그곳에 있던 왜인들이 몇 사람을 붙잡아 일본으로 데리고 갔다. 그리고 그해 11월 대마도 사신이 와

서 "그대 나라의 어부
들이 우리 죽도(竹島)
에 들어와 붙잡았으니
앞으로 그런 일이 없
도록 하라"고 요구를
했고 조정에서는 죽도
와 울릉도가 일치하는
지에 대한 치밀한 판

〈五神地圖〉_ 숙종은 강원도 부사들에게 2년에 한 번씩 울릉
도 상황을 보고하라고 명했다.

단도 없이 일본 측의 요구를 들어주기로 했던 것이다.

이듬해 2월 23일 승지 김만구가 그때의 조치를 비판하며 이렇게 말
한다. "신은 마땅히 이 섬에 진(鎭)을 설치하고서 뜻밖의 변고에 대비
해야 한다고 생각합니다. 지난번에 고기잡는 사람을 귀양 보낸 일은
지나친 듯합니다." 즉 안용복 등은 울릉도가 우리 땅임을 주장하다가
오히려 조정에 의해 귀양을 갔던 것이다. 김만구의 주청을 들은 숙종
은 마침내 생각을 바꾼다. 그에 앞서 남구만 등도 울릉도는 포기해서
는 안 되는 우리 땅임을 역설하는 글을 올린 바 있다. 뒤늦게 깨달은
숙종은 당장 그전에 일본에 준 외교문서를 되찾아올 것을 명한다. 원
인 무효라는 것이다. 이렇게 해서 그해 8월 14일 외교문서를 통해 울
릉도는 우리 땅임을 확약받게 된다. 이로써 왜인의 울릉도 출입을 금
지할 수 있는 근거를 마련할 수 있었다. 이후 숙종은 2년에 한 번씩 강
원도 부사들이 돌아가면서 직접 울릉도에 다녀와 그곳의 상황을 보고
토록 명한다. 울릉도는 사실 이때부터 조선의 직접적 관할지역에 들
어왔다고 할 수 있다.

백성의 삶을 최우선 가치로 삼은 군주

상평통보를 발행하다

숙종 4년(1678년) 1월 23일은 우리나라 화폐 역사에 한 획을 그은 날이다. 이날 숙종은 대신과 비변사의 고위관리들을 인견하는 자리에서 돈의 유통 문제에 대해 논의한다. 실은 조선 초 태종 때도 저화(楮貨)라고 해서 화폐를 유통시키려 무진 애를 썼지만 결국 실패한 적이 있다. 화폐유통의 실패에 대해 『실록』은 "우리나라에서도 조종조(祖宗朝)로부터 누차 행하려고 하였으되 행할 수 없었던 것은, 대개 동전(銅錢)이 토산(土産)이 아닌 데다 또 민속(民俗)이 중국과 달라 막히고 방해되어 행하기 어려운 폐단이 있었"기 때문이라고 풀이하고 있다.

그보다 45년 전인 인조 11년(1633년)에도 김신국과 김육의 건의에 따라 상평청을 설치하고 화폐를 주조하여 유통을 시도한 바 있지만 결과가 나빠 유통을 중단한 바 있었다. 실은 임진왜란 직후인 선조 36년

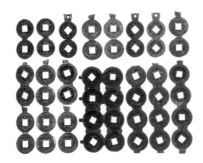

상평통보_ 조선시대의 화폐. 인조대에 주조하여 유통을 시도하였으나 실패하였다가 숙종 대에 이르러 실제 유통이 이루어졌다. 조선은 상평통보라는 화폐의 유통으로 상공업의 일대 약진을 이루게 된다.

(1603년)에도 경연에서 특진관 성영이 선조에게 화폐사용을 강력하게 건의했다. 그때 선조도 관심을 보이며 "은전을 사용하려는 것인가 동전을 사용하려는 것인가"라고 물었고 성영은 이에 은전은 불가하고 동전이나 철전을 사용할 수 있다"고 답했다. 그러나 이때도 실제 유통으로 이어지지는 않았다.

이날 화폐유통을 건의한 인물은 영의정 허적과 좌의정 권대운이다. 이에 숙종이 다른 신하들에게 물어보자 그 자리에 있던 신하들도 하나같이 "편리한 일"이라며 찬성했다. 실은 허적은 행전(行錢) 문제에 관한 한 최고의 전문가였다. 이에 숙종은 화폐를 유통시키기로 결정하고 그 자리에서 호조·상평청·진휼청·어영청·사복시·훈련도감에 명하여 상평통보(常平通寶)를 주조하여 돈 400문을 은 1냥 값으로 정하여 시중에 유통하게 하였다. 상평통보는 일종의 은본위를 기본으로 한 화폐였다. 1문(文)이 2돈 5푼, 100문이 1냥(兩), 10냥이 1관(貫)이었다.

이렇게 해서 화폐유통의 디데이는 4월 1일로 정해졌고 우선 중앙관리들의 급료부터 화폐로 지급하기로 결정했다. 그러나 막상 화폐유통에 들어가자 동전을 만들 수 있는 구리가 태부족이었다. 당시 좌참찬 오정위는 화폐유통에 누구보다 적극적이었다. 편리함은 이루 말할 수 없었지만 저항도 만만치 않았다. 익숙지 않아 번거로웠기 때문이다.

그 바람에 오정위는 아이들까지도 손가락질을 하며 '동취공경(銅臭公卿)', 즉 구리냄새 진동하는 대감이라는 별명으로까지 불려졌다고 한다. 오정위는 복창군 형제의 외삼촌이다.

화폐유통은 태종도 실패한 국가의 중대 프로젝트였다. 그러나 숙종은 특유의 리더십으로 화폐유통을 관철시킨다. 그로 인해 조선의 상공업은 일대 약진하게 된다.

잦은 환국에도 일관되게 추진한 주전사업

화폐유통을 위한 주전(鑄錢)사업은 분명 남인, 그중에서도 허적의 주도적 건의로 시작됐다. 그러나 숙종 자신이 이 문제에 대한 확고한 신념을 갖고 있지 않았다면 환국이 일어날 때마다 사업 자체가 오락가락하면서 실패로 돌아갔을 가능성이 높다.

물론 당시 대동법이 전국적으로 실시되어 현물로 내던 공물(貢物)을 대동미라는 쌀로 대신 내게 되면서 급속하게 농산물의 상품화가 이뤄졌다. 국가와 백성의 중간에서 그 일을 대신해 주던 공물주인이라는 새로운 상인층이 대두하는 등 상품의 활발한 유통이 이뤄지고 있었기 때문에 화폐유통은 시대적 요구이기도 했다. 숙종 4년 이전까지는 상목(常木)이라 해서 허름한 베가 화폐의 대용으로 활용되기도 했다. 게다가 다행히 남인이나 서인이나 화폐유통의 필요성에는 의견을 같이 했기 때문에 큰 문제는 없었다.

화폐를 유통시키는 과정에서 실무적인 난점은 수도 없이 많았다. 우선 중앙관리들도 화폐유통의 의미를 제대로 이해하지 못하는 경우가 많았고 백성의 신뢰를 얻어내는 일도 쉽지 않았다. 예를 들어 우리에게는 실학자로 잘 알려진 이익도 대표적인 화폐유통 반대론자였다.

화폐에 대한 무지에서 비롯된 결과다.

게다가 처음에는 동전을 은과 맞교환할 수 있도록 했지만 점차 동전의 사용가치보다는 교환가치의 중요성이 부각되면서 새로운 문제가 발생했다. 동전 사용을 꺼리는 현상이 심해진 것이다. 이런 일이 생길 때마다 숙종은 일일이 문제점을 점검하며 행전을 밀어붙였다.

게다가 임의대로 주전을 하는 불법행위를 단속하는 일도 쉽지 않았다. 이 또한 념념주의도 내저하니 효과적으로 대응에 대략 숙종 30년경이 되면 조선은 화폐사회로 완전히 탈바꿈하게 된다.

사냥과 여색을 탐하지 않다

숙종은 누구보다 남성성이 강했던 국왕이다. 그와 비슷한 스타일의 태종이나 세조, 성종 등은 재위기간 내내 사냥을 하는 문제로 신하들과 격심한 충돌을 해야 했다. 그런데 숙종은 사냥 문제로 신하들과 충돌을 한 적이 단 한 번도 없다. 사실 이 점은 치밀한 분석이 필요한 일종의 미스터리다. 누구보다 남성적인 스타일을 추구한 국왕 숙종이 사냥을 하지 않은 이유는 무엇일까?

숙종 10년 7월 15일, 서인 소론계로 훗날 정승에 오르는 승지 최석정은 당시 숙종의 정치스타일을 극찬하며 이런 이야기를 한다.

"전하께서는 총명한 천품(天稟)을 타고나시고 정일(精一)의 전통은 가법(家法)에서 이를 얻으시어, 안으로 성색(聲色)이 없고 밖으로 사냥을 끊으셔서 나라 일을 밝게 익혀 청단(聽斷)함이 물 흐르는 듯하며, 경훈(經訓-경전의 가르침)에 잠심(潛心)하여 강론을 게을리 하지 않으시니, 나라 또한 다스려짐에 거의 가깝습니다."

사냥 문제는 그렇다치고 우리에게는 장희빈 문제로 유명한 숙종에게 "안으로 성색(聲色)이 없고"라는 표현은 이상하게 들릴지 모른다. 많은 사람은 숙종 하면 '호색(好色)'을 떠올린다. 그러나 실제로 숙종은 여색(女色) 문제로 신하들의 비판을 받은 경우가 장희빈 때 말고는 없다. 장희빈의 경우도 미색에 숙종이 반한 점도 물론 있지만 보다 중요한 이유는 아들 문제 때문이었다고 봐야 한다.

그것은 공식적으로 그의 후궁이 45년 6개월 집권에 비하면 턱없이 적었던 데서도 알 수 있다. 그의 경우 조선 임금 중에서 가장 많은 왕비를 들인 임금이었다. 인경왕후 김씨, 인현왕후 민씨, 옥산부대빈 장씨(장희빈), 인원왕후 김씨 등 정비가 4명이고 자녀를 낳은 후궁으로는 영조의 어머니인 숙빈 최씨와 연령군의 어머니인 명빈 박씨 2명뿐이었다. 참고로 25년 1개월 동안 재위한 성종의 후궁이 9명이고 14년 6개월 동안 즉위한 철종의 후궁이 7명이었다. 또 40년 7개월로 그와 비슷한 재위기간을 누린 선조는 후궁이 6명이었다. 장희빈 문제가 불거지는 바람에 숙종이 받아야 했던 오해는 그만큼 컸다.

숙종 19년(1693년) 3월 3일에는 사간원 정언 정사신이 숙종의 외화내빈(外華內貧)을 강도 높게 비판하는 대목에서도 성색과 사냥에 관한 언급이 나온다. 그런 점에서 훨씬 신빙성이 높다고 하겠다. 이때는 장희빈이 왕비로 책봉되어 중궁의 자리에 있을 때였다.

"전하께서는 안으로 음악과 여색을 좋아하지 않으시고 밖으로 유람과 사냥을 하지 않으시니, 비록 감히 한(漢)나라 무제(武帝)의 과다한 욕심엔 견줄 수 없으나, 그 외면적인 것을 힘쓰고 근본을 저버리거나 화려한 것을 숭상하여 실상이 적은 것이 너무나 심합니다."

사냥에 대한 숙종의 보다 직접적인 생각을 볼 수 있는 것은 이보다 2년 전인 숙종 17년(1691년) 11월 12일 그가 내린 비망기에서다. 여기서 그는 자신이 경계해야 할 사항 16가지를 병풍에 그림으로 그려 늘 곁에서 보고 있다며 그중에 하(夏)나라 소강이 사냥에 빠져 나라를 잃어버린 내용을 그린 것도 있다고 말한다. 이에 이조참판 이현일은 숙종의 처사를 극찬하며 이렇게 말한다.

"성상께서는 사냥을 경계할 만한 악한 일의 한 가지로 여겨 임어 (臨御-즉위)하신 이래로 하루도 사냥을 즐기신 적이 없으니, 이것은 전하께서 이미 능히 하신 것입니다."

즉 숙종은 사냥을 임금이 절대로 해서는 안 될 악(惡)의 하나로 간주하고 있었다. 말로만 그렇게 한 것이 아니라 숙종은 재위기간 동안 단 한 번도 사냥을 하지 않았다. 임금으로서의 자의식이 강했던 만큼 임금이 해서는 안 되는 일에 대한 자제력 또한 뛰어났던 것이다.

굳건히 뿌리내린 암행어사제

극진한 백성사랑과 지방관에 대한 감독 강화

숙종은 즉위년 10월 12일 전국 각도에 백성의 고역(苦役)을 완화하는 대대적인 감세 조치를 내린다. 조정에서는 송시열 처리 문제로 한창 격론이 오갈 때다. 그는 어린 나이에도 불구하고 정쟁(政爭)과 정치(政治)를 분리해서 사고하고 행동할 줄 아는 국왕이었다. 집권기간 내내 계속된 피 튀기는 당쟁에도 불구하고 수많은 치적을 쌓을 수 있었던 것도 바로 이 같은 정쟁·정치 분리원칙 때문이었다고 할 수 있다.

숙종은 영의정 허적이 즉위 초에 덕음(德音)만 있고 백성에게 실질적인 도움이 되는 실혜(實惠)가 없으면 안 된다는 건의를 받아들여 과감한 감세 조치를 내린다.

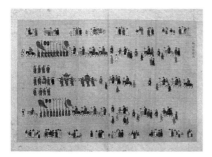

〈기해기사계첩(己亥耆社契帖)〉 숙종이 베푼 기해년의 경로잔치를 그린 그림이다. 보물 929호.

첫째, 신역(身役)이나 징포(徵布)의 부과대상인 각 읍의 군병(軍兵)과 노비(奴婢)에 대해 신해년(현종 12년 1671년) 이전의 미수분에 대해서는 다과(多寡)에 관계없이 전액 면제한다.

둘째, 갑인년(숙종 즉위년 1674년) 치에 대해서는 재해를 입은 고을에 한해서 2필이나 3필을 바쳐야 하는 자는 모두 1필씩 감하고, 1필을 바쳐야 하는 자는 반 필을 감하며, 군보미(軍保米) 12두(斗)를 바쳐야 하는 자는 2두를 감한다.

셋째, 정미년(현종 8년 1667년)부터 신해년까지 정부로부터 곡식을 대여받고서 갚지 못한 분에 대해서는 주소지를 떠났거나 뒤가 끊긴 집안에 대해서는 모두 탕감해 준다.

넷째, 선혜청(宣惠廳-대동미 등을 주관하던 일종의 국세청)이 관할하는 각 기관의 물종(物種)은 내년인 을묘년(숙종 1년 1675년) 9월까지를 한계로 하여 감해 주며, 대동미(大同米)에 대해서도 선혜청으로 하여금 1년의 수요를 미리 계산하여서 마땅한 적당량을 감해 준다.

다섯째, 경기도는 흉년이 더욱 심한 데다 각종 부역이 갑절이나 무겁기 때문에 해마다 진상하는 품목인 호표피(虎豹皮)를 특별히 감해 준다.

이는 당시 헐벗고 굶주리던 백성이 간절하게 원하던 것이다. 사실 여기까지는 여느 임금이라도 신하들의 건의가 있게 되면 받아들이지 않을 수 없다. 임금이야 생색만 내면 그만이기 때문이다. 주목해야 할 것은 그 다음이다. 숙종은 대대적인 감세 조치를 발표한 직후 이조판서 홍처량을 불러 이렇게 당부한다.

"이 같은 일을 봉행하는 것은 감사(관찰사)와 수령에게 달렸으니, 반드시 사람을 가려서 뽑아 그 자리에 임명해 보내야 한다. 나는 별도의 사신(使臣)을 보내어 시행여부를 염문(廉問)할 것이니, 만약 제대로 다스리지 못하는 사람이 있으면 전관(銓官-인사 선발)의 장(長)이 그 책임을 면키 어려울 것이다."

14세 숙종의 명이 얼마나 엄했던지 홍처량은 두렵고 위축되어 "감히 대답하지 못하였다"고 한다. 숙종이 말한 '별도의 사신'이란 바로 암행어사를 뜻하는 것이었다.

숙종은 즉위 초부터 누가 시키지 않았는데도 지방수령과 변방의 장수를 임지로 보낼 때는 반드시 직접 불러서 격려와 함께 경고를 잊지 않았다. 이를 눈여겨보던 영의정 허적은 숙종 1년 1월 이 점을 은근히 칭찬한다. "요즘 수령과 변장(邊將)들을 모두 인견하시고 나서 보내시는데 그것은 매우 잘하신 일입니다. 그러나 그냥 인견만으로 끝난다면 형식에 불과할 뿐이니 말도 들어보고 얼굴도 뜯어보고 하여 만약 못나고 같잖은 위인이 있을 때는 특별히 교체도 시키고 파직도 명하시고 그들을 추천해 올린 이조나 병조도 책망하신다면 권선징악의 길이 될 것입니다." 숙종만큼 수령선발과 그들의 직무감찰에 전력을 다한 임금은 세종뿐이다. 그만큼 그것은 절로 우러나는 애민(愛民)의 마음이 없고서는 아무나 할 수 있는 행동이 아니다. 더불어 지방 수령들의 횡포와 문제점에 대해서도 숙종은 즉위 초부터 정확하게 알고 있었다. 숙종 1년 9월, 숙종이 승정원에 내린 하교다.

"우리나라는 팔도에 청렴결백하고 백성을 사랑하기로 이름난 수령 하나 없고 외진(外鎭)의 장수치고 맡은 바 직무에 충실하다고 하는 자를 들어보지 못했다. 따라서 국사(國事)가 이렇게 한심하게 되어가는 데는 까닭이 있다는 것을 승정원은 잘 알고 있어야 할 것이다."

열다섯 살 국왕의 입에서 나온 말이라는 점에서 더욱 인상적이다.

암행어사를 가장 많이 보낸 임금

숙종은 가뭄이나 홍수가 나면 한 해에도 몇 번씩 비망기를 내려 백성의 고달픈 삶을 개선해 주기 위해 지방 수령뿐 아니라 중앙 관리들도 진심으로 마음을 써주기를 당부하고 경고했다. 이런 비망기를 내릴 때 항상 포함되는 구절이 있었다.

"임금이 믿는 것은 백성이고 백성이 믿고 사는 것은 하늘이다."

"무릇 천하를 다스리려면 그 근본이 사람에게 있듯이 백성을 안락하게 해주려면 그것은 오직 수령에게 달려 있다."

"내가 백성을 위하여 생각만은 자나깨나 밥 한 그릇을 먹어도 쌀 알 하나하나에 백성의 신고(辛苦)가 들어 있음을 생각하고, 옷 한 벌을 입어도 길쌈하는 아낙들의 공력을 생각하며 비록 쉴 때라도 쉬지 못하고 있는 것이다. 아! 사랑스러운 존재가 임금이 아니며, 무서운 존재가 백성이 아니겠는가?"

결국 자신을 대신해서 백성을 편안하게 해주는 게 수령의 본분이지만 현실은 그렇지 못했다. 그것을 관철할 수 있는 현실적인 방법이 바로 암행어사다. 숙종은 즉위 초부터 거의 해를 거르지 않고 암행어사를 팔도에 파견해 수령들의 횡포를 감시했다.

원래 암행어사 제도는 세종 때 예조에서 당나라의 예에 의거해 지방 수령들을 감시하기 위해 나라에서 밀사를 보내 실상을 조사할 것을 건의해 시작된 것이다. 그러나 어사파견이 비교적 활성화된 것은 인조 때 이르러서다. 그러나 숙종 때처럼 거의 해마다 조선 팔도 전체에 파견하는 경우는 드물었다. 그리고 어사 선발 때는 한 명 한 명을 손수 고를 만큼 어사에 대한 숙종의 관심이 컸다.

암행어사제는 현장을 통한 인재양성 방안

숙종은 세종 때의 집현전이나 정조 때의 규장각처럼 별도의 기구를 통해 인재를 양성하지는 않았다. 그러나 46년 집권을 총체적으로 조망해 보면 암행어사제야말로 숙종이 현장에서 인재들을 발굴하고 키워내는 가장 효과적인 방안이었다. 이 점은 초창기에 어사로 파견됐던 인물들이 훗날 조정에서 어떤 지위에까지 이르게 되는지를 몇 가지 경우만 살펴보아도 알 수 있다. 어사직을 제대로 수행한다는 것은 쉽지 않았다. 조정의 핵심시책에 대한 정확한 실무적 이해를 갖고 있어야 할 뿐만 아니라 지방관과의 결탁을 단호히 거부할 만한 강한 도덕성도 갖춰야 하기 때문이다. 이들은 주로 청요직 중에서도 특히 깨끗한 인물들이 집결돼 있던 홍문관에서 뽑았다.

집권 초에야 어려서 시행착오가 많았지만 인재를 보는 안목에 관한 숙종의 눈은 탁월했다. 이미 원숙한 통치기에 이르렀던 숙종 36년

(1701년) 4월 경연에서 신하들이 인재 부족을 토로하자 숙종은 아주 의미심장한 말을 던진다.

"인재를 구하기 어려운 것이 어찌 말세(末世)여서 인재가 없기 때문이겠는가? 옛부터 창업(創業)한 임금은 모두 이전 나라의 인재를 등용하여 성공에 이르렀으니, 어느 시대인들 인재가 없겠는가? 다만 알아보지 못함으로 인해 쓰지 못할 뿐이다."

정곡을 찌르는 말이다. 이는 그가 고른 인재들이 훗날 어떻게 중용되었는지를 보는 것만으로 충분하다. 예를 들어 즉위년에 황해도에는 임상원, 경상도에는 권해, 전라도에는 박태상 등이 암행어사로 파견됐다. 훗날 임상원은 대사간·대사성·대사헌 등을 거쳐 도승지에 올라 숙종을 최측근에서 보필하게 되고 의정부 우참찬에까지 오른다. 권해도 대사간·대사성·대사헌을 거쳐 경기도·평안도 관찰사를 지낸다. 박태상은 대사헌을 거쳐 형조판서와 이조판서를 두루 거치며 공정한 일처리와 엄정한 인사로 두루 높은 평가를 받았다.

물론 어사라고 해서 모두 뛰어난 일처리를 보인 것은 아니다. 즉위년에 평안도에 파견된 어사 홍만종이 그런 경우다. 홍만종은 사적인 인연 때문에 은산현감 정동룡을 높게 평가해 조정에서 상을 내린 적이 있는데 평안도관찰사가 그것은 사실이 아님을 직보해 숙종 2년 오히려 국문을 당한다.

"어사는 반드시 강명(剛明)한 사람을 골라 보내야지만 사정(私情)을 쓰는 폐단이 없겠다."

숙종은 이 일을 겪은 후부터 새롭게 어사 선발에 더욱 신중을 기하게 된다. 그러면서 숙종 2년에 어사로 나갈 인물로 권환, 강석빈 등을 직접 선발한다. 남인이던 권환은 대사간·대사성 등을 지내고 황해도 관찰사와 한성부 좌윤에 이르게 되며 강석빈도 동부승지와 대사간을 지내지만 권환이나 강석빈 모두 남인인 관계로 갑술환국 이후 고위직에는 오르지 못한다. 그것은 능력의 문제라기보다는 당파의 문제였다.

이때부터 암행어사의 임무를 띠고 전국을 돌게 되는 유명견(대사간, 이조참판), 오도일(병조판서), 목임일(대사헌), 이세백(좌의정), 이징명(관찰사), 최석항(좌의정), 민진주(병조판서), 서문유(형조·예조판서) 등은 하나같이 훗날 국가의 중추적 인물로 성장하게 된다.

"나라를 경영하자면 최우선 과제는 백성을 보호하는 일"임을 반복해서 역설했던 숙종은 암행어사제를 통해 백성도 보호하고 미래의 국가 인재도 기르는 두 마리 토끼를 한꺼번에 잡았다.

6장

대혼돈의 물결

숙종 초기의 남인 조정

인조반정에 소극적으로 참여한 소수파 남인

시간을 잠시 거슬러 올라가보자. 1623년(광해군 15년/인조 1년) 3월 13일 이귀·김자점·김류·최명길·이괄 등 이이와 성혼의 제자들은 선조의 서손(庶孫)인 능양군과 함께 반정(反正)을 일으켰다. 광해군 내내 북인에게 탄압을 받았던 서인이 쿠데타를 일으킨 것이다. 물론 인목대비의 서궁유폐 등으로 뜻있는 식자들로부터 비난을 받기는 했지만 광해군이 백성을 향해 학정(虐政)을 일삼은 인물은 아니었다. 연산군과는 분명 달랐다. 그것은 곧 반정의 내적 명분이 그만큼 취약했다는 뜻이다. 당시 반정 1등공신 중의 한 명인 이서(李曙)의 회고를 통해 당시 거사세력의 위기감을 어느 정도 읽어낼 수 있다.

"갑자기 광해군을 폐하고 신왕을 세웠다는 소식을 들은 백성은 새

임금이 국왕으로서의 덕이 있는 줄 알지 못했으므로 상하가 놀라 어쩔 줄을 몰랐다. 성패가 확실히 정해지지 않은 터에 위세로써 진압할 수도 없어서 말하기 지극히 어려운 사정이 있었다. 그때 이원익이 선왕조 때의 원로로서 영의정에 제수되어 여주로부터 입성하자 백성의 마음이 비로소 안정되었다."

반정 사흘 후인 3월 16일 인조는 이원익을 영의정으로 임명한다. 이원익은 당색은 강하지 않았지만 남인이었다. 『실록』은 이날 영의정에 제수된 이원익에 대해 이렇게 평하고 있다.

이원익_ 임진왜란 때 선조의 몽진 길을 선도했고 경기도에 대동법을 시범 실시했다. 영의정을 다섯 번이나 지냈으나 청빈한 삶을 산 것으로 유명하다.

"충직하고 청백한 사람으로 선조(先朝)부터 정승으로 들어가 일국의 중망을 받았다. 혼조 시절 임해군의 옥사 때 맨 먼저 은혜를 온전히 하는 의리를 개진하였고, 폐모론이 한창일 때에 또 상소를 올려 효를 극진히 하는 도리를 극력 개진하였으므로 흉도(이이첨 등 대북파)들이 몹시 그를 미워하여 목숨을 보전하지 못할 뻔하였다. 5년 동안 홍천(洪川)에 유배되었다가 이때 여주에 머물고 있었다. 이때에 와서 다시 수규(首揆-영의정)에 제수되니 조야가 모두 서로 경하하였다. 상이 승지를 보내 재촉해 불러왔는데, 그가 도성으로 들어오는 날 도성 백성은 모두 머리를 조아리며 맞이하였다."

이원익(李元翼, 1547년 명종 2년~1634년 인조 12년)은 태종과 신빈 안씨 사이에서 난 익녕군 이치의 4세손으로 종친이면서도 드물게 선조 2년(1569년) 문과에 급제해 관리의 길을 걸었다. 임진왜란 직전인 1591년 대사헌 호조판서 · 이조판서 등을 지냈고 왜란이 발발하자 이조판서로서 평안도순찰사가 되어 선조의 몽진길을 선도했고 왜병 토벌에도 많은 전공을 세웠다. 이듬해 이여송의 평양탈환 작전에 참여했고 1595년 우의정에 오르지만 주로 전장터인 영남에서 군사를 간접 지휘하였다. 선조 때 두 차례 영의정을 지냈고 광해군 즉위와 함께 다시 영의정에 오른다. 이때 경기도에 대동법을 시범적으로 실시해 민생 안정에 크게 기여했다. 광해군 7년(1615년) 인목대비 폐모론을 반대하다가 대북파에 의해 강원도 홍천으로 유배를 당했으며 1619년 풀려나 경기도 여주에 머물다 이때 한양으로 되돌아와 네 번째 영의정 자리에 오른 것이다. 그러나 그는 이번에는 인목대비가 광해군을 죽이려 하자 이에 반대하다가 다시 유배를 가게 된다.

이원익의 영의정 제수가 갖는 의미는 분명했다. 반정의 명분이 약한 서인이 정통성 보완 차원에서 일부 남인세력을 끌어들였다는 것이다. 일종의 어용야당이라고 할까? 당시 반정공신 중의 한 명인 병조판서 김류가 "이조참판 이하는 쓸 수 있지만 이조판서 이상 및 의정부에는 남인을 쓰지 못한다"고 천명한 것도 남인의 위상을 생생하게 보여준다. 이후 인조 · 효종 · 현종 3대의 정치는 현종 말엽 제2차 예송논쟁이 터지기까지는 서인의 일방적인 독주시대였다고 할 수 있다. 이렇게 정권참여가 시작된 남인이 마침내 숙종의 즉위와 함께 52년 만에 실권을 쥐게 된 것이다.

당파분포도

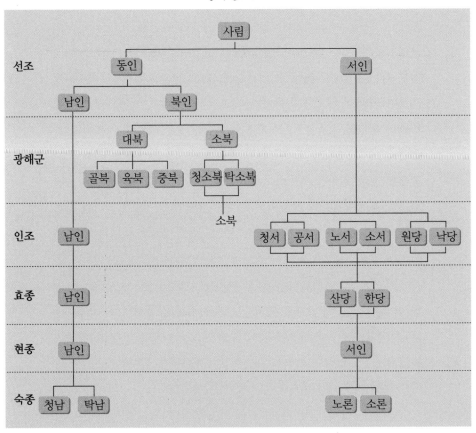

궁중암투의 불씨, 복창군 형제

숙종의 즉위로 남인이 집권했지만 서인집권 50년 동안 늘 소수파로 머물렀기 때문에 국정을 운영할 만한 전문성과 경륜을 갖춘 인재풀이 턱없이 부족했다. 그러다보니 어설픈 정책실험들이 이뤄지다가 얼마 안 가 폐지되는 일이 잦았다. 사실상 처음으로 권력을 잡다 보니 제대로 권력을 다룰 줄도 몰랐다. 권력은 불과 같다. 자칫 하면 덴다. 조심

조심 다뤄야 원하는 대로 쓸 수 있는 것이 바로 불과 같은 권력이다. 결과적인 이야기지만 남인은 불을 다루는 데 서툴렀다.

한편 남인의 집권과 더불어 힘을 갖게 된 왕실 인물은 남인과 가까웠던 복창군 이정의 형제들이었다. 인조와 인렬왕후 한씨 사이에는 6남이 있었다. 첫째가 일찍 죽는 바람에 소현세자가 사실상 장남이었고 이어 봉림대군(효종), 인평대군, 용성대군이 있었고 여섯째는 일찍 죽었다. 그중 봉림대군과 인평대군의 자질이 뛰어났다. 소현세자가 죽자 봉림대군이 대통을 이었다.

봉림대군보다 세 살 아래였던 인평대군(麟坪大君, 1622년 광해군 14년~1658년 효종 9년) 이요(李㴭)는 인조 8년(1630년) 대군에 봉해졌다. 한양의 종로구 이화동 27번지의 석양루(夕陽樓)에 거처했으며 1640년 볼모로 심양에 갔다가 이듬해 돌아왔고, 효종 1년(1650년)부터 네 차례에 걸쳐 사은사에 임명되어 청나라에 다녀왔다. 서인으로부터 몇 차례 불온한 혐의의 무고를 받기도 하였으나 친형 효종의 끔찍한 사랑을 받아 목숨을 부지할 수 있었다. 학문에 소양이 있어 제자백가에 정통하였고 시(詩)·서(書)·화(畵)에도 능하였다. 그래서 사람들은 종종 그를 세종의 아들 안평대군에 비유하기도 했다. 특히 1645년 소현세자를 따라왔던 중국 화가 맹영광(孟永光)과 가깝게 지냈다. 그의 작품으로 현존하는 것은 맹영광의 영향을 받은 「고백도(古栢圖)」 등이 전한다. 그는 오단의 딸과 혼인해 4남 2녀를 두었는데 네 아들은 각각 복녕군(福寧君)·복창군(福昌君)·복선군(福善君)·복평군(福平君)이었다. 그중 장남인 복녕군 이욱은 숙종이 즉위하기 전인 현종 11년(1670년) 32세의 나이에 세상을 떠났다.

숙종에게 복창군 3형제는 종친 중에서는 가장 가까웠다. 특히 효종도 인선왕후 장씨와의 사이에 1남 6녀를 두어 현종이 외아들이었기 때문에 사촌인 복창군 형제들을 친형제처럼 대했고 청나라에 사신으로 파견하는 등 조정의 중대사에도 참여시켰다. 게다가 숙종도 외아들이었기 때문에 '삼복(三福)'으로 불리던 복창군 형제들은 오촌아저씨들이기는 하지만 가장 가까운 집안 어른들인 셈이었다.

숙종 1년 3월 12일 숙종은 외할아버지인 청풍부원군 김우명이 올린 상소라며 영의정 허적에게 검토해 볼 것을 명한다. 상소의 내용은 복창군 형제들이 궁인들과 내통했다는 것이었다. 문제가 된 형제는 복창군 이정과 복평군 이연이었다. 이들은 궁녀들과 관계를 가졌을 뿐만 아니라 자식까지 낳은 것으로 조사결과 밝혀졌다. 이들과 관계를 가진 나인은 각각 군기시의 서원(書員) 김이선의 딸 상업과 내수사의 종 귀례였다. 다음날 의금부에서 이들을 문초했으나 승복하지 않자 숙종은 이들을 풀어줄 것을 명했다. 이렇게 되면 김우명이 무고(誣告)를 한 셈이다.

급기야 숙종의 어머니인 명성왕후 김씨가 나선다. 이미 자신의 남편인 현종도 복창군과 복평군의 일을 알고 있었지만 형제와 같이 여겨 크게 문제삼지 않았을 뿐, 그 일은 명백한 사실이라고 허적 등을 불러 이야기했다. 숙종은 어려서 궁궐 내의 일을 몰랐을 뿐이라는 것이다. 죽이지는 않더라도 먼 곳으로 유배를 보내야 한다며 처벌방향까지 제시했다. 사실 자전(慈殿-대비)이 국정에 관여하는 것은 있을 수 없는 일이었다. 그러나 자기 아버지의 일이기도 했기 때문인지 이날 자전은 숙종과 신하들이 옆 방에 머물고 있는데 큰 소리로 울며불며 했기 때문에 숙종이나 신하들도 자전의 청을 들어주지 않을 수 없었다. 결국 복창·복평과 두 나인은 유배를 가야 했다. 이때 복창군 이정은 31세, 복평군 이연은 28세였다. 그러나 불과 몇 달 후에 복창군과 복평군은 석방되어 한양으로 돌아온다. 그만큼 복창군 형제들에 대한 숙종의 애정은 각별했고 남인의 비호도 만만치 않았다.

'삼복'은 모두 남인과 가까웠다. 특히 이때의 사건에 연루되지 않은 복선군 이염은 셋 중에서 지략과 권모술수가 가장 뛰어났다. 서인이 쓴『숙종실록』조차 복선군 이염에 대해 "침착하고 슬기가 있었다"고 평하고 있다. 숙종은 '삼복' 중에서도 복선군을 각별히 좋아하고 따랐다. 그리고 현실정치와 관련해 외형적으로는 김석주가, 내부적으로는 복선군이 숙종에게 가장 큰 영향을 주고 있었다.

'삼복'과 깊이 연결된 사람들

현종 말 숙종 초 궁궐 내의 파워 게임을 이해하려면 '삼복'을 둘러싼 인맥에 대한 분석이 필수적이다. 효종과 현종의 연이은 사랑과 총애를 받은 복창군 형제들은 궁궐을 내 집 드나들 듯이 할 수 있었고 세자 시절 숙종도 아껴주었기 때문에 대단히 가까웠다. 게다가 복창군과 복선군은 자신들에게 들어오는 뇌물을 환관이나 나인들에게 아낌없이 베풀었기 때문에 궁궐 내의 어지간한 정보는 두 사람에게 집중되었다. 내시 중에서는 세자궁을 담당했던 김현과 그의 부하 조희맹이 복창군 형제의 심복이었다.

또 한 명의 중요한 인물은 어린 시절 숙종의 유모였던 윤상궁이다. 원래는 인조의 궁인이었다가 당시 권세를 휘두르던 귀인 조씨의 참소를 받아 인평대군의 집에 머물렀다. 그런데 윤상궁은 궁에 있을 때 당시 세자이던 효종과 각별한 인연을 맺을 수 있었다. 당시 세자가 인조의 수라상을 올렸는데 귀인 조씨가 은막대기를 수라상에 있는 생선탕에 꽂으며 "은의 색깔이 변했으니 매우 기이하다"고 말했다. 세자가 일생일대의 위기에 처한 것이다. 장남도 죽인 아버지 아니던가? 이때 윤상궁이 나섰다. "열을 받은 탕에 은을 담그면 은의 빛깔이 죽어서 변하지 않을 수 없습니다. 다른 생선탕으로 바로 시험을 해보면 알 수 있습니다." 인조가 직접 시험해 보니 정말로 그러했다. 세자는 무사할 수 있었다.

그때의 일을 잊지 못하던 효종은 즉위하자마자 윤상궁을 다시 궁으로 불러들였다. 그리고 "원손(元孫)이 태어나면 반드시 너를 보모로 삼을 것"이라고 말했다. 윤상궁은 지체가 많고 서사(書史)에도 통달한 지적인 여인이기도 했다. 게다가 오랫동안 인평대군 집에 있으면서 복창군 형제들을 키우다시피 했기 때문에 서로 모자(母子)에 가까운 정을 나눠갖고 있었다. 게다가 효종의 말대로 어린 시절 숙종의 보모를 맡았다.

게다가 복창군 형제들은 유난히 외삼촌들과 가까웠다. 즉 인평대군의 장인 오단의 자식들이다. 복창군 형제들이 남인 성향을 보이게 된 것도 외삼촌 집안의 영향이 절대적이었다. 외삼촌 집안을 거슬러 올라가면 외삼촌들의 조부인 오백령까지 거슬러 올라간다. 오억령·오백령 형제는 각각 선조 때부터 인조 때까지 형조판서와 대사성에까지 올랐고 동인이 남인과 북인이 갈릴 때부터 남인의 길을 걷기 시작했다. 오백령에게는 오준과 오단 등의 아들이 있었고 오준은 좌참찬에까지 올랐으며 오단은 황해도관찰사를 지냈다. 오단은 인평대군을 사위로 맞아들이면서 국구(國舅-임금의 장인) 못지않은 권세를 누릴 수 있었다. 게다가 그에게는 오정일·오정위·오정창이라고 하는 뛰어난 아들이 있었다.

오정일(吳挺一, 1610년 광해군 2년~1670년 현종 11년)은 숙종이 즉위했을 때는 이미 이 세상 사람이 아니었다. 인조 5년(1627년) 진사시에 합격하여 성균관 유생으로 지내던 1636년 당시 정권을 잡고 있던

오백령 가계도

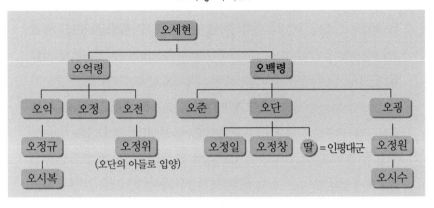

서인이 이이와 성혼의 문묘배향을 추진하자 반대하는 상소를 주도하
다가 성균관에서 축출당했다. 인조 17년(1639년) 문과에 급제해 사헌
부·사간원·이조 등의 요직을 두루 거쳤고 황해도와 경기도 관찰사
등을 지냈다. 효종 6년 사은사의 부사로 청나라에 다녀왔으며 이듬해
도승지로 발탁된다. 당시 이조판서이던 송시열의 반대가 있었으나 인
평대군을 아낀 효종의 배려로 특진할 수 있었다고 서인이 쓴 『실록』은
비평하고 있다. 현종 1년 다시 도승지가 되어 『효종실록』 편찬에 참여
했으며 1663년 형조판서, 1670년 호조판서를 지냈다. 서인의 시대였
음에도 불구하고 남인이라는 이력을 딛고 승승장구할 수 있었던 배경
에는 인평대군의 처남이라는 요인이 분명 있었다.

오정위(吳挺緯, 1616년 광해군 8년~1692년 숙종 18년)는 오단의 아
들로 오전에게 입양됐다. 인조 23년(1645년) 문과에 급제해 효종 3년
(1652년) 홍문관 수찬을 역임했고 1659년 승지(承旨)에 올랐다. 현종
5년(1664년) 예조참의에 오른 뒤 충청도와 경기도 관찰사를 거쳐 현
종말기인 1672년에는 호조·형조·공조 판서를 두루 역임한다. 숙종과

함께 남인이 득세하자 배후의 핵심인물로 서인 숙청과 남인 등용에
앞장섰으며 얼마 후 송시열 처벌 문제로 남인이 온건파와 강경파로
갈라질 때 그는 윤휴 등과 함께 강경파인 청남(淸南)에 섰다. 숙종 1년
당시 그의 나이 61세였다.

오정창(吳挺昌, 1634년 인조 12년~1680년 숙종 6년)은 현종 3년
(1662년) 문과에 급제해 사간원 정언, 사헌부 지평 등을 거쳐 숙종 즉
위와 함께 남인 세상이 열리면서 승진가도를 달리기 시작한다. 불과
2년 만에 대사간을 거쳐 성균관 대사성에 오른 것이다. 그런데 청남
과 탁남이 갈릴 때는 형 오정위와 달리 탁남에 가담하였다. 이후 허적
이 이끄는 탁남이 중용되면서 대사헌을 거쳐 1680년 예조판서에 오르
지만 이때 경신환국이 일어났고 정원로의 옥사에 연루되어 처형되고
만다. 반면 오정위는 이때 전라도 무안으로 유배되었다가 삭주, 보성
등으로 이배되는 등 고초를 겪지만 1689년 다시 남인이 집권하는 기
사환국 때 조정에 복귀해 공조판서를 지낸다.

서인 송시열과 남인 '삼복' 사이에 낀 명성왕후 김씨 집안

숙종의 어머니 명성왕후 김씨의 집안은 송시열과 같은 서인임에도
불구하고 대동법을 비롯해 여러 문제로 송시열과 갈등을 빚어왔다.
그가 사촌오빠 김석주와 함께 남인이 추진한 송시열 제거에 동의한
것도 그런 맥락에서였다. 그렇다고 서인과는 서로 죽여야 할 정도의
원수는 아니었다. 명성왕후 김씨와 김석주는 어떻게 보면 송시열과
'삼복' 사이에 끼여 있는 형국이었다.

시아버지인 효종은 세자빈 시절의 명성왕후 김씨에게 이런 걱정을
한 적이 있다. 송시열계의 민유중(훗날 숙종의 두 번째 장인)이 김육의

묘를 조성하면서 길을 낸 문제로 논란을 벌였을 때 효종은 자신이 죽고 나면 현종의 장인으로서 힘을 얻게 될 김씨 집안에서 송시열을 죽이려 할지 모른다는 우려를 김씨에게 전했다.

"너의 큰아버지(김좌명)는 총명하니 염려될 것이 없을 듯하지만, 너의 아버지(김우명)는 반드시 보복할 마음을 가질 것이니 너는 이를 알아야 한다."

자기 집안을 생각하면 송시열에게 좋은 마음을 가질 수 없지만 시아버지나 남편은 누구보다 송시열을 중하게 생각했다. 그런데 남인이 복창군 형제들을 중심으로 힘을 얻어가면서 서인이 몰락한 것은 물론이고 점차 송시열의 목숨까지 위협하는 사태로 나아가고 있었다.

『실록』의 기록이 얼마나 사실인지 모르지만 이 무렵 궁궐의 실권자는 숙종과 명성왕후 김씨가 아니라 복선군 이남이라는 소리까지 있었다고 한다. 실제로 복창군 형제를 벌하려다가 취소하자 명성왕후 김씨가 울며불며 난리를 피운 것을 보면 힘의 저울은 복선군 쪽으로 기울어 있었던 것 또한 분명한 사실이었던 것으로 보인다. 숙종이 처벌 의사를 밝혔다가 하루 만에 취소한 배경에는 복선군의 작용이 결정적이었다.

김씨 집안 입장에서는 범을 쫓아내려다가 사자를 불러들인 꼴이었다. 사실 송시열을 축출할 때까지만 해도 김우명과 복창군 형제는 같은 배를 타고 있었다. 그러나 막상 송시열이 유배를 떠나고 나자 조정에서는 영의정 허적이, 궁궐에서는 복창군 형제가 무서운 속도로 남인을 등용하기 시작했다. 굳이 창평부원군 김우명이 복창군·복평군을 고발하는 상소를 올린 것도 상황의 긴박성 때문이었다. 명성왕후 김씨까지 나서서 복창군 형제들을 내쫓는가 했으나 결국 7월 9일 두 사람은 유배에서 풀려나고 말았다. 원래의 상태로 돌아간 것이다. 이는 다시 말해 숙종을 둘러싼 세 세력, 즉 어머니 명성왕후와 김석주를 중심으로 한 서인 잔여세력과 허적이 중심이 된 조정의 온건파 남인 세력 그리고 복창군 형제를 중심으로 그들의 외삼촌 오정위 형제와 윤휴 등이 결합된 강경파 남인세력이 앞으로도 거대한 파열음을 낼 가능성이 그대로 남게 되었다는 뜻이다.

요승(妖僧) 처경의 옥사사건

"나는 소현세자의 유복자다"

숙종이 즉위한 지 갓 2년이 지난 1676년 11월 조정에서는 희대의 왕족사칭 사건이 발생한다. 흔히 '요승(妖僧) 처경의 옥사'로 불리는, 왕조국가 조선에서는 보기 드문 사기극이다. 단순한 해프닝으로 볼 수도 있지만 실은 숙종 즉위 초 혼란스러웠던 당시 정치사회 분위기를 상징적으로 보여주기에 충분할 만큼 의미심장한 일이었다.

숙종 2년(1676년) 10월 어느 날 '용모가 빼어난' 처경(處瓊)이라는 중이 영의정 허적을 찾아왔다. 그 중은 울면서 자신이 소현세자의 유복자라는 충격적인 이야기를 털어놓았다. 이 자리에서 처경은 허적에게 글씨 한 점을 내놓으며 이렇게 말했다.

"이것은 강빈의 수적(手迹-친필)입니다. 늘 두려운 마음에 감히 공개할 뜻을 갖지 못하다가 지금에야 태평성대를 만나 감히 와서 아룁니다."

　자신이 소현세자의 유복자임을 증명해 준다는 강빈의 언문 친필 '소현 유복자 을유 사월초구일 강빈(昭顯遺腹子乙酉四月初九日姜嬪)' 14자는 왕실에서 쓰던 왜능화지라는 일본산 고급종이에 적혀 있었다. 소현세사의 유복사임을 확인하는 내용을 소현세지의 부인인 강빈이 을유년(1645년) 4월 9일에 적어주었다는 뜻이다. 정쟁의 와중에서 산전수전 다 겪은 영의정 허적이지만 깜짝 놀라지 않을 수 없었다. 소현세자의 유복자가 살아 있다면 조정이 뿌리에서부터 흔들릴 수 있는 중대사였기 때문이다.

　이때 마침 허적은 병으로 조정에 나가지 않을 때였다. 허적은 좌의정 권대운을 불러 상의를 했고 다음날 권대운은 숙종에게 이 같은 사실과 함께 자신의 의견을 개진했다. 이에 숙종은 시임(時任-현직)대신, 원임(原任-전직)대신, 2품 이상의 문무관, 삼사의 관리들이 모두 빈청에 모여 진상을 가릴 것을 명했다. 빈청(賓廳)이란 3정승을 비롯해 당상관 이상의 고위관리들이 국정을 논의하던 곳이다.

　대신들은 먼저 소현세자가 세상을 떠난 날이 4월 26일인데 이 글은 4월 9일로 되어 있으니 유복자 운운하는 것 자체가 모순이며, 또 당시에는 강빈이라는 칭호가 사용되지 않았고 글씨 또한 강씨의 것으로 볼 수 없다는 지적이 나왔다. 처경의 주장이 거짓이라는 확신이 든 숙종과 대신들은 외부 사람들도 알 수 있도록 다시 한 번 대궐 밖 훈련도감 북영(北營)에서 처경을 추국토록 결정을 내렸다.

　조사결과 처경은 나이 25세로 손도라는 사람의 아들이며 이곳저곳을 떠돌아다니는 걸승이었는데 1671년(현종 12년)부터 경기도 일대를 중심으로 자신이 '신승(神僧)'이라고 자처하기 시작했고 많은 사람이 그를 '생불(生佛)'이라며 흠모 추종했다.

3년 후인 1674년 지금의 경기도 안성 지방 죽산의 봉송암에 머물고 있을 때 처경은 서울 사대부 집안의 여종 묘향과 친분을 맺게 됐다. 이때 묘향은 처경에게 "스님의 모습이 소현세자와 강빈 사이에서 난 유복자와 매우 비슷하다"는 이야기를 들었다. 이때부터 처경은 묘향의 수양아들이라며 자신이 바로 소현세자의 유복자임을 자처하기 시작했다.

그후 서울 인근으로 들어온 처경은 더욱 대담해져 자신이 소현세자의 유복자임을 내세워 궁중 나인들과도 편지 내왕을 하며 친분을 맺어 나갔다. 그리고 차제에 자신의 신분을 완벽하게 바꾸기 위해 인조의 셋째 아들이자 소현세자의 동생인 인평대군의 아들 복창군 이정의 나인에게 전후사정을 알아낸 다음 오래된 것임을 위장하기 위해 왜능화지를 더럽히고서 거기에 그 같은 글씨 14자를 썼고 대담하게도 영의정 허적을 찾아갔던 것이다.

이 같은 국문결과를 바탕으로 11월 1일 처경은 지금의 한양 당고개에서 처형당했다. 묘향은 신문을 받던 중 사망했다. 이것으로 끝나지 않았다. 처경을 모셨던 김명과 박인의, 복창군의 나인으로 처경과 자주 왕래했던 숙신과 애숙 등은 지방으로 유배를 가야 했다. 처경이 요망스런 말을 하고 다니는 것을 알고서도 관에 신고를 하지 않은 몇몇 관리도 장형을 당하고 유배형을 받았다.

물론 왕족사칭은 당시로서는 당연히 사형에 해당하는 중죄임에 틀림없다. 그러나 만에 하나 처경이 실제로 소현세자의 유복자였을 가능성은 전혀 없었던 것일까? 실제로 유복자인데 당시 권력의 지형도상 제거되지 않으면 안 되었기 때문에 실상이 확대되어 문제가 커지기 전에 화근을 제거하기 위해 이 같은 엄중한 조처가 내려진 것은 아닐까? 기본적으로 『실록』의 사실성(事實性)을 높게 평가하는 필자로서는 이 일이 단순한 왕족사칭 사건이었을 개연성이 훨씬 크다고 본다. 그러나 당시는 워낙 당쟁이 심했고 『실록』의 기록 또한 어느 당파가 기록하느냐에 따라 상당한 차이를 보이는 것이 실상임을 감안할 때 이 같은 추리성 질문을 염두에 두면서 당시의 기록들을 따라가보는 것도 무가치한 일인 것 같지는 않다.

처경은 왜 하필 영의정 허적을 찾아갔을까?

어쩌면 우리는 이 의문 '왜 하필 영의정 허적을 찾아갔을까?'를 '어떻게 영의정 허적을 찾아갈 수 있었을까?'로 바꿔야 할지 모른다. 성리학이 극에 달했던 조선 중기에 아무리 신통하다고 해도 일개 중이 영의정을 찾아간다는 것은 쉽지 않은 일이기 때문이다.

허적(許積, 1610년 광해군 2년~1680년 숙종 6년)은 27세에 문과에 급제해 관직에 나왔으며 사헌부에서 일할 때는 뇌물을 받고 인사부정을 행하던 이조판서 이경석과 병조판서 이시백을 사형에 처해야 한다는 상소를 올릴 만큼 강직한 면이 있었다. 그는 학문에도 밝아 당쟁의 와중에도 비교적 순탄한 관복(官福)을 누렸다. 효종 때 호조 형조판서를 지냈으며 자연스럽게 남인의 지도자로 떠올랐다. 1659년 5월 형조판서로 있을 때 서인과 남인 사이에 예송논쟁이 있었다. 이때 서인의 영수는 송시열, 남인의 영수는 윤휴였다.

허적은 남인이었다. 흔히 '제1차 예송논쟁'으로 불리는 이 싸움은 서인의 승리로 끝났다. 그러나 이때까지만 해도 당파싸움이 한 하늘을 이고 살 수 없는 원수들 간의 대결이 아니었다. 서인집권기임에도 불구하고 허적이 현종 5년(1664년) 우의정, 현종 9년 좌의정, 현종 12년 영의정까지 오를 수 있었던 것도 이런 분위기 덕이었다.

그러나 1674년(현종 15년/숙종 즉위년) 2월 제2차 예송논쟁이 일어난다. 실은 현종과 서인 간의 대결이었다. 현종은 서인을 불신하고 정권을 남인으로 바꾸려는 와중에 세상을 떠났다. 그 같은 유훈(遺訓)은 숙종에게 고스란히 계승되었다. 이 과정에서 고향 충주에 머물고 있던 허적은 2년 만에 다시 영의정에 오를 수 있었다.

숙종 초는 그래서 남인의 세상이었다. 그런데 허적은 스케일이 큰 인물이었다. 그는 서인과의 대립에도 불구하고 송시열과 교분을 계속 이어간 것으로 유명하다. 이런 허적을 처경이 찾아온 것이다.

그것은 처경이 허적과 복창군 형제가 같은 남인으로 대단히 가까웠다는 점을 고려한 때문이었을 것이다. 실은 처경이 이미 복창군과도 밀접한 관계를 갖고 있었기 때문에 어렵지 않게 영의정 허적을 찾아갈 수 있지 않았을까?

복창군의 연루 가능성은?

처경 사건에 간접적으로 연루된 또 한 명의 중요인물은 복창군이다. 그의 나인 숙신과 애숙이 처경에게 도움을 줬다가 유배를 가야 했다. 다른 인물도 아니고 하필이면 당시 최고 실권자 중 한 명인 복창군을 모시던 궁녀 두 사람이 이 사건에 연루되었다는 것은 예사로운 일이 아니었다. 궁녀의 일이어서 복창군은 몰랐다? 그렇게 보기는 어려울 것이다.

복창군은 앞서 본 대로 남인계통이다. 게다가 아버지 인평대군도 남인의 대표적 인물 가운데 하나인 윤선도를 사부로 삼았다. 복창군

3형제는 아버지의 영향 때문에 남인계통의 학자인 허목 등에게서 학문을 익혔다. 이래저래 남인적인 세계관에 깊이 물들어 있었고 가까운 인맥도 자연스럽게 남인을 중심으로 형성되었다.

이런 맥락에서 복창군과 허적도 가깝게 지냈을 것이 분명하다. 뒤에 상세하게 살펴보겠지만 허적의 서자인 허견과 복창군 형제들이 주동자로 몰린 1680년의 경신환국으로 허적과 윤휴 등이 함께 주살된 것은 복창군과 허적 집안 간의 끈끈한 유대를 확인시켜 준다.

여기서 우리는 약간의 상상력을 동원할 필요가 있다. 왕위가 소현세자의 아들인 석철 등으로 이어져 내려갔다면 별다른 문제가 없겠지만 봉림대군(효종)에서 현종으로 이어진 것은 아무래도 정통성 시비의 소지가 있었다. 당시에 그것을 문제삼는 움직임들이 있었던 것도 사실이다. 여기서 주목할 만한 그룹이 바로 인평대군의 아들들, 숙종의 5촌 아저씨들이었다. 처경 사건이 났을 때 두 형제는 30대 중반이었고 막내는 20대였다. 반면 숙종은 이제 막 16세를 넘기고 있을 때였다. 정통성 논란이 잠재해 있던 숙종에게 장성한 복창군 3형제는 왕실 내의 가장 강력한 위협요인일 수밖에 없었다.

여기서 복창군이 처경사건에 연루되었을 가능성은 과연 있는 것일까? 그런데 이 질문은 사실은 네 가지 경우의 수를 만들어내게 된다. 무슨 말인가 하면 첫째는 처경이 실제로 소현세자의 유복자였고 이에 복창군이 연루되었을 가능성, 둘째는 처경의 유복자설은 날조이지만 이를 이용하여 숙종을 압박하기 위해 복창군이 직접 개입했을 가능성, 셋째는 처경이 실제로 유복자이고 복창군은 전혀 연루되지 않았을 가능성, 넷째는 처경의 유복자설은 날조이고 복창군도 전혀 관련되지 않았을 가능성이다.

유감스럽게도 전해지는 자료만으로는 어느 쪽이 백 퍼센트 확실하다고 단언하기 힘들다. 분명한 것은 그만큼 숙종의 집권 초기는 거대한 혼돈이 지배하고 있었다는 사실이다.

청남(淸南)과 탁남(濁南)

남인의 분열 조짐

남인이 청남과 탁남으로 본격 분화되는 것은 숙종 4년(1678년) 초의 일이지만 그 뿌리는 이미 숙종 1년으로 거슬러 올라간다. 6월 14일 무명의 유생 박헌(朴瀗)이 유배간 송시열을 극형에 처해야 한다는 상소를 올렸다. 그중 일부다.

"송시열의 죄는 정인홍(鄭仁弘 - 광해군 때의 실권자)보다 지나칩니다. 정인홍은 그 꾀가 얕아서 사람들이 볼 수 있었습니다마는, 송시열은 그 계획이 깊어서 사람들이 엿볼 수가 없었으니, 그 죄가 정인홍보다 지나치지 않겠습니까? 그렇다면 송시열이 살아 있음은 정인홍의 억울함이 될 것입니다. 신은 아마도 전하의 성덕(盛德)이 인조께서 정인홍을 조처하셨던 것에 부끄러움이 있지 않을까 합니다. 지금 대신(臺臣-사헌부나 사간원 관리)이 한 사람도 송시열을 안율(按律)하자고 청하는 자가 없고, 머리를 내밀고 꼬리를 내밀면서 장차 말하려다가 다시 중지하기를 마치 젖먹이가 두려운 것을 보고 뒷걸음질을 치는 것과 같아서 먼저 성상의 뜻부터 더듬고는 법으로 집행하기를 거론하지 않습니다. 아! 어찌 (송시열처럼) 인신(人臣)이 되어 부도(不道)하다는 이름이 있고도 그 죄가 찬축(竄逐-먼 곳으로의 유배)에만 그친 자가 있겠습니까?"

어렵사리 유지되고 있던 서인 잔여세력, 온건파 남인세력, 강경파 남인세력 사이의 균형은 하루아침에 깨지고 말았다. 상소의 내용만 놓고 본다면 그것은 정확하게 윤휴가 이끄는 강경파 남인의 인식을 대변하고 있었다. 박헌은 이미 여러 차례 서인을 공박하는 상소를 올린 바 있었다. 그러나 박헌의 상소는 현종 말 유생 도신징이 올린 상소와는 격(格)에서 차이가 난다. 논리가 있기보다는 일방적으로 서인을 매도하고 처벌하고 죽일 것을 격발시키는 선동적인 상소였다.

서인의 기록인 『숙종실록』은 박헌의 이름 앞에 '무뢰한의 자제'라고 딱지를 붙여놓았다. 그리고 그의 배후에 대해 이렇게 풀이한다. "박헌이 4월에 소장(疏章)을 올린 뒤에 그의 외종조(外從祖-외할아버지의 동생) 최석년이 박헌을 붙들어다 매질을 하였고, 그의 외조부 최백년도 소본(疏本)의 출처를 힐문한 바, 박헌이 말하기를 '스스로 지었다' 하니, 최백년이 말하기를 '내가 너의 글재주를 알고 있다. 네가 어찌 지었겠느냐?' 하고 그 앞에서 글을 지어보도록 시험하니, 박헌이 도망갔다. 박헌의 처삼촌 이희채는 동부승지 조사기(趙嗣基)의 형의 사위가 되는데, 술수(術數)로써 '삼복'의 모사(謀士)가 되었다. 그래서 조사기·오정창·이희채의 삼흉(三兇)이 모여서 소장의 초본을 만들어서 윤휴에게 보였더니, 윤휴가 윤색을 하고는 박헌에게 '이 일이 성사만 되면 마땅히 먼저 호조좌랑에 임명하여 주겠다'고 유혹하였다. 박헌은 가난이 심한 처지이라 기뻐하며 이를 좇았다." 이는 적어도 80퍼센트는 진실이라고 볼 수 있다.

이 무렵 복창군과 복평군을 유배보내는 데 결정적 역할을 한 대비의 친정아버지 김우명은 중병을 앓고 있었는데, 박헌의 상소로 충격을 받고 결국 나흘 후인 6월 18일 세상을 떠난다. 사흘 후에는 대비인 명성왕후 김씨가 언문으로 "이대로 곡기를 끊어 죽어버리겠다"는 글을 내려 조정은 다시 한 번 충격에 휩싸인다. 점잖은 허적의 입에서조차 "박헌, 이놈 때문에 이런 일이 일어났다"는 말까지 나왔다. 이제 전선(戰線)은 서인 잔여세력과 온건파 남인 허적을 한편으로 하고 '삼복'과 강경파 남인을 다른 한편으로 하고 있었다. 6월 24일 허적은 숙종에게 대비를 진노케 한 박헌의 처벌을 강력하게 청했다. 그런데 어찌된 일인지 숙종은 미적거렸다. 여러 번 청해도 대답조차 하지 않았다. 어머니 이상의 누군가가 그를 움직이고 있었다. 복선군이었다.

그러나 홍문관이 강력히 청해 박헌의 글씨 검증에 들어가고 조사결과 조사기가 대신 써준 것으로 드러난다. 이는 명백한 범죄행위였기 때문에 박헌은 의금부에 투옥되고 조사기는 삭탈관작을 당한다. 그런데도 7월 16일 우의정 허목은 상소를 올려 박헌을 옹호하기도 했다. 게다가 이미 7월 9일 유배를 갔던 복창군 형제는 해배돼 있었다. 이또한 허목의 요청에 따른 것이었다. 허목·윤휴·'삼복'은 바퀴처럼 돌아가며 조정의 실권을 쥐고 있었다.

심해지는 이전투구

여기서 보듯 이미 영의정 허적, 좌의정 권대운을 축으로 하는 온건파와 우의정 허목, 이조판서 윤휴를 축으로 하는 강경파의 대립은 일찍부터 시작되었다. 물론 서인이라는 공동의 거대한 적을 공유하고 있긴 했지만 조정에서 서인세력이 사라져가는 만큼 양측의 권력투쟁은 격화되어 갔다.

불화의 불씨는 윤휴의 거침없는 행동에서 주로 불거졌다. 그는 이조판서를 제수받았을 때도 의례적인 사양 한 번 없이 그대로 받아들였다. 지금의 관점에서 보면 그게 무슨 문제인가 싶어도 당시로서는 적어도 세 번은 사양하는 모습을 보이는 것이 관례였다. 이조판서가 돼서도 자신이 추천한 사람에 대해 숙종이 낙점하기를 꺼리자 숙종에게 왜 낙점을 꺼리는지를 직접 묻기도 했다. 그 자리에 있던 홍문관 수찬 유명견이 그 점을 지적하자 윤휴는 오히려 유명견을 호통치기까지 했다. 이건창은 『당의통략』에서 당시 분위기를 정확하게 묘사하고 있다. "이런 이유들 때문에 숙종은 허적이 귀향하려 할 때에는 무척 불안해 하더니 윤휴가 귀향하려 하자 곧 허락하였다." 앞으로 권력의 향배를 점칠 수 있게 해주는 대목이다.

숙종 2년 6월 21일 고향에 물러나 있던 대사헌 윤휴가 장문의 상소를 올려 허적 등을 비난하고 숙종의 정국 운영을 문제삼았다. 그 바람에 허적과 권대운 등이 연일 사직의사를 밝히는 등 정국이 어수선하게 돌아가기 시작했다. 허적도 고향에 물러나 있었다. 7월 1일 숙종은 승지를 보내 허적에게 서둘러 돌아올 것을 명했다. 승지가 전한 글 중에 이런 대목이 있었다. "곁에서 저격할 기회를 엿보다가 허무하게 날조한 바 있다." 허적의 손을 들어주겠다는 뜻이었다. 7월 5일 숙종은 윤휴의 사직서가 올라오자 즉석에서 대사헌에서 면직시켰고 윤휴를 옹호하려 했던 승지 정박이 사직의사를 밝히자 두말도 않고 수리해 버렸다. 한 번 돌아서면 두 번 다시 돌아보지 않는 숙종의 면모는 일찍부터 나타나고 있었다. 윤휴는 허적과의 투쟁에서 허무하게 패했다. 이제 강경파의 리더는 허목뿐이었다.

숙종 3년 10월 16일 숙종은 남인의 홍우원을 이조판서에 제수하였다. 홍우원(洪宇遠, 1605년 선조 38년~1687년 숙종 13년)은 이미 73세로 인조 23년(1645년) 문과에 급제해 청요직을 거쳐 예조판서, 좌참찬 등을 지냈고 이때 이조판서에 이르렀다. 그는 윤휴와 허목과 함께 강경파 남인이기도 했다.

이듬해 2월 정치일선에서 물러나 있던 중추부 판사 허목이 홍우원에게 서신을 보내 회양부사로 있던 이옥의 내직(중앙직) 등용을 부탁했다. 이에 홍우원은 이옥을 홍문관 부제학에 추천하려고 하였다. 이에 허적의 후원을 받고 있던 이조참의 유명천이 강력한 반대상소를 올렸다.

"이옥이 일찍이 송시열에게 보낸 편지를 보면 아첨함이 차마 볼 수 없을 정도입니다. 이제 국시(國是)가 바로 잡히자 이옥은 도리어 송시열을 논박하였는데 어찌 부제학에 추천되었는지 모르겠습니다."

애당초 이옥을 회양부사로 내보낸 것도 유명천이었다. 실은 홍우원과 이조참판 이당규 등은 이옥과 인척지간이기도 했다. 그러자 홍우원은 "애매모호한 일을 가지고 능력 있는 인사의 등용을 방해하는 처사"라며 부하이기도 한 유명천을 비난하는 상소를 올렸고 이옥의 아우인 이발도 상소를 올려 "유명천과 그 아우 유명현은 비루하기 짝이 없다"며 유명천 형제를 싸잡아 비난했다. 그러나 예조참의로 있던 유명현도 상소를 올려 다시 이옥 형제를 비난했다.

청남과 탁남의 분파는 흔히 말하듯이 '송시열 처벌' 문제로 나눠졌다기보다는 유명천 형제와 이옥 형제 간의 구원(舊怨)에서 터져나온 이전투구(泥田鬪狗)에 지나지 않았다. 당시 사헌부지평 이현일이 두 형제를 함께 탄핵한 상소다. 이현일은 서인이 아닌 남인이다.

"이옥과 유명천이 여기저기서 자료를 주워모아 성내고 원망하며 다투는 것은 장사치들이 여자들을 세워놓고 서로 말을 다투는 것과 같은 것으로 다 믿지 못할 것들입니다. 청컨대 두 사람을 함께 파직하십시오."

이 상황을 지켜보는 숙종은 참담했을 것이다. '과연 이런 인물들이 조정 신하란 말인가?' 숙종은 의금부에 명을 내려 철저하게 조사해 진실을 가릴 것을 명했다. 당시 의금부 판사는 김석주가 맡고 있었다. 김석주는 "이옥의 간사한 죄상은 증거가 있고 유명현 형제의 연루사실은 애매한 것이 많습니다"고 보고를 올렸고 숙종은 이옥을 고신만 빼앗지 말고 극변유배토록 명했다. 이옥은 선천으로, 이발은 철산으로 유배를 가야 했다. 윤휴에 이어 이번에는 허목이 큰 타격을 입게 되는 순간이었다.

허목으로서도 물러설 수 없었다. "의금부에서 조사한 결과가 공정치 못하니 재조사를 해야 합니다." 재조사를 명하는 순간 김석주는 하루아침에 권력을 잃게 된다. 현종 말년 현종이 송시열을 내치려 할 때 기해예송을 재조사해 남인에게 유리한 자료들을 집중 제공해 서인의 몰락을 불러왔던 김석주다. 이번에는 청남과 탁남의 싸움에서 탁남의 손을 들어준 것이다. 그도 사직의사를 밝히며 조사의 공정성을 다시 한 번 확인받으려 했다.

"신이 이옥과 일찍이 정답게 친하였으나, 그 사람됨이 아첨을 잘
하고 망령되며 기변(機變)을 좋아하는 데다, 또 염치를 알지 못하여
매양 그 재주를 쓰는 데 착하지 못할까 염려하였더니, 마침내 소인으
로 되어감을 면치 못하였습니다. 그의 아비 이관징은 심한 사랑에 빠
저 그 아들의 일을 알지 못하며, 그 내비인신(內姇嬪孃)도 심지 거래
하여 형세를 매우 자랑하더니, 지금에 이르러서 보면 일세(一世)를
들어 그에게 기만당하지 않는 자가 대개 드뭅니다. 이제 차자를 올린
대신 및 기타 이조판서 홍우원 등과 같은 이는 저의 본심을 이해하지
못하고 지금도 또 이옥을 위해서 신을 헐뜯습니다마는, 신은 모두 한
스럽게 여기지 않고, 지위와 명망이 있으면서 이런 비난을 받는 사람
이 바로 소인배들에게 이토록 속는 것이 한이 됩니다. 신이 이미 치
옥(治獄)이 공정하지 못한 죄를 졌으니, 진실로 다시 임사(任使)를
이지러지게 할 수 없습니다."

숙종은 "안심하고 사직하지 말라"고 말한다. 허목은 패했다. 김석주
가 이겼고 허적이 승리했다.

허적의 세상

허목의 제거와 함께 허적의 세상이 열렸다. 이제 허적은 남인의 유
일한 영수였다. 영의정으로서 내각도 장악했다. 게다가 숙종 4년(1648
년) 11월 숙종이 윤휴의 청을 받아들여 도체찰사(오늘날의 3군 총사령
관)직을 신설하자 도체찰사도 겸직하였다. 도체찰사 신설은 1년여가

238

지난 숙종 6년 초 경신환국 때 역모의 준비가 아니었냐며 큰 문제가 된다.

그러나 숙종은 태생적으로 권력에의 의지가 체화된 사람이다. 집권 4년을 넘기면서 빠르게 정치권력의 속성을 알아가고 있었다. 다른 것은 다 남인에게 내줘도 병권(兵權)만은 일관되게 5촌 아저씨뻘인 김석주에게 맡겼다. 병조판서와 어영대장(경호실장)을 겸하고 있던 김석주에게 도체찰사 바로 아래의 부체찰사를 맡긴 것도 이런 구상의 하나였다. 다만 서인이면서도 송시열 배척에 앞장섰기 때문에 서인의 전폭적인 지원을 받지 못하는 김석주가 과연 남인 천하에서 어떻게 기능할 수 있는지는 숙종으로서도 불안한 일이었다. 허적이 떠나가도 불안했고 곁에 있어도 불안했다.

그런 가운데 숙종 5년 2월 10일 서인으로 한성부 좌윤을 맡고 있던 남구만이 충격적인 상소를 올린다. 허적의 유일한 피붙이인 서자 허견과 관련된 내용이 특히 문제였다.

"신은 항간에 파다한 소문을 들었습니다. 고(故) 청풍 부원군(김우명)의 첩의 동생은 곧 전(前) 교서정자(校書正字) 허견(許堅)의 아내인데, 부원군의 첩이 허견과 다툴 일이 있어 허견의 집에 갔다가 허견에게 맞아 이가 부러지는 상처를 입고는 울부짖으며 귀가할 때 길에서 고래고래 지르는 고함 소리가 저잣 거리를 크게 울렸으니, 누군들 그 소리를 듣지 못했겠습니까? 한성부에서는 대개 여염집 천한 부인네나 시정에서 품파는 종들이 사사로이 서로 치고받거나 사소한 말다툼까지도 소송을 심리해서 처리함으로써 강한 자와 약한 자가 서로 능멸하는 폐단을 없애는 것인데, 유독 이번 일만은 법대로 추문(推問)하여 다스렸다는 말을 아직 듣지 못하였습니다. 부원군의 첩이 비록 천인(賤人)이라고는 하지만 곧 자전(滋殿-숙종의 모친)의 서모(庶母)입니다. 허견이 감히 그렇게 구타하고 욕을 보였는데도 조신(朝臣)들은 전하를 위하여 말하는 자가 없으며, 본부(本府-한성부)에서는 법을 관장하는 곳으로 감히 따져 묻지 않으니, 이는 진실로 고금천하(古今天下)의 위태롭고 어지러운 그 어떤 나라에서도 있지도 않았고 들어본 적이 있지도 않았던 일입니다. …… 세력이 있는 사람들은 남의 아내니 집을 빼앗아 간음하고 속이며 온갖 추행을 가행하므로, 도성(都城) 사람들의 원망하는 독기와 성내어 꾸짖는 소리가 들끓어 막을 수가 없으니, 이 또한 고금(古今)에 들어보지 못한 일입니다. 한양은 사방에서 으뜸되는 곳인데 기강이 허물어져 이 지경이 되었으니, 나라의 멸망이 장차 눈앞에 닥칠 것입니다. 신은 몸과 마음이 떨려 어찌할 바를 모르겠습니다. 성상께서 만약 본부에 명하여 끝까지 조사함으로써 왕법(王法)을 살리신다면, 한양의 백성이 모두 법망의 지엄함과 국법은 범하기 어렵다는 것을 알게 되어, 곧장 한 번 치지 않고도 중형(重刑)을 쓰는 듯한 위엄을 세울 수 있습니다. 이른바 남의 아내를 빼앗은 자도 또한 허견입니다. 이 몇 가지 일로 나라가 온통 시끌벅적하게 소란을 피워 떠들었지만, 온 조정이 모두 그의 당여(黨與)인 까닭에 어느 한 사람 말하는 자가 없습니다. 때문에 이번 상소를 사람들이 모두 통쾌하게 여기고 있습니다."

사실이라면 전형적인 권문세가 자식의 권력남용이었다. 당시 숙종의 반응에 대해 『실록』은 "임금이 깜짝 놀라 당장 해당부서에 조사토록 명했다"고 적고 있다. 그러나 좌의정 권대운, 형조판서 이관징 등이 힘써 허견을 변호하는 바람에 오히려 남구만이 유배를 가는 것으로 남구만 상소 사건은 마무리되고 말았다. 역전의 기회를 노렸던 서인으로서는 일말의 희망마저 버려야 하는 상황이 돼버렸다. 게다가 송시열에 대한 처벌은 더욱 강화되어 유배지를 거제도로 옮기도록 했고 민정중·민유중·이번·이익·이선 등 서인도 더불어 귀양길에 올라야 했다.

허적의 위세를 당할 자는 없는 듯했다. 그해 6월에는 같은 남인이었다가 패퇴한 허목까지 상소를 올려 허견의 방탕 무례를 정면으로 고발하는 상소를 올렸다. 이에 숙종은 허목을 심히 꾸짖으며 홍우원의 벼슬을 삭탈하고 청남인 권대제·이봉징·이옥·권해 등을 모두 귀양 보내 버렸다. 조정에는 허적을 따르는 탁남만이 소리를 낼 수 있었다. 이 무렵에는 윤휴마저 청남에서 탁남으로 돌아 허목을 비판했고 허적의 도움으로 찬성에 오른다.

숙종의 전격적인 군부교체

숙종 6년(1680년) 1월 9일 대신들과 비변사 당상들이 모인 자리에서 숙종은 의미심장한 말을 던진다.

> "새해가 된 뒤에 비로소 여러 신하가 접견하였으므로 나는 마땅히 여러 신하를 위하여 경계하여 타이르니, 여러 신하는 그것을 깊이 생각하라. 작년의 일을 보면 조정이 궤열(潰裂)되고 화기가 손상되었으니, 대소 신하들은 나의 말을 정신차려 들어서 붕당이라는 두 글자를 제거하고 이조에서도 이 뜻을 알아서 사람쓰기를 공평하게 하라."

얼핏 보면 의례적인 말 같지만 그렇지 않았다. 작년, 즉 숙종 5년의 정치를 이끌었던 인물은 영의정 허적이었다. 그 허적이 바로 앞에 있는 데서 붕당의 문제를 직접 경고한 것이다. 허적 정권에 대한 숙종의 부정적 생각이 처음으로 표출되는 순간이다. 당시 이조판서는 이원정이었다.

외형적으로는 일상적인 정무처리 과정에서 영의정 허적에 대해 별다른 태도를 보이지는 않았다. 그러나 숙종은 이때부터 깊은 고민에 들어갔다. 몇 차례의 경고에도 불구하고 남인정권은 자제할 줄을 몰랐고 흉흉한 소문까지 뒤에 들이었다. 숙종은 3월 28일 긴기를 내러 공조판서 유혁연, 광성부원군 김만기, 포도대장 신여철을 빈청에 모이도록 명했다.

김만기는 숙종의 장인으로 서인이다. 여기서 눈여겨봐야 할 인물은 유혁연이다. 유혁연(柳赫然, 1616년 광해군 8년~1680년 숙종 6년)은 무신집안 출신으로 인조 22년(1644년) 무과에 급제해 효종 4년(1653년) 황해도 병마절도사를 지냈고 이듬해에는 수원부사로 나가 군비를 잘 정비하여 효종으로부터 깊은 총애를 받았다. 그 뒤 여러 문신의 반대에도 불구하고 일약 승지로 발탁되었으며 이완(李浣)과 함께 효종의 북벌계획을 적극적으로 추진하였다. 1655년 삼도수군통제사, 1656년 공조 참판을 역임하고, 어영대장을 지냈다. 효종의 신임이 매우 두터웠으며, 현종 2년(1661년)과 현종 4년(1663년) 두 차례에 걸쳐 한성부 좌윤을 지내기도 했다.

국왕에게 아뢰는 언사가 천박하고 잡스러웠으며 대신들에게 예(禮)에 어긋난 언행을 하여 문신들로부터 탄핵을 받아 중추부의 한직으로 밀려나기도 하였으나 수도방어의 핵심 군영인 어영청의 대장직에서는 물러나지 않았다. 현종 때에는 훈련도감의 운영비가 재정에 큰 부담이 되자, 훈련별대를 창설하여 급료병의 수를 줄여 재정의 곤란을 덜면서 군사력은 그대로 유지시켰다. 형조판서, 공조판서를 거쳐 현종 14년

(1673년) 한성부 판윤을 역임하고 그해 12월에 다시 훈련도감으로 돌아와 군직에 머물렀다. 특히 남인이 정권을 잡은 후부터는 줄곧 남인 정권을 군사력으로 뒷받침하는 역할을 했다. 이때는 공조판서를 맡고 있었지만 여전히 군부에 막강한 영향력을 갖고 있는 실세였다.

세 사람이 빈청에서 기다리고 있을 때 숙종은 이들에게 비망기를 내렸다. 전격적인 통보였다.

"아! 재앙과 변이(變異)가 거듭 이르고, 불안한 의심이 여러 가지가 있고, 거짓말이 떠들썩하니, 한양에 있는 친위병을 거느릴 장수의 임명은 국가와 지극히 친하고, 직위가 높은 사람으로 하지 않을 수 없다. 광성부원군 김만기를 훈련대장으로 삼으니 곧 이날에 병부를 받아서 임무를 살펴라. 유혁연은 삼조(三朝)에 걸친 오래된 장수이므로 내가 매우 의지하고 중히 여기지마는, 20년이나 오랫동안 이 임무에 있었고 지금은 근력이 이미 쇠했으니 우선 해임시키고, 총융사(摠戎使)는 신여철에게 제수하니 또한 당일에 병부를 받아서 공무를 집행하라."

남인에 유혁연이 있다면 서인에는 신여철이 있었다. 당시 47세였던 신여철(申汝哲, 1634년 인조 12년~1701년 숙종 27년)은 신립의 장남이자 영의정을 지낸 신경진(申景禛)의 손자로 효종 때 성균관에 입학하였다가 효종이 북벌을 위하여 훈척의 자제들에게 무예를 닦게 하자 유생을 이끌고 무예를 연마하였다. 현종 초기에 선전관을 지낸 뒤 무과에 급제하였다. 1669년(현종 10년) 충청도 수군절도사를 거쳐, 1671년 통제사, 이듬해 평안도 병마절도사를 지내고, 1675년(숙종 1년) 병조참판을 거쳐 이때 포도대장으로 있다가 숙종의 특명을 받게 된 것이다. 그는 출신 자체가 서인 집안이었다. 그가 맡은 총융사란 종2품의 고위무관직으로 오군영 가운데 경기지역의 군무를 맡아보던 장수직이다. 훈련대장이 수도방위사령관에 해딩된다면 총융사는 경기방위 사령관이라고 할 수 있다. 따라서 숙종이 신여철을 총융사에 임명한 것은 군부의 양대 핵심을 서인으로 교체하고 잠재적 위협세력인 남인의 장수를 제거하는 말 그대로의 전격전이었다.

점차 남인의 무능과 선횡에 내해 냄송을 느껴가던 숙종이 이날 이같은 전격전을 펼친 데는 허적의 실수가 결정적으로 작용했다. 이날 영의정 허적의 집에서는 허적의 아버지가 나라로부터 시호를 받은 것을 축하하는 연시연(延諡宴)이 성대하게 열리고 있었다. 그 자리에는 숙종의 장인인 김만기도 참석하고 있었다. 이날은 비가 많이 내렸다. 숙종이 이를 걱정해 신하들에게 "허정승 집에 기름천막을 가져다주도록 하라"고 명했다. 기름천막은 원래 왕실행사에서만 우천시에 사용하는 것이다. 그때 좌우에서 "기름천막은 이미 허정승집에서 가져갔습니다"고 말했다. 숙종은 대노했다.

"한명회도 감히 이런 일은 하지 못했도다."

숙종은 한명회의 용봉차일 사건을 알고 있었다. '용봉차일 사건'이란 명나라 사신이 왔을 때 한명회가 자신의 집에서 연회를 베풀기 위해 성종에게 여러 차례에 걸쳐 왕실에서 사용하는 천막(용봉차일)을 내어줄 것을 청하다가 고초를 겪은 일을 말한다. 그 즉시 숙종은 유혁연·김만기·신여철 등을 불러들이라는 명을 내렸다. 갑자기 입궐명령을 받은 유혁연은 영문을 몰라 여기저기 물었고 잔치현장에 있던 유명천은 허적에게 찾아가 "변고가 있을 듯한데 3정승이 함께 들어가 잘 말씀드리면 화를 막을 수 있지 않겠습니까?"라고 말하자 허적은 체념한 듯이 의미심장한 말을 던진다. "작년 10월경부터 상께서 우리를 대하는 기색이 악화되어 화를 면하기 어려울 것 같네."

잔치 다음날 숙종은 1월 9일의 경고가 무슨 뜻이었는지를 정확하게 보여주는 조치를 취한다. 철원에 유배가 있던 전 정승 김수항을 용서한다는 짧막한 교시와 함께 이조판서 이원정을 삭탈관작하고 문외송출한다는 충격적인 조치를 발표한다. 이렇다 할 문제가 지적되거나 대간들의 탄핵이 없었는데도 하루아침에 유배 전단계의 처벌을 하면서 이조판서를 내친 것이다.

"근래 공도(公道)는 멸하여 없어지고 사의(私意)는 크게 행하여, 관원의 천거 임용 때에 이르러서는 오로지 한쪽 사람만 임용하게 된다. 그러므로 권세가 한쪽으로 편중되어 자못 교만하고 방종한 습관이 있어서, 비록 과실이 있더라도 조금도 서로 바로잡는 도리가 없고 기탄하는 마음도 아주 없다. 아! 남양(南陽)은 광무황제(光武皇帝)의 고향인데도 곽급(郭伋)은 오히려 황제가 남양 사람만 임용했다고 해서 잘못이라고 하였는데, 하물며 한 나라 사람은 임금의 신하가 아닌 사람이 없는데도 국가의 사람 쓰는 것이 어찌 저쪽과 이쪽을 구별할 수 있겠는가? 구차하게 당시의 의논에 동조해서 스스로 어지럽게 망하는 지경을 취하겠는가? 이것이 내가 항상 몹시 한탄하는 것이다. 면대할 때에, '저쪽과 이쪽을 논하지 말고 공평하게 선발 임용하라'는 뜻을 곡진하고 친절하게 타이르지 않은 적이 없는데도, 그 뒤 천거하여 임명할 때에는 책망을 면하기 위한 한두 사람의 추천에 불과하니, 어찌 매우 놀라고 매우 미워하지 않겠는가? 내가 비록 어둡고 용렬하나, 결코 실권(實權)을 거꾸로 주어서 군주의 세력을 위에서 고립시키고 한편이 된 무리를 밑에서 더욱 성하게 하는 것은 용납할 수 없으니, 이조판서 이원정을 우선 삭탈관작하고 문 밖으로 쫓아보내라."

숙종은 분명 '우선'이라고 했다. 후속조치가 기다리고 있다는 뜻이다. 이원정(李元禎, 1622년 광해군 14년~1680년 숙종 6년)은 효종 3년(1652년) 문과에 급제했으나 남인인 관계로 요직에는 등용되지 못하고 형조나 호조의 관직을 두루 거쳤고 현종 말기에 도승지에 오를 수 있었다. 이후 숙종 즉위와 함께 남인이 득세하면서 승진가도를 달려 숙종 3년 대사간·도승지·대사성을 두루 거쳤고 이듬해 형조판서를 거쳐 대사헌에 오른다. 이어 호조판서로 있을 때 도체찰부 신설과 관련해 종래의 의견을 바꿔 윤휴와 함께 적극 찬성하는 의견을 냄으로써 허적의 눈에 들었다. 이후 우참찬·대사헌·이조판서 등으로 있다가 이때 전격적인 해임과 문외송출이라는 처벌을 받게 된 것이다.

이로써 남인은 이틀 만에 병권과 정권을 다 잃었다. 잔칫날 영의정에서 쫓겨난 허적은 숨죽일 수밖에 없었다. 뭔가 잘못돼 가고 있었던 것이다. 사실 허적으로서는 손을 쓸 방법도 없었다. 3월 30일에는 바로 3정승을 타깃으로 한 하교가 승정원에 내려온다.

"아! 관원을 전형하여 선발함에 있어서 사정(私情)을 따르는 것은 다만 한 사람의 이원정이 단시일(短時日)에 지은 죄가 아닌데도 지금은 가벼운 벌을 주었다. 나라에는 삼공(三公)이 있는데도 삼가고 협력하기를 힘쓰지 않고, 맡은 일을 게을리 하여 날만 보내서 관망하듯 하는 사람이 있으니, 이는 어찌 충성하여 나라를 다스리는 도리이겠는가? 나는 실로 한심하게 여긴다. 승정원에서 자세히 알고 있으라."

남인정권의 파벌주의와 무능에 대한 극도의 혐오가 생생하게 묻어나는 하교다. 숙종의 준엄한 하교에 놀란 대사간 정박 등이 사직서를 제출하자 즉석에서 수리한다. 정박도 남인이다. 이어 좌의정 민희와 우의정 오시수도 사직의사를 밝히자마자 수리된다.

휴화산이 마침내 폭발했다. 이미 영의정은 김수항으로 바뀌었다. 전 영의정 허적의 반응은 며칠 지난 4월 1일에야 나온다. 모두 자신의 탓이라며 상소를 올렸다. "첫째도 신의 죄, 둘째도 신의 죄입니다." 숙종은 허적에게 직격탄을 쏘았다.

"당쟁의 논의가 격렬해지고 나서는 제대로 조정하지 못하여 마침내 공허한 의논에 흔들림을 면하지 못하였으니, 내가 진실로 괴이하게 여기며 개탄한다."

일단은 당쟁을 조정하지 못하고 격화시킨 책임만을 물었다. 다음날 허적이 도체찰사와 내의원 제조직에서 물러나겠다고 하자 즉석에서 받아들인다.

허적의 유일한 혈육인 서자 허견의 역모

숙종 6년 4월 4일 새롭게 대사간에 오른 유상운 등이 복창군 형제의 권력남용 등을 들어 유배를 청하자 숙종은 두말 않고 받아들였다. 그리고 다음날 정원로와 강만철이라는 사람이 충격적인 고변을 올렸다. 허적의 서자 허견 등이 복선군을 왕위로 추대하려 했다는 것이다. 정원로의 글이다.

"신(臣) 정원로는 허견과 더불어 병진년(숙종 2년)부터 비로소 서로 사귀어 정의가 자못 두터웠는데, 작년 정월에 허견이 이태서(李台瑞)와 더불어 신 강만철의 집에 모여서 복선군을 접견할 일을 더불어 의논하였고, 뒤에 이태서가 갑자기 신 정원로를 초청하기에 신이 나아가니 자리에 한 사람이 있었는데 의젓한 귀인(貴人)이었습니다. 더불어 서로 이야기해 보니 바로 그가 복선군이었습니다. 다만 한담만 하나가 헤어셨는데, 이태서가 신의 사람됨을 과장하여 일컬었습니다. 뒤에 복선군이 신 정원로의 집에 이르렀고 허견이 또 이르렀으며, 지난 여름에 허견이 글을 보내어 복선군의 집에 오게 하고, 또 청지기 점동(點同)이라고 이름하는 자로 하여금 그 집을 가리켜주게 하며 신의 종으로 하여금 편지를 바치게 하였는데, 대개 그 글이 바로 신의 집에 모이기를 기약한 것입니다. 복선군의 답서를 허견에게 전해 보내고 신의 집에 모였는데, 허견이 말하기를, '주상의 춘추가 젊으신데 몸이 자주 편찮으시고 또 세자가 없으니, 만약 불행한 일이 있으면 대감(大監-복선군)이 임금자리를 면하려 해도 될 수가 없을 것입니다'고 하니, 복선군이 대답이 없었습니다. 허견이 말하기를, '이제 나라가 장차 망하려는데 반드시 잘 하여야 할 것이며, 당론을 마땅히 타파하여야 할 것입니다'라고 하였는데, 신이 듣고는 모골이 송연하여 곧 와서 고하려고 하였으나, 주상께서 영상(領相-허적)을 신임하고 존중하시므로 무고했다는 죄를 입을 것을 두려워하여, 이 제까지 주저하다가 이제 더 이상 감히 숨길 수 없어서 감히 이를 자세히 아룁니다. 그때 왕래한 서찰(書札)로 허견의 편지 두 통, 이태서의 편지 한 통, 복선군의 간갑(簡匣) 하나를 아울러 봉하여 증거물로 올립니다."

강만철은 정원로의 친구이자 허견과 처남매부 사이로 정원갑의 말이 사실임을 입증하기 위한 증인으로 함께 왔다고 말했다. 곧바로 피비린내 나는 국문이 진행되었고 대부분 '사실'로 드러났다.

이 무렵 허견은 이천에서 군사훈련을 지휘하고 있었다. 오해를 사기에 딱 좋았다. 거사시 무력동원을 위해 병사들을 훈련시키고 있는 것으로 간주되었다. 4월 9일 허견의 국문이 있었고 허견은 상당 부분을 시인했다.

"숙종 5년 정월에 복선군과 함께 정원로의 집에 모여 병이 잦은 주상에게 불행한 일이 생겨 서인이 임성군을 추대하면 화를 면할 수 없으니 도체찰사를 복설하여 만일의 사태에 대비해야 한다고 논의하였습니다."

특히 도체찰사 설치 주장이 허견에게서 나온 것으로 드러나 의심은 더욱 가중되었다. 숙종은 그 아비도 관계되었을 것이니 잡아들일 것을 명한다. '그 아비'란 바로 얼마 전까지의 영의정 허적이었다. 그러나 허적은 허견의 일과 무관했다. 허적의 말대로 "내가 나쁜 자식을 낳아 일이 이 지경에 이르렀으니 모두 내 책임"일 뿐이었다.

이 사건은 백지상태에서 숙종과 김석주가 날조를 한 것으로 보이지는 않는다. 뭔가가 진행이 되고 있었고 그 같은 정황을 짐작한 김석주가 정원로를 유인해 복선군과 허견 사이의 일을 염탐하도록 해서 어느 정도 실상을 잡아낸 것이다. 아마도 이런 정탐 결과 상당한 신빙성이 있다고 숙종이 판단하게 된 것이 숙종 5년 10월경이라고 봐야 할 것이다. 허적이 말한 "작년 10월경부터 상께서 우리를 대하는 기색이 악화되었다"는 것도 그와 연결된다.

4월 12일부터 형 집행이 시작된다. 일단 허적은 무혐의로 밝혀져 삭탈관작 후 일반백성의 신분[庶人]으로 돌아가도록 했다. 허견은 사지가 갈기갈기 찢어지는 능지처참, 복선군은 목이 날아가는 교수형이었다. 그러나 그것은 시작에 불과했다. 숙종은 발본색원(拔本塞源)을 엄명했다.

일단은 허견이 이천에서 군사훈련을 하도록 허가한 문제와 관련해 유혁연이 붙잡혀왔고 유혁연의 신문에서 복창군이 연급되어사 복창군도 잡혀와 국문을 받았다. 이어 허견 사건과는 무관한 윤휴도 체포되어 결국 사약을 마신다. 윤휴는 사약을 마시기 직전 "나라에서 유학자를 쓰기 싫으면 안 쓰면 그만이지 죽일 것까지는 없지 않은가"라고 항변을 했다고 한다. 그만큼 억울한 죽음이었던 것이다.

남인의 영수 중에서 탁남과의 권력투쟁에서 패해 물러나 있던 허목만이 화를 피했고 허적과 윤휴는 죽고 복창군 형제도 형장의 이슬로 사라졌다. 복평군만 겨우 목숨을 구했다. 남인은 처절하게 몰락했다. 100여 명이 사형을 당하거나 유배를 갔다. 왕권 능멸에 대한 대가는 그만큼 컸다. 숙종은 그런 점에서는 확실히 피도 눈물도 없는 비정한 국왕이었다. 이때 숙종의 나이 불과 20세였다.

7장

돌아온 송시열과 서인의 불안감,
후사의 부재

서인의 남인 소탕작전

송시열의 귀환

숙종 6년 5월 허적과 윤휴가 차례로 사사(賜死)되자 유배가 있던 송시열의 귀환은 시간문제였다. 문제는 왕실을 부정하는 송시열의 예론을 어떻게 처리할 것인지였다. 아무리 정권이 남인에서 서인으로 바뀌었지만 숙종으로서도 이 점은 어떻게든 짚고 넘어가지 않을 수 없었다. 불과 몇 달 전만 해도 송시열을 옹호하는 상소만 올려도 즉석에서 자리를 빼앗아버린 숙종이 아니던가? 그렇다고 송시열이 자신의 잘못을 인정하고서 조정에 돌아올 이유도 없었다.

숙종 6년 5월 12일 김집 문하에서 송시열과 함께 공부했던 부호군 이유태의 상소는 숙종과 송시열의 악연을 풀어줄 수 있는 실마리를 제공했다.

"신은 예전에 전의의 비암사(飛庵寺)에 있고 송시열이 수원의 만의사(萬義寺)에 있을 때 서로 편지를 내왕하면서 제가 말하기를 '송나라 영종은 방계(旁系)에서 들어가 대통(大統)을 이었는데, 정자(程子)가 또한 적자(嫡子)라고 했으니, 하물며 효묘(孝廟-효종)께서는 차적(次嫡)으로서 승격되어 적자가 되었으니 적자가 아니라고 할 수 있겠는가?' 했더니, 송시열 역시 그렇다고 했습니다."

물론 이는 믿거나 말거나다. 필자의 생각으로는 송시열이 그랬을 리 없다. 이후 목숨을 내놓고 예송논쟁에서 그 같은 입장을 견지했을 리 없기 때문이다.

이유태 말의 사실 여부를 떠나 숙종의 대답은 간단했다. "지나간 일을 이제 와서 제기할 필요가 없다." 설사 효종의 경우 논란의 대상이 된다 할지라도 현종을 거쳐 자기가 집권하면서 6년이 지났기 때문에 정통성 문제는 사라진 것이나 마찬가지였다. 송시열이 잘한 것은 아니지만 이제 그 문제는 별로 중대한 사안이 아니라는 인식이었다.

이유태(李惟泰, 1607년 선조 40년~1684년 숙종 10년)는 이미 이때 74세로 송시열과 나이가 같았다. 한미한 집안 출신으로 민재문(閔在汶)에게 학문을 익혔고 그후 김장생·김집 부자의 문인이 되어 그 문하의 송시열·송준길·윤선거·유계와 더불어 '호서산림 오현(五賢)'의 한 사람으로 꼽혔다. 과거를 거치지 않고 인조 12년(1634) 김집(金集)의 천거로 희릉참봉(禧陵參奉)이 되고 효종 9년(1658년) 송시열과 송준길의 천거로 사헌부 지평이 된다. 이듬해 세자시강원 진선과 동부승지를 거쳐 현종 즉위 후 공조참의 등을 지냈다. 1660년 호군(護軍)으로 재임시 복제 문제에서 송시열의 기년설을 지지하였다. 그래서 1674년 갑인예송(甲寅禮訟) 때 복제를 잘못 정하였다는 남인 윤휴 등의 탄핵을 받아 영변(寧邊)에 유배되었다가 이때 풀려나 부호군에 임명된 것이다. 그리고 곧바로 송시열의 해배(解配)를 청하는 상소를 올렸다. 그러나 얼마 후 노론과 소론이 갈릴 때 그는 소론을 지지해 송시열과 대립하게 되고 오현에서도 빠지게 된다.

숙종은 곧바로 외형적으로는 이유태의 상소를 받아들이는 형식으로 송시열의 위리안치를 풀고 유배지를 다른 곳으로 옮길 것을 명한다. 그래서 송시열은 거제도에서 경상도 청풍으로 옮겨진다. 영의정 김수항 등이 송시열을 유배에서 풀어줄 것을 거듭 청하자 숙종은 5월 24일 송시열을 유배에서 풀라는 특명을 내린다. 그러면서 이렇게 말했다. "조정에서 용서하는 은전을 베푸는 것은 개과천선하는 길을 열어주고자 함이다." 여전히 송시열의 죄 있음은 부정하지 않고 있었던 것이다.

그랬기 때문에 송시열의 복권은 상당한 시간을 두고 진행됐다. 그 사이에 서인의 집중적인 복권요청이 있었고 그때마다 숙종은 듣고서도 내버려두다가 (윤8월이 포함돼 있었으므로) 6개월이 지난 10월 2일에야 "전 중추부 판사 송시열을 서용하라"는 짤막한 하교를 내린다. 곧바로 송시열의 직함을 중추부 영사로 승진시켜 서둘러 대궐에 들어올 것을 명했다. 종1품에서 정1품으로 뛰어오른 것이다. 조선시대의 품계표에 따르면 대군이 정1품이고 군이 종1품이며 3정승이 정1품이다. 최고로 대우한 것이다.

10월 12일 송시열은 도성 밖에 머물렀다. 일단 여기서 송시열은 자신의 허물을 탓하며 중추부 영사 임명을 취소해 줄 것을 바라는 상소를 올렸다. 물론 의례적인 절차였다. 숙종은 다시 승지를 보내 서둘러 대궐에 들어올 것을 명했다. 이에 송시열은 마침내 대궐에 들어오는데 도중에 길에서 그의 얼굴을 보려고 모여든 사람이 많았다고 한다.

그런데 서인 중에서도 송시열계인 노론이 집필한 『숙종실록』에서 사람이 많았다고만 했지 이원익이 인조반정 직후에 입궐할 때처럼 감격하여 남녀노소 모두가 울었다는 등의 표현이 없는 것으로 보아 송시열에 대한 백성의 생각은 어느 정도 짐작할 수 있다.

숙종과 송시열 모두 만감이 교차했을 것이다. 송시열이 숙종에게 『태극도설』과 『서명』을 진강하게 되는 이틀 전의 일이다. 두 사람의 대면은 어색함 그 자체였을 것이다. 그나마 강경파 남인이 송시열을 죽여야 한다고 할 때 숙종이 끝까지 거부했기 때문에 이날의 만남이 있을 수 있었다는 사실을 두 사람 다 떠올렸을지도 모른다. 어색한 침묵은 송시열이 먼저 깼다. 숙종 앞에서 엎드려 있던 송시열은 이렇게 말한다.

"성상께서 춘궁(春宮 - 동궁)에 계실 때에 잠깐 입시(入侍)하였는데, 그 뒤에 여러 해 동안 천안(天顔)을 뵙지 못하였으니, 원컨대 쳐다볼 수 있게 하여주소서."

이는 분명 무례(無禮)다. 그러나 이 상황에서는 문제가 될 수 없었다. 숙종도 유배를 보낼 때의 일에 대한 언급을 피하기 위함인지 춘궁 시절의 인연만으로 짧게 답한다. "춘궁에 있을 때 한두 차례 경을 보았는데 지금 경의 수염과 머리가 이미 쇠잔하여 희었구나." 무슨 책을 읽었고 지금은 무슨 책을 읽고 있느냐는 등의 문답이 오간 후 별검춘추 조지겸이 "원로 대신이 먼 곳에서 오랜만에 조정에 들어왔으니 재이(災異)를 그치게 할 방도를 물어보소서"라고 권해 숙종이 그대로 따랐다. 송시열로부터는 임금이 몸가짐을 잘해야 한다는 뻔한 대답이 나왔다.

흥미로운 것은 그 다음 대화다. 송시열은 자신은 시무(時務)는 잘 모르니 경전 중에 의심스러운 곳을 물으시면 지금 답을 해주겠다고 말한다. 가르치겠다는 뜻이었다.

"경전이 심오하여 의심스러운·점이 한두 가지가 아니다. 후일 조용히 입시할 때에 마땅히 어려운 것을 논하여야 할 것이다."

우문현답(愚問賢答)이었다. 적어도 그날 그 자리에서 송시열의 발언은 그리 적절했다고 할 수 없다. 눈에 보이지 않는 신경전이 벌어지고 있었던 것이다. 송시열도 물러서지 않았다. 송시열은 일방적으로 "경연에서 신하들에게 잘 배우셨겠지만 그중에서 홀로 있어도 늘 삼가는 신독(愼獨) 공부가 가장 절실한 일입니다. 신하와 상대할 때에는 성심(聖心)에 잡념을 없애시고 성궁(聖躬-임금의 몸가짐)을 엄숙하게 하시며, 심지어 내전(內殿)에 들어가 편히 거처하며 환관과 빈첩이 앞에서 모실 때에도 여러 신하를 대하는 것과 같이 하시는지 알지 못하겠습니다만, 만약 안팎의 행동을 능히 하나같이 할 수가 없다면, 비록 날마다 경연에 나오시더라도 형식일 뿐입니다"라고 훈계조의 언급을 했다. 이에 숙종은 "내가 비록 한가하게 있으면서 마음대로 할 수 있는 자리일지라도 경계하고 두려워하는 마음을 어찌 감히 조금이라도 늦출 수 있겠는가"라고 답했다. 속으로야 '당신 지금 몇 년 만에 보자마자 무슨 말을 하고 싶은가'라고 호통치고 싶었겠지만 그럴 자리가 아니었다.

그런데 송시열은 한 걸음 더 나아간다. 신하가 임금 앞에서 엎드리는 예는 요임금이나 순임금 때는 없던 것인데 진(秦)나라 때부터 상하관계가 엄격해져서 임금과 신하 사이의 정의(情意)가 통하지 못하게 되었다며 자신의 스승 김장생도 인조에게 같은 건의를 드린 바 있으나 신하들이 스스로 어렵게 여겨 실행되지 못한 것이 아쉬웠다고 말한다. 임금과 신하가 서로 얼굴을 쳐다보면서 국정을 논하자는 것이다. 지금의 관점에서 보면 일종의 민주주의를 떠올릴지 모르나 그때는 상황이 완전히 달랐다. 왕권(王權)과 신권(臣權). 그것도 이 말이 송시열의 입에서 나온 것이기에 의미는 더 다를 수밖에 없었다. 숙종은 선선으로 납했나. "어씨 좋시 아니하셨는가!" 숙종의 늦은 부복 여부를 떠나 임금과 신하가 서로 정이 잘 통하면 좋겠다는 것이었다. 실제로 부복의 예는 숙종의 권력이 커가면서 더욱 엄격해졌다.

송시열의 이 같은 언행은 예를 지킴에 있어서는 임금과 신하의 차이가 없다는 천하동례(天下同禮)와 스승은 가서 가르치는 예가 없다는 사무왕교지례(師無往教之禮)라는 서인 노론의 공통된 인식이 표출된 결과였다. 실제로 숙종이 세자 시절 잠시 동안이나마 송시열에게 공부를 배울 때 세자시강원이 아니라 송시열이 머무는 곳에 가서 공부를 배워야 했다.

송시열에 대해 부정적인 소론계가 집필한 『숙종보궐정오』 숙종 7년 8월 1일자 기록을 보면 이 무렵 송시열에 대한 사관의 날카로운 평이 실려 있다.

"송시열은 세 조정을 섬긴 덕망 있는 자이며 한 시대 유학자의 우두머리로 세상에서 존경하고 신임하는 바이지만 이때에는 정신이 이미 쇠약하여 큰 일을 하기는 어려우며, 또 사람을 알아보는 것이 부족하고 자신이 좋아하는 바에만 치우쳤다. 그가 지난해 겨울 조정에 나왔을 적에 임금에게 사람을 천거하였는데 모두 사람들의 뜻에 차지 않았다. 박세채는 식견이 정교하고 깊이가 있으며 학문은 미묘하고 치밀하다. 윤증은 탐색하는 공부는 비록 조금 부족하다 하더라도 지조와 행실이 돈독하며 지혜를 감춰둔 것이 매우 깊다. 이들은 모두 순박하고 허물이 적은 유학자들이지만 세상을 경륜할 역량이 있다고 는 할 수 없다. 그리고 이상은 항상 주장하는 의논이 준절하고 격렬하지만 학술이 본래부터 천박하고 시골에 살 때에 재물을 증식했다 는 비난이 있었는데 조정에서 그를 천거하고 예우를 더하도록 한 것은 잘못된 것이다. 이런 인물을 나오게 하여 기용한다 한들 어떻게 임금을 잘 도울 수 있는가?"

그리고 다음날 홍문관 관원들이 이번 기회에 송시열에게서 『태극도설』과 『서명』에 관한 특별강의를 들을 것을 청해 앞에서 본 대로 10월 14일 송시열의 특강을 들었다. 그러나 바로 다음날 송시열은 죽은 아내의 묘를 옮기는 문제로 고향으로 돌아가겠다고 밝혔고 숙종은 만류했다. 여러 차례의 만류에도 불구하고 송시열은 일단 10월 23일 도성 밖으로 나갔다. 사실 송시열의 속뜻은 다른 데 있었다. 차제에 현종 말년 문제가 됐던 복제에 대한 자신의 입장을 숙종으로부터 추인받고 싶었던 것이다. 11월 4일 송시열이 올린 상소의 내용은 다름 아닌 당시 자기를 대신해 귀양을 가야 했던 김수홍의 한을 풀어달라는 것이었다. 숙종과 송시열이 한창 실랑이를 벌이고 있던 10월 26일 천연두 증세를 보이던 인경왕후 김씨가 세상을 떠났다. 인경왕후는 딸 둘을 낳기는 했지만 둘 다 일찍 죽고 아들은 없었다. 이때 김씨의 나이 20세 였다.

보사공신 책봉을 둘러싼 해프닝

숙종 6년 숙종은 남인을 내몰고 서인을 불러들였다. 그러나 미세하게 들여다보면 복선군을 내몰고 김석주를 불러들였다고 하는 편이 보다 실상에 가깝다. 숙종은 서인을 그저 통치의 대상인 신하로서만 보았고 함께 정치를 의논할 수 있는 상대로 생각지 않았다. 그것이 숙종이다. 경신환국을 단행했지만 숙종의 최고 신임은 김석주에게 그대로 있었다.

경신환국 직후인 숙종 6년 5월 숙종은 허견의 역모 기미를 알고서 미리 대비한 공로를 인정해 김석주와 김만기 2명을 보사공신 1등, 김석주의 명으로 남인에 대한 정보수집을 지휘한 별군직의 이입신은 보사공신 2등, 행동대원으로 정보수집에 기여한 남두북·정원로·박빈 3명은 보사공신 3등으로 책록했다. 그런데 그해 9월 김석주가 상소를 올려 정원로를 이중간첩으로 활용할 때 눈에 보이지 않게 공을 세운 인물들이 더 있다며 추가책봉을 건의해 이사명·김익훈·조태상·신범화 등 4명이 2등공신에 뒤늦게 올랐고 3등공신에도 이광한·이원성 2명이 추가됐다. 대신 3등공신에 책록됐던 정원로의 경우 부실한 고변을 했다는 이유로 이때 삭제돼 3등공신은 모두 4명이었다.

그러나 보사공신은 명종 때 을사사화를 일으킨 인물을 책봉했던 위사(衛社)공신만큼이나 말도 많고 탈도 많았다. 9년 후인 숙종 15년 이른바 기사환국이 일어나 남인이 득세하고 서인이 축출되면서 남인은 '경신년의 일', 즉 허견의 역모는 김석주와 김만기의 조작과 무고라고 주장하고 나섰다. 숙종은 남인의 주장을 수용했다. 그 바람에 그해 7월 25일 보사공신은 전원 취소됐다. 그러다가 5년 후인 숙종 20년 갑술환국이 일어나 남인이 다시 축출되자 5월 18일 보사공신이 다시 녹훈되었다. 다만 이때는 사건의 범위를 허견의 역모에만 한정하고 남인 전체로 사건을 확대시키는 과정에서 기여한 인물들은 공신에서 배제됐다. 그래서 3등의 정원로만 빠진 원래의 공신, 즉 1등공신 김석주·김만기, 2등공신 이입신, 3등공신 남두북·박빈 등으로 보사공신은 최종 확정된다.

분열된 서인, 노론과 소론

숙종의 복심, 김석주

숙종 집권 후부터 남인을 내모는 경신환국 때까지만 해도 숙종의 마음은 복선군에게 7, 김석주에게 3 정도의 비중을 두고 있었다고 할 수 있다. 그러나 숙종 5년 중반부터 남인의 과도한 당파성과 무능에 숙종이 조금씩 넌더리를 내기 시작했고 그 점을 간파한 김석주는 송시열을 비롯한 서인의 핵심 인사들과 비밀리에 의견을 교환하며 정권 교체 준비에 들어갔다.

그리고 남인은 배척됐고 서인은 복귀했다. 엄밀히 말하면 서인이라고 다 서인은 아니었다. 송시열을 중심으로 하는 서인 주류가 있었다면 김석주를 중심으로 하는 서인 비주류가 있었다. 문제는 힘이 비주류에 있었다는 사실이다. 그것은 숙종의 의중이기도 했다.

이때 숙종의 마음은 김석주에게 90퍼센트 이상 가 있었다고 해도 과언이 아니다. 집권 초기 복선군을 향했던 숙종의 마음에 비할 바가 안 되었다. 앞서 본 보사공신 책봉은 숙종의 그런 마음이 일부 표출된 데 불과했다. 서인의 시대가 열리고 2년이 지난 숙종 8년 5월 김석주는 우의정에 오른다. 이제 김석주는 더 이상 배후의 권력도 아니고 숨은 군부 실세도 아니었다.

다른 권한은 남인에게 줘도 병권만은 김석주에게 남겨야 했기에 줄곧 병조판서를 지냈던 김석주는 숙종 6년 10월 12일 이조판서로 자리를 옮긴 다음 의금부 판사를 거쳐 숙종 8년 5월 18일 우의정에 제수된다. 마침내 정승의 자리에 오른 것이다.

그가 정승에 오른 지 다섯 달 열흘 만인 10월 21일 전 병사 김환과 출신 이회 및 기패관 한수만 등이 남인 허새·허영 등이 역모를 꾸며 '삼복' 중에 유일하게 살아남은 복평군을 왕으로 추대하려 했다고 고변했다. 이런 일은 늘 그렇지만, 소론의 입장을 대변하는 『숙종실록 보궐정오』는 이를 어영대장 김익훈이 공을 세우기 위해 조작한 것으로 서술하고 있다. 김익훈은 김석주의 지휘 하에 있던 인물이라는 점에서 본다면 그랬을 가능성은 대단히 높다. 이런 점을 고려하며 『실록』의 기록을 쫓아가본다.

김환 등의 고변이 있은 지 이틀이 지난 10월 23일 이번에는 김중하라는 인물이 정승을 지낸 민암이 사생계(死生契)를 조직해 남두북·김석주·박빈 등 보사공신의 핵심인물들을 제거하려는 음모를 꾸몄다고 고변을 했다. 민암은 문제적 인물이었다. 민암(閔黯, 1636년 인조 14년~1694년 숙종 20년)은 이조참판을 지낸 민응협의 아들로 현종 6년(1688년) 문과에 급제하여 청요직과 대사헌·대제학 등을 지냈고 1675년 사은사 창성군(昌城君) 이필과 함께 청나라에 다녀왔다. 1678년 동지사 겸 변무부사로 청나라에 가서 인조반정과 관련된 중국측의 기록을 바로

잡고 돌아와 이듬해 10월 한성부판윤에 올랐으며 이조참판을 지냈다.

남인이던 그는 1680년 경신환국 때 파직되고 이때 역모에 연루되어 한때 고초를 겪지만, 1689년 기사환국이 일어나자 대사헌을 거쳐 예조판서에 오른다. 예조판서로 있으면서 김수항과 송시열을 탄핵하여 처형을 주장했고 대제학·병조판서를 거쳐 1691년 우의정에 오른다. 그러나 1694년 자신이 주도한 갑술옥사로 역풍을 맞아 서인이 재차 집권을 장악하면서 위리안치되었다가 영의정 남구만의 탄핵을 받아 사사(賜死)된다.

서인의 정치공작은 여기서 그치지 않았다. 김장생의 손자이자 인경왕후 김씨의 작은할아버지이기도 한 김익훈이 김석주의 사주를 받아 연이어 고변을 했다. 김익훈은 원래 자신이 고변했던 허새·허영 등의 '역모 사건'이 뜻대로 되지 않자 별도의 사건을 꾸며 남인을 고변한 것이다.

김익훈(金益勳, 1619년 광해군 11년~1689년 숙종 15년)은 김장생의 손자이자 인경왕후의 아버지인 김만기의 작은아버지로 1678년 광주부윤을 거쳐 경신환국 이후 남인 축출에 앞장섰으며 그 공으로 보사공신 2등에 올랐다. 이후 형조참판·어영대장 등 핵심 요직을 거쳤으나 김석주가 주도한 남인 축출 음모는 오히려 서인 내의 반발을 불러 노론과 소론이 갈리는 빌미를 제공하기도 했다. 애당초 너무나도 무리한 시도였기 때문이다. 이후 1689년 기사환국으로 남인이 정권을 장악하자 공신의 지위를 빼앗기고 강계로 유배되었다가 생을 마감하게 된다. 그의 고변행위는 정계에 큰 파문을 일으키며 두고두고 논란의 씨앗이 된다.

김석주의 행동대장, 김익훈

숙종 6년 4월 남인을 몰아내기 시작한 숙종은 5월에 보사공신을 책봉한다. 1등공신은 김석주와 김만기였다. 그리고 2등공신은 이입신 한 명이었다. 그런데 그해 9월 5일 김석주가 상소를 올려 정원로를 이중간첩으로 활용할 때 공을 세운 인물들에게도 공신책봉을 해야 한다고 주청해 11월 22일 이사명·김익훈·조태상·신범화 등 4명이 2등공신에, 이광한 이원성이 3등공신에 추가로 책록됐다.

당시 공신책봉이 얼마나 무리했는지는 그날 『실록』을 보면 알 수 있다. 통상 공신을 정하려면 빈청(賓廳)에 전현직 정승이 모두 모여 공적을 정확히 가린 다음에 1, 2, 3등을 정하고 국왕의 재가를 받는 것이 순서이다. 그런데 이날 『실록』은 공신 추가작업이 졸속에 의한 것임을 생생하게 증언한다.

> "빈청에서 공신의 훈공을 등록하는데 다만 영의정 김수항이 원훈(元勳)인 이조판서 김석주와 더불어 상의해서 감정하였고, 그 밖에 시임(時任-현직) 대신과 원임(原任-전직) 대신은 모두 불참하였다."

여기서 눈여겨봐야 할 대목은 김수항·김석주·김익훈의 밀접한 커넥션이다. 흥미로운 것은 김수항은 김상헌의 손자, 김석주는 김육의 손자, 김익훈은 김장생의 손자라는 사실이다. 당시 조선은 이처럼 한 줌도 안 되는 권문세가 사람들이 대대손손 권력을 이어가고 있었다.

숙종 8년 2월 20일 김익훈은 영의정 김수항의 추천으로 총융사에 임명된다. 총융사란 수도 방어를 위해 경기도 외곽의 수원·남양 등지에 설치된 군부대를 총괄하는 사령관직이다. 실은 그 전날 숙종의 장인 김만기가 육군참모총장에 해당하는 훈련대장에서 물러나자 김수항은 후임으로 어영대장으로 있던 김석주를 추천했고, 다시 비게 되는 어영대장에는 신여철과 김익훈을 추천했는데 숙종이 신여철을 선택하자 이날 김익훈을 총융사로 추천해 임명한 것이다. 그리고 5월 18일 병조판서 겸 훈련대장으로 있던 김석주가 우의정으로 정승직에 오르자 후임 훈련대장에 신여철, 후임 어영대장에 김익훈이 임명된다. 이들에 대한 숙종의 신임이 얼마나 컸는지를 쉽게 알 수 있다.

이 어영대장 김익훈이 그해 10월 밀계를 올려 김환 등의 일을 고변한 것이다. 이건창이 『당의통략』에서 기록한 전후맥락은 이렇다. 여전히 남인의 동향에 불안감을 느끼던 숙종이 김석주에게 감시를 철저히 할 것을 명했다. 이에 김석주는 무인 김환에게 남인 감시의 책무를 맡겼다. 김환은 원래 서인이지만 벼슬은 남인에게서 받아 남인과도 두루 친분을 갖고 있었다. 김환은 처음에는 '간첩' 노릇을 할 수 없다고 버텼으나 김석주가 죽이겠다고 협박하는 바람에 어쩔 수 없이 일에 말려들게 된다. 밑그림은 이미 김석주가 그리고 있었다.

"허새와 허영은 한강 위에 산다. 너는 그 이웃으로 이사해 함께 어울려 장기를 두다가 네가 상대편 왕을 잡으면 '나라를 취하는 것도 이와 같이 하는 것입니다'면서 그들의 의중을 떠봐라. 허새 등이 호응하는 것 같으면 너는 허새에게 함께 모반을 하자고 말하라!"

아무리 실제 우의정이 내린 명이지만 도저히 받아들일 수 없었다. 김환은 "만일 그랬다가 허새 등이 역심(逆心)이 없으면 내가 역적으로 몰리게 되지 않습니까?"라고 물었다. 그러자 김석주는 자신만 믿으라며 김환을 안심시킨 뒤 거액의 은화(銀貨)까지 제공했다. 거사자금이었다. 이후 김환이 김석주의 지시대로 하자 실제로 허새와 허영이

솔깃한 반응을 보였다.

더불어 김석주는 김환에게 유명견도 주의깊게 감시할 것을 명했다. 유명견은 이름난 선비였기 때문에 김환이 갑자기 얽어 넣기에는 문제가 많았다. 그래서 그의 문객인 전익대라는 인물과 사귀면서 그 실상을 있는 그대로 보고했다. 유명견(柳命堅, 1628년 인조 6년~?)은 의정부 사인을 지낸 유영의 아들로 아우 유명천과 함께 이 무렵 남인의 중견학자 및 관리로 활동했다. 1672년(현종 13년) 문과에 병과로 급제해 숙종 즉위 초 홍문관 수찬에 올랐고 윤휴의 청남보다는 허적의 탁남에 가까웠다. 경주부윤으로 있던 중에 경신환국이 일어나 파직당했고 바로 이때 김석주의 무고를 받게 된다. 그러나 조사결과 혐의가 없는 것으로 드러나 석방된다. 그후 기사환국이 일어나자 승지와 부제학을 거쳐 이조참판에 오르지만 갑술환국으로 다시 관직에서 쫓겨난다. 1701년에는 장희재 등과 함께 인현왕후를 살해하려 하였다는 혐의로 아우 유명천과 함께 절도 유배를 당하지만 3년 후에 풀려난다.

한편 이런 공작이 한창 진행 중인 가운데 그해 11월 김석주가 사은사로 청나라에 가게 된다. 사실 숙종으로서는 정국이 불안한 상황이었기 때문에 김석주를 청나라에 보내고 싶은 마음이 없었다. 그러나 이미 청나라에 김석주의 이름이 통고된 상황이었기 때문에 달리 바꿀 수 있는 방도도 없었다.

결국 청나라 연경으로 떠날 수밖에 없었던 김석주는 자신의 행동대장 김익훈에게 뒤를 부탁했다. 자신이 그동안 추진해 온 음모의 골격을 전달해 주었음은 물론이다. 뒤늦게 음모에 뛰어든 김익훈은 서둘렀다. 그래서 김석주가 없는 사이 김환을 몰아세웠다. 내몰린 김환은 전익대를 만나 유명견에게서 알아낸 것이 없느냐고 다그쳤다. 이에 전익대가 "유명견이 활을 만드는 것을 보았는데 의심할 만한 일입니다"고 답했다. 그런데 이미 세상의 눈은 모든 것을 알고 있었다. 시중에 "김환이 겉으로는 정탐하는 척하면서 실은 모반하려는 것이다"라는 유언비어가 파다하게 퍼졌다. 이에 놀란 김환이 전익대를 찾아가 "너는 나를 따라 고변하라. 거절하면 반드시 너를 먼저 죽이겠다"고 협박했고, 전익대는 "유명견이 모반한다는 증거가 없는데 어찌 차마 무고할 수 있는가"라고 맞섰다. 한마디로 일이 꼬어버린 것이다.

사태가 급박해진 김환은 일단 전익대를 가둔 다음 김익훈을 통해 허새와 허영이 모반을 한다고 고변했다. 이것이 제1차 고변이었다. 이틀 후에는 이와 전혀 무관하게 별도의 고변이 있었다. 문제는 김환이 고변 후 벼슬을 받게 되자 전익대의 문제가 골칫거리로 떠오른 것이다. 일단 김환은 전익대에 대한 이야기는 전혀 하지 않았다.

바로 이때 김석주가 연경에서 돌아왔다. 김익훈으로부터 전말을 전해 들은 김석주는 아방(兒房)에서 직접 주장께 밀계를 올리면 될 것이라는 처방을 내놓았다. 아방이란 대궐 안의 장군들이 휴식을 취하는 곳이었다. 이에 김익훈은 "나는 글을 쓸 줄 모르는데 어떻게 하지요"라고 걱정하자 김석주가 밀계의 주요 내용을 써주었다. 밀계의 핵심 중 하나는 전익대를 함께 엮어 넣는 것이었다.

국청에 잡혀온 전익대는 김환이 승진해 있는 것을 부러워하며 유명견이 반역을 꾀했다고 고변했다. 물론 근거없는 거짓말이었다. 즉각 국청에서는 유명견을 잡아들였다. 그러나 대질 결과 터무니없는 거짓으로 드러났다.

다시 정리하면, 첫째로 김환의 고변이 있었고, 이어 김중하가 민암을 지목하는 고변이 있었고, 셋째로 김익훈의 아방 밀계가 있었다. 흔히 이 셋을 합쳐 '임술고변'이라고 한다. 최종조사 결과 유명견과 민암은 무고임이 드러났고 김중하와 전익대는 귀양을 가야 했다. 특히 전익대는 참수형을 당한다. 사실 김중하의 고변도 김익훈의 작품이었다. 그런데 결국은 자신을 지켜줄 사람이 없는 전익대만 죽고 나머지는 다 살아서 관직에도 오르고 생명을 부지했다.

모든 게 어설펐기 때문에 삼척동자도 전후사정을 다 알게 됐다. 점차 김익훈은 '공적(公敵)'으로 떠올랐다. 당시 상황에서 김석주를 직접 탄핵할 수 없었기 때문에 원망은 모두 김익훈을 향했다.

특히 젊은 사림을 중심으로 김익훈을 비난하는 논의가 거세어졌다. 일단 김익훈을 내쳤으나 얼마 후 다시 불러들였다. 이에 대간 유득일과 박태유가 김익훈을 강도 높게 탄핵하자 숙종은 대노하여 두 사람을 지방관으로 내쫓는다. 숙종의 생각은 이러했지만 좌의정 민정중의 생각은 달랐다. 민정중은 이미 영의정 김수항과 호포법 문제 등으로 갈등을 빚은 바 있기 때문에 문제의 근본적 해결을 위하여 숙종에게 산림의 의견을 구할 것을 청한다. 그래서 송시열·박세채·윤증 등 세 사람의 의견을 들어보는 자리를 만들려고 한다.

한편 대사성으로 있을 때 김익훈을 앞장서서 탄핵한 바 있는 승지 조지겸은 당시 경기도 여주에 머물고 있던 송시열을 찾아가 사건의 전말을 이야기한 다음 의견을 구했다. 소장파 편을 들어달라는 요청이었다. 처음에는 송시열도 조지겸의 이야기를 들은 후 "사태가 진실로 그와 같다면 김익훈을 죽여도 족히 아까울 것이 없겠소이다"고 말했다. 이에 힘을 얻은 조지겸은 한양으로 돌아와 "대로의 소견도 우리와 마찬가지일세"라고 말했다.

숙종 9년 1월 송시열은 한양 도성에 들어왔다. 그때 김석주가 송시열을 찾아가 자신의 입장에서 본 이번 사건의 전말을 전해주었다. 김석주가 김익훈의 무죄를 강변하자 송시열도 입장이 난처해졌다. 김수항과 민정중도 만났을 것이다. 송시열의 생각은 바뀌고 있었다. 이런 가운데 숙종은 "대로의 결정을 따르겠다"며 송시열에게 책임을 떠넘 겼다. 여러 차례 요청이 있었지만 송시열은 쉽게 단안을 내리지 못했 다. 서인의 지도자이고자 했던 그는 자칫 이번 일로 서인이 분열되는 것을 원치 않았을 것이다.

1월 19일 주강에서 송시열은 마침내 자신의 생각을 밝힌다. "신이 죄를 기다리는 일이 있습니다. 문순공 이황이 문인(門人)이었던 조목 (趙穆)은 이황이 죽은 뒤에 그의 자손을 보기를 마치 동기와 같이 하 였습니다. 그가 관직에 있을 적에 지성으로 경계하여 과실을 면하게 하여 주었으므로, 당시나 후세에서 모두 조목이 그의 스승을 위하여 도리를 다하였다고 일컬었습니다. 신은 문원공 김장생에게서 수학하 였으므로, 그의 손자 김익훈과 신이 서로 친한 것은 다른 사람과 자연 히 다릅니다. 근일(近日)에 김익훈이 죄를 얻을 것이 매우 중한데, 신 이 평소에 경계하지 못하여서 그로 하여금 이 지경에 이르게 하였으 니, 신은 실지로 조목의 죄인입니다." 자기 몸을 던져서라도 김익훈을 옹호하겠다는 뜻을 밝힌 것이다. 숙종으로서도 원하던 바였다. 조지 겸·오도일·유득일 등 젊은 사류들의 실망은 컸다. 이제 원망은 김익 훈에서 송시열로 향하고 있었다.

노론과 소론으로 갈리다 : 송시열·박세채·윤증의 공방

숙종 9년 초, 송시열과 박세채는 이미 출사해 있었고 윤증은 여러 차례의 부름에도 불구하고 아직 조정에 나오지 않았다. 한편 조정에 서는 송시열과 젊은 관리들의 갈등이 심화되고 있었고 박세채는 젊은 관리들의 편을 들면서 송시열과 대립하고 있었다. 당시 분위기에 대해 이건창은 "이때 사류들이 다 박세채가 곧다고 여겨 신망이 송시열에게 돌아가지 않자 송시열의 문 앞에는 가히 참새그물을 친 것과 같았다"고 표현했다. 대신 송시열의 집에는 김익훈의 자제들이 연일 찾아와 자기 아버지를 구원해 달라며 눈물로 호소했다.

이미 숙종 8년에 호조참의에 제수된 윤증이 마침내 출사를 위해 고향인 충청도 노성을 떠난 것은 숙종 9년 5월경이었다. 그런데 한양을 향해 오던 윤증은 일단 과천에서 아버지 윤선거의 제자인 나량좌의 집에 머문다. 아마도 한양 입성에 앞서 정국의 흐름을 조망하려 했기 때문이었을 것이다.

윤증이 과천에 머물고 있다는 소식을 들은 박세채는 즉시 나량좌의 집으로 윤증을 찾아갔다. 3일 동안 숙식을 함께하며 박세채는 윤증의 출사를 권유했고 이에 윤증은 세 가지 조건을 내걸었다. 그것은 당시 뜻있는 식자라면 누구나 생각할 수 있는 대의명분이기도 했다.

첫째, 연이은 옥사로 남인이 서인에 대해 큰 원한을 갖고 있어 그 원한을 풀려면 역옥(逆獄)을 일으켜 공신이 된 자들을 삭제해야 하는데 박세채가 그 일을 할 수 있겠느냐는 것이다. 그것은 김익훈의 위훈 삭제는 말할 것도 없고 김석주의 방출을 의미하는 것이었다. 쉽지 않은 일이었다.

둘째, 삼척(三戚)의 문 앞은 가히 막을 수 없을 정도가 되었는데 과연 그들을 제거할 수 있겠느냐는 것이다. 삼척이란 김만기·김석주·민정중을 겨냥한 것이다. 흥미롭게도 윤증의 출사를 숙종에게 가장 강력하게 천거한 장본인이 바로 좌의정 민정중이었다.

셋째, 자신과 뜻이 다른 자는 배척하고 자기에게 순종하는 자만 함께하는 풍속을 바로잡아야 하는데 할 수 있겠느냐는 것이었다.

크게 보면 서인과 남인이 화해하고 외척 권신들을 제거할 수 있겠느냐는 물음이자 요청이었다. 그것은 실은 숙종도 할 수 없는 무리한 조건이었다. 한참을 생각하던 박세채는 "전부 할 수 없다"고 말했고 윤증은 "그렇다면 나는 조정에 들어가지 않겠소"라며 짐을 싸고 고향으로 돌아가버렸다.

빈손으로 한양에 돌아온 박세채는 얼마 후 송시열이 제기한 태조 이성계의 시호를 더하는 문제로 송시열과 논쟁을 벌인 뒤 벼슬을 버리고 파주로 들어갔고, 3대 신림 중에 혼자 남게 된 송시열도 결국은 사직하고 금강산을 유람한 뒤 화양동으로 돌아갔다. 이로써 노론과 소론의 간격은 서인과 남인의 간격만큼이나 멀어지게 된다.

아들, 아들, 아들

인경왕후가 아들을 낳았더라면

숙종의 아버지 현종이 1남 7녀 중의 독자였고 숙종 또한 현종과 명성왕후 김씨 사이에서 1남 3녀로 독자였다. 1661년 8월 15일 경덕궁의 회상전에서 태어난 숙종은 1667년(현종 8년) 정월 세자위에 올랐고 10세 때인 1671년 4월 김만기의 딸을 세자빈으로 맞아들였다. 역사에 가정은 없다지만 만일 김만기의 딸인 인경왕후가 아들을 낳아 후계 문제가 해결되고 인경왕후가 오래 살았다면 숙종대의 역사는 완전히 다르게 전개됐을 것이다.

숙종과 동갑이던 인경왕후 김씨는 승문원 교리 등을 지낸 전형적인 서인 김만기(1633~1687년)의 딸이다. 그러나 이렇게 이야기해서는 당시의 분위기를 정확하게 알기 어렵다.

김장생·김만기 집안에 대해서는 앞서 살펴본 바 있지만 여기서 다

인경왕후 김씨 가계도

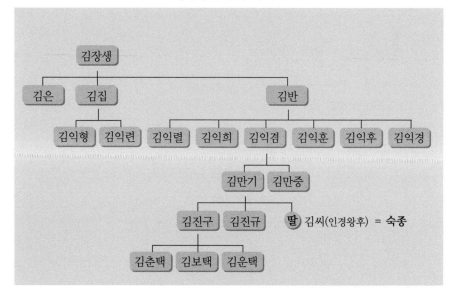

시 한 번 인경왕후 김씨를 중심으로 정리해 본다. 김만기의 증조할아버지는 산림학자의 거두이자 조선 예학(禮學)의 창시자로 불리는 사계 김장생(1548~1631년)이다. 율곡 이이의 제자인 김장생은 왜란과 호란으로 황폐해진 조선 재조(再造)의 가능성을 예학에서 찾았다. 대사헌을 지낸 김계휘(1526~1582년)의 아들인 김장생은 한때 세자의 교육을 맡는 등 관직을 맡기도 했지만 벼슬을 버리고 산중에 머물면서 학문을 연마하고 제자를 키우는 데 전념했다. 그의 아들 김집 (1574~1656년)을 비롯해 송시열·송준길·이유태·최명길·정홍명 등이 그의 학문을 이어받아 기호학파의 핵심인물들이 되었다.

김집의 동생인 김반(1580~1640년)은 대사헌 이조참판 등을 지냈으며 그의 아들 김익희(1610~1656년), 김익겸(1614~1636년), 김익훈 (1619~1689년), 김익경(1629~1675년) 등은 학문과 기개 면에서 큰 족

적을 남겼다. 김익겸은 삼전도 굴복 이후에도 강화도에서 항전을 계속하다가 남문에서 분신 자결했다. 김익겸에게는 아들 김만기(1633~1687년)와 김만중(1636~1692년)이 있었다. 김만중은 유복자였고 훗날 숙종을 일깨울 목적으로 『사씨남정기』라는 문학작품을 남긴 바로 그 인물이다.

김만중의 형 김만기에게는 김진구(1651~1704년), 김진규(1658~1716년) 등의 아들이 있었고 딸이 인경왕후 김씨다. 김진구에게는 김춘택(1670~1717년), 김보택(1672~1717년), 김운택(1673~1722년) 등의 아들이 있었다. 이들은 훗날 서인이 집권한 후 노론과 소론으로 분리되자 송시열 계통의 집안답게 노론의 중추 역할을 하면서 소론의 남구만 등과 날카롭게 대립하다가 유배와 복직을 거듭했다.

그런데 인경왕후는 숙종이 즉위할 때 왕후에 오르는 영광을 맛보았음에도 불구하고 딸만 둘을 낳았고 그마저 모두 어릴 때 죽었다. 게다가 정국은 현종 말기 제2차 예송논쟁에서 승리한 남인이 주도하고 있었기 때문에 이렇다 할 권세를 누릴 입장도 아니었다. 하필이면 1680년 4월 경신환국으로 정권이 남인에서 서인으로 넘어가고 6개월 후인 10월 인경왕후 김씨는 천연두에 걸려 발병 8일 만에 20세의 나이로 세상을 떠나고 만다.

서인 내 노론의 중핵 민씨 집안

1680년 인경왕후 김씨가 세상을 떠났을 때는 서인 세상이었다. 장례가 끝나자 이듬해 자연스럽게 계비(繼妃) 선정 문제가 떠올랐다. 계비도 서인 집안에서 골라야 했다. 국혼물실(國婚勿失), 왕비나 세자비는 서인 집안에서 내겠다는 일종의 암묵적인 원칙은 인조반정 이후

인현왕후 민씨 가계도

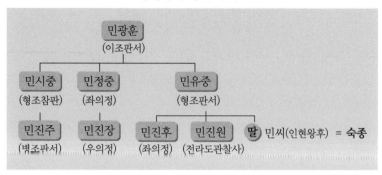

서인이 정권유지책의 하나로 세워놓은 철칙과도 같은 것이었다. 그리고 혼사 문제였기 때문에 숙종의 어머니, 즉 현종의 부인인 명성왕후 김씨의 발언권이 클 수밖에 없었다. 명성왕후의 아버지 김우명도 서인이었다.

김우명은 같은 서인계통인 민유중(1630~1687년)과 송준길의 딸 사이에서 난 민씨(1667~1701년)를 적극 추천했다. 민씨는 1667년 4월 23일 서울에서 태어나 생모 송씨를 일찍 여의고 계모 조씨 슬하에서 성장했다. 1681년 숙종과의 혼인 당시 아버지 민유중은 병조판서이자 노론의 중진으로 자리잡고 있었다. 송시열과 함께 노론의 양대산맥으로 불리는 송준길의 외손녀였던 인현왕후 민씨는 그래서 간택절차도 거치지 않고 왕후의 자리에 오를 수 있었다.

인현왕후 민씨 집안 또한 인경왕후 김씨 집안에 못지않았다. 민유중은 강원도 관찰사를 지낸 민광훈(1595~1659년)과 이조판서를 지낸 이광정의 딸 사이에서 났으며 그의 형 민시중(1624~1677년)은 송시열의 문인으로 대사헌, 형조참판을 지냈고 또 다른 형 민정중(1628~1692년)은 좌의정에까지 오른다. 특히 민정중의 아들 민진장(1649~

1700년)도 문과에서 장원급제함으로써 민광훈, 민정중, 민진장 3대가 모두 장원으로 벼슬길에 들어섰다 해서 '3세문장(三世文壯)'으로 불리었다.

민유중에게는 딸 인현왕후 이외에 송시열의 문인인 민진후 (1659~1720년)와 훗날 좌의정을 지내게 되는 민진원(1664~1736년) 등의 아들이 있었다. 특히 민진원은 노론의 영수로 활약하며 정치적 부침(浮沈)을 거듭하게 된다.

17세에 숙종의 계비가 된 인현왕후 민씨를 기다리고 있던 것은 그러나 불행(不幸)이었다. 이미 숙종의 마음은 어머니 명성왕후 김씨가 내쫓은 궁녀 장옥정에게 가 있었고 더욱이 민씨는 후사(後嗣)를 생산하지 못했다. 딸도 낳지 못했다. 숙종의 총애 여부를 떠나 아들 하나만 낳았어도 숙종 때의 후사를 둘러싼 피비린내 나는 정치투쟁은 없었을 터다. 물론 이것은 역사의 속성을 모르는 너무나도 순진한 판단이다.

숙빈 최씨, 무수리에서 영조의 어머니가 되다

숙종에게 첫아들을 안겨준 장희빈은 별도로 살필 것이기 때문에 그 다음으로 중요한 아들 연잉군을 생산한 숙빈 최씨를 먼저 살펴본다.

서울 종로구 궁정동(宮井洞), 1979년 10월 26일 박정희 대통령이 김재규 중앙정보부장의 권총에 마지막 숨을 거둔 안가가 있어 유명한 곳이다. 그러나 궁궐과 우물이 함께 이름에 포함돼 있는 궁정동이라는 이름의 유래는 영조의 어머니인 숙빈 최씨와 깊이 연결돼 있다.

원래 최씨는 궁정동 인근 효자동에 살던 최씨 집안의 처녀로 궁녀가 되었다. 그러나 최씨가 하던 일은 궁녀들 중에서도 가장 낮은 직급

〈정선필육상묘도(鄭敾筆毓祥廟圖)〉_ 숙종의 후궁이자 영조의 어머니인 숙빈 최씨의 신주를 모시기 위해 영조 6년(1725년)에 육상묘(사적 제149호)를 세웠는데, 겸재 정선(1676~1759년)이 그 뒤에 있는 백악산과 육상묘를 그려 기록으로 남겼다.

에 속하는 수사(水賜), 즉 궁궐에 필요한 물을 길어 나르는 무수리였다. 바로 이 궁정동의 옛 자리에 궁궐에서 주로 사용하던 우물이 있었다고 한다.

그래서인지는 몰라도 숙빈 최씨가 세상을 떠나고 나서 바로 그 자리에 그를 기리던 사당이 세워졌다. 이 사당은 지금 청와대 경내에 있다. 이를 육상묘(毓祥廟)라 불렀는데 어머니에 대한 효심이 각별했던 아들 영조는 왕이 된 후 이를 궁으로 높였다. 그때부터 육상궁(毓祥宮) 혹은 육궁(毓宮)으로 불렀다. 임금의 정실부인이 아니면서 왕이나 왕자를 낳은 다섯 후궁의 신위를 이곳에 모시면서 육궁(六宮)으로 불리다가 1929년 숙빈 엄씨의 덕안궁과 합쳐 칠궁(七宮)이 됐다. 야사(野史)에는 최씨가 지금의 전라북도 태인 사람으로 인현왕후 민씨의 아버지 민유중이 전라도 태인지방의 지방관을 할 때 우연히 길에서 눈에 띄어 궁궐에 들어왔다고 하지만 『실록』에는 그와 관련된 기록은 없다.

그러면 과연 숙빈 최씨는 어떤 인물이었을까? 흔히 희빈 장씨가 악녀(惡女)로 묘사되는 데 반비례해서 숙빈 최씨는 자신이 모셨던 인현왕후 민씨가 죽은 후에도 흠모하다가 숙종의 눈에 띄어 총애를 받게 된 인물로 묘사된다. 의녀(義女)라는 것이다. 게다가 무수리 출신이었기에 세상물정을 잘 모르는 인물로 간주되기 쉽다. 그러나 이것은 전형적인 노론의 시각일 뿐『실록』에 나오는 최씨는 노론의 움직임을 꿰뚫고 있었던 영리한 여성이었다.

『실록』에 따르면 숙종은 기사환국 이후 희빈 장씨에 대한 애정이 식어갈 무렵 인현왕후 민씨의 폐위를 후회하기 시작했다. 그러던 어느 날 궁궐을 거닐다가 한 궁녀의 방에 불이 켜진 것을 발견하고 그 방을 찾았다. 무수리인 그 궁녀는 자신이 모셨던 민씨의 만수무강을 빌고 있었다. 숙종은 그 궁녀를 갸륵하게 여겨 가까이 했고 여기서 아들까지 낳았다. 그러나 첫아들 영수는 일찍 죽었다. 그리고 곧바로 또 아들을 낳았다. 그 아들이 바로 연잉군, 즉 훗날의 영조이다.

그러나 정작 그가 관련되었던 사건들을 중심으로 살펴보면『실록』이나 그동안의 관행적인 묘사는 다분히 이분법적이고 서인 중심의 세계관이 뒷받침되고 있다는 것을 부인할 수 없다. 무엇보다『숙종실록』자체가 처음부터 끝까지 서인, 그중에서도 노론의 시각에서 서술되었다. 또 희빈 장씨의 득세로 권력을 되찾은 남인세력을 몰아내는 데 두 차례에 걸쳐 숙종에게 결정적인 밀고를 한 장본인이 바로 숙빈 최씨다. 그는 한마디로 숙종의 왕후와 빈들의 후사를 둘러싼 싸움에서 최후의 승리를 거두었다. 그것이 없었다면 그의 아들 영조는 왕위에 오르지 못했을 것이다.

8장

장희빈과 남인, 그리고 기사환국

권토중래를 노리는 남인

숙종, 드디어 친정에 나서다

숙종의 정치 스타일에 대한 한 가지 오해부터 풀고 이야기를 시작해야겠다. 우리는 숙종이 46년간의 재위기간 동안 경신환국, 기사환국, 갑술환국 등의 정치권 지각변동을 통해 남인과 서인, 노론과 소론 간에 갈등을 조장해 자신의 권력을 강화했다는 식의 설명에 익숙해 있다. 그러나 그것은 일정한 거리를 두고 그 시대를 관찰할 경우 그렇게 보일 수 있다는 것일 뿐, 실상은 다르다. 오히려 숙종은 남인에게 힘을 실어준 경신환국 이후에는 권력을 쥔 남인이 서인에 대해 관대해질 것을 주문했고 반대로 기사환국으로 서인이 권력을 잡자 남인에게 관대해질 것을 기대했다. 그런 주문과 기대를 배반할 경우 숙종은 불같은 분노로 답했다. 그것이 환국(換局)이었다. 마치 숙종이 여성의 치마폭에서 국가대사를 논한 듯한 인물로 그려온 장희빈 류의 사극

(史劇)은 그저 사극(私劇)일 뿐이다.

신하들의 당쟁에 대한 숙종의 이 같은 태도는 집권 초부터 일관되게 나타났다. 숙종 1년 1월 숙종은 비망기를 내려 "조정 내부가 서로 화협하지 못하고 상대를 공격만 하는 것이 오늘날보다 더한 때가 없으니 그 점에 대해 책려하지 않을 수 없다"고 경고한 바 있다. 남인이 집권의 중심세력이 됐다고 해서 남인만 쓰지 말 것을 타이르는 말이기도 했다. 그러나 남인집권 6년은 전전 더 서인을 배척하는 쪽으로 정사가 진행됐다. 김석주나 김만기 정도를 제외한 서인세력은 거의 조정 중앙권력에서는 자취를 감춰버렸다. 숙종이 원한 정치는 이런 게 아니었다. 앞서 본 바 있듯이 허견의 옥사와는 별개로 이조판서 이원정을 내칠 때 숙종이 보여준 분노는 다름 아닌 남인 일변도의 인사 정책을 향한 것이었다.

반면 김석주가 주도한 임술고변 이후 조정은 서인 일색이었다. 서인 내부에서 노론과 소론의 분화가 시작될 뿐이었다. 노론과 소론의 분화에 촉매제 역할을 한 인물이 바로 김석주다. 고변 이후 우의정에 오르는 등 실권을 장악한 김석주에 대해 숙종도 점차 거리를 두기 시작했다. 홍문관을 중심으로 한 참신한 관료들이 올리는 김석주·김만기·김익훈에 대한 탄핵상소도 이어졌다.

이런 가운데 1680년 10월 인경왕후가 세상을 떠났고 1683년 12월에는 숙종의 친모이자 김석주와 사촌관계인 현종비 명성왕후 김씨가 42세를 일기로 세상을 떠난다. 이듬해 9월 20일에는 복선군에 이어 어린 숙종의 정치적 성장을 도왔던 김석주마저 세상을 떠났다. 왕실의 어른은 이제 복제 문제의 중심에 섰던 인조의 계비 자의대비밖에 없었다. 사실상 정치인 숙종의 홀로 서기는 김석주의 죽음과 함께 본격화됐다고 해도 과언이 아니다. 다행스럽게도 이때 숙종의 나이 24세로 친정

(親政)을 하기에 부족함이 없었다.

마침 김석주가 죽은 다음날 숙종은 신하들에게 다음과 같이 당부한다. 아니 실은 엄중한 경고였다.

"당류를 돕고 반대파를 공격하는 관습은 이미 수백 년 동안 고치지 못할 고질을 이루었다. 그렇지만 공공연히 당류를 비호해 전혀 돌아보거나 꺼리지 아니함이 어찌 오늘날처럼 심한 적이 있었겠는가? 요즘 돌아보건대 이른바 명관(名官)이라는 연소한 무리가 나랏일을 근심하기를 집안일같이 하지 아니하고 임금을 사랑하기를 벗과 같이 하지 않는다. 밤낮으로 경영하는 바란 오로지 남을 모해하고 나라를 병들게 하면서 이름을 팔고 세력에 추종할 뿐, 나랏일의 크고 작은 것을 도외시한다. 이와 같이 하기 때문에 시사(時事)가 날로 더욱 그릇되고 붕당을 지어 아부하는 것이 날로 더욱 심해져서 점점 망할 지경이 되었는데 한 사람도 생각이 여기에 미치는 자가 없으니 어찌 한심스럽지 아니하겠는가?"

이는 김석주 이후 정국을 이끌어갈 숙종의 의중이자 노론이니 소론이니 하며 다시 붕당을 일삼는 서인세력에 대한 포괄적인 경고였다. 그러나 남인이 그랬듯이 권력을 손에 쥔 서인은 숙종의 말을 귀담아듣지 않았다. 아니 귀담아들으려 하지도 않았다.

'장씨의 인물' 조사석, 동평군 이항을 발탁하다

숙종 13년(1687년) 5월 1일 숙종은 영의정 김수항과 좌의정 이단하에게 비어 있는 우의정 자리에 누구를 제수하면 좋을 것인지 추천토록 했다. 이렇게 해서 두 사람은 이숙·이민서·신정·여성제 등을 추천했다. 통상은 3망(三望)이라 해서 3인을 적어 올리면 그중 한 명의 이름에 붓으로 점을 찍었다. 그것을 낙점(落點)이라 했다. 그러나 숙종처럼 자기 주관이 강한 임금의 경우 3망에 들지 않은 사람을 자신이 추천하기도 했다. 이를 가망(加望)이라 했다. 이렇게 되면 십중팔구 그 사람이 낙점을 받아 제수되기 마련이었다. 실제로 숙종은 즉위한 식후인 9월에 심석수를 승지로 제수할 때 가망을 활용했다.

복상(卜相)이란 비어 있는 정승 자리를 나머지 정승들이 추천토록 하는 절차였다. 처음에 김수항·이단하 두 사람은 별 생각 없이 이숙을 추천했다. 이에 숙종은 더 추천하라 명했고 그래서 이민서를 적어 올리니 숙종은 다시 더 추천할 것을 명했다. 이에 신정과 여성제를 적어 올리자 숙종은 또 다시 더 추천하라고 했다. 그때서야 김수항과 이단하는 숙종에게 전혀 딴 뜻이 있음을 알아차리고 입대(入對)를 청했다. 두 사람을 마주한 숙종은 자신의 본심을 밝힌다.

"이조판서 조사석이 나랏일에 마음을 다했음은 내가 알고 있는 일이다. 모두의 의견은 어떤가?"

이렇게 된 상황에서 반대의견을 밝힌다는 것은 곧 자리를 내놓아야한다는 뜻이다. 김수항·이단하 두 사람은 숙종의 뜻에 따르겠다고 말했다. 『실록』은 "갑자기 심상치 않은 명이 내렸다"고 적고 있다. 한편 우의정으로 제수된 조사석은 5월 7일 사직상소를 올렸으나 숙종은 받아들이지 않았다. 서인으로서는 남인 조사석을 무리수를 둬가며 우의정에 앉히려는 숙종의 의중이 두려웠을 것이다.

조사석(趙師錫, 1632년 인조 10년~1693년 숙종 19년)은 형조판서 조계원(趙啓遠)의 아들로 현종 3년(1662년) 문과에 급제해 사관을 지냈고 사헌부·사간원의 요직을 두루 거친 뒤 황해도·강원도·경기도 관찰사를 역임했다. 이후 대사헌·예조판서·호조판서·병조판서를 거쳐 의정부의 참찬을 지냈고 이때 이조판서로 있었다. 경력만 놓고 본다면 사실 우의정감으로 크게 문제가 있는 인물은 아니었다. 문제는 서인이 볼 때 조사석이 남인인 데다가 왕실 내 두 여성 실력자와 깊은 연관을 갖고 있었다는 데 있었다. 당시 숙종은 후궁 장씨에게 푹 빠져 있을 때였다. 조사석은 장씨를 후궁으로 들인 장본인이자 그때까지 살아 있던 자의대비 조씨의 조카였다. 서인의 우려와 두려움은 충분히 이유가 있었다.

숙종의 "심상치 않은 명"에 모두 숨죽이고 있는 가운데 보름이 지난 5월 21일 홍문관 부교리 민진주가 처음으로 입을 열었다. 정승이 하루 동안에 여섯 차례나 복상을 했는데도 거부당하고 주상의 뜻대로 인사가 관철된 것은 임금이나 신하 모두 도리에 벗어난 것이라는, 완곡하면서도 정곡을 찌르는 상소였다. 평소 숙종의 불같은 성격을 알고 있던 신하들이었기에 민진주의 상소 소식에 더욱 숨죽이고 있을 수밖에 없었다. 숙종은 얼마 후 민진주를 파직시켰다. 민진주는 송시열의 문인으로 숙종의 장인인 민유중의 조카이기도 했다. 파직 이유는 "대신을 침범하여 경박하게 일 만들기를 좋아한다"는 것이었다. 그것은 민진주의 상소 직후 좌의정 이단하가 자신의 책무를 다하지 못했음을 민진주가 지적했으니 사직하겠다고 상소를 올린 일을 염두에 둔 것이다. 그러나 실은 서인의 민진주가 남인 정승 임명을 비판했기 때문에 파직을 시킨 것으로 봐야 한다.

5월 26일 조사석은 또 다시 자신의 문제로 조정이 시끄러우니 사직하겠다는 상소를 올렸고 숙종은 승지를 보내 만류했으나 조사석은 끝내 조정에 나아가지 않았다. 이후에도 6월 한 달 내내 조사석은 사직 상소를 올렸고 숙종은 만류하는 일이 반복됐다.

조사석 문제가 미처 해결되기도 선인 6월 2일 숙종은 다시 한 번 "심상치 않은 명"을 내린다. 원래 혜민서의 책임자인 제조(提調)에 당시의 장인이자 서인의 대표적 인물인 여양부원군 민유중이 의망되었는데, 숙종은 이를 무시하고 특지(特旨)로 동평군 이항을 임명했다. 왕실 종친의 경우 중앙관서 중에서 종부시와 사옹원의 제조만을 맡을 수 있었기 때문에 이조에서 즉각 숙종의 명을 받들기 힘들다는 글을 올렸다. 이에 대한 숙종의 답변은 단호했다. "원래 사옹원도 법전에는 맡을 수 없도록 돼 있는 것인데 관례에 따라 맡는 것이므로 혜민서라고 해서 못 맡을 이유는 없다." 혜민서란 국립의료원과 같은 기관으로 그리 비중 있는 곳은 아니었다.

동평군 이항은 인조와 폐귀인 조씨 사이에서 난 장남 숭선군의 아들로 후궁 장씨의 오빠인 장희재와 가깝게 지낸 남인계통의 인물이다. 그리고 혜민서 제조가 된다는 것은 궁궐을 무시로 드나들 수 있게 된다는 뜻이기 때문에 서인 쪽에서는 긴장하지 않을 수 없었다. 이때 동평군 이항의 나이 28세로 숙종보다 한 살 위였다.

서인의 견제와 숙종의 분노 폭발

숙종 13년 6월 16일 대사헌 이수언이 나섰다. 이수언은 송시열의 충직한 제자였다. 그는 민진주를 파직시킨 것은 부당하다며, 더불어 후궁 장씨를 비판한 이징명과 한성우에 대해서도 관용을 베풀 것을 청하였다. 사실상 숙종의 아킬레스건을 건드리는 상소였다. 숙종의 분노가 폭발했다. 신하들의 뜻대로 임명할 것 같으면 이조에 맡기면 되지 왜 3망 하도록 하겠느냐는 논리적 반박과 함께 즉석에서 이수언을 파직시켜 버렸다.

사흘 후에는 홍문관의 김만길·황흠·김성적·홍수헌·송상기 등이 연명으로 임금이 공의(公議)보다는 사사로움으로 정치를 하고 있다고 비판하는 상소를 올리자 이들을 즉각 파직시킨다. 원래는 삭탈관작을 명했으나 승정원에서 겨우 만류하여 파직시키는 선에서 무마됐다. 이에 6월 21일 좌의정 이단하가 직접 나서서 이수언과 김만길 등을 용서해줄 것을 청했으나 숙종은 일언지하에 거절한다.

이런 가운데 7월 24일 영의정 김수항이 병을 이유로 여러 차례 사직을 청하자 우의정 조사석과 함께 사직을 받아들인다. 이로써 정승 3자리 중 좌의정 이단하만 남게 되었다. 그러나 이단하도 조정에 나오지 않고 있을 때였기 때문에 숙종이 복상의 절차를 거치지 않고 영의정과 우의정을 정하려 하다가 승정원에서 절차를 밟아야 한다고 건의해 약식으로 복상을 거친 다음 영의정에는 남구만, 우의정에는 원래 의망된 바 있던 이조판서 이숙을 임명했다.

그러나 8월 17일 새로 영의정에 오른 남구만을 비롯해 대사간 이규령을 필두로 한 사간원 관리 대부분이 나서서 동평군 이항의 혜민서 제조 임명은 잘못된 것임을 논하자 숙종은 비망기를 통해 자신의 속내를 정확하게 밝힌다. 왕권에 대한 털끝만큼의 도전도 용납지 않겠다는 강한 의지로 가득 찬 비망기다. 그리고 당시 상황에 대한 숙종 자신의 솔직한 인식을 볼 수 있다는 점에서 비망기를 면밀하게 읽어볼 필요가 있다.

"형상(刑賞)과 출척(黜陟-사람을 쓰고 버리는 것)은 임금의 큰 권한이다. 이에 있어서 한 번 흔들리게 된다면 장차 어디에 수족(手足)

을 쓰게 되겠느냐? 나라의 일을 해 나가는 도리는 정승을 두는 일보다 중요한 것이 없는 법인데, 지난 가을의 일을 보건대, 과연 신중하게 선택하려는 뜻에서 나온 것인지 알 수 없었다. 그래서 올여름에 정승을 정할 때 여러 차례 더 선택해 보라는 명을 내린 것이고, 당초에 더 선택했던 사람들이 삼사(三事-정승)에 합당하지 못했기 때문이 아니었다. 대개 옛사람들의 차례차례 선택하던 제도를 본받으려 한 것인데, 일찍이 한 달도 되지 못해서 시끄러운 단서가 크게 일어나고 지절(枝節)이 층층으로 생겨나 대신이 그 자리에 안정되지 못하도록 한 다음에야 그만두었다. 일이 이렇게 된 바를 따져보면, 임금의 권세가 존엄하지 못하므로 국가를 경멸한 소치가 아닐 수 없기에 내가 진실로 통탄스럽게 여겼다."

국왕의 존엄을 흔드는 움직임에 대해서는 한 치의 양보도 없음을 공식적으로 선포한 것이다. 숙종과 송시열은 마주 향해 달리는 기관차였다. 두 사람의 권력의지는 화해의 가능성이 없었다. 둘 다 절대적 권력의지의 소유자였기 때문이다.

다음날 『실록』에는 눈길을 끄는 짧막한 기사가 실려 있다. 이날 사직한 이단하와 이미 영의정에서 물러난 김수항이 "거취가 불안하게 되자 도성 밖으로 나갔다"는 것이다. 숙종과 서인과의 골은 점점 깊어져만 갔다.

결국 사단은 20여 일이 지난 9월 11일 벌어진다. 경연석상에서다. 경연 지사 김만중이 먼저 포문을 열었다. 숙종도 할 말이 있으면 속에 담아두지 못하는 성격이었지만 김만중도 크게 다르지 않았다. 글로 올린 것도 아니고 바로 면전에서 한 말이다.

"요사이 전하께서 김수항과 이단하에 대한 대우가 그전보다 크게 달라지셨는데, 김수항에 대해서는 외부 사람 모두의 말이 '김창협의 상소 때문이다'라고 합니다. 어찌 전하께서 아들이 한 일 때문에 그의 아비에게 화풀이를 하시겠습니까? 아마도 이는 김수항의 죄명이 분명하지 않기 때문에 이런 의심을 가지는 말이 외간(外間)에 마구 퍼지게 되는 것이 아닐 수 없습니다. 지금 전하께서도 신료(臣僚)들에게 마치 의심이 쌓여 풀리지 않으시는 것 같은데, 그렇다면 아래에서도 성상께 의심이 없을 수 없게 되는 것은 또한 당연한 일입니다. 대사헌 이익의 상소 내용에 이른바 '의아스러운 마음이 날로 생겨나고 있습니다'라고 한 것이나, '조사석이 불안해진 것은 민진주 때문이 아닙니다'라고 이수언이 상소에서 말하게 된 것도 또한 이런 때문입니다. 지난번 한성우의 상소는 한 말이 매우 광망(狂妄)하여 진실로 성상의 마음을 개오(開悟)하기에 부족한 것이기는 했습니다마는, 비답(批答)하신 말씀이 매우 엄격하고 신하로서는 차마 들을 수 없는 말씀이 있기도 했기에, 항간에서는 더러 송나라 인종(仁宗) 때 온성(溫成)의 일과 같은 것이라 하고 있습니다. 유언(流言)은 옛적부터 대내(大內)에서 총애받는 궁녀가 있을 적에 생기는 수가 많았습니다. 바라건대, 전하께서는 반성하시면서 더욱 수신(修身)하고 제가(齊家)하는 도리를 닦으소서."

숙종은 치밀어 오르는 화를 억지로 참으며 "조사석이 불안하게 된 것은 과연 무슨 일 때문이라고 생각하는가"라고 물었다. 작심을 한 것인지 눈치가 없는 것이었는지는 정확히 알 길이 없지만 김만중은 애당초 에둘러갈 생각이 전혀 없었다.

"후궁 장씨의 어미가 평소에 조사석의 집과 친밀했습니다. 대배(大拜-정승에 오르는 것)가 이 길에 연줄을 댄 것이라고 온 나라 사람이 모두 말하고 있습니다마는, 유독 선하께서만 듣지 못하신 것입니다. 임금과 신하의 사이는 마땅히 환하게 트이어 조금도 간격이 없어야 하는 것인 데다가 전하께서 물으시는데 신(臣)이 어찌 감히 숨기겠습니까?"

숙종은 대노(大怒)했다.

"나와 같이 재주도 없고 덕도 박한 사람이 임금의 자리에 있으면서 이러한 말을 듣게 되니 진실로 군신(群臣)을 대할 면목이 없다. 김창협이 한 일은 비록 해괴하기는 했지만 어찌 죄를 그의 아비에게 옮길 리가 있겠는가? 이단하는 정승의 직책에 합당하지 못함을 내가 본래 알고 있거니와, 속담에 '차례로 하는 대간(臺諫)이다'라는 말이 있듯이, 또한 어찌 차례로 하는 대신인들 없겠느냐? 조사석을 이미 연줄을 대어 정승이 되었다고 했으니, 광해군 때에 값을 바치고 벼슬을 얻은 일과 같다는 것인데, 금을 받은 것이라 여기느냐, 은을 받은 것이라 여기느냐? 분명히 말의 근거를 대라. 결코 그만두지 않겠다."

김창협의 일이란 앞서 김창협이 후궁 장씨의 문제를 지적하는 상소를 올린 것을 말한다. 그러나 김만중도 물러서지 않았다. 작심을 했던 것이다. 『실록』은 김만중이 이 말을 할 때 "말씨에 조금의 흔들림도 없었다"고 적고 있다.

"전하께서 이미 신으로 하여금 말을 하도록 해놓고 또한 한 말의 근거를 물으십니다마는, 신이 비록 불초하기는 하지만 어찌 말의 근거를 들어 말씀드릴 수 있겠습니까? 비록 주륙(誅戮)을 당하게 되더라도 신이 진실로 달게 여기겠습니다마는, 이는 전하께서 바로 신을 형륙(刑戮)에 빠뜨리시려는 것입니다."

죽기를 각오하지 않고서는 할 수 없는 말이 김만중의 입에서 나오고 있었다. 그의 『사씨남정기』는 바로 후궁 장씨에게 빠진 숙종을 비판하는 내용이다. 숙종은 화를 참지 못해 부들부들 떨었다. 그러면서 계속 근거를 대라고 다그쳤다. 이에 김만중은 "신은 여기에 더 있을 수 없습니다. 스스로 의금부로 달려가 명을 기다리겠습니다"며 물러났다.

결국 다음날 김만중은 평안도 선천으로 귀양을 가야 했다. 현종 때 허적이 정승에 적합지 않다고 했다가 귀양을 갔다온 바 있는 그였다. 김만중(金萬重, 1637년 인조 15년~1692년 숙종 18년)은 사계(沙溪) 김장생(金長生)의 증손이며, 김익겸(金益兼)의 유복자로 숙종의 첫 번째 장인이던 광성부원군 김만기의 아우이다. 즉 숙종의 초비(初妃) 인경왕후 김씨의 숙부다. 아버지 김익겸은 병자호란 때 김상용(金尙容)과 함께 강

김만중_ 숙종조 인경왕후의 숙부라는 가문의 배경도 탄탄했지만, 탁월한 재능과 식견으로 일세를 풍미했다. 특히 후대에는 『사씨남정기』『구운몽』등의 국문소설 작가로 더 많이 알려졌다.

『사씨남정기』_ 후궁 장씨에게 빠진 숙종을 비판하는 내용의 소설.

화도에서 순절하였다. 편모 윤씨는 어려운 가정살림에도 불구하고 『소학』『사략』『당률』 등을 직접 가르쳤으며 그의 인격형성에 결정적인 영향을 준 것으로 유명하다.

현종 6년(1665년) 문과에 장원급제해 청요직을 두루 거쳤고 1673년 어전에서 허적의 파직을 주장하다가 유배를 갔다. 숙종 1년에는 과격한 언사로 삭탈관직을 당했다. 이후 숙종 5년에 예조참의로 복직되었고 숙종 9년 공조판서와 대사헌, 숙종 12년에는 대제학에 올라 문명(文名)을 날렸다. 그리고 이때 경연석상에서 숙의 장씨 일가의 문제를 정면으로 거론하다가 선천으로 유배를 갔고 이듬해 풀려나기는 하지만 1689년 숙종이 인현왕후 민씨를 내몰 때 다시 연루되어 경상도 남해의 노도라는 작은 섬으로 유배되어 그곳에서 56세의 파란만장했던 삶을 마감한다.

김만중을 유배보내는 숙종을 보면서 신하들, 그중에서도 서인계통의 신하들은 숙종의 서슬에 놀라 침묵에 들어갔다. 조정에 참여한 서인은 일상 잡무 이외에 장씨와 관련된 문제는 전혀 입 밖에 내지 못했다. 시간을 벌기 위함이었을 것이다. 이 무렵 숙종의 언사 중에서 주목을 요하는 것 하나는 그해 12월 25일 신하들에게 내린 다음과 같은 하교였다.

"요사이 처음으로 관직에 나서는 사람들이 대부분 한양의 자제들이고 먼 지방 사람들은 끼지 못하고 있으니, 먼 데 사람을 빠뜨리지 않고 미천한 사람도 등용하는 도리가 못 된다. 특히 영남(嶺南)으로 말하면 본래부터 인재의 부고(府庫)라는 곳으로서 조종조(祖宗朝) 이래 뛰어난 선비와 명현(名賢)이 찬란하게 배출되었다. 세상이 퇴보되고 풍속이 나빠져 비록 옛날처럼 우뚝하게 일어나지는 못할지라도 그 가운데 어찌 한 가지 재주나 한 가지 능력이라도 있는 선비가 없겠느냐? 수습하여 임용하라는 명을 여러 차례 내렸는데도 받들어 거행한 효과는 아득하기만 하다."

당파싸움으로 인해 서인 위주로만 이뤄지던 당시 정치상황에 대한 우회적인 비판이었다. 특히 영남을 특칭하여 언급한 것은 영남이 남인의 본거지라는 점을 염두에 둔 때문이었다.

경국지색 장희빈, 아들을 생산하다

장희빈, 아니 장옥정은 1659년 8월 9일생이다. 숙종보다 두 살 위다. 아버지는 중인 신분의 장형(張炯)이고 어머니는 천인(賤人) 신분의 윤씨였다. 여기서부터 이미 뭔가 심상찮다. 아버지 장형에 대해서는 역관(譯官)이었다는 사실 이외에 이렇다 할 전하는 정보가 없고 어머니 윤씨에 대해서는 흥미로운 사실 몇 가지가 전한다.

먼저 윤씨는 인조의 계비인 장렬왕후(훗날 자의대비) 조씨(1624~1688년)의 사촌동생인 조사석(1632~1693년)과 연인관계였다. 아마도 장형이 일찍 죽고 이런 관계를 맺게 된 것으로 보인다. 원래 윤씨는 조사석 처가의 여종으로 있다가 남편이 죽자 조사석의 집을 드나들면서 내연의 관계로까지 발전했다. 여기서 우리는 윤씨의 미모가 출중했다

내명부 위계표

	내명부	세자궁
정1품	빈(嬪)	
종1품	귀인(貴人)	
정2품	소의(昭儀)	
종2품	숙의(淑儀)	양제(良娣)
정3품	소용(昭容)	
종3품	숙용(淑容)	양원(良媛)
정4품	소원(昭媛)	
종4품	숙원(淑媛)	승휘(承徽)
정5품	상궁(尙宮) 상의(尙儀)	
종5품	상복(尙服) 상식(尙食)	소훈(昭訓)
정6품	상침(尙寢) 상공(尙功)	
종6품	상정(尙正) 상기(尙記)	수규(守閨) 수칙(守則)
정7품	전빈(典賓) 전의(典儀) 전선(典膳)	
종7품	전설(典說) 전제(典製) 전언(典言)	장찬(掌饌) 장정(掌正)
정8품	전찬(典贊) 전식(典飾) 전약(典藥)	
종8품	전등(典燈) 전채(典彩) 전정(典正)	장서(掌書) 장봉(掌縫)
정9품	주궁(奏宮) 주상(奏商) 주각(奏角)	
종9품	주변치(奏變徵) 주치(奏徵) 주우(奏羽) 주변궁(奏變宮)	장장(掌藏) 장식(掌食) 장의(掌醫)

는 사실을 간접적으로 추출해낼 수 있다. 여간한 미색(美色)이 아니고 서는 명문대가의 '연인'이 된다는 것은 불가능했기 때문이다. 조사석 은 형조판서를 지낸 조계원(1592~1670년)의 일곱 아들 중 넷째로 숙종 14년에 좌의정에까지 오르는 인물이다.

어머니를 닮아 미모가 출중했을 것이 분명한 장옥정은 당시의 관습에 따라 대략 10세를 전후해서 궁궐에 들어간 것으로 보인다. 그러면 1670년 전후가 된다. 궁녀가 되는 데 조사석이 큰 역할을 했음은 물론이다. 궁궐에 들어간 장옥정은 처음에는 자의대비 조씨의 시종으로 일했다. 그리고 이때부터 이미 세자로 있던 숙종의 총애(?)를 받았다. 반면 숙종의 어머니인 명성왕후 김씨는 지나치게 미색을 갖춘 장옥정을 극도로 싫어했다. 아들의 장래를 염려한 때문이다.

1680년 허적의 서자 허견으로 인해 터진 역모사건과 그에 연루된 복선군 3형제 사건이 터지자 서인의 선봉장이었던 병조판서 김석주는 5월 7일 숙종에게 탄핵상소를 올렸다. 역관으로 보기 드물게 종1품 숭록대부에 오른 거부(巨富) 장현과 아들 장천익, 동생 장찬을 유배시켜야 한다는 것이었다. 실은 장현과 장천익은 이미 유배를 가 있었고 이때의 주요 내용은 장찬도 유배형에 처해야 한다는 내용이다. 이유는 장찬과 복선군이 친밀했기 때문이었다. 장현과 장찬은 바로 장옥정의 아버지 장형과 사촌지간이었다.

복선군 형제는 앞서 살펴본 대로 종친 중에서 남인세력의 핵심인물들이었다. 반면 명성왕후 김씨는 서인세력이었다. 명성왕후는 장옥정도 남인의 영향권에 있다고 볼 수밖에 없었다. 결국 명성왕후는 직접 장옥정을 사저로 내쫓아버렸다.

그러나 3년 후인 1683년 12월 5일 명성왕후가 세상을 떠났고 숙종은 3년상이 끝난 1686년 초 장옥정을 다시 궁궐로 불러들였다. 이때도 조사석과 자의대비 조씨의 역할이 컸다고 봐야 한다. 그해 12월 숙종은 장옥정에게 파격적으로 숙원(淑媛)이라는 종4품의 첩지까지 하사했다. 정식 후궁이 되는 순간이었다.

당시 세상은 경술환국으로 서인천하(西人天下)였다. 그런데도 숙종은 남인과 연결된 숙원 장씨에게 흠뻑 빠져들었다. 서인세력의 공포는 더욱 커갔다. 서인 쪽의 인현왕후 민씨가 있긴 했지만 아들을 생산하지 못하고 있었다. 이런 가운데 1688년 정월 숙원 장씨에게 태기(胎氣)가 있다는 소식이 들려왔다. 이때부터 그해 10월 28일 장씨가 출산을 할 때까지 서인세력이 느꼈을 공포감을 추체험해 보기란 그리 어렵지 않다. 가히 패닉 상태였을 것이다. 게다가 그날 장씨는 보란 듯이 아들(훗날의 경종)을 낳았다. 그리고 이듬해(1689년) 1월 숙종은 서인의 설사만내에도 불구하고 이 아들을 원자로 채봉하고 숙원 장씨를 정1품 희빈으로 승격시켰다. 이때 숙종은 서른을 눈앞에 둔 29세였다.

기사환국, 남인의 재집권

"원자의 호를 정하고자 하니 따르지 않을 자는 물러가라!"

숙종 15년 1월 15일, 숙종은 전현직 정승과 6경(판서), 한성부 판윤과 3사의 장관을 모두 입궐토록 명했다. 이런 일은 대개 국가 중대사를 결정할 때 그랬다. 이 자리에는 영의정 김수홍, 이조판서 남용익, 호조판서 유상운, 병조판서 윤지완, 공조판서 심재, 대사간 최규서가 참석했고 사헌부의 대사헌을 대신해서는 지평 이언기, 홍문관의 대제학을 대신해서는 수찬 목임일이 참석했다. 이미 무슨 일이 일어날지 알고 있었기 때문에 불참자도 많았다. 즉 좌의정·우의정이 안 왔고 판서 중에는 예조와 형조 판서가 빠졌으며 한성부 판윤도 오지 않았다. 통상은 이런 경우 의제를 던진 다음 다양하게 의견을 구하는 형식으로 진행된다. 그러나 그것은 직선적인 숙종의 스타일이 아니었다.

"국본(國本-세자)을 정하지 못하여 민심이 매인 곳이 없으니, 오늘의 계책은 다른 데에 있지 않다. 만약 선뜻 결단하지 않고 머뭇거리며 관망만 하고, 감히 이의를 제기하려는 자가 있다면, 벼슬을 바치고 물러가라."

먼저 이조판서 남용익이 나섰다. 물러나기는 하겠지만 인현왕후 민씨의 춘추가 아직 한창이니 후궁에게서 난 아들을 원자로 삼는 것은 너무 이르다고 말했다. 이어 윤지완·최규서·유상운 등도 같은 의견을 말하고 물러날 뜻을 밝혔다.

숙종의 생각은 달랐다. 나이 서른이 되어서야 겨우 아들을 보았기 때문에 서둘지 않을 수 없었다. 물론 후궁 장씨에 대한 남다른 사랑도 왕자의 원자 정호(定號)를 서두른 결정적 요소 중 하나였다. 닷새 후인 1월 15일 왕자를 원자로 정했다는 사실을 종묘에 고했고 같은 날 소의(昭儀) 장씨는 희빈(禧嬪)으로 승격됐다. 빈이 됐다는 것은 후궁 중에서도 최고 자리에 올랐다는 뜻이다. 이렇게 해서 그 유명한 '장희빈'이 탄생하게 된다. 이날의 분위기에 대해 『실록』은 이렇게 적고 있다. 당시 서인이 느꼈을 공포감을 고스란히 느낄 수 있다.

"당시에 장씨에 대한 총애가 날로 성하였는데, 동평군 이항과 장씨의 오빠 장희재가 민암·민종도·이의징 등과 연결되어 서로 통하고 모의함에 못 하는 바가 없었으니, 국가의 화(禍)가 장차 눈앞에 있어 사람들이 모두 무서워서 떨었다."

모두 무서워서 떨 일은 아니었고 서인이 그렇게 떨어야 했다.

환국을 자초한 송시열의 상소

이때까지만 해도 숙종은 서인을 모두 배제하는 또 한 번의 정계 갈아엎기를 염두에 둔 것 같지는 않다. 숙종은 기본적으로 서인의 국정운영 능력을 훨씬 신뢰하는 입장이었다. 아마도 서인 내 강경파를 배제하고 온건파인 소론과 남인의 연합정권 정도로 정국을 풀어가려 했을 것이다. 그가 직접 여성제를 우의정에 제수하고 관직에서 물러나 있는 남구만을 다시 불러들여 중추부 판사로 임명한 것도 그런 맥락에서 볼 수 있다. 여성제나 남구만 모두 서인이기는 하지만 남인에 대해서는 노론과 달리 온건한 입장을 보였던 소론의 중심인물들이었다. 이 무렵 영의정은 김수흥이었고 좌의정은 조사석이었지만 조사석은 병으로 오랫동안 정사에는 참여치 못하고 있었다.

이 무렵 숙종은 도목정(都目政)을 직접 행사하고 있었다. 도목정이란 이조와 병조에서 매년 두 차례씩 인사평가를 하여 승진과 좌천을 시키던 것으로 숙종은 여성제를 우의정으로 제수할 때도 친히 도목정을 행사했다. 자신이 원하는 바대로 조정관리들을 짜겠다는 강력한 친정(親政) 의지였다. 사실 이때쯤이면 15년 통치경력이 있을 때이므로 사람들에 대한 나름의 판단은 자리잡아가고 있었다. 그래서 연일 주요 요직에 대한 인사가 발표됐다. 그러나 30이란 나이의 한계는 분명 있었을 것이다.

이런 가운데 1월 27일 조사석이 24번째 사직소를 올리자 숙종은 마침내 받아들였다. 남인의 중대한 축이 사라져버린 것이다. 숙종으로서는 정국구상을 새롭게 짜야 하는 곤경에 처했다. 남인 중에서 자신의 의중을 조사석만큼 제대로 관철해 줄 만한 인물을 찾을 수가 없었기 때문이다.

이런 고민이 깊어가던 2월 1일 봉조하 송시열이 장문의 상소를 올렸다. 원자 정호가 너무 이르다며 송나라 철종을 인용한 송시열의 상소를 읽은 숙종은 노기 띤 목소리로 승지들을 불러 의견을 내볼 것을 명한다. 그러나 이미 방향은 정해져 있었다.

"일이 아직 정해지기 전에 말하는 것은 진실로 불가할 것이 없다. 그러나 일이 이미 정해졌는데도 말하는 것은 반드시 그 뜻의 소재(所在)가 있다. 세신은 그것을 더 진달하여 숨김이 없도록 하라."

남인계통의 신하들은 송시열의 망발이라고 답했고 서인계통의 신하들은 묵묵부답이었다. 신하들과의 토론 중에 숙종은 아주 의미심장한 말을 던진다. "송시열의 소(疏)가 이미 이와 같으니, 그 문하의 제자들이 반드시 이어서 일어날 것이다." 이어 "송시열을 삭탈관작하고 도성 밖으로 내칠 것"을 명한 다음 성난 목소리로 대응방안까지 정한다. "반드시 송시열을 구원하는 자가 있겠지만, 비록 대신이라 하더라도 용서하지 않을 것이다. 이런 소는 정원(政院)에서 받아들이지 않음이 마땅하다."

숙종의 분노는 바로 다음날 나타났다. 당초 서인 온건파 소론과 남인의 연합정권을 구상했던 계획은 접었다. 조금이라도 송시열을 비호하거나 구원하려는 뜻이 있는 인물은 그 즉시 파직되거나 유배행이었다. 먼저 승정원에서만 도승지 이세백을 비롯한 4명의 승지가 이날 파직되었다. 이어 영의정 김수흥을 파직했다. 파직 이유는 일전에 경연에서 국사를 논의하다가 김수흥이 무의식 중에 "예로부터 임금의 무리는"이라는 말을 했다는 것이었다. 그리고 바로 이날 중추부 지사 목래선을 좌의정, 예조판서 김덕원을 우의정, 여성제를 영의정으로 전격 임명했다. 목래선은 남인 중에서도 허목의 제자였고, 김덕원은 청남과 탁남이 갈릴 때 허적의 반대편에 섰던 청남이었으며, 여성제는 앞서 본 대로 서인 중에서 소론이었다. 남인과 소론의 연합정권이라는 숙종의 기본 구상은 이때까지도 유효했다.

남인정권의 수립과 피의 보복

서인 노론이 떠난 자리는 컸다. 결국 그 자리는 하나둘 남인으로 채워지면서 연합정권의 성격은 쇠퇴하고 하루가 다르게 정권의 남인화가 이뤄진다. 3정승 중에서 유일한 서인이던 여성제는 결국 2월 9일 사직소를 냈고 숙종은 받아들인다.

이에 앞서 2월 3일 숙종은 허적과 함께 제1차 남인정권 때 오래 정승을 지내다가 물러나 있던 권대운을 조정으로 불러들였고 훈련대장을 신여철에서 이집으로 전격 교체했다. 2월 6일에는 어영대장도 남인 윤이제로 교체했다. 정권교체에서 병권교체는 필수적이었기 때문이다. 2월 10일 여성제가 물러난 영의정에 권대운을 임명하는 등 정권은 순식간에 남인이 장악한다.

남인으로서는 정확히 10년 만에 이뤄낸 재집권이다. 그사이에 이들이 받은 정치탄압은 이루 말할 수 없었다. 사헌부와 사간원을 장악한 남인은 경쟁적으로 송시열과 김수항·김수흥 등 서인 핵심인물들에 대한 처벌을 청했다. 물론 궁극적인 타깃은 송시열이었다.

인지상정이랄까? 경신환국 직후 남인에 대한 강경탄압을 반대했던 소론에 대해서는 숙종이나 남인이나 비교적 관대한 편이었다. 게다가 숙종의 입장에서 보자면 국정을 원만하게 운영하는 데 많은 인재가 필요한데 사실 남인은 예나 지금이나 그런 면에서 부족했다. 3월 1일 숙종이 핵심요직 중 하나인 홍문관 대제학에 남구만을 임명하려 했던 시도는 그런 점에서 볼 필요가 있다. 그러나 아무리 소론이라고 하더라도 역시 서인이던 남구만으로서는 얼굴마담이 되어 남인정권에 참여할 수는 없었다. 남구만은 완곡하면서도 단호하게 숙종의 요청을 거절했다.

3월 5일에는 윤휴의 문인이던 우의정 김덕원의 청을 받아들여 윤휴의 복권을 명한다.

"윤휴는 경학(經學)을 깊이 연구한 선비로서 대대로 국은(國恩)을 입어 지위가 경재(卿宰)에 올랐으나, 오직 시무(時務)에 익숙하지 못하여 논의가 다소 거칠기는 하였지만, 국가를 근심하고 임금을 사랑하는 단성(丹誠)은 진실로 내가 아는 바이다. 불행하게도 경신년(1608년)에 간사한 무리가 송시열을 위하여 보복하려고 그 죄를 나열하며 터무니없이 무함하지 않음이 없었다. ……세월이 여러 해가 지났는데도, 아직도 신원(伸寃)하지 못하였으니 이는 나의 본뜻이 아니다."

윤휴를 재평가했다는 것은 곧 송시열의 죽음을 의미할 수도 있었다. 송시열은 2월 4일 숙종의 명에 따라 제주도로 유배를 가 있었다. 2월과 3월 두 달 동안은 주로 현직에 있던 서인세력을 제거하는 작업이 진행됐고 이어 3월과 윤3월 두 달 동안은 이미 세상을 떠난 서인과 남인에 대한 재평가 작업이 이뤄졌다. 그 과정에서 이이와 성혼의 문묘 배향도 남인의 요구에 따라 없던 일로 하게 됐다. 남인으로서는 서인의 뿌리인 이이와 성혼이 문묘에 배향된 일을 도저히 받아들일 수 없었기 때문이다. 서인 숙청과 남인 복권은 대략 100여 일에 걸쳐 진행됐다. 이때 이뤄진 피의 숙청으로 거의 20명이 각종 방법으로 처형되었고 유배를 떠나야 했던 사람은 60여 명, 파직과 삭탈관작 등을 당한 사람이 20여 명이었다. 경신환국 이후 서인이 남인에게 가한 복수의 규모와 비슷했다. 말 그대로 당동벌이(黨同伐異)였다. 서인이 초토화되자 고위직에 남은 사람은 인현왕후 민씨 한 사람뿐이었다고 해도 과언이 아니었다.

바람 앞의 촛불신세가 된 인현왕후 민씨

인현왕후 민씨는 서인 민유중의 딸로 1681년(숙종 7년) 숙종의 계비로 들어와 유감스럽게도 자식을 낳지 못했다. 게다가 민유중은 살아 있을 때 서인 중에서도 노론의 핵심인물이었다. 그런데 숙종은 권력의지에 관한 한 비정(非情)이었다. 서인세력에 대한 숙청이 거의 마무리돼 가던 4월 21일 대사헌 목창명을 비롯한 3사의 관리들이 송시열의 국문을 청하자 의미심장한 말을 던진다.

"단지 송시열의 일만 그런 것이 아니고 궁위(宮闈) 사이에도 변괴
가 있으니, 대간들이 다 논한 다음에 말하겠다."

궁위란 인현왕후 민씨를 지칭하는 말이다. 즉 신하들이 송시열 문제를 제기하자 중궁의 문제도 함께 이야기를 해야 한다는 뜻이었다. 송시열에 대한 신하들의 의견개진이 모두 끝나자 숙종은 신하들로서는 대단히 충격적인 이야기를 던진다.

"말세(末世)로 올수록 인심이 점점 나빠지는 것이기는 하지만 어
찌 내가 당한 것 같은 일이 있겠는가? 경들에게 발본색원(拔本塞源)

할 뜻이 있으니, 나도 할 말이 있다. 궁위에게는 「관저(關雎)」(주나라 문왕의 부인 태사의 덕스러움을 노래한 시가의 제목)의 덕풍(德風)은 없고 투기(妬忌)의 습관이 있어서 병인년(숙종 12년) 희빈(禧嬪)이 처음 숙원(淑媛)이 될 때부터 나에게 분을 터뜨리고 투기를 일삼은 정상은 이루 다 말할 수가 없다. 어느 날 나에게 말하기를, "꿈에 선왕(현종)과 선후(현종 비)를 만났는데 두 분이 나를 가리키면서 말하기를 '내신(內殿)은 신묘(宣廟 신효) 폐치럼 복록(福祿)이 두텁고 가손이 많을 것이다. 그러나 숙원은 아들이 없을 뿐만 아니라 복도 없으니, 오랫동안 액정(掖庭-후궁 자리)에 있게 되면 경신년에 실각한 사람들에게 붙게 되어 국가에 이롭지 못할 것이다'고 했습니다"라고 하였다. 부인의 투기는 옛날에도 있었지만 어찌 선왕·선후의 말을 가탁(假托)하여 엄청난 일을 꾸밀 계책을 세운 것이 이토록 극심한 지경에 이를 수가 있겠는가? 투기가 통하지 않자 이러한 헤아릴 수 없는 말을 만들었는데 삼척동자인들 어찌 이 말을 믿겠는가? 간교한 정상이 폐부(肺腑)를 들여다보듯 환하다. 이런 사람은 고금(古今)에 다시 없을 것이다. 그리고 숙원에게 아들이 없는 것이 사실이라면 원자는 어떻게 탄생되었는가? 그 거짓된 작태가 여기에서 더욱 증험되었다."

졸렬(拙劣), 치졸(稚拙), 용렬(庸劣) 그 자체였다. 성종이 연산군의 어머니였던 윤씨를 폐비시키려 할 때처럼 유치했다. 국왕으로서의 자의식이 너무 강한 나머지 숙종은 뭐든지 마음대로 하지 않고서는 못배기는 성품이었다. 이후 그게 문제가 되면 그때 가서 간단하게 자기 입장을 바꿔버렸다. 양심의 가책이나 인간적인 연민하고는 거리가 먼 인물이었다. 숙종 때의 잦은 환국은 흔히 말하듯이 여자 문제 때문이라기보다는 이 같은 숙종의 성격이 더 크게 작용했다고 봐야 한다.

이틀 후인 4월 23일은 마침 인현왕후 민씨의 탄신일이었다. 원래는 신하들이 내전에 하례를 올리는 것이 관례였다. 그러나 숙종은 하례 금지를 명한다. 그러자 영의정 권대운, 좌의정 목래선, 우의정 김덕원 등 3정승과 6조판서와 당상관들이 대거 빈청에 모여 하례금지는 예법에 맞지 않는 조처라는 글을 올렸다. 이에 대한 숙종의 답이다.

"내 나이 서른에 비로소 원자를 두었으니 이것은 종묘사직의 무한한 복이다. 진실로 병이(秉彝)의 마음이 있는 사람이면, 경사스럽게 여기는 마음과 돌보아 아끼는 정이 자기가 낳은 자식과 다름이 없어야 하는 것이다. 그런데 중궁은 원자가 탄생하였다는 말을 듣고부터는 매우 노여운 기색을 드러내며 도리에 어긋난 불평하는 말을 한 것이 한두 번이 아니다. 그리고 주가(主家-친정 민씨 집안)와 더욱 친밀히 지내는 그 정적(情迹)이 주도면밀하여 뒷날의 걱정이 이루 말할 수 없을 것 같아 일찍 국본을 정한 것이다. 이는 중국의 고사(故事)를 원용하여 한 것일 뿐만이 아니라 내가 원대한 장래를 생각하여 한 것으로, 실로 이유가 있는 것이었다. 하늘에 계신 조종(祖宗)의 영혼이 어두운 가운데서 내려다보시고 우리 동방을 보우(保佑)하기 위해 원자를 탄생시킨 것이다. 그런데 무함하는 정상(情狀)이 갈수록 더욱 드러나고 있으니, 실로 종묘 사직에 죄를 짓는 사람이다. 하루인들 이런 사람이 일국의 국모(國母)로 군림할 수 있겠는가? 구전(舊典)을 상세히 조사하여 속히 거행해야 한다. 나의 이 거조(擧措)는 만부득이한 데서 나온 조처다. 경들이 나의 말을 믿을 수 없다고 한다면 내가 망언한 책임을 감수할 것이다. 그러나 그것이 사실인데도 어머니로 섬기는 지위에 있는 이를 위하여 절의(節義)를 세우려

한다면, 내가 무슨 면목으로 다시 공경(公卿)들 위에 군림할 수 있겠는가? 과인(寡人)을 아버지로 섬김으로써 스스로 수치를 더하지 말기 바란다."

다음날에도 신하들은 중전이 실덕(失德)하였다는 말을 들어본 적이 없다며 한사코 만류했으나 결국 숙종은 중전에 대한 폐서인(廢庶人)을 관철시킨다. 이후 민대비는 신하들은 즉시 파면당했고 상소를 올린 유생들에 대해서는 숙종 자신이 직접 친국을 해서 배후를 조사했다. 오죽했으면 돈녕부 판사로 정치일선에서 물러나 있던 남인의 핵심인 조사석까지 글을 올려 중궁의 폐서인 조치는 잘못이라는 글을 올렸다. 그러나 숙종은 눈 하나 까딱하지 않고 밀어붙였다. 5월 2일 민씨는 폐서인 돼 흰 가마를 타고 친정으로 돌아갔다. 성종 때의 윤씨처럼 사약을 받지 않은 게 그나마 다행이라고나 할까? 이날의 일에 대해『실록』의 사관은 이렇게 평하고 있다. "임금이 바야흐로 (장희빈에 대한) 총애에 치우치고 분노에 과격하여, 무릇 잘못을 크게 드러내어 그 죄를 만드는 것에 이르지 아니하는 바가 없었다." 노론의 관점에서 나온 평이기는 하나 진실에 가깝다고 할 수 있다. 왜냐하면 민씨의 폐서인 조치가 내려진 지 불과 나흘 후에 희빈 장씨를 제2계비로 정한다는 명이 있었기 때문이다.

"송시열을 사사하라!"

이 무렵 숙종은 송시열을 '큰 우두머리'라고 부르고 있었다. 최소한의 경칭도 생략해 버린 것이다. 인현왕후 민씨의 폐서인 문제가 한 풀 꺾여가던 5월 30일 전 별검 이기주와 유생 이탁이 송시열의 억울함을 호소하는 상소를 올렸다. 두 사람은 이 상소가 오히려 송시열의 명을 재촉하는 화근이 될 줄은 몰랐을 것이다. 당시의 숙종은 극도로 분노한 상태였기 때문이다. 두 사람의 상소를 읽어본 숙종의 반응에서 그 점을 알 수 있다.

"아! 송시열의 더할 수 없는 흉악함을 모두 다 언급할 수 없으나, 우선 그 가장 중대한 것에 대하여 말하자면, 효묘(孝廟-효종)를 폄하하고 낮춰 속임이 선조(先朝-현종)에 미쳤고, 국본을 동요시켰으니, 진실로 이는 역사에 죄를 짓는 큰 잘못이다. 이기주 등도 사람이니, 어찌 송시열의 죄가 쌓이고 악함이 차서 천토(天討)를 면하기가 어려움을 알지 못하리오? 그런데 이에 감히 국문하기를 명한 뒤에 잇따라 상소하여 지어낸 뜻이 교묘하고 참혹하며 그 말이 위험하니, 오늘날 국가에서 조금이라도 기강이 있다면 어찌 감히 이와 같이 무엄(無嚴)할 수 있겠는가? 임금을 잊고 당(黨)을 위해 죽는 무리를 중한 율(律)로 다스려서 악함을 징계하는 법을 엄하게 하지 않을 수 없다. 소두(疏頭-상소의 주동자) 이기주와 이탁을 아울러 극변(極邊)에 멀리 귀양 보내라."

4월 21일 인현왕후 민씨의 문제가 처음 거론되던 날 송시열에게는 한양으로 올라와 국문을 받으라는 명이 내려가 있었다. 물론 두 사람의 상소가 아니었어도 이미 83세의 송시열은 국문을 받는 도중 사망할 가능성이 높았다. 그러나 두 사람의 상소는 분명 숙종을 자극했다.

6월 3일 대신과 비변사 관리들을 불러 국사를 논의하던 중 의금부판사 민암은 엉뚱한 제안을 한다. "송시열의 지극히 흉하고 악함은 국문을 기다리지 아니하고도 알 수 있습니다. 우리 조종(祖宗)께서 나라를 세움이 인후(仁厚)하여 일찍이 대신을 국문하지 아니하였으니, 대신에게 물어서 처리하는 것이 마땅합니다." 이게 무슨 말인가? 남인의 모사꾼인 민암이 이런 말을 한 이유는 굳이 국문을 하지 않고 죽여버리자는 뜻이었다. 이에 숙종이 권대운에게 묻자 권대운도 "성상께서 참작해서 처리하시는 것이 좋겠습니다"고 말한다. 숙종의 결정으로 국문없이 사사(賜死)시키자는 말이었다. 사실 국문과정에서 서인들이 동요하고 결집할 가능성노 배세할 수 없있다. 님인은 당시 수종의 마음이 서인에 대해 극단적으로 적대적임을 알고 이 점을 활용하려 했다. 이번에도 역시 숙종은 추호의 망설임도 없었다. "의금부도사가 내려가다가 만나는 그곳에서 사사시키라."

이때 송시열은 제주의 바다를 건너 한양을 향해 붙잡혀 올라오고 있었다. 그것이 자신의 최후임도 알고 있었을 것이다. 이미 국문통지를 받자마자 그것이 사형통보임을 예감한 송시열은 유서나 마찬가지인 상소를 썼다. 짧게나마 자신의 억울함을 호소하는 내용이었다. 송시열은 6월 7일 전라도 정읍에 도착했다. 수많은 제자들이 함께하는 길이었다. 다음날 아침 의금부 도사 권처경이 사약을 들고 정읍을 찾았다. 사약을 마시기 전 송시열은 제자들에게 유언을 남겼다.

"학문은 마땅히 주자를 위주로 할 것이며, 사업은 마땅히 효종이
하고자 했던 뜻을 위주로 해야 한다."

"효종이 하고자 했던 뜻"이란 명나라를 받들기 위한 북벌대의였다. 숙종의 말처럼 자신은 효종을 속인 바 없다는 항변이기도 했다. 그리고 자신의 관은 "덧붙인 판자[付板]"를 사용하라고 했다. 이는 효종 때 장례를 치르며 관의 크기를 잘못 예상해 관에 판자를 덧붙여야 했던

일을 상기시킨 것으로 효종에 대한 자신의 단심(丹心)을 다시 한 번 강조하기 위함이기도 했다. 그리고 송시열은 조용히 사약을 마셨다. 그에 대한 평가가 어떻든 한 시대를 풍미한 거인(巨人)이 사라진 것이다.

9장

조선 역사상
왕권이 가장 강력했던 시대

▌숙종과 남인의 위태로운 공존

송시열 없는 정국을 만끽하다

한 시대를 지배했던 송시열을 사사시킨 지 불과 한 달도 되지 않은 숙종 15년(1689년) 7월 3일 숙종은 어느새 애틋한 아버지의 모습으로 바뀌어 있었다. 이날 숙종은 아직 8개월밖에 되지 않은 원자를 환관으로 하여금 안게 해서 대신들 앞에 나타나 아들 자랑을 한다. 그 자체가 이례적인 일이다. 이날의 분위기에 대해 『실록』은 이렇게 전한다. 영의정 권대운이 먼저 "원자의 목소리가 크고 맑으며 얼굴이 빼어나서 돌아보고 움직임에 좌우에서 광채가 나니, 이른바 하늘이 주신 것입니다"며 찬사를 아끼지 않았다. 이를 지켜보던 여러 신하들도 모두 기뻐하며 찬송하여 마지않았다고 한다. 몰락한 서인세력이 재기를 다짐하며 피눈물을 흘리고 있을 때였다.

이후 정권은 남인 단독정권이나 마찬가지였고 집권 초기였기 때문에 특별한 쟁점이 없이 조용히 흘러갔다. 이미 송시열과 김수항은 사사되고 죽은 김석주마저 보사공신에서 삭제됐다. 이제 서인, 그중에서도 노론의 지도자 역할을 할 만한 사람은 폐서인 된 민씨의 큰 아버지인 민정중뿐이라고 해도 과언이 아니었다. 사헌부·홍문관 등에서는 민정중을 처형해야 한다고 주장했지만 숙종은 윤허하지 않았다. 그저 "유념하겠다"는 정도로만 답한다.

숙종은 알고 있었다. 송시열이 제거된 상황에서 민정중은 그리 위협적인 존재는 아니었음을. 그런데 굳이 목숨을 앗을 경우 부작용만 클 것이 분명했다. 특히 10월 22일에는 예조참판 이담명이 울먹이면서 민정중을 죽여야 한다고 역설했으나 숙종은 흔들리지 않았다.

이 무렵 돌을 앞둔 원자가 놀라고 두려워하는 증세를 보여 의원들이 명의를 외부에서 불러올 것을 숙종에게 청하기도 했다. 그러나 이후 원자의 증세와 관련한 별다른 보고가 없는 것으로 보아 일단 그 증세는 일회성으로 끝난 듯하다.

새롭게 떠오른 실력자 이현일과 민암

기사환국 이후 외형적으로 보면 권대운·목래선·김덕원 3정승이 이끄는 체제였지만 내부를 들여다보면 별도의 실력자들이 있다. 장희빈의 오빠인 장희재를 제외하더라도 눈여겨봐야 할 인물들이 있었다. 이현일과 민암이다.

이현일(李玄逸, 1627년 인조 5년~1704년 숙종 30년)은 외조부 장흥효의 문하에서 퇴계학파의 성리학을 전수하였다. 인조 24년(1646년), 1648년 두 차례 초시에 합격하였으나 관직에 나갈 뜻이 없어 복시를 포기하였다. 효종 3년(1652년) 친형 이휘일(李徽逸)과 함께『홍범연의

(洪範衍義)』를 편찬하였고, 현종 7년(1666년)에는 송시열의 기년설을 비판한 영남 유생들의 연명상소에 참여하였다. 남인이 정권을 잡은 숙종 즉위년(1674년)부터 허목(許穆) 등의 추천으로 누차 관직에 임명되나 부친상 등을 이유로 나아가지 않다가 1678년 공조정랑, 사헌부 지평 등에 임명되어 비로소 출사하였다. 그러나 1680년 경신환국으로 서인이 정권을 잡자 향리에 은거하다가, 기사환국으로 다시 남인이 집권하자 성균관 좨주(祭酒)를 거쳐 대사헌에 올랐다. 그의 역할은 정치적이라기보다는 학술적인 데 있었다. 어쩌면 숙종 집권 초 윤휴와 허목이 한 역할을 그가 했다고 할 수 있다. 일종의 남인판 '산림(山林)'이라고 할까?

숙종의 인현왕후 처리에 반대해 한동안 관직에 물러나 있던 그는 1692년 다시 대사헌, 병조참판, 우참찬, 이조판서 등을 두루 거치게 된다. 물론 그 비중이나 역량 면에서 비교가 안 되겠지만 그나마 남인 쪽에서 찾아볼 수 있는 '리틀 송시열'이었다고 할 수 있다.

이현일의 중용이 갖는 의미는 상당히 컸다. 그의 중용은 무엇보다 제1차 남인 집권기의 실패에는 기호 남인이 영남 남인을 배제해 스스로 세력기반 확보에 실패했다는 자성에 따른 것이었다. 기사환국 직후 기호남인이 이현일을 적극적으로 불러올린 것도 그 때문이다. 송시열에 버금갈 수야 없지만 그래도 이황·김성일·장흥효로 이어지는 영남의 학맥을 잇고 있던 이현일은 남인의 입장에서는 소중한 자산이 아닐 수 없었다. 실제로 이현일도 영남 남인의 중앙정계 진출을 위해 많은 노력을 쏟기도 했다. 그러나 이현일이 미처 포부도 제대로 펴보기 전에 갑술환국이 일어나 그의 꿈은 미완으로 남게 된다.

그에 반해 민암은 숙종에게는 일종의 행동대장이었다. 서인에게 김석주가 있었다면 남인에게는 민암이 있었다. 인현왕후 민씨를 내쫓고 송시열을 사사시키는 데도 민암은 결정적인 역할을 했다. 민암의 생애에 대해서는 5장에서 살펴본 바 있다.

숙종 15년 12월 19일 숙종은 당시 홍문관 대제학이던 민암의 건의를 받아들여 인조 때 이후 유명무실해진 사가독서제(賜暇讀書制)를 부활시킨다. 사가독서제란 유망한 신진인사들에게 휴가를 주어 독서를 하게 하던 제도로 세종이 만든 인재양성제도이다. 그 자체만으로는 민암의 거의는 좋은 것이라고 할 수 있다. 당시 사가독서를 하는 요원으로 유세명·민창도·이현조·김문하·채팽윤·홍돈·권중경 등 7명이 선발됐다. 문제는 그중 민창도가 민암의 조카라는 사실이었다. 그것도 수석합격이었다. 민암의 형이자 민창도의 아버지인 민희는 허적과 같은 탁남계로 숙종 초에 좌의정까지 지냈고 경신환국 때 서인에 의해 유배를 당해 유배지 순천에서 죽었다. 원래 합격자 명단에 민창도의 이름은 없었다. 그런데 우의정 김덕원까지 나서서 문제될 것이 없다고 주장해 결국 민창도는 사가독서를 할 수 있었다. 이에 대한 『실록』 사관의 평이다. "이때 민암이 조정의 정권을 잡고서 재상을 압박하고 임금을 지휘함이 이에 이르니, 사람들이 모두 흘겨보았다."

물론 두 사람이 실력자로 부상했다고는 하나 숙종의 권위에는 전혀 도전하지 못했다. 그저 숙종의 비위에 맞춰가면서 적당히 정적인 서인세력을 숙청하는 데 힘을 쏟는 정도였다. 어쩌면 이 무렵 숙종의 왕권은 조선 500년을 통틀어, 즉 태종이나 세조도 비교가 안 될 만큼 막강했다.

'숙종 대의 윤원형' 장희재

장희빈의 오빠 장희재는 1651년(효종 2년)생으로 숙종보다 열 살,

장희빈보다는 여덟 살 위였다. 윤원형에게 첩 정난정이 있었다면 장희재에게는 기생 숙정(淑正)이 있었다. 숙정은 원래 동평군 이항의 계집종이었다. 동평군 이항은 이 무렵 거의 독보적으로 숙종의 총애를 받던 종친이다. 장희재의 입장에서 보자면 한편으로는 여동생을 통해, 다른 한편으로는 동평군을 통해 숙종에게 영향력을 행사할 수 있었다.

원래 장희재는 시전에서 입신출세한 인물로 종실에서는 동평군과, 관리들 중에서는 민암의 세력과 긴밀한 네트워크를 형성했다. 1683년 (숙종 9년) 3월 13일에 인조반정 60주년을 맞아 정명(貞明)공주의 집에 조정대신들이 대거 모여 잔치가 벌어졌다. 정명공주는 선조와 인목대비 사이에서 난 딸로 이때 80세로 아직 살아 있었다. 이때는 서인의 세상이었다.

이때 숙정은 노래를 잘한다는 소문이 있어 잔치에 불려갔다. 술이 몇 순배 돌자 한 손님이 숙정의 손을 잡고 희롱하자 당시 포도부장으로 문 앞에 와 있던 장희재가 숙정을 몰래 빼내어 달아나버렸다. 이 소식이 좌의정 민정중의 귀에 들어갔다. 민정중은 당장 장희재를 불러들일 것을 명했고 장희재는 장형을 당해야 했다. 민씨 집안에 대한 장희재의 원한은 여기서 비롯됐다고 『실록』은 풀이한다.

윤원형이 을사사화를 주도해 사림에 치명타를 안겼다면 장희재는 동평군·민암 등과 함께 숙종을 움직여 서인을 일거에 축출하는 기사환국을 이끌어냈다. 다만 윤원형의 경우 문과 급제 출신의 문신이었던데 비해 장희재는 중인신분에 불과했다.

환국 이후 1년여가 지난 숙종 16년 8월 장희재는 내금위장에 특채된다. 당시 병조판서가 민암이다. 이듬해에는 병조판서 민종도의 후원으로 장희재는 금군(禁軍) 별장에 오른다. 민종도도 민암처럼 여흥 민씨이면서 남인계통 집안이었고 민암 못지않게 장희재의 후원자 역할을 맡았다. 숙종 18년 3월 6일 장희재는 다시 총융사로 발탁된다. 특채, 특진, 발탁의 연속이었다. 김익훈이 역임한 바 있는 총융사는 수도 외곽의 남양·수원·장단의 군사요충지를 관장하는 총융청의 최고 지휘관으로 종2품에 해당하는 고위직이었다.

그리고 이듬해 2월 장희재는 한성부 우윤에 임명된다. 오늘날의 서울시 부시장에 해당한다. 이에 대해 사간원 등이 비판이 이어지자 숙종은 곧바로 장희재를 포도대장으로 임명한다. 그 또한 종2품직이다. 그러나 장희재의 벼락출세는 이것으로 끝이었다. 이미 희빈 장씨에 대해 숙종은 싫증 내지 염증을 느끼고 있었고 남인과 함께하는 국정 운영에 대해서도 부정적 의견이 커갔기 때문이다.

골수 남인 '사천 목씨'에 대한 숙종의 총애

숙종 15년 2월 2일 기사환국이 있던 그날 좌의정에 목래선, 우의정에 김덕원, 영의정에 여성제가 오르지만 여성제는 곧바로 권대운으로 교체된다. 조선시대의 경우 시대에 따라 변화가 있긴 했지만 기본적으로 3정승 중에서 사실상의 최고 실권자는 좌의정이었다.

이날 좌의정에 오른 목래선은 갑술환국으로 남인이 내쫓겨날 때까지 5년 2개월 동안 줄곧 좌의정을 지켰다. 물론 대신에게 위임통치를 펴는 의정부 서사제라면 좌의정이 국왕 못지않은 실권을 누리겠지만 숙종처럼 친정(親政)을 펴는 경우에는 그 역할이 보좌기능에 한정되기는 한다. 그럼에도 불구하고 숙종 15년 2월 2일부터 숙종 20년 4월 1일 좌의정에서 물러날 때까지 숙종의 절대적 총애를 받았던 대신은 다름 아닌 목래선이다.

목래선 가계도

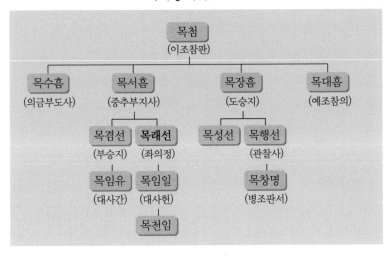

목래선(睦來善, 1617년 광해군 9년~1704년 숙종 30년)은 사천(泗川) 목씨로 아버지는 중추부 지사를 지낸 목서흠(睦敍欽)이다. 명종 때 희귀성으로 상진(尙震)이 영의정에까지 올랐다면 그 못지않은 희성인 목래선이 좌의정에 오른 것도 특기할 만하다. 목래선의 집안은 증조할아버지 목세칭이 중종 때의 유명한 사림 김식의 제자로 들어가면서 사림 세계에 조금씩 알려지기 시작했다. 그리고 할아버지 목첨이 문과에 급제해 선조 때 승지와 이조참판을 지내면서 신분상승의 교두보가 마련됐다. 목첨에게는 목수흠·목서흠·목장흠·목대흠 등의 아들이 있었는데 그중 목서흠 이하 3형제가 모두 문과에 급제해 각각 중추부지사, 도승지, 예조참의 등을 지낸다.

목서흠에게는 목겸선과 목래선 두 아들이 있었다. 목겸선도 부승지를 지냈다. 이 무렵 목서흠은 남인 쪽과 가까웠다. 자연스레 목겸선과 목래선도 어릴 때부터 남인 분위기에서 성장했다. 그 점은 목장흠의 경우도 마찬가지였다. 목장흠의 아들 목행선과 손자 목창명도 남인의 핵심인물로 활약하게 된다. 목래선의 아들 목임일도 아버지가 좌의정이 된 지 이틀 후에 홍문관 부교리로 임명된다.

목래선은 광해군 이래 남인의 거두로 두각을 나타냈던 허목의 문인이었다. 효종 1년(1650년) 문과에 급제해 청요직을 두루 거쳤고 현종 말년 남인이 중용될 때 본격적으로 직급이 높아지기 시작해 숙종 즉위의 대부터 형조판서, 대사헌, 예조판서, 호조판서 등을 두루 거쳤으나 경신환국 때 삭직당했다. 그러나 합리적 성품의 소유자였기 때문에 서인정권 하에서도 한성부 판윤, 우참찬 등을 지냈고 1689년 기사환국이 일어나자 좌의정에 올라 정치의 중심에 서게 된다. 남인이면서도 서인에 대해 극단적인 각을 세우지 않아 훗날 갑술환국으로 다시 서인이 집권했을 때도 유배를 가기는 했지만, 좌의정 5년을 지냈음에도 목숨을 잃지는 않았다.

남인 5년 집권에서 주목해야 할 또 한 명의 목씨는 목래선의 5촌 조카였던 목창명이다. 목래선은 경신환국이 일어날 때 이조참의로 있다가 관직에서 쫓겨났다. 그러나 숙종은 그를 눈여겨보았기 때문에 서인정권임에도 불구하고 숙종 8년에 그를 쓰려다가 승정원의 반대로 쓰지 못한 적이 있었다. 기사환국과 함께 목창명은 2월 2일 승지로 제수받는다. 목래선이 좌의정이 되던 바로 그날이다. 목창명에 대한 숙종의 신뢰는 그가 두 달도 안 된 3월 28일 도승지에 제수되는 데서도 확인할 수 있다.

그리고 4월 9일 대사헌에 오른다. 당시 이 자리는 서인세력을 숙청하는 게 주된 임무였다. 그는 송시열·김수항 등의 퇴출에 적극 앞장선다. 이후에도 불과 몇 달 만에 목창명은 대사성, 도승지, 대사간 등을 맡아 숙종의 복심 역할을 충실하게 이행한다. 그리고 마침내 숙종

18년 4월 18일 형조판서에 오른다. 같은 해 12월 7일 민종도가 물러난 병조판서 자리를 이어받는다. 정권 핵심에 이어 병권 핵심을 장악한 것이다. 이후 숙종 20년 4월 1일 갑술환국으로 목래선이 좌의정에서 물러나던 날 목창명도 병조판서직에서 쫓겨난다. 이때 평안도 삭주로 유배됐다가 이듬해 그곳에서 세상을 떠난다.

동평군 이항이나 민암, 장희재 등이 장희빈을 기반으로 해서 파워 그룹을 형성했다면 목래선, 목창명 집안은 정치관료로서 숙종의 깊은 총애를 받았다.

남인의 능력에 대한 숙종의 뿌리깊은 불신

숙종에게 서인은 다루긴 어렵지만 신뢰할 수 있었고, 반대로 남인은 다루긴 쉽지만 믿음이 가지 않았다. 기사환국 이후 9개월 정도밖에 되지 않은 11월 21일 숙종은 의미심장한 비망기를 내린다.

"경화(更化-기사환국)한 뒤에 여러 어진이가 더불어 같이 나아와 조정이 깨끗하고 밝으며, 임금이 신하에게 신하가 임금에게 정과 뜻이 흐르고 통하여 일호(一毫)도 시기하거나 의심하는 마음이 다시 없으니, 이는 바로 좋은 정치를 할 만한 기회다. 어찌하여 백관이 직무에 태만하고 포기함이 날마다 더욱 심해져, 침상에서 쉬고 누워 있으면서 오직 몸이 편한 것만 도모하는가? 묘시(卯時)에 출근하여 유시(酉時)에 파하거나 진시(辰時)에 출사하여 신시(申時)에 파하는 것이 법전(法典)에 있는데, 태만함이 버릇이 되어 개좌(開坐-출근하여 정상적으로 사무를 보는 것)가 드물다. '형(刑)은 형벌이 없기를 기약하여야 백성이 중(中)에 합한다'는 것이 성인(聖人)의 밝은 가르침인데, 옥송(獄訟)이 쌓이고 밀리는 것이 근래에 더욱 심해지고 있으니, 세월을 끌면서 마땅히 결단할 것을 결단하지 아니하고 있다.

양사(兩司-사헌부와 사간원)는 이목(耳目)을 맡은 곳이고, 옥당(玉堂-홍문관)은 논사(論思)하는 곳인데, 잠깐 들어왔다가 잠깐 만에 나가니 무슨 일이 제대로 되겠는가? 혹시 큰 의논이나 큰 시비(是非)에 관계되는 데가 있으면, 문득 병이 있다고 핑계를 대고 승정원은 후설(喉舌)이 중함은 맡았는데도 임명받은 지 오래되지 아니하여 문득 곧 체직(遞職-보직 이동)을 도모한다. 요즈음 대신이 건의하여 엄명을 내렸음에도 폐단의 고질(痼疾)이 이미 심하여 전과 같으니, 다시 무엇으로 퇴폐한 기강을 떨쳐 엄숙하게 하여 모든 정무가 함께 밝아지기를 바라겠는가? 오직 이와 같으므로 각사(各司)의 관원이 하는 일 없이 한가로이 세월만 보내면서 관청에 나와 직무 보는 것을 전사(傳舍-여관)에 들르는 것처럼 하며, 한 사람도 나라 일을 담당하여 그 이룩한 보람을 드러내는 이가 없으니, 이는 진실로 위에 있는 사람이 성심으로 지도하고 통솔하지 못한 소치다. 돌이켜 자신을 반성하여 부끄러워함에 어찌 끝이 있겠는가? 만약 옛 버릇을 통렬히 고쳐서 함께 마음을 새롭게 하지 아니하면, 국가의 근심을 이루 다 말할 수 없음이 있을 것이다."

남인의 무능(無能)에 대한 1차 경고였다. 숙종은 적어도 국정에 관한 한 철저하고 부지런했으며 유능했다. 그의 성격상 무능한 사람은 두고 보질 못했다. 남인은 워낙 세력이 소수였기 때문에 국가운영 능력에 필요한 인재풀을 갖추지 못하고 있었다. 그러나 남인은 숙종의 이 같은 경고를 의례적인 것으로 들었을 뿐 남인에 대한 경고로 이해하지 못했다. 남인의 집권이 영속되리라고 믿었기 때문이다.

개인적으로 볼 때 숙종은 검약했고 늘 국가자원을 절약하고 백성들이 세금을 줄여주는 데 깊은 관심이 있었다. 이런 태도는 당쟁과는 무관하게 일관성을 보였다. 이런 주제로 관리들에게 책문(策問)을 요구하는 일도 잦았다. 이 또한 숙종이 어떤 당파의 국정운영 능력과 태도를 재는 중요한 잣대였다.

숙종 17년(1691년) 1월 3일 일어난 우의정 김덕원 파직사건은 당시 군권(君權)과 신권(臣權)의 과도한 비대칭 관계를 단적으로 보여준다. 이날 영의정 권대운, 좌의정 목래선, 우의정 김덕원과 삼남지방의 가뭄과 전세 감면 등 국정현안에 대해 이런 저런 이야기를 나누던 중 김덕원이 이렇게 말한다.

"신이 듣건대, 선묘(宣廟-선조)께서 편찮으실 때에 신하들이 입시(入侍)하였더니 무명에 물들인 포장을 치고 무명 바지를 입으시기까지 하였으므로, 이 때문에 신하들의 조복(朝服)이 감히 오늘날처럼 고울 수 없었고, 환시(宦侍)들은 감히 비단옷을 입지 못하였다 합니다. 계묘년(1663년 현종 4년) 신이 가주서(假注書)로 있을 때 내관(內官-내시)과 함께 기우제(祈雨祭)를 지내고 돌아오는 길에 강의충이라는 내관과 이야기할 기회가 있었습니다. 신이 그에게 내탕(內帑)의 다과(多寡)를 물었더니, 강의충이 말하기를 '인조대왕께서는 여염에서 사셔서 백성의 일이 어려움을 환히 아시므로, 몸소 검소하여 절약해서 쓰셨으므로 내사(內司)의 저축이 계속 풍부했습니다. 효종대왕께서는 변방 밖의 풍상(風霜)에 괴로움을 고루 겪으셨으므로, 모든 일에 힘써 간약(簡約)하게 하셔서 저축이 모자라지는 않았습니다. 금상(今上-현종)의 조정에 이르러서는 깊은 궁중에서 태어나 자라셨으므로, 절약하여 쓰는 방도가 두 조정만 못하여 지금은 내장(內

藏)이 자못 비었습니다'고 하였습니다. 그 말이 참으로 절실하니, 더욱 검약하여 절약해서 쓰는 방도에 힘쓰소서."

숙종이 처음에는 "자못 마음을 열어 받아들이다가" 강의충이라는 말을 듣는 순간 얼굴에 분노가 나타나기 시작했다. 숙종이 화가 난 이유는 첫째 신하가 내시와 함께 선대 국왕들을 논평했다는 것, 둘째 자신의 이미지인 현종이 미치 방탕했던 것처럼 말한 것, 셋째 궁궐에서 자라기는 자신도 마찬가지이므로 간접적으로 자신을 겨냥한 것 등이었다.

이때 강의충은 이미 죽고 없는 사람이었다. 그런데도 숙종은 더욱 화를 내며 강의충을 내시명단에서 즉시 삭제하고 그 아들·사위·아우·조카의 이름까지도 모두 삭제할 것을 명하며 "차후 이런 일이 한 번 더 생기면 효시(梟示)하겠다"고 말한다. 한마디로 김덕원은 죽을죄를 저지른 것이나 마찬가지였다. 그 자리에서 김덕원을 파직했다. 권대운과 목래선이 나서봤지만 숙종은 단호했다. 선조에 대해 내시가 평을 했다는 것도 있을 수 없는 일인데 대신이 내시의 말을 듣고서 그대로 어전에서 이야기한다는 것은 있을 수 없는 일이라는 것이다. 권대운과 목래선이 "대신의 말실수로 그 자리에서 파직시키는 것은 대신을 예우하는 도리가 아닙니다"고 재차 설득을 시도했으나 숙종의 분노는 더욱 커질 뿐이었다. 이 일은 숙종과 김덕원의 역학관계뿐만 아니라 숙종과 3정승의 역학관계도 큰 차이가 없었음을 보여준다. 남인은 무능하기도 했지만 무력(無力)했다. 그 결과 숙종은 마음속 깊은 곳에서 남인세력을 무시하고 있었다.

김덕원(金德遠, 1634년 인조 12년~1704년 숙종 30년)은 현종 3년 (1662년) 문과에 급제해 승문원 부정자로 관리생활을 시작했고 남인계열이던 관계로 10년 가까이 미관말직으로 돌다가 숙종이 즉위하면서 청요직을 맡기 시작했다. 이 무렵 청남에 속해 탁남의 허적과 대립하기도 했지만 뛰어난 재주와 원만한 성품으로 서인정권 하에서도 한성부 판윤, 경기도 관찰사, 예조판서 등을 지낼 수 있었다. 그리고 기사환국이 일어나자 우의정에 오르지만 이때의 일로 관직에서 쫓겨난다. 김덕원이 떠난 우의정 자리는 민암이 이어받는다. 김덕원은 우의정으로 있으면서 서인세력의 반발을 무마하는 데도 많은 노력을 들였다. 그러나 갑술환국이 일어나자 결국 김수항의 사사를 적극적으로 막지 않았다고 하여 노론의 공격을 받았고 제주도에 유배되어 해남으로 옮겨지기도 했지만 목숨은 부지할 수 있었다.

정승들에 대한 숙종의 태도가 이 정도였으니 사헌부나 사간원과 같은 대간들이 숙종을 견제한다고 하는 것은 애당초 불가능했다. 오히려 앞서 목창명의 예에서 보듯이 숙종은 3사의 관리들을 정적(政敵) 제거의 수단 정도로 인식하고 있었다. 숙종이 직접 누구누구를 왜 탄핵하지 않으냐며 노골적으로 3사를 압박하는 일은 예사였다.

숙종 18년 4월 10일의 기사는 당시 상황을 적나라하게 보여준다. 이날 대사간 권규가 숙종을 찾아와 이렇게 말한다.

"풍문을 듣건대 대각(臺閣-사헌부와 사간원)의 침묵이 오늘날과 같은 때가 없다고 합니다. 그래서 후설(喉舌)의 자리에 있는 한 신하가 시(詩)를 지어 이를 놀리자, 승지들 사이에 자자하게 전송(傳誦)되고 있다고 합니다. 신들이 기운을 내지 못하고 약하여 직책을 다하지 못했기에 한없이 사람들의 비난을 초래하게 된 것입니다. 그러니 어찌 감히 한 시각이라도 그대로 있을 수 있겠습니까?"

그리고 곧바로 권규를 비롯해 사헌부와 사간원의 관리들이 모두 물러나겠다는 의사를 밝혔다. 이에 승지 허경과 이진휴 등은 이를 변명하는 상소를 올린다.

"대각이 침묵하고 있고 한 마디 말도 없은 지 거의 몇 달이 되었습니다. 앞서 빈청(賓廳)에서 인견(引見)하셨을 때에도 고요하게 있다기 물러갔기 때문에 동료들이 모인 자리에서 이야기될 때 우연이도 농담하는 한 구절(句節)이 생겨 서로들 수작(酬酢)하다가 파했었습니다. 그런데 뜻밖에도 우리들 사이에 전파되어 물의가 일어남에 따라 많은 관원들이 인피(引避-책임을 지고 사직의사를 밝힘)하게 되었으니, 일의 옳고 그름은 우선 놓아두고 논하지 않더라도 뜻밖에 시끄럽게 되는 발단이 이미 신들에게서 연유하였으니, 어찌 감히 한때의 농담이라고 핑계하고 편안하게 있을 수 있겠습니까?"

자신들도 인피하겠다는 것이었다. 이에 대해 숙종은 "사직하지 말라"고 말한다. 그러나 쉽게 성내고 귀에 거슬리는 말을 하는 신하들에 대한 즉각적인 인사조치를 내리는 숙종의 태도는 조금도 변하지 않았다. 신하들은 숙종의 이런 성격을 '희로폭발(喜怒爆發)'이라고 불렀다. 그런데도 신하들은 숨죽여 숙종의 처분만을 바랄 뿐이었다. 숙종 19년 9월 4일 사헌부 지평 정사신이 용기를 내어 올린 상소의 일부다.

"여러 신하들이 주대(奏對-임금의 물음에 신하들이 답하는 자리)할 적에 조금이라도 성상의 뜻에 거슬리면 번번이 기세를 꺾어버리십니다. 어제는 대사간 강세귀를 체임하셨고, 오늘은 대사헌 권해를 체임시키셨으니, 전하께서 대각을 대우하심이 너무 야박합니다."

이런 말도 실은 여간 담력이 크지 않고서는 할 수 없는 상황이 전개되고 있었다. 정치는 사라지고 상명하복(上命下服)만이 있을 뿐이었다. 이런 전권(專權)을 휘두른 임금은 조선에서 숙종이 유일했다고 해도 과언이 아니다.

남인의 예고된 몰락

숙종, 무수리 출신의 궁녀 최씨를 사랑하다

숙종 15년 기사환국 직후 숙종과 장희빈 사이의 관계가 계속 좋았다는 사실은 이듬해 9월 6일경 두 번째 왕자를 생산한 데서도 간접적으로 확인할 수 있다. 그러나 두 번째 왕자는 유감스럽게도 열흘 만에 죽었다. 왕자에 대한 갈증이 여전했던 숙종에게 이 일은 적지 않은 충격을 주었을 것이 분명했다.

그리고 3년이 지난 숙종 19년(1693년) 10월 6일 소의(昭儀) 최씨가 왕자를 생산했다. 숙종의 기쁨은 말할 수 없이 컸다. 이름은 오래 살라는 염원을 담아 영수(永壽)라고 지었다. 그러나 이 아이도 두 달 만인 12월 13일 조졸(早卒)했다. 다시 한 번 아들에 대한 숙종의 갈증이 커질 수밖에 없었다.

여기서 중요한 점은 숙종이 이제 장희빈이 아닌 다른 여인에게 눈

길을 주기 시작했다는 사실이다. 소의 최씨가 숙종 19년 10월에 왕자를 낳았다는 것은 적어도 숙종 18년 후반부터는 두 사람 사이에 사랑이 싹트기 시작했다는 뜻이다.

앞서 본 대로 소의 최씨는 무수리 출신으로 인현왕후 민씨의 시녀였다. 그리고 당시에는 이미 세상을 떠나긴 했지만 숙종의 첫 번째 장인이자 서인 중진이던 김만기와 연결돼 있던 숙종의 유모 봉모부인과도 가까웠다. 서인에게도 실낱같은 회생의 희망이 보이는 순간이었다.

숙종은 이 무렵 장희빈에게서 조금씩 멀어지고 있었다. 여러 이유가 있겠지만 출생에 따른 신분과 생각의 차이를 뛰어넘지 못한 게 가장 큰 이유였을 것이다. 처음에야 미모에 반했겠지만 가까이 지내면서 날 때부터 궁중에서 자란 숙종으로서는 중인 집안의 장희빈의 이런저런 행동에서 실망감을 쌓아갔을 가능성이 높다. 그렇다고 장희빈이 크게 문제가 되는 행동을 보이지는 않았다. 격(格)의 문제일 뿐이었다.

이런 점에서 본다면 야사에 전하듯이 어느 날 밤 숙종이 궁궐을 거닐다가 한 궁녀의 방에 불이 켜진 것을 발견하고서 그 방에 들어갔더니 최씨가 폐서인된 민씨의 만수무강을 기원하는 축원을 드리고 있는 것을 보고서 최씨와의 인연이 시작되었다는 이야기가 어느 정도 현실성은 있다고 볼 수 있다. 이게 사실이라면 최씨는 당시로서는 중죄를 저지른 셈이었다. 그러나 순간 숙종은 일개 궁녀만도 못한 자신의 '부도덕했던 처사'를 후회했을지 모른다. 만일 미모의 장희빈이 인간적인 품격까지 갖췄다면 물론 숙종은 이런 후회를 하지 않았을지 모른다.

이미 이 무렵 장희빈에 대한 총애가 시들해지고 있음을 확인할 수 있는 일이 생겼다. 욱일승천하던 포도대장 장희재는 숙종 19년 4월 3일 '권력남용 혐의'로 포도대장에서 쫓겨난다. 권력남용을 사실상 방조

했던 숙종이 그 점을 이유로 장희재를 내쳤다는 것만으로도 이미 숙종의 마음은 눈에 띄게 장희빈에게서 떠나가고 있었던 것이다. 그것은 장희빈에게 많은 부분을 의존하고 있던 남인세력에게도 위험이 찾아오고 있다는 뜻이기도 했다.

환국을 도모하는 서인세력

이 무렵 서인세력의 재기를 위해 가장 부지런하게 움직인 인물은 김춘택(金春澤, 1670~1717년)이다. 이때 20대 초반의 열혈 청년이던 김춘택은 숙종의 장인 김만기의 손자로 이미 뛰어난 문재(文才)를 자랑하고 있었다. 그러나 기사환국과 함께 남인이 집권하자 서인 노론 핵심 집안의 후손으로서 앞길이 막힌 데 대한 불만이 클 수밖에 없었다.

정철·윤선도·김만중 등과 같이 문학적 자질이 뛰어난 인물들의 정치는 상당히 과격하다는 공통점을 갖고 있었다. 이런 점에서 김춘택도 예외는 아니었다. 이건창의 『당의통략』에 따르면 김춘택은 김석주의 사람됨을 흠모했다고 한다. 김석주가 김만기와 가까운 때문이기도 하겠지만 김석주의 음모와 공작정치를 멋지게 생각한 때문인지도 모른다.

김춘택은 위험할 정도로 대담했다. 먼저 궁인의 동생을 첩으로 맞아들여 궁중의 정보 입수에 나선다. 이를 위해 은화 1천금을 아낌없이 투자했다. 심지어 당대 최고의 실력자인 장희재의 부인과 정을 통하며 남인의 동태에 대한 깊은 정보를 빼냈다고 한다. 말 그대로 온몸을 던졌다.

일설에 의하면 그는 작은할아버지 김만중이 유배지 남해에서 쓴 『사씨남정기』를 한문으로 번역해 은밀하게 궁녀들을 통해 숙종에게 전달토록 했다고 한다. 비록 중국을 무대로 했지만 『사씨남정기』에 나오는 사씨부인은 인현왕후, 유한림은 숙종, 요첩 교씨는 희빈 장씨임을 누구나 알 수 있다. 물론 이런 이야기는 『실록』에는 전하지 않는다. 다만 숙종의 마음을 바꿔보려는 김춘택의 집요함이 두드러지는 일화다.

김춘택은 심지어 왕실의 숙안공주와 숙명공주도 포섭하는 데 성공했다. 두 공주는 효종의 딸로 숙종에게는 고모들이었다. 그중 특히 숙안공주는 남인에 대해 뿌리 깊은 원한을 갖고 있었다. 숙안공주와 익평군 홍득기 사이에서 난 아들 홍치상이 기사환국 때 남인에 의해 사사당했기 때문이었다.

김춘택을 비롯해 신진인사들이 중심이 된 서인세력의 움직임을 남인이라고 해서 내버려두지는 않았다. 남인은 적어도 실권을 갖고 있었다. 남인 쪽의 사령탑은 우의정 민암이었다. 양측의 정보전은 치열하게 전개됐다.

상충된 두 고변

숙종 20년 3월 23일 대신과 비변사 신하들을 인견하는 자리에서 우의정 민암은 중대한 발언을 한다. 함이완(咸以完)이라는 김석주의 옛 가인(家人)을 통해 직접 전해 들은 일종의 역모 고변이었다. 정확한 상황파악을 위해 함이완의 말을 일단 그대로 들어보자.

"제가 마침 최격(崔格)이란 자와 이웃이 되었는데, 최격의 말에 따르면 승지를 지낸 한구(韓構)의 아들 한중혁(韓重爀)이 김경함(金慶咸)과 내외종형제가 되는데, 김경함이 귀양간 후부터 이내 그 일을 주장하여, 김만기의 장남인 김진구(金鎭龜)의 아들 김춘택과 유명일

(兪命一)의 아들 유복기(兪復基)·유태기(兪泰基) 등과 모여서 의논하고, 또 강만태(康晚泰)·변진영(邊震英)·홍만익(洪萬翼)·변학령(卞鶴齡)·이돌(李突)·김보명(金寶命)·김도명(金道明)·이동번(李東蕃)·박세건(朴世建)·이기정(李起貞)·이후성(李後成)·채이장(蔡以章)·이진명(李震明)·이시도(李時棹)·이시회(李時檜) 등과 무리를 이뤄 각기 금전과 포백(布帛)을 내었으며, 홍이도(洪以度)가 전라병사(全羅兵使)가 되었을 때, 군포(軍布)를 많이 내어 이를 도왔는데, 이에 모두 그 재물을 한중혁과 강만태에게 맡겨서 그들이 하는 대로 내버려두고서 그 남은 비용은 쓴 데를 묻지 않았으니, 술과 음식으로 따뜻하게 먹여서 당여(黨與)를 많이 기르고는, 이내 환관(宦官), 폐인(嬖人-궁녀)과 척가(戚家-장희재)에게 뇌물을 써서 그들로 하여금 거짓말과 허위의 풍문(風聞)을 만들어내어, 조정신하들을 헐뜯고 인심(人心)을 불안하게 하여, 음험하게 간악한 짓을 시행하려는 계획을 만들었다는 이야기를 들었습니다."

이게 전부였다. 물론 주로 서인세력의 자제들이 무리를 지어 돈을 모으고 술을 먹고 다녔다는 것은 미심쩍긴 하지만 이것만으로 역모 운운하기에는 무리가 따를 수밖에 없다. 그래서일까 숙종은 의금부를 통해 엄히 조사해야 한다는 민암의 주청에 이상하리만치도 차분하게 딱 한 마디만 한다.

"좋다."

왜 이 한 마디뿐이었을까? 억지로 역모사건을 만들어 남아 있는 서인 잔존세력을 소탕하려는 민암의 의도를 읽은 때문일까 아니면 더 나아가 이미 남인을 축출하고 서인을 불러들이기 위한 마스터플랜을 세워놓은 입장에서 일단 "네 하고 싶은 대로 한번 해봐라!"는 심정의 발로일까?

숙종의 명이 있었기 때문에 일단 국청(鞠廳)이 설치됐고 관련자들이 하나둘 붙잡혀와 모진 고문을 당해야 했다. 그런데 한중혁을 비롯해 붙잡혀온 사람들은 하나같이 은화를 서로 주고받은 일은 있지만 모계(謀計-역모)가 있었다는 것은 어불성설이라고 답했다. 오직 함이완만이 민암이 한 이야기를 그대로 반복했다. 여러 날 조사가 진행됐지만 정작 역모라고 볼 만한 결정적 사실은 나오지 않았다.

이런 가운데 엿새 후인 3월 29일 동트기 직전 정말로 미관말직에 있는 유학 김인, 서리 박귀근, 보인 박의길 등 3명이 편전 앞까지 찾아와 직접 고변서를 올렸다. 역모 고변의 경우에나 있을 수 있는 일이었다. 이들 고변서는 먼저 한중혁·김춘택 등이 모의한 내용을 상세하게 언급한 다음 이어 아주 충격적인 내용을 담고 있었다. 먼저 장희재가 한중혁·김춘택 등으로부터 받은 은화로 김해성을 꾀어 김해성의 장모인 숙원 최씨의 숙모를 꾀어 최씨의 생일날에 음식물을 들고 입궐하여 최씨를 독살시키도록 도모했다는 것이다. 게다가 이 계획에는 우의정 민암, 병조판서 목창명, 호조판서 오시복, 신천군수 윤희, 훈국별장 성호빈 등이 연루돼 있다고 덧붙였다. 함이완을 동원한 민암의 고변을 정면으로 맞받아치는 역고변이었다. 물론 김인을 비롯한 3인은 서인이었다.

숙종의 결단

김인 등 3인의 고변서를 받자마자 숙종은 국청에 내려보냈다. 잠시

후 국청의 신하들이 숙종을 직접 찾아왔다. 원래 고변서는 언문으로 돼 있었기 때문에 국청에서 다시 예서체로 고쳐 쓴 다음 승지로 하여금 읽게 했다. 고변서 낭독이 끝나자 숙종은 "거짓이 많고 흉악 음험하기가 어찌 이럴 수 있는가"라고 개탄했다. 일단은 남인의 손을 들어주는 듯했다. 권대운 등이 고변서의 내용은 상호 모순된 내용으로 가득 차 있어 조사해 볼 필요도 없다고 했다. 우의정에서 물러나 중추부 영사로 있던 김덕원도 "원래 김인이 신천군수 윤희에게 흉악한 말을 하여 윤희가 즉각 장희재와 민암 등에게 전했으나 이들이 물리치고 듣지 않았을 뿐만 아니라 오히려 김인을 잡아들이려 하자 김인 등이 고변을 하게 된 것"이라고 배경을 설명했다. 두 사람의 말에 숙종도 동의했다.

그래서 함이완의 고변에 대해서는 관련자들이 속속 잡혀 들어와 심문을 당한 반면, 김인 등의 고변은 고변자 3인만 체포되어 조사를 받는 선에서 일이 끝나는 듯했다.

4월 1일에도 한중혁을 비롯해 함이완의 고변에 연루된 자들이 계속 늘어났다. 숙종은 국문 현장에서 그 모든 것을 지켜보았다. 국문의 규모가 커지면서 연루자의 이름에 서인 대신들의 이름이 등장하는 것은 물론 왕실 내의 서인계통 군이나 공주의 이름까지 등장했다. 숙종은 민암의 일처리에 분노했다. 그날 밤 숙종은 비망기를 내린다. 별도의 해석이 필요없는 숙종 자신의 정확한 속마음이며 남인의 몰락 이유를 단적으로 보여준다.

"지난번 대신과 비변사 신하들이 입시(入侍)하였을 때 우의정 민암이 함이완의 일을 아뢰고, 이어서 의금부를 시켜 가두고서 추핵하기를 청하므로 내가 본디 윤허하기는 하였으나, 사실 나는 그때부터 민암이 홀로 함이완을 만나 수작한 것이 있다는 것을 의심스러워하였다. 그런데도 겨우 하루가 지나니 의금부의 당상(堂上)이 방자하게 청대(請對)하여 옥사(獄事)를 확대하여, 예전에 갇혀서 조사받던 자(남인)가 이제는 도리어 옥사를 국문하게 되고, 예전에 죄를 정하던 자(서인)가 이제는 도리어 극형을 받게 되었다. 하루이틀에 차꼬·칼·용수를 쓴 수인(囚人)들이 금오(金吾-의금부의 별칭)에 가득차게 하고, 서로 고하고 끌어대면 문득 대질을 청하고, 대질이 겨우 끝나면 거의 죄다 처형을 청하니, 이렇게 해댈 것 같으면 그 전후에 끌어댄 자도 장차 차례로 죄로 얽어맬 것이다. 그렇게 되면 공주의 집과 한편인 사람들(서인들)은 고문과 귀양가는 죄를 면할 자가 드물 것이다. 임금을 우롱하고 진신(搢紳)을 함부로 죽이는 정상이 매우 통탄스러우니, 국문을 주도한 대신 이하는 모두 관작을 삭탈하여 내쫓고, 민암과 의금부 당상은 모두 절도(絶島)에 안치하라."

과하다고 본 것이다. 그리고 그 중심인물이 민암이라고 보았다. 지금까지 우리가 보아온 숙종의 성격을 감안할 때 더 이상의 요인을 끌어들일 필요는 없을 것 같다. 숙종이 어떤 인물인지 모르면 그럴싸한 음모론에 유혹을 느끼겠지만 왕실의 존엄을 누구보다 중요하게 생각하는 그로서는 익평·청평·인평 등 세 공주까지 물고 들어가는 민암의 공세를 자신에 대한 도전으로 인식했을 것이 분명하다. 효종의 딸인 세 공주는 모두 서인 쪽 사람과 혼인을 한 서인 사람들이었다. 이로써 두 차례에 걸친 숙종과 남인의 인연은 종지부를 찍는다.

▌홀로 환국의 결단을 내리다

하룻밤 사이에 서인 '소론' 세상으로 바뀌다

숙종 20년 4월 1일 밤은 짧고도 길었다. 비망기가 내려지자마자 영의정 권대운, 좌의정 목래선, 대사헌 이봉징 등 남인정권을 이끌던 대소신료들이 순식간에 삭탈관작당하고 우의정 민암, 의금부 판사 유명현, 의금부 지사 이의징·정유악, 의금부 동지사 목임일 등 국문을 주도한 남인 인사들은 절도로 유배를 떠나야 하는 죄인이 됐다. 심지어 집에 머물고 있던 승정원과 삼사의 관리들도 모두 파직당했다.

오죽했으면 당장 영의정을 제수해야 하는데 명을 받들 승지가 하나도 없었다. 그래서 어쩔 수 없이 숙직을 위해 대궐에 나와 있는 오위장 황재명을 '가승지(假承旨-임시 승지)'로 임명하고 곧바로 서인 소론의 영수이던 남구만을 영의정으로 임명한다. 또 다시 백지상태에서의 조각(組閣)이 시작된 것이다.

숙종은 권력이 무엇인지를 누구보다 잘 아는 사람이다. 곧바로 훈련대장에 기사환국으로 쫓겨났던 신여철을 다시 임명하고 병조판서에는 강릉부사로 나가 있던 서문중을 임명했다. 남인 이현일이 맡았던 이조판서에는 유상운을 서용했다. 최소한의 인선을 마친 숙종은 세 가지 중대사안에 관한 입장을 밝힌다.

첫째, 국본(國本)을 동요시키는 자는 용납하지 않는다. 서인세상이 되었다고 해서 세자를 흔들려 해서는 안 된다는 것이다.

둘째, 폐인(廢人-폐서인 된 인현왕후 민씨)을 비롯해 홍치상과 이사명을 신원하려는 자는 용납하지 않는다. 서인이 다시 집권했다고 해서 기사환국이나 자신의 폐비 결정에 시비를 걸 생각을 하지 말라는 것이다.

셋째, 이상(李翔)을 신원하려는 자는 용납하지 않는다.

이를 어길 경우는 역률(逆律)로 다스리겠다고 못 박았다. 이런 점을 고려할 때 숙종의 선택은 이미 정해져 있었다. 서인 중에서도 이런 점을 수용할 수 있는 소론과 함께 정권을 이끌어가겠다는 뜻이었다. 특히 세 번째로 말한, 이상을 신원하지 말라는 이야기는 송시열의 죽음을 신원하려들지 말라는 뜻이기도 했다. 왜냐하면 이상은 철저하게 송시열을 따르던 인물로 송시열이 사사된 직후 모함을 당해 1690년 1월 19일 옥중에서 사망한 인물이기 때문이다.

소론 중심의 정권을 세우겠다는 숙종의 이런 의중은 이미 남구만을 영의정으로 정한 데서 분명하게 드러났다. 남구만(南九萬, 1629년 인조 7년~1711년 숙종 37년)은 개국공신 남재의 후손으로 어려서는 송준길의 문하에서 학문을 익혔고 효종 7년(1656년) 문과에 급제했다.

남구만 "동창이 밝았느냐 노고지리 우지진다"라는 시조 구절로 널리 알려진 인물로, 관찰사 시절 북방 방어에 힘썼고, 서인 중 소론의 영수로 추앙받았다.

그후 사간원·홍문관·사헌부의 요직을 거쳐 전라도와 함경도 관찰사를 지냈고 이때 북방의 방어를 튼튼히 했다.

숙종 즉위 후에는 서인임에도 불구하고 대사성·형조판서·한성부지윤 등을 역임하지만 이때 남인의 핵심인물인 윤휴·허견 등을 탄핵하다가 남해로 유배를 가기도 했다. 숙종 6년(1680년) 경신환국이 일어나 남인이 실각하자 조정에 복귀해 도승지·대사간 등을 지냈고 특히 1683년에는 병조판서가 되어 북방에 무창과 자성 등 두 군을 설치해 영토보전에 기여했다. 아마도 그것은 함경도 관찰사 때의 경험이 크게 도움이 됐을 것이다. 그리고 서인 내에 노론과 소론이 나뉘자 소론의 영수로 추앙을 받았다.

이듬해인 1684년 우의정, 1685년 좌의정을 거쳐 2년 후인 1687년 영의정에 오르지만 2년 후 기사환국이 일어나 강릉으로 유배를 갔다가 이때 다시 영의정을 맡게 된 것이다. 능력이나 포용력 면에서 숙종의 말할 수 없는 큰 신뢰를 받은 인물이다. 실제로 7년 후인 1701년 장희빈의 사사 여부를 둘러싸고 노론의 김춘택 등이 사실상의 사형을 주장하자 그에 맞서 가벼운 형을 주장했으나, 결국 숙종이 사사를 결정하자 중추부 영사를 사직하고 낙향했다. 그 때문에 삭탈관작되고 유배까지 가야 했지만 6년 후에 다시 숙종의 부름을 받아 봉조하(奉朝賀)에 오른다. 우리에게는 "동창이 밝았느냐 노고지리 우지진다"로 시작되는 시조로 친숙한 인물이기도 하다.

다음날인 4월 2일에는 숙종도 어찌나 급했던지 이조의 절차를 생략하고 일단 기사환국 때 물러던 사람 중 죽지 않고 한양에 있는 사람들은 물러날 때의 자리에 모두 그대로 임명할 것을 명한다. 더불어 죄를 얻었던 서인에 대한 대대적인 사면령이 떨어졌다. 벌써 세 번째 환국이라 숙종은 일사천리로 밀어붙였다.

배향과 출향이 반복된 이이와 성혼의 문묘종사

숙종 때 환국이 진행될 때마다 반복되는 일이 두 가지 있었다. 하나는 피의 숙청이고 또 하나는 이이와 성혼의 문묘종사 배향이나 출향이었다. 갑술환국이 일어나자 역시 10여 명의 남인이 처형당했고 100여 명이 유배를 가거나 삭탈관직, 파직 등을 당했다. 역시 피의 숙청이었다. 이이와 성혼은 서인의 정신적 뿌리였다. 다시 이들이 문묘에 종사되는 일은 시간문제였다.

문묘(文廟)란 국학에 세워진 공자의 사당이다. 그것은 한나라 때부터 생겨난 것으로 유학을 국가 지도이념으로 한다는 뜻이기도 했다. 조선은 건국이념 자체가 유학이었다. 그래서 일찍부터 성균관에 공자를 비롯해 그 제자들의 위패를 봉안하는 대성전이 있었다.

조선의 유학자들이 문묘에 종사된 것은 실은 광해군 3년(1611년) 때의 일이다. 흔히 '동방 5현'으로 일컬어지는 김굉필·정여창·조광조·이언적·이황 등 5인이 그들이다. 약간의 논란이 없지 않았지만 그래도 이들 5인의 문묘종사는 적어도 조선의 유학자들 사이에서는 하나의 당위로 받아들여졌다.

사단(事端)은 인조반정이었다. 반정으로 집권에 성공한 서인은 대부분 이이와 성혼의 직간접적인 문인들이었다. 힘을 가진 이들은 자신들의 정통성을 학문적으로 뒷받침하기 위해 이이와 성혼을 문묘에 종사하려고 시도하였다. 특히 이이를 이황과 대등한 위치에 놓으려는 포부를 갖고 있었다.

문묘종사는 예송논쟁과 더불어 서인과 남인의 양대 이데올로기 논쟁의 핵심쟁점이었다. 이이의 문묘종사는 인조반정 한 달여 만에 제기되었다. 즉 반정세력은 그전부터 이 문제를 오랫동안 숙의해 왔던 것이다. 그러나 인조는 반대했다. 사안의 폭발성을 인조도 알고 있었기 때문이다. 당시 성혼의 경우에는 죄를 입어 아직 신원도 되지 않은 상태였다.

그러나 서인은 한 치도 물러서지 않았다. 김집이 주도하는 서인 산림세력은 연명상소 등을 통해 집요하게 인조를 압박했다. 성균관에서는 서인계통의 유생과 남인계통의 유생이 연일 충돌했고 조정에서는 논란이 빚어졌다. 그러나 인조는 끝끝내 이이·성혼의 문묘종사를 허락하지 않았다. 문묘종사를 둘러싼 논란은 더욱 심각하게 진행되었음에도 불구하고 효종대에도 이뤄지지 않았다.

현종대는 서인의 힘이 절정에 이른 때다. 예송논쟁에서도 서인이 압승을 거뒀다. 이런 분위기에 힘입어 송시열과 송준길은 이이와 성혼의 저작들을 현종이 직접 읽어볼 것을 권하는 방식으로 문묘종사를 압박해 들어갔다. 그러나 유생들의 합의가 없이 이이와 성혼을 문묘에 종사했을 때 생길 수 있는 뒷감당을 하기 어려웠던 현종은 집권 초기에 보여준 관심에도 불구하고 결국 문묘종사의 결단을 유보했다.

뜻밖에도 이이와 성혼의 문묘종사는 숙종 때에 와서 이뤄졌다. 경신환국이 있고 나서 서인이 집권하자 서인계통의 관리들과 유생들은 전방위로 숙종을 압박했다. 게다가 대신 김수항·김수흥·정지화·민정중·이상진 등이 하나같이 나서 "종사하는 것이 합당하다"고 아뢰자 숙종은 마침내 이듬해(숙종 7년) 9월 "이현(二賢-이이와 성혼)의 문묘종사 요청을 윤허하노라"고 말한다. 인조반정 이후 무려 4대 58년에 걸친 논란 끝에 문묘종사가 이뤄지는 순간이었다. 사실 그전까지는 주로 서인정권이라 하더라도 일부 남인이 늘 조정에 참여하고 있었기 때문에 반대의견을 격렬하게 개진할 수 있었는데 경신환국 직후에는 남인세력이 거의 박멸당하다시피 했기 때문에 이이와 성혼의 문묘종사는 일사천리로 진행될 수 있었다. 게다가 특정 정파에 힘을 전폭적으로 몰아주는 숙종의 정국운영 스타일도 이이와 성혼의 문묘종사가 가능할 수 있었던 결정적 요인 중 하나였다.

　이후 이현의 문묘종사는 환국과 부침을 함께할 수밖에 없었다. 숙종 15년 기사환국으로 남인이 다시 집권하자 곧바로 남인세력은 유생 등을 동원하여 이현의 문묘 출향을 건의했고 얼마 후 숙종은 이들의 출향(黜享)요청을 윤허하였다. 이때 숙종의 말이다.

　"두 신하는 문묘에 종사해서는 안 되는데 나 때문에 문묘를 더럽히게 됐도다. 지금 와서 생각해 보니 후회스럽고 한스러운 마음이 늘 간절하다."

　숙종은 뼛속까지 정치적인 군주였다. 이런 정도의 말은 아무렇지도 않게 할 수 있는 군주였다. 심지어 갑술환국이 있기 직전인 숙종 20년 2월에는 이현의 출향을 반대하는 글을 엄금하는 비망기를 8도의 군현에 내리기까지 했다. 여기에 이런 대목이 있다.

　"이이나 성혼은 본래 덕이 갖춰진 사람이 아니고 또 가리기 어려
운 결점이 많은데도 내가 살피지 못하고서 함부로 종사를 하게 되었
다. 그런데 내가 이미 거행했으므로 그 잘못을 바로잡고 시비를 밝힐
방도를 생각하지 않아야 한다고 말할 수 있겠는가? 이것이 교화를
세우게 하는 처음의 풍돈을 깨히 따른 까닭이다. 다만 그때 혹 이이
나 성혼을 위해 편드는 사람도 있었고 조정의 명령을 거역하여 즉각
출향하지 않은 사람도 있었는데, 이 인심이 퇴폐하고 의리가 가리워
진 때에, 암퇘지가 머뭇거리듯 사설(邪說)이 멋대로 행해질 근심을
이미 엄하게 막지 않을 수가 없다. 지금 이후로 감히 이이·성혼의
일로 공론을 고려하지 않고 몸을 던져 깃발을 드는 자는 마땅히 문묘
를 모독하는 죄로 논할 것을 명백하게 포고하노라!"

　그리고 한 달여가 지나 서인이 집권하는 갑술옥사 혹은 갑술환국이
있었다. 이제 숙종은 어떤 태도를 취할 것인가? 다시 복향(復享)을 할
경우 국왕의 체통이 말이 아니었다. 그러나 숙종은 그런 데 조금도 개
의치 않았다. 환국 직후인 4월 21일 성균관 유학 신상동이 이이와 성
혼의 복향을 청하자 일단 "난처하다"는 입장을 밝힌다. 5월에도 경기
도 유생들의 복향상소가 올라왔다. 이때 예조판서 윤지선과 영의정
남구만은 오히려 신중한 처리를 당부하는데 숙종이 앞장서서 복향을
결정해 버렸다. 실은 이때 남구만과 윤지선은 형식적으로라도 대신들
을 불러 모아 공론에 부치는 절차를 밟을 것을 건의했지만 숙종은 "처
음에 바른 이를 욕하는 무리에게 속임을 당해서 두 어진 신하를 출향
하기에 이르렀으므로 내가 항상 후회하고 한탄해 왔노라"며 "특별히

두 신하의 복향을 명하노라"고 말했다. 숙종은 어느새 문묘종사마저 자신의 정치적 도구로 삼고 있었다. 이후 출향을 주장했던 남인들은 그 자리에서 귀양을 떠나야 했다.

'숙종의 율곡' 박세채의 절절한 시대진단

4월 3일에는 박세채를 우찬성으로 명해 불러들일 것을 명한다. 허목·윤휴·송시열·이현일 등이 했던 일종의 정신적 지주로서의 '산림' 역할을 박세채에게 맡기겠다는 뜻이었다. 남구만이 소론의 실천적 지도자였다면 박세채는 이론적 지도자라고 할 수 있다. 남구만보다 두 살 아래였던 박세채는 신흠의 외손자다. 홍문관 교리를 지낸 아버지 박의가 김장생의 문하에서 학문을 익혔기 때문에 박세채도 이이의 『격몽요결』로 학문을 시작했다.

그는 김상헌과 김집의 문하에서 성리학을 공부했고 송시열·송준길 등과도 학문적 교유관계를 유지했다. 현종 초 예송논쟁 때는 송시열의 기년설을 지지했고 그 때문에 숙종 즉위와 함께 시작된 남인정권에는 참여할 수 없었다. 경신환국으로 서인이 집권하자 본격적으로 정치에 나섰고 노론과 소론이 나뉠 무렵 그는 남구만과 함께 소론의 영수로 떠올랐다. 당시 그는 송시열과 어깨를 나란히 할 만큼 학문적 영향력 면에서 빼어났다.

이 무렵 박세채는 자신이 소론이기는 했지만 노론과 소론을 중재하는 데 정치인으로서 최선의 노력을 다했다. 그러나 결과는 참담한 실패였다. 이 점에서도 박세채는 자신의 사표로 삼았던 이이를 닮았다. 그래서 당시에도 최석정 같은 사람은 박세채를 이이에 비견하기도 하였다.

이후 박세채는 당쟁 해결을 위한 논리화 작업에 들어가 '황극탕평론(皇極蕩平論)'을 정립하게 된다. 황극탕평이란 사서삼경 중『서경(書經)』에 나오는 말로 기자(箕子)가 주나라 무왕에게 진정했다고 하는 '홍범구주(洪範九疇)'에 나온다. 황극이란 '황건기유극(皇建其有極)'의 준말로 풀어쓰면 황제 혹은 군주가 지극한 표준〔極〕을 세운다는 뜻이다. 탕평이란 말도 홍범구주에 나오는 말로 '무편무당 왕도탕탕 무당무편 왕도평평(無偏無黨 王道蕩蕩 無黨無偏 王道平平)'에서 나온 말로 편과 당을 짓지 않으면 왕도가 크게 이뤄진다는 뜻이다. 이는 당파 위주의 주희식 붕당론을 받드는 노론에 대한 정면 비판이었다. 동시에 왕권 강화의 의지가 누구보다 강력했던 숙종으로서는 매력을 느낄 수밖에 없는 정국운영론이었다.

이런 박세채를 숙종은 4월 27일 좌의정에 임명한다. 같은 날 윤지완은 우의정에 제수된다. 이건창은『당의통략』에서 "윤지완이 우의정이 되었는데 무릇 의견을 올릴 때 다 남구만과 함께 하였다"고 적고 있다. 그의 형 윤지선은 이미 좌의정을 지낸 바 있고 동생 윤지인도 훗날 병조판서에 오른다. 이렇게 해서 남구만·박세채·윤지완의 소론 3정승 체제가 갖춰진 것이다.

그러나 박세채의 입궐은 두 달 가까이 지연되었다. 20차례에 가까운 사직소를 올린 끝에 마침내 윤5월 29일 박세채는 명을 받아들였다. 그리고 6월 4일 박세채는 '사본차(四本箚)'로 불리는 4통의 차자(箚子-약식 상소)를 올린다.

첫째는 '임금의 청납(聽納)을 넓히는 것'인데, 숙종이 지난날의 일을 징계삼아 앞으로의 도모를 신중하게 하기를 바란 것이었다.

둘째는 '국체(國體)'를 높이는 것'인데, 이는 무엇보다 숙종이 자신의 마음을 바로 잡아야 백관도 역시 마음을 바로 잡을 수 있다는 것이었다. 이 점은 특히 숙종에게 중요했다. 박세채는 숙종의 성정을 '희로(喜怒)의 폭발'이라고 부르며 감정을 잘 다스릴 것을 간곡하게 청했다.

셋째는 '인심(人心)을 따르는 것'인데, 어떤 일을 할 때 사람들의 마음이 옳은지 그른지를 깊이 살펴보아 일을 처리하라는 것이었다.

넷째는 '붕당(朋黨)을 소멸시키는 것'인데, 역시 성명에게 사람의 쓰고 버림과 진퇴(進退)를 당색(黨色)으로 하지 말고 한결같이 개개인의 현명(賢明) 여부를 중시할 것을 바란 것이었다.

박세채의 이 같은 상소에 따라 숙종은 7월 20일 자신을 돌아보고 그동안의 정국에 대해 반성하는 교서를 반포한다. 여기에 당쟁의 폐해와 원인 등에 대한 숙종의 생생한 인식이 들어 있다.

"당시 일을 맡아 다스리던 사람들로 하여금 피차를 논할 것 없이 각각 편당하는 풍습에 주력하기를 그만두지 않게 만들었으니, 청남과 탁남, 노론과 소론에서 대개(大槪)를 미루어볼 수 있다. 매양 생각이 이에 미칠 적마다 마음이 에는 듯하다. 그 연유를 따져보면 진실로 허물이 나에게 있는 것이니, 어찌 감히 자신을 용서할 수 있겠는가마는, 미루어 논한다면 또한 편당하는 풍습이 빌미가 되지 않은 경우가 없었다.

대저 임금의 명령을 거행하는 것보다 큰 일은 없다. 그런데 사당(私黨)에 관계되면 임금의 명령도 따르지 않는 경우가 있다. 관정(官政)을 보는 것보다 중요한 것은 없다. 그런데 사당에 관계가 되면 관정도 거행하지 않는 경우가 있다. 사람 쓰기를 옳게 하느냐 잘못하느냐보다 중요한 것은 없다. 그런데 사당에 관계되면 출척(黜陟)에 공정하지 못한 경우가 있다. 일에 대한 의논을 옳게 하느냐 그르게 하느냐보다 간절한 것은 없다. 그런데 사당에 관계되면 가부(可否)를 올바르게 하지 않는 경우가 있다. 무릇 이는 모두가 강령(綱領)을 세우고 기율(紀律)을 펴며 현명한 사람을 얻어 일을 처리하는 바다. 그러나 돌아보건대, 편당하는 풍습 때문에 해치지 않는 것이 없어, 차라리 군부(君父)를 저버릴지언정 차마 그 당을 저버리지는 않으니, 다시 어떻게 국가의 급무(急務)를 먼저 하고 사사로운 원수를 뒤로 돌리겠는가? 국사(國事)의 계획과 민둥의 근심거리는 서로 까마득하게 잊고 거짐없이 모두가 이러고만 있으니, 내가 장차 누구의 힘에 의지하겠는가?

또 서로 처신하는 것을 살펴보건대, 비록 한때 함께 벼슬하고 있으면서도 정의(情誼)가 통하지 못하고 마치 연월(燕越)처럼 지내 전혀 충성하고 공경하며 자신을 반성하는 도리는 없고 매양 원망과 한탄으로 불안해 하는 마음만을 가지고 있다. 대소(大小)와 신구(新舊)가 갈수록 서로 사모하며 본받기만 하여, 천 갈래 만 갈래의 짓이 대개 공정함을 배반하고 사사로움만 따르는 것이 많다. 중외(中外)의 학교(學校) 선비들에 있어서도 시속(時俗)을 따르며 기세를 타서 제멋대로 배척하되 더욱 끝없이 싸움질하는 곳이 되었으니, 그 끼쳐질 폐해는 장차 나라가 나라꼴을 못 갖추어 완전히 뒤집혀 멸망하게 되어도 구원할 수 없는 데 이를 것이다. 그러니 또한 어찌 감히 임금과 신하가 같은 덕과 같은 마음으로 다스려진 세상을 이루게 되기를 바랄 수 있겠는가? 아! 심한 일이로다.

또한 알 수 없지만, 조정의 신하나 초야의 선비로서 능히 이런 풍습을 깊이 싫어하며 개연히 분발하고 쭈뼛하게 마음으로 놀라, 나와 함께 이런 생각을 같이 할 사람이 있는가? 지나간 해에 내가 일찍이 시 한 수(首)를 가지고 조정 신하들을 깨우친 적이 있었다. 그러나 아직까지 이로 인해 마음을 고치고 풍습을 바꾼 사람을 들어보지 못했으니, 개탄스러운 일이다. 대저 어찌 조정 신하들만의 잘못이겠느냐? 내가 더러는 희로(喜怒)에 있어서 잘못하고, 더러는 시비(是非)에 어두워 진퇴와 출척을 모두 합당하게 하지 못했기에, 성의(誠意)가 뭇 아랫사람들에게 미덥지 못하고 교화하는 도리가 사람들의 마음에 흡족하지 못한 소치인 것이다."

박세채의 시대진단은 무엇보다 숙종의 인간적 성숙(成熟)을 요구한 것이고 숙종도 신하들의 책임을 함께 묻기는 했지만 자신을 돌아보는 데 크게 인색하지는 않았다. 4월 6일에는 송시열을 복관하고 제사를 지낼 것을 명한다. 소론정권이긴 하지만 넓은 의미에서는 서인의 복귀를 의미했기 때문이다.

파리 목숨만도 못한 숙종 때의 정승자리

숙종은 처음부터 끝까지 유교적인 이념으로 무장된 인물임에도 불구하고 유가보다는 법가에 가까웠다. 그의 정치는 인(仁)이나 덕치(德治)와는 약간 거리가 있었다. 백성에게는 자애로운 군주이고자 했지만 신하에게는 늘 엄군(嚴君)이려고 했다. 이는 즉위 초부터 나이 예순이 되어 세상을 떠날 때까지 조금도 변하지 않았다. 즉위 초창기인 숙종 4년 1월 영의정 허적이 새해 인사를 겸해 이렇게 말한다.

"임금이 반드시 강명 온건한 덕을 갖추고 상대에게 위복(威服)을 가할 수 있는 권한을 가지고 있어야 신하들이 두려워할 바를 알아 스스로 조심하지 않을 수 없는 것입니다. 따라서 아무리 대신이라도 죄가 있으면 용서해서는 안 됩니다."

이 말을 들은 숙종은 "표정을 바꾸면서 좋게 받아들였다"고 한다. 자신의 속마음을 그대로 표현해 주었기 때문일 것이다. 허적이 이 말을 한 것은 당시 서인의 송시열이나 김수항 등을 귀양 보낸 것이 당연하다는 뜻이었을 것이다. 그러나 그해 윤3월 홍문관 교리 최석정은 상소를 올려 당시 숙종의 이런 태도를 정면으로 비판한다.

"전하께서는 자리에 오르신 지 얼마 안 되면서 내신들을 널리 귀양 보내는 등 형극의 길로 몰아넣은 것을 대수롭지 않게 여기고 있습니다. 요 몇 해 동안에 할 말을 하다가 파출당한 신하들이 끊이지 않고 초야의 선비로서 벌을 받은 자도 한두 명이 아니니 그렇고서야 인심이 어떻게 흩어지지 않을 수 있으며 사기(士氣)가 땅에 떨어지지 않을 수 있겠습니까?"

일단 숙종은 최석정의 이 같은 비판을 수용한다. "임금의 지나친 행위와 정치의 잘잘못을 숨김없이 모두 지적하는 것이 바로 그대의 직분이 아니겠는가?" 흥미로운 것은 허적이나 최석정 모두 숙종에게 가혹한 내침을 당하게 된다는 사실이다. 특히 허적은 죽음을 당하게 된다. 마치 작은 진시황을 연상시키는 듯한 숙종의 현실주의 법가 통치를 살펴보려면 숙종 때의 주요 정승의 행적을 살펴보는 것만으로 충분하다. 공자는 "임금은 신하를 예(禮)로써 대하고 신하는 임금을 충(忠)으로 섬겨야 한다"고 했다. 그러나 숙종에게는 후자만이 있을 뿐이었다.

영의정 허적이 서자 허견을 제대로 감독하지 못했다는 이유로 사사됐고 좌의정 김수항도 경신환국으로 영의정에 오르지만 다시 남인이 집권하는 기사환국이 일어나자 경신환국 직후 남인의 죄를 지나치게 엄하게 다뤘다는 죄를 얻어 진도로 유배되었다가 사사된다. 우의정 권대운은 출사와 유배를 반복하면서 어렵사리 천수를 누릴 수 있었다. 집권 초 3명의 정승 중에서 두 명의 정승이 사약을 받았다.

경신환국 이후 서인이 집권했을 때 좌의정을 지낸 민정중이나 우의정을 지낸 이상진 등도 사형은 피했지만 극변 유배를 반복해야 했다. 그나마 숙종 11년 좌의정을 지낸 정지화는 온건한 당파 성향으로 인해 특별한 화를 입지 않았다. 그러나 이런 경우는 희귀했고 남구만·최석정·권대운·윤지완 등 한 시대를 이끌었던 정승들은 대부분 환국이나 폐비 반대 혹은 장희빈 사사 반대 등을 이유로 말할 수 없는 고초를 겪어야 했다.

다만 숙종은 일단 정승으로 임명할 경우 특별한 하자가 없는 한 교체를 빈번하게 하지 않은 것으로도 유명하다. 그래서 40년이 넘는 집권에도 불구하고 영의정의 경우 허적, 김수항, 남구만, 김수흥, 권대운, 남구만, 유상운, 서문중, 최석정, 서문중, 최석정, 신완, 최석정, 이여, 서종태, 이유, 서종태, 김창집 등으로 이어져 사실상 10여 명 정도밖에 되지 않으며 그나마 이루어진 교체도 숙종의 뜻이었다기보다는 영의정 자신이 30차례, 40차례씩 사직의사를 밝혀 겨우 숙종이 윤허한 경우들이었다. 즉 물러난 정승에 대한 박대와 현직 정승에 대한 철저한 신뢰가 숙종의 가슴속에서는 아무런 모순도 일으키지 않고 병립할 수 있었다. 어쩌면 그것이 잦은 환국에도 불구하고 국정운영의 일관성을 유지할 수 있었던 숙종만의 통치철학과 노하우인지도 모른다.

그러나 숙종의 이 같은 냉혹함은 부작용도 컸다. 뛰어난 능력을 갖고 있으면서도 지나치게 위압적인 그의 통치 스타일이 두려워 조정에 나서기를 거부하는 사람이 적지 않았기 때문이다. 숙종 28년(1702년) 7월 찬성 윤증과 찬선 권상하가 여러 차례의 부름에도 불구하고 조정에 나오지 않자 숙종은 다음과 같은 하교를 내린다. 이를 통해 당시 뜻있는 인사들의 은거(隱居) 이유를 간접적으로나마 살필 수 있다.

"아, 선비가 이 세상에 태어나서 어릴 때부터 학문을 익히는 이유는 장성하여 그것을 세상에 행하려는 것이다. 과감하게 세상에 대하여 잊어버린 자가 아니라면, 어찌 품은 뜻을 세상에 펼 것을 생각지 않을 수 있겠는가? 네가 여러 차례 돈독히 부른 것이 간곡하고 지성스럽지 않은 것이 아니었는데도 (저 사람들은) 초야에 있기를 고수하고 흔연히 나오지 않고 있다. 실로 이는 어진이를 좋아하는 나의 정성이 시종여일하지 못한 데서 말미암은 것이다. 실망과 부끄러움이 어찌 일찍이 마음속에서 떠난 적이 있었겠는가?

하지만 지금 재앙과 이변이 연이어져 나라의 형세가 매우 위태롭기 때문에 자나깨나 훌륭한 인물을 생각하는 것이 절실한 때다. 아, 덕이 부족한 나를 충직한 말로 보필하고 동궁을 인도하고 가르칠 책임은 더없이 중대한 것인데 오늘날 초야에서 덕을 길러 일찍 세상의 신망을 받고 있는 자가 아니고서 누가 감당할 수 있겠는가? 모름지기 목이 타는 듯한 나의 뜻을 본받아서 속히 조정에 나오는 것을 몸을 더럽히는 것과 같이 여기는 마음을 돌려 조정에 나와 나의 지극한 바람에 부응해 주기를 바란다."

최규서의 경우도 간곡하게 불렀으나 끝내 나오지 않아 숙종의 노여움을 사기도 했다. 최규서는 결국 영조 때에야 조정에 나오게 된다.

장희빈을 사사하다

"폐비를 복위하고 중궁 장씨는 원래대로 희빈으로 강등하라!"

갑술환국을 단행하던 그날 밤 숙종은 분명히 폐비 민씨를 신원하려는 자는 역률로 다스리겠다고 엄명을 내린 바 있다. 그러나 그것은 숙종의 본심이 아니었다. 4월 9일 숙종은 폐인을 별궁으로 옮기고 경호를 강화할 것을 명한다. 복위(復位)를 위한 절차를 밟겠다는 의사의 표현이었다. 이때 숙종은 민씨에게 반성문과도 같은 친필 서찰[玉札]을 내린다.

"처음에 권간(權奸)에게 조롱당하여 잘못 처분하였으나, 곧 깨달아서 그 심사를 환히 알고 그 억울한 정상을 깊이 알았다. 그립고 답답한 마음이 세월이 갈수록 깊어져, 때때로 꿈에 만나면 그대가 내 옷을 잡고 비 오듯이 눈물을 흘리니, 깨어서 그 일을 생각하면 하루가 다하도록 안정하지 못하거니와, 이때의 정경(情境)을 그대가 어찌 알겠는가? 시인(時人-당대에 권력을 잡은 무리)이 임금을 속이고 공도(公道)를 저버리는 것을 보게 되니, 지난날 경신년(숙종 6년)의 여당(餘黨-서인)에 연결된 말이 참으로 나라를 위한 지극한 정성에서 나왔고, 조금도 사의(私意)가 있는 것이 아니었다는 것을 더욱 알았다. 옛 인연을 다시 이으려는 것은 자나깨나 잊지 않으나, 국가의 처사는 또한 흥이야시 않으므로, 삼고 머뭇거린 시 이제 6년이 되었는데, 어쩌면 다행히도 암적(黯賊-민암)이 진신(搢紳)을 도륙하려는 생각이 남김없이 드러났으므로, 비로소 뭇 흉악한 자를 내치고 구신(舊臣)을 거두어 쓰고, 이어서 별궁에 이처하는 일이 있게 되었으니, 이 뒤에 어찌 다시 만날 기약이 없겠는가?"

그리고 사흘 후인 4월 12일 폐비 민씨를 신원하려는 자는 역률로 다스리겠다고 한 자신의 분부를 철회한다고 발표했다. 동시에 중궁 장씨를 다시 희빈으로 강봉하고 대신 세자가 장희빈을 조석으로 문안하는 예는 폐하지 말 것을 명했다. 어머니로서의 위치는 그대로 유지시켜주겠다는 뜻이었다.

4월 21일 중궁의 복위를 태묘(太廟-이성계의 신위)에 고하였다. 더불어 4월 25일 왕비의 폐비를 극렬반대하지 않았다는 이유로 당시의 영의정 권대운, 우의정 민암, 대사헌 목창명 등은 극변에 위리안치되는 처벌을 추가로 받아야 했다. 이제 장희빈이 위험에 처하게 됐다.

장희빈 집안의 몰락

짧지만 한동안 최고의 권력을 누렸던 장희빈의 오빠 포도대장 장희재도 어느새 바람 앞의 등불 같은 처량한 신세로 전락했다. 특히 한때 그가 데리고 있던 이시도라는 인물을 책망하다가 사사로이 고문을 가했다 하여 귀양을 떠나게 되었다. 게다가 고변서에도 그의 이름 석자가 나왔으므로 숙종은 장희재를 죽이려 하였다. 장희재는 유배지에서 다시 한양으로 불려와 모진 고문을 당했다. 이때 영의정 남구만이 나섰다. 장희재는 세자의 외삼촌인데 경솔하게 죽여서는 안 된다는 것이었다. 특히 장희재가 죽게 되면 그 여파가 희빈에게 미치고 다시 희빈이 불안하면 세자도 불안해 할 것이고 세자가 불안해 하면 종사가 위태로워질 수 있다는 논리였다. 이에 박세채는 "장희재를 구하는 것은 옳지 않다"고 맞섰다. 그러나 숙종은 일단 남구만의 의견을 받아들여 장희재를 죽이지 않고 유배지 제주도로 보냈다.

유배 2년째인 숙종 22년(1696년) 4월 29일 장희재의 종인 업동이 장희빈과 장희재의 아버지 장형의 묘소에 흉물이 묻혀 있다고 고변을 했다. 누군가가 장희빈을 저주할 목적으로 그랬다는 것이다. 이때는 이미 숙종도 남인에 대해 일부 정치참여를 허용하는 등 온건한 입장을 보이고 있을 때였다. 실제로 그런 일이 있었는지 장희재가 재기를 위해 업동을 시켜 음모를 꾸몄는지는 분명치 않다.

형조에서는 즉각 관련자들을 소환해 조사를 벌였다. 그러나 전후사정이 딱 들어맞지 않고 오히려 조작의 냄새까지 났다. 이러다가는 자칫 장희빈의 목숨까지 위태로워질 것을 걱정한 3정승이 나서 추가 조사를 만류했고 숙종도 장희빈이 세자의 모친임을 감안해 일단 그냥 넘어갔다.

그리고 5년 후인 숙종 27년(1701년) 8월 14일 인현왕후 민씨가 세상을 떠났다. 복상(服喪) 기간 중이던 8월 27일 남인인 행 부사직 이봉징이 대단히 민감한 문제를 건드리는 상소를 올렸다. 장희빈의 경우 6년

간 왕비의 자리에 있었기 때문에 다른 후궁과는 복제가 달라야 한다는 것이었다. 나름대로 일리가 있는 견해이기는 했다. 그러나 남인으로서는 민씨의 죽음이 어쩌면 장희빈의 복위로 이어질 수도 있다는 기대를 했는지 모른다. 이봉징이 남인이었음에도 불구하고 형조참판을 거쳐 행 부사직에 오를 수 있었던 것은 당시 숙종이 제한적인 남인 포용정책을 쓴 때문이었다.

숙종도 처음에는 이봉징의 상소를 보고서 복제 문제에 관한 일리 있는 건의 정도로만 생각했다. 그러나 시간이 지날수록 뭔가가 있다고 서인 쪽에서는 판단했다. 9월 2일 영의정 최석정이 나서 문제를 제기했고 숙종도 "이봉징의 상소는 나도 옳지 않다고 여기고 있다"고 답한다. 그리고 다음날 숙종은 이봉징을 삭탈관작하고 극변으로 유배를 보냈다.

영조의 어머니 숙빈 최씨의 밀고

한동안 잠잠했다. 그런데 20여 일이 지난 9월 23일 숙종는 죽은 왕비를 무고했다는 이유로 장희재를 처형하라는 비망기를 전격적으로 내렸다. 실은 무고의 당사자는 장희재가 아니라 장희빈이었다. 장희빈은 틈만 나면 취선당 서쪽에 몰래 신당을 설치하고 민씨가 죽기를 기도했다는 것이다.

밀고자는 다름 아닌 영조의 어머니인 숙빈 최씨였다. 최씨는 갑술환국이 있던 1694년 9월 훗날의 영조가 되는 왕자를 출산했다. 최씨는 앞서 본 대로 민씨의 사람이었다. 『실록』은 "숙빈 최씨가 평상시에 왕비가 베푼 은혜를 잊지 못하고 원통한 마음을 이기지 못해 임금에게 몰래 고했다"고 적고 있다.

그러나 그 이상의 생각도 했을 것이다. 민씨가 사라진 상황에서 자신이 그 자리를 잇지 못할 것은 분명했다. 자신은 애초부터 출신이 너무 낮았다. 『실록』에는 명시되어 있지 않지만 서인 쪽에서 남인의 재기를 사전에 차단하기 위해 손을 썼을 수도 있었다. 20여 일이면 생각하고 일을 꾸미기에 충분한 시간이 흘렀기 때문이다. 게다가 당시 신하들은 어느 정도의 일이면 숙종이 행동에 옮기리라는 것까지 훤히 알고 있었다.

이틀 후인 9월 25일 밤 숙종은 "희빈 장씨로 하여금 자진(自盡)토록 하라"는 명을 내린다. 이에 놀란 승지 서종헌과 윤지인 등이 나서 만류했다. 세자의 생모인 장희빈을 보존해야 세자도 보존할 수 있다는 것이었다. 처음에는 "금일의 조치는 국가를 위한 것이고 세자를 위한 것이지 즐거워서 하는 일이 아니다. 처음에 잘 처리하지 아니하여 그 화가 마침내 자라게 된다면 반드시 끝없는 걱정이 생길 것이니, 다만 이것은 국가를 위한 것이고 세자를 위한 것이다. 지금 비망기는 갑자기 나온 것이 아니고 밤낮으로 생각하고 또 생각한 나머지 부득이하여 낸 것이다"며 단호한 태도를 보이던 숙종도 승지들의 간곡한 만류가 계속되자 일단 한 걸음 물러선다. 특히 윤지인은 강경하게 맞섰다. 심지어 국가의 중대사를 격분한 마음으로 결정해서는 안 된다고 했다가 숙종의 분노를 사게 된다.

이후 여러 날 동안 숙종은 관련된 궁녀들에 대한 친국을 주관했다. 그 와중에 영의정 최석정은 세자를 위해 장희빈을 죽여서는 안 된다고 간곡하게 청하다가 유배를 가야 했다. 아무도 말릴 수 없는 상황이 돼버렸다. 정승들을 비롯한 신하들의 반대상소가 이어지는 가운데 10월 7일 숙종은 엉뚱하게도 빈이 후비의 자리를 이을 수 없도록 국법으로 정하라는 명을 내린다. 그리고 다음날 "장희빈이 내전을 질투하여 모해하려고 했다"며 자진명령을 내린다. 당시 세자는 조정 대신들에게 자신의 어머니를 살려달라고 애걸했다. 그러나 어느 신하도 숙종의 마음을 되돌릴 수 없었다. 결국 10월 10일 장희빈은 사약을 마셨다.

한편 10개월이 지난 1702년(숙종 28년) 8월 43세의 숙종은 왕비 간택령을 내린다. 세 번째 계비를 얻기 위함이었다. 그런데 원래 맹만택의 딸이 간택되었는데 그의 외할아버지 이홍일에 대한 조정 신하들의 의견이 좋지 않아 취소됐다. 그래서 결국 소론계 김주신이 딸이 왕비로 간택됐다. 이때 인원왕후 김씨의 나이 열여섯으로 숙종과는 27세의 나이 차이가 있었다. 묘하게도 인경왕후 김씨나 인현왕후 민씨처럼 인원왕후 김씨도 아들을 낳지 못했다. 민씨처럼 아예 아이를 낳지 못했다.

10장

후계구도를 걱정하기 시작하다

소론에서 노론으로 이동된 권력

숭명 의식이 강화되다

숙종 28년(1702년)에 접어들자 숙종은 눈에 띄게 노론을 중용하기 시작했다. 특히 장희빈 사사에 반대한 남구만은 유배를 보냈고 반면 사사를 역설한 노론의 김춘택은 석방했다. 마지막까지 장희빈의 사사에 반대한 당시의 영의정 최석정도 내침을 당했다. 당시 조정은 영의정 서문중, 좌의정 이세백, 우의정 신완의 3정승이 이끌고 있었다. 서문중은 박세채 계열의 소론으로 두 번째 영의정을 맡은 인물이다.

서문중(徐文重, 1634년 인조 12년~1709년 숙종 35년)은 현종 14년 (1673년) 학행으로 천거되어 지방관을 지내다가 다소 늦은 숙종 6년 (1680년) 문과에 장원급제해 관직의 세계에 나섰다. 광주부윤으로 있을 때 남한산성 수축에 공을 세웠으며 이후 경상도관찰사, 도승지, 공조판서, 형조판서 등을 거치며 조정의 중요 인물로 떠올랐다. 그러나 기사환국으로 남인이 집권하자 중앙정계에서 밀려났다. 갑술환국 때 병조판서 겸 의금부 지사로 등용되었으나 희빈 장씨 및 남인의 징계 문제에 대해 온건론을 펴다가 탄핵을 받고 낙향했다. 이후 박세채의 추천으로 조정에 돌아와 다시 형조판서·병조판서 등을 거쳐 1698년 우의정이 되고 이어 좌의정·영의정을 지냈으며 1702년 다시 영의정 에 올랐다. 그는 군사제도에 밝았으며 역사에도 깊은 조예가 있었던 인물이다.

반면 좌의정 이세백(李世白, 1635년 인조 13년~1703년 숙종 29년)은 노론계 인사였다. 그는 장희빈이 사사당하려 하자 세자가 찾아와 옷 자락을 잡으며 눈물로 호소했으나 외면해 버렸다. 이처럼 세자에 대 한 태도에서 소론과 노론은 입장을 달리하기 시작했다. 영의정 서문 중보다 한 살 아래였던 이세백은 숙종 1년(1675) 문과에 급제했고 주 로 청요직을 두루 거쳤다. 1686년 대사간에 임명되고 1687년 도승지 대사헌을 거쳐, 1689년 기사환국 때 다시 도승지로 있으면서 당시 동 부승지로 있던 서문중의 동생 서문유와 함께 송시열의 삭탈관작 문외 출송 취소를 주장하다가 파직되었다.

1694년 갑술환국이 일어나자 다시 도승지로 기용되고 이어 공조판 서, 예조판서, 호조판서, 이조판서 등을 두루 거친 다음 1698년 우의 정에 오르고 2년 후인 1700년에는 좌의정에 오른다. 당론에 철저하였 으며 다른 당파를 물리칠 때 과격하다는 평을 듣기도 하였다. 그것은 그가 어려서 김수홍에게 글을 배우고 이후 윤순거와 송준길 등 노론 의 핵심인물들에게서 학문을 익힌 때문이다.

신완(申琓, 1646년 인조 24년~1707년 숙종 33년)은 당초에는 소론이 었다가 노론으로 당론을 바꾼 경우에 속한다. 박세채의 문하에서 학문 을 배웠고 현종 13년(1672년) 문과에 급제해 사헌부 지평과 사간원 정언을 지냈으나 현종 말 제2차 예송논쟁 때 남인의 주장이 채택되면서 파직당했다. 이어 경신환국이 일어나자 정언에 복직돼 권대운·민희 등 남인의 핵심인물들을 탄핵해 귀양 보내는 데 결정적으로 기여했다.

이후 1682년에는 승정원에 들어가 가까이에서 숙종을 오랫동안 보필했고 1686년에는 도승지에 오른다. 1689년 기사환국이 일어나자 다시 물러났다가 갑술환국 때 대사간으로 복직해 목래선을 비롯한 남인 세력 축출에 앞장섰다. 이후 남인 및 장희빈 처리를 둘러싸고 강온파가 갈리자 뜻밖에도 점차 노론편에 섰다. 이후 예조판서·대사헌·형조판서·병조판서·이조판서 등을 두루 지냈고 이때 우의정에 오른다. 이후 그는 좌의정을 거쳐 영의정에까지 오르게 된다. 그만큼 숙종의 노선이 노론 쪽으로 기울어갔다는 뜻이기도 하다. 특히 반청의식이 강한 노론의 입장을 반영해 북한산성 축조를 시도했으나 당시에는 소론의 반대로 실행에 옮기지 못했다.

이 같은 3정승의 구성으로 볼 때 숙종의 마음은 예전에 비해 현저하게 소론에서 노론으로 기울어가고 있었다는 것을 알 수 있다. 그것은 40대 중반의 나이 때문이었을 수도 있다.

숙종 30년 1월 10일의 기록은 숙종의 세계관 자체가 소론에서 노론으로 확실하게 넘어가고 있다는 것을 보여준다. 이때는 벌써 신완이 영의정으로 승진해 있었다. 이날 숙종은 대신과 비변사 신하들을 인견하는 가운데 이런 말을 한다. "올해는 갑신년으로 명나라가 망한 지 주갑(周甲-60년)을 맞았다. 돌이켜 보건대 조선이라는 이름도 명나라로부터 받았고 임진왜란 때 신종황제가 직접 군사를 보내어 다시 나라를 재건할 수 있었다. 병자호란을 당했지만 삼학사가 있어 절의(節義)와 강상(綱常)이 실추되지는 않았다. 그런데 지금에 이르러서는 세월이 흘렀다고 하여 신하들이 올리는 글에도 강개스러운 말이 다 사라졌다. 세월이 흐르면 점차 잊는다고는 하지만 지금의 사정은 너무나도 개탄스럽다. 주갑의 해를 맞이하니 감회가 창연하다."

숙종의 이 말은 노론을 배려해서 한 말이라기보다는 40대 중반의 나이에서 오는 역사와 현실에 대한 인식의 보수화의 결과였다. 게다가 숙종은 특히 우리 역사에도 밝은 군주였다. 이에 영의정 신완은 "우리만 그런 것이 아니라 제가 연경에 가보니 중국의 한족(漢族)들도 모두 오랑캐의 머리를 하고 있고 옛 명나라의 의복을 따르는 우리를 보고서도 전혀 흠모하는 뜻은 없고 도리어 조소하는 기색이 완연하였습니다. 대체로 인정이란 오래 되면 잊기가 쉽고 후생(後生)들은 지난 일을 알지 못하는 경우가 많기 때문입니다"고 답한다. 여기까지는 두 사람이 그저 주고받은 환담 수준이었다. 그런데 숙종은 신완의 말을 받아 이렇게 이야기한다.

"저들의 물든 풍속은 진실로 괴이하게 여길 것도 없는데, 우리나라 사람들은 객사(客使-청나라 사신)가 나올 적에 길 양쪽에 서서 구경하는 것을 화사(華使-옛 명나라 사신)와 똑같게 하고 있으니, 원통함을 품고 아픔을 참는다는 뜻이 없음을 알 수 있으며, 세도(世道)가 이 지경에 이르러 진실로 한심스럽기 그지없다. 백성으로 하여금 잊지 않게 하려면 어떻게 해야 되겠는가?"

여기서 논쟁이 촉발된다. "백성으로 하여금 잊지 않게 하려면 어떻게 해야 되겠는가?" 신완은 두루뭉술하게 숙종 스스로 각오를 다지는 일이 무엇보다 중요하다고 답한다. 좌의정 이여도 효종 때의 북벌계획을 거론한 다음 "전하께서 진실로 분발하시어 대지(大志)를 확립하신다면 병기를 수선하고 변방을 공고히 하는 등의 계책은 단번에 시행할 수 있는 것"이라며 결국은 신완의 의견을 따랐다. 이여는 원래부터 당파와는 거리를 두는 인물이었다. 넓은 의미에서 서인이지만 노론이나 소론과 같은 확연한 당색을 드러내지 않았다.

숙종의 뜻은 북벌보다는 임진왜란 때 파병을 해준 신종황제의 사당 건립에 있었다. 당시 참전했던 양호나 형개를 기리는 사우(祠宇)는 있는데 정작 신종황제를 기리는 묘(廟)가 없다는 것은 앞뒤가 맞지 않는 처사라는 것이다. 그러면서 "송시열도 신종황제의 묘를 세워 척화신 3인을 그곳에 종향하자는 주장을 펼친 적이 있는데 이 방식은 어떤가?"라고 묻는다.

이에 이여는 현실적인 어려움을 들어 완곡하게 반대했다. 이에 숙종은 회의를 끝내면서 대신들은 각자의 의견을 글로써 올릴 것을 명한다. 신완은 추모하는 일 하나로 청나라와의 외교문제를 일으킬 수 있다며 반대했다. 이여는 국가를 공고히 하고 백성을 편안하게 하여 자립하는 것이야말로 신종황제가 우리를 도운 뜻을 실현하는 방법이라며 사실상의 반대의견을 밝혔다. 소론의 윤지선이나 최석정 같은 사람은 아예 아무런 글도 올리지 않았다. 노론은 소극적 반대, 소론은 적극적 반대로 갈리고 있었다.

노론으로서도 적극적으로 찬성하기에 무리가 있었다. 우선 황제를 모시는 묘라면 우리의 종묘보다 크고 장엄하게 해야 한다. 그 비용은 이루 말할 수 없다. 게다가 황제의 묘를 모시는 의례를 제대로 알지도 못한다. 무엇보다 논리상으로 노론이 한계를 겪어야 했던 바는 제후국이 과연 황제국의 묘를 마음대로 모실 수 있는가 하는 참람(僭濫)의 문제였다. 결국 숙종은 "서서히 뒷날을 기다려 의논을 정하자"고 물러섰다. 그러나 이때의 토론이 갖는 의미는 대단히 중요하다. 이후 숙종의 세계관 변화를 살필 수 있는 단서를 제공하기 때문이다.

노론을 자극한 박세당의 이경석 비문

숙종 29년(1703년) 4월 17일 유생 홍계적을 비롯한 180명이 상소를 올렸다. 전 판서 박세당이 자신들의 숭앙하는 스승인 송시열을 모욕했다는 것이었다. 박세당이 삼전도비를 쓴 주인공 이경석의 비문을 쓰면서 송시열을 비난하는 내용을 적어 넣었다는 것이다. 죽은 송시열은 여전히 노론의 마음속에 살아 있었다.

박세당(朴世堂, 1629년 인조 7년~1703년 숙종 29년)은 이조참판을 지낸 박정의 아들로 현종 1년(1660년) 문과에 장원급제했고 사간원·홍문관 등의 요직을 거쳤으나 당쟁이 격화되는 조정 풍토에 혐오를 느껴 도봉산 자락에 근거지를 마련하고 은거생활에 들어갔다. 그 와중에도 한성부 판윤에 제수되는 등 여러 관직이 주어졌지만 대부분 부임하지 않았고 대신 학문을 연마하고 제자들을 키우는 데 주력했다.

그의 입장은 무엇보다 주자설의 독자적 권위를 인정하지 않는다는 것이었다. 대신 주자학의 이데올로기를 벗어나 실사구시적인 입장에서 주자의 학설들을 비판적으로 바라보았다. 이는 곧 송시열로 대표되는 노론과의 충돌을 예고하는 것이기도 했다. 결국 이때 이경석의 신도비를 지으면서 노론들과 충돌하게 된 것이다. 박세당은 이듬해에는 『사변록(思辨錄)』을 지어 주자학을 비판하고 독자적인 견해를 피력했다가 윤휴와 마찬가지로

박세당 고택_ 박세당은 실사구시적인 입장에서 주자학을 비판적으로 바라보며 독창적이고 자유분방한 견해를 피력했으나 사문난적으로 몰려 유배를 가는 도중에 죽었다.

사문난적으로 몰려 유배를 가다가 도중에 죽었다. 그는 죽음을 앞두고 아들 박태유와 박태보에게 '葬後勿設朝夕上食(장후물설조석상식)'이라는 유언을 남겼다. 장사를 지낸 후 아침저녁으로 상식을 올리지 말라는 것으로 예론을 금과옥조처럼 떠받들던 노론세력의 경직된 세계관을 정면으로 비판하는 것이었다.

그는 직접 소론의 정치에 참여하지는 않았지만 소론계 인사들과 가까웠다. 소론의 거두인 윤증·박세채·최석정 등과 교분이 두터웠고 남이성은 처숙부, 남구만은 처남이었다. 우참찬 이덕수, 함경도관찰사 이탄, 좌의정 조태억 등은 그가 길러낸 제자이자 소론의 핵심인물들이다.

사건의 발단은 34년 전인 현종 10년(1669년)으로 거슬러 올라간다. 이해 3월 현종은 어머니인 대비 인선왕후 장씨와 중궁 명성왕후 김씨 등을 대동하고 온천을 하기 위해 충청도 온양을 찾았다. 명성왕후 김씨의 괴증(壞症) 치료를 위해서였다. 당시 온양에는 왕실 인사들의 피부병 등을 치료하기 위한 행궁이 있었다.

4월 3일 중추부 영사 이경석이 환궁을 재촉하는 상소를 올렸는데 그중에 이런 대목이 있었다.

"지난날 조정에는 급히 물러나려는 신하들이 이어지더니, 오늘날 행궁에는 달려가 문안한 신하가 하나도 없다고 합니다. 군부가 병이 있어 궁을 떠나 멀리 초야에 있으면 사고가 있거나 늙고 병들었거나 먼 곳에 있는 자가 아니라면 도리에 있어서 이와 같을 수는 없는 것입니다. 이는 나라의 기강과 의리에 관계된 것입니다."

이경석의 본 뜻은 현종이 신하들을 박하게 대하여 신하들이 멀리

하려는 것이 아닌가 하는 점을 깨우쳐주려는 데 있었는지 모른다. 그런데 마침 중추부 판사 송시열이 병이 나서 전의에 머물고 있었다. 송시열은 이경석이 자신을 지목한 것으로 간주해 이경석을 비난하는 상소를 올렸다. 즉 이경석이 삼전도 비문을 쓴 데 대한 간접적인 비판을 가한 것이다. 설사 이경석이 송시열을 염두에 두었다고 하더라도 그가 삼전도 비문 문제를 거론하며 이경석을 비판한 것은 지나친 행동이었다. 오죽 했으면 송시열의 입장에서 서술했나고 알 수 있는 『현송개수실록』도 이 일에 대해는 "경석이 일찍이 인조 때 대제학으로 인조의 명에 따라 삼전도 비문을 지었기 때문에 시열이 소에서 언급한 것이었는데 말이 너무 박절했으므로 논자들이 병통(病痛)으로 여겼다"고 송시열을 오히려 비판했다.

그러나 이후 노론은 송시열의 입장을 따랐다. 때로는 그것이 역사다. 자연스럽게 소론은 이경석을 지지했다. 30여 년이 흐른 뒤 박세당이 이경석의 신도비문을 쓰면서 이경석과 송시열에 대한 평가를 뒤집으려 했다. 무엇보다 이경석의 삼전도비 찬술은 인조의 요청에 의한 것이었음을 분명히 하고 이경석을 봉황, 송시열을 올빼미에 비유했다. 노론의 금기를 정면으로 건드린 일종의 도발이었다. 홍계적을 비롯한 유생 180명의

김창흡 기사환국 때 아버지가 사사되자 형제들과 함께 은거했다. 성리학에 뛰어나 김창협과 함께 대학자로 이름을 떨쳤다.

상소는 이런 배경에서 제기된 것이었다. 그 배후에는 김상헌의 손자인 노론의 이론가 김창흡이 있었다. 『실록』은 당시 상황을 이렇게 설명하고 있다. "박세당의 신도비 글이 조금씩 전해져 말하게 되니, 혹은 공격할 것이 못 된다고 하고 혹은 공격할 필요가 없다고 하였는데, 홀로 김창흡이 분연히 세도(世道)를 근심하여 다른 사람에게 준 글에서 송시열의 본뜻과 일을 밝혀내고, 박세당의 치우친 말을 물리쳤는데, 그 말이 통쾌하여 사림을 격동시켜 조금 뒤에 태학(太學)의 상소가 과연 올라갔으니, 박세당의 무리가 김창흡을 원망함이 더욱 깊어졌다." 결국 박세당은 이듬해 '사문난적'으로 몰려 유배를 가다가 도중에 죽는다.

▐ 폭노의 군주 숙종

해프닝으로 끝난 선위파동

숙종 31년(1705년) 10월 29일 조정이 발칵 뒤집혔다. 자신의 화증(火症)이 지난 5~6년 동안 심해져 더 이상 국정을 감당할 수 없으니 왕세자에게 선위(禪位)를 하겠다는 의사를 숙종이 전격적으로 발표했기 때문이다. 재위 31년 동안에 처음 있는 일이었다. 이때 세자의 나이 18세였다. 조선의 임금들이 흔히 해오던 선위파동이 일어난 것이다.

조선의 임금들이 선위파동을 일으키는 목적은 다양했다. 태종의 경우 정적제거 수단으로 활용했고 세종은 정말로 병 때문에 넘겨주려 했으며 세조는 충성경쟁을 유도하기 위해, 선조는 정치적 수세를 탈피하기 위해 선위파동을 일으켰다. 그렇다면 숙종은 과연 어떤 생각에서 선위의사를 밝힌 것일까?

그가 선위의사를 밝히면서 한 말 중에 이런 대목이 있다. "나를 아는 자는 내가 깊이 근심하는 것으로 여기고, 나를 모르는 자는 내가 싫증난 것으로 여긴다. 이것은 사소하게 문서를 줄여서 힘을 얻을 수 있는 것이 아니고, 구구하게 묵은 뿌리나 썩은 풀로 효험을 바랄 수 있는 것도 아니다. 한가롭게 조양(調養)하지 않으면, 참으로 말할 수 없는 근심이 있게 될 것이다." 업무 스트레스로 인한 병을 얻었으니 선위하지 않으면 죽을병으로 이어질 수도 있다는 뜻이었다.

물론 숙종이 병을 앓고 있었던 것은 사실이다. 한 달여 전인 9월 25일 오른쪽 엉덩이 쪽에 종기가 나서 약방에서 진료를 한다. 당시 질병과 관련된 첫 번째 기록이다. 9월 29일에는 종기가 심해져 약방제조들이 의원들을 거느리고 숙직에 들어간다. 그러나 10월 5일이 되면 종기는 약간 수그러든다. 이때의 종기는 12월 중순 경에야 다 낫는다.

그렇다고 하더라도 숙종의 말을 곧이곧대로 받아들일 신하는 하나도 없었다. 우의정 이유를 비롯해 승정원과 홍문관 관리들이 직접 아뢰겠다고 했으나 글로써 대신할 것을 명한 다음 숙종은 선위 절차를 세우라고 예조에 명했다. 평소의 숙종 성격대로라면 정말로 선위가 이뤄질지도 모를 상황이었다.

승정원에서는 선위의사를 밝힌 비망기를 봉행할 수 없다며 숙종에게 도로 가져왔고 이러기를 열두 번이나 반복했다. 승정원에서는 선위절차도 봉행할 수 없다고 밝혔다. 다음날에도 대신 백관이 선위의 명을 거두기를 청했다. 당연히 이날은 세자도 글을 올려 선위의 명을 거두어줄 것을 강청했으나 숙종은 일언지하에 거절했다. 다음날에도 세자를 비롯해 지방 유생들까지 선위를 거두어달라는 상소를 올렸다. 11월 2일 세자의 세 번째 상소가 올라오자 그에 답하는 형식으로 숙종은 선위의 명을 거둔다.

"너의 정성을 생각하지 않을 수 없고, 모든 신하가 정성을 다해 아뢰어 청하는 것을 끝내 저버릴 수 없었으므로, 이제 막 애써 따랐다."

숙종의 선위파동은 불과 4일 만에 해프닝으로 끝났다. 그러나 이를 통해 숙종은 세자를 비롯한 신하들의 충성심을 확인할 수 있었다.

선위파동 전후

선위파동이 있던 그해(숙종 31년) 2월 5일 영의정 신완이 42차례에 걸쳐 사직을 청하자 마침내 허락하였다. 그리고 다음날 전라도 익산의 유생 소덕기가 상소를 올려 즉위 30년을 맞아 존호를 올릴 것을 청하였다. 상소 중에 숙종 30년 통치를 간략하게 정리한 대목이 나온다. 당시 식자들이 숙종을 어떻게 생각하고 있었는지를 비교적 객관적으로 알 수 있는 자료다.

"전하께서 임어(臨御)하신 지 31년이 되었습니다. 그동안 문물이 크게 갖추어졌고 빠뜨려진 전례도 모두 복구되어 거행되었으니, 비록 흉년을 걱정하지만 대단한 잘못은 없었습니다. 더구나 단종(端宗)의 위호를 추상(追上)하시어 지극히 어짊이 드러났고, 명나라 신종의 옛 은혜를 잊어버리지 않아서 대의(大義)가 밝혀졌으며, 곤위(壼位-중궁)를 광복하시어 인륜이 바르게 되고, 춘궁(春宮-세자)을 바로하여 나라의 근본이 튼튼해졌으며, 깊이 지난날의 잘못을 뉘우침을 진술하여 진신(搢紳)을 참벌하는 화란이 없도록 보장하고, 항상 가난하게 사는 사람을 불쌍하게 여기면서 백성을 사랑하고 보호하는 것으로 염려하셨으니, 이는 모두가 융성한 덕의 일로서 천하 후세에 찬사가 있을 것입니다. 어찌 이렇게 높고 거룩한 공덕을 크게 칭송하여 높이 받드는 의리에 부응하지 않을 수 있겠습니까?"

실은 1년 전에도 당시 예조판서 김진구가 같은 이유로 존호를 올릴 것을 주청한 바 있었다. 이때 숙종은 사양하며 대신 어제시를 내린 바 있는데 소덕기의 상소가 올라오자 다시 그 어제시를 내린다. 그러면서 자신의 사양은 결코 겸양에서 나온 것이 아님을 다시 한 번 밝힌다.

덕이 적은 몸으로 대업을 이어 어언 29년이 되었으나,
해마다 농사는 흉년이라 백성은 죽도 제대로 먹지 못하는구나.
나라의 정사는 위급하고 자연의 재해는 날로 심해지니,
칭경(稱慶)하잔 말 꺼내지도 마라 밤낮으로 두려울 뿐이다.

이후 신하들의 칭경요청이 이어졌고 2월 12일에는 세자가 숙종에게 앞마당에서 무릎꿇고 칭경을 청했으나 받아들이지 않았다. 또 같은 날에는 영순군 이유 등 종친들도 칭경을 청했다. 2월 14일에는 연잉군 이금(훗날의 영조)을 비롯한 2품 이상의 종친들이 다시 칭경을 청했다. 원래 칭경은 신하들이 축하인사를 올리는 진하, 잔치를 여는 진연, 존호 올리기 등을 모두 포괄하지만 여기서는 특히 존호 올리기를 주로 가리킨다.

사실 숙종은 이를 즐기고 있었다. 낯간지러운 처사이기는 하지만 최고의 권력을 둘러싼 충성유도 내지 충성경쟁은 늘 유치하다. 2월 19일에는 좌의정 이여와 우의정 이유도 칭경을 청했다. 이때 이여는 숙종의 본뜻을 오해하여 칭경 주청이 늦어졌다며 사죄까지 한다. 당시 영의정 자리는 비어 있었다.

그리고 2월 25일에는 일단 칭경은 윤허하지 않되 잔치는 세 차례에 걸친 세자의 청을 받아들이는 형식으로 진행하기로 한다. 그것은 곧 칭경도 조만간 받아들이겠다는 암시이기도 했다. 그것은 2월 27일 춘추관 동지사 황흠으로 하여금 『실록』에서 칭경의 고사를 상고하도록 한 데서 알 수 있다. 그런데 역설적이게도 관련되는 세종·중종·선조 때의 사례를 샅샅이 조사했으나 전례가 없었다. 그나마 선조 38년 기록에 예조에서 "세종 30년 칭경하고 차례하였다"고 보고한 기록은 있으나 정작 『세종실록』에는 그런 기록이 담겨 있지 않다고 보고했다. 숙종의 입장에서는 다소 실망스러운 조사결과였다.

사실 본인이 존호를 받을 의사가 정말로 없었다면 이때 "조종조에 전례가 없으니 더 이상 칭경 문제는 언급도 하지 말라"고 하는 것이 정상이다. 그러나 숙종은 권력의 끝을 모르는 정치인이었다.

존호문제는 논란이 계속되고 있었지만 조정은 잔치〔進宴〕 준비로 한창이던 2월 30일 김진구의 동생이기도 한 병조참판 김진규가 마침내 입을 열었다. 구구절절 맞는 소리였고 숙종은 그만큼 아팠을 것이다. 말 그대로 목숨을 내건 상소가 아닐 수 없었다.

"진실로 그 시대가 화평하고 해마다 풍년이 들어 국가에 아무런 일이 없고 백성이 직업을 즐기는 때라면 거행하는 것이 거의 옳을 것입니다. 그러나 지금의 경우는 하늘이 위에서 노여워하고 백성이 아래서 곤궁합니다. 며칠 전에는 요사한 무지개의 이변(異變)이 매우 추악하였으며, 지금 호남과 영남에는 기근(饑饉)이 바야흐로 극도에 달하였으니, 전하께서는 이 시기를 어떤 시기로 보십니까? 비록 두려워하고 가엾게 여기며 밤낮으로 재이(災異)를 그치게 하고 두루 진휼하는 대책을 강구하더라도 오히려 염려스러움을 조금이라도 늦추지 못할까 두려워해야 할 것이니, 이런 시기에 이런 행사가 옳겠습니까 옳지 않겠습니까?

······

반드시 내연(內宴)과 외연(外宴)을 모두 행하려고 한 것이 과연 고사(故事)에 부합될지 모르겠습니다. 만일 그것을 행한다면 전하께서는 외전(外殿)에 나아가시고 춘궁은 백관을 거느리고 시연(侍宴)해야 하며, 안으로는 빈궁(嬪宮)이 모든 명부(命婦)를 거느리고 중궁(中宮)에게 술잔을 올린 뒤에야 인정과 예문이 갖추어질 수 있습니다. 그러나 적이 생각하건대, 빈궁께서는 바야흐로 부상(父喪)을 당하여 아직도 상복을 입고 있는 중이며, 이번 행사는 바로 춘궁이 주장하는 바입니다. 『예기(禮記)』에 이르기를, '처가 상중이면 그 곁에서는 음악을 연주하지 않는다'고 하였습니다. 그리고 여악(女樂)을 외연에 쓰는 문제와 관련해서는 비록 『악학궤범(樂學軌範)』에 기재되어 있기는 하나 오래전부터 이 의식을 거행하지 않은 것은 틀림없이 이유가 있을 것인데, 이미 모르기는 하겠습니다만 그것을 오늘날에 과연 끌어다 증거를 대야 할 것이겠습니까?

······

성상께서는 자질이 순수한 데다 학문으로 보필하였으니, 한때 잔치자리에 갖추어놓은 물건이 반드시 성덕(聖德)을 만분의 일이라도 손상시키지는 않을 것입니다. 그러나 사특한 여색(女色)과 음탕한 소리는 끝내 왕자가 마땅히 보아야 하고 들어야 할 바는 아닙니다······."

그리고 그의 상소는 숙종을 향한 직격탄으로 끝을 맺는다. "신이 칭경하는 일에 대하여 처음부터 조정의 의논과는 달랐으며 지금에도 이토록 그들과 다른 의견을 고집하니, 아마도 자주 간하면 임금과 신하

사이가 소원해진다는 옛 경계의 말씀에 어김이 있을 듯합니다만, 여러 신하들의 진청(陳請)을 눈으로 직접 보니 모두 억지로 따를 것을 기약하고 있습니다. 대저 군자가 남을 사랑하는 것도 오히려 덕(德)으로 해야 합니다. 하물며 천신(賤臣)이 전하께 여러 사람의 의논에 구애되어 상투적인 말만 한다면, 이는 신이 자신의 촌심(寸心)을 저버릴 뿐만 아니라 역시 성상께서 전일 칭찬하고 장려하신 비답의 뜻이 아닐 것입니다." 거의 "이래도 계속 진향은 추진하신 것입니까"라며 따지는 내용이다. 『실록』은 그 당시 칭경과 진연 문제에 대해 불가하다고 생각한 신하는 김진규 한 사람뿐이었다고 적고 있다. 그러나 숙종은 진연을 취소하지 않고 오히려 진연청에 김진규의 글을 내려 의논해 볼 것을 명한다. 그것은 곧 김진규의 말에도 불구하고 진연을 강행하라는 시사였다. 김진규는 숙종의 옛 장인 김만기의 아들로 예전에는 숙종과는 처남 매부 사이이기도 했다. 결국 숙종은 김진규의 상소를 받아들여 칭경 주청은 중단시키고 진연은 가을에 베풀기로 연기한다.

그러나 정확히 10년 후인 1713년(숙종 39년) 1월 5일 영의정 이유가 나서 존호를 청하자 처음에는 한사코 반대하던 숙종은 열흘 남짓 지난 1월 17일 못이기는 척하고 주청을 받아들인다. 이에 대한 사관의 비평은 날카롭다. 정말로 존호를 받을 생각이 없었다면 보름도 안 되어 주청을 받아들이지 않았을 것이며, 또한 이 점을 잘 알고 있는 신하들은 서둘러 충성경쟁 하듯이 존호 주청을 올렸다는 것이다. 이렇게 해서 나흘 후인 1월 21일 숙종은 신하들로부터 '현의 광륜 예성 영렬(顯義光倫睿聖英烈)'이라는 극존칭을 얻게 된다. 그리고 사후에 '장문 헌무 경명 원효(章文憲武敬明元孝)'라는 시호(諡號)를 추가로 받았다.

봉변당하는 우정승 이유, "가복하라!"

2월 5일 신완의 사직으로 비어 있는 영의정에 다시 최석정을 임명했다. 최석정은 "임금의 비위를 거슬려" 한동안 물러나 있다가 재차 영의정에 올랐다. 그러나 이때 좌의정 이여는 도성을 짓는 문제로 연일 대간의 탄핵을 받아 향리에 물러나 있었다.

애당초 숙종은 정승을 예대(禮待)할 줄 몰랐다. 판서를 바꾸듯이 정승을 바꾸었다. 이 점에 대해 수없이 정승들이 건의를 올렸지만 숙종은 눈 하나 깜빡하지 않았다. 현직 정승들에 대해서도 이 정도였으니 물러나 있거나 폐출당한 정승들에 대한 숙종의 태도는 더욱 냉정했다.

윤4월 1일 대사헌 이돈이 숙종을 뵙고 남구만과 유상운의 억울함을 호소했다. '충현(忠賢)을 물리쳐 축출했다'는 표현도 했다. 아마도 소론인 최석정을 다시 영의정에 제배하는 것을 보고 두 사람에 대한 숙종의 마음이 조금은 풀어졌을 것으로 판단한 데 따른 행동이었던 것으로 보인다. 숙종은 그 자리에서 이돈을 삭탈관작하여 문외출송하라고 명했다. 이에 곁에 있던 좌부승지 권지가 무슨 말을 하려는데 그 말이 입 밖에 나오기도 전에 "권지 또한 삭출하라!"고 명했다. 『실록』은 당시 상황을 이렇게 기록하고 있다. "이때 임금이 책상을 밀치고 대단히 노하여 언성을 높이고 얼굴빛에 노기를 띠니 이돈과 권지가 황급히 달아났다."

물론 숙종이 그렇게 화를 낸 데는 나름의 이유가 있다. 당시 조정은 도성 축성 문제로 노론과 소론이 의견이 갈려 정승은 말할 것도 없고 판서직도 3명 만이 자리에 있는 등 엉망진창이었다. 다소 화가 가라앉은 후에 숙종은 우부승지 민진원을 불러 이렇게 말한다. 민진원은 민유중의 아들이자 인현왕후 민씨의 오빠로 노론이었다.

"나라가 있고 나서야 당론(黨論)도 할 수가 있는 것이니, 나라가 없어진 뒤에는 어느 곳에서 당론을 행할 것인가? 이것을 생각하지 않고서 밤낮으로 경영(經營)하는 것이란 단지 어떻게 하면 어떤 사람을 모함할까, 어떻게 하면 어떤 사람을 내쫓을까 하는 일뿐이니, 진실로 통탄스러운 일이다. 남구만·유상운 등을 끌어당겨 복직(復職)시킨 이후에 저들은 날뛰면서 오직 동당(同黨)을 비호하고 이당(異黨)을 공격할 계획만을 생각하여 이도(李壔)가 스스로 시끄러운 단서를 일으켰다. 이미 명분과 의리로써 죄를 삼았는데, 이 무리들이 어찌 감히 이럴 수가 있겠는가?"

소론에 대한 숙종의 부정적 인식은 이처럼 점점 짙어지고 있었다. 이에 따라 영의정 최석정과 우의정 이유는 연일 사직상소를 올린다. 특히 남구만은 최석정의 스승이기도 했기 때문에 최석정은 6월 7일에도 사직소를 올려 "스승이 모독을 당하는데 벼슬자리에 있는 것은 사리에 맞지 않는 일"이라고 말한다. 노론에서는 남구만과 유상운을 죽여야 한다는 상소까지 올렸다. 노론과 소론은 점차 사생결단의 지경으로 가고 있었다. 그에 비하면 3정승의 구성은 실상에 부합되지 않았다. 영의정 최석정은 소론, 좌의정 이여는 중립, 우의정 이유는 중립적인 노론이었다.

이유(李濡, 1645년 인조 23년~1721년 경종 1년)는 현종 9년(1668년) 문과에 급제해 송시열의 제자였음에도 불구하고 당색이 강하지 않아 숙종 집권 초 남인정권 하에서도 관리생활을 했고 남구만의 천거로 당상관에 오를 수 있었다. 실무에 뛰어난 관료형 인사로 많은 치적을 남겼다.

그러나 서인의 색깔이 나타나면서 기사환국이 일어났을 때는 대사

간으로 있다가 물러났으며 갑술환
국 후에 다시 평안도관찰사로 관직
에 복귀해 호조·형조·병조 판서를
지냈고 이때 우의정에 올랐다. 특히
그는 도성의 보수에 적극적이었다.
훗날 영의정에까지 오른다. 그는 송
시열의 문인으로 이단하·민정중 등
의 배려 속에 관리로서 성장했고 노
론의 핵심인물인 김창집·이이명·
민진후 등과 가까운 교분을 유지했
다. 그러나 훗날에도 소론들의 지론
인 탕평책을 주창할 만큼 소론과도
소통하는 관계를 유지했다.

이유_ 송시열의 문인으로 김창집·이이
명 등과 친분이 두터웠다. 호포론을 비
판하고 군포부담의 균일화와 같은 점진
적인 개선책을 주장하였다. 영조 2년에
경종 묘정에 배향되었다.

그해 8월 10일 영의정 최석정은
마침내 면직된다. 같은 날 좌의정

이여도 사직의사를 밝혔다. 9월 1일에는 칭경문제가 재론되자 이여는
존호를 받아서는 안 된다는 입장과 함께 다시 한 번 사직서를 냈다. 9월
13일에는 우의정 이유마저 사직하겠다고 했으나 숙종은 만류했다. 3정
승이 날을 바꿔가며 사직서를 내는 상황이 연출되고 있었다. 그러나
이유의 경우에는 열한 번 사직서를 냈다가 9월 29일 숙종의 종기가 심
해지면서 다시 출사한다. 10월 5일에는 마침내 10여 차례 사직의사를
밝힌 좌의정 이여의 사직도 받아들인다. 이로써 의정부에는 우의정
이유 한 명만 남게 되었다.

선위파동 때도 나가서 만류한 현직 정승은 그래서 이유 혼자뿐이었
다. 그런데 선위파동의 여파가 채 가시지도 않은 11월 8일 숙종은 다

시 정사에 의욕을 보이며 이유에게 복상(卜相)을 명한다. 영의정과 좌의정을 추천하라는 것이다. 원래 영의정이 추천한 후 숙종이 승인하면 그만이지만 기본적으로는 복상의 절차를 밟도록 돼 있었다. 예전에도 복상 문제로 파란을 겪은 바 있기 때문에 이유로서는 여간 조심스럽지 않았다. 게다가 자신은 당색이 강하지 않아 아무래도 기존 세력의 눈치를 보지 않을 수 없었다.

이유가 이낙 누규가를 추천해 올리자 숙종은 "가복(加卜)하라"고 답했다. 거부의 표시였다. 그래서 홍수헌을 가복하자 다시 숙종은 "가복하라"고 했고 이어 최규서를 가복해 올렸는데도 역시 "가복하라"는 명만 떨어졌다. 이에 이유는 즉각 숙종을 찾아뵈었다. 그로서는 어찌해야 할 바를 몰랐을 것이다.

"예전부터 '임금이 불러서 복상하게 하면 과연 누가 하겠느냐?'는 말이 있으니, 그 신중한 뜻을 이제야 알 수 있겠습니다. 신하를 아는 것은 임금만한 이가 없으니, 뭇 신하의 장단점을 성명(聖明)께서 스스로 아실 것입니다. 근래 조신(朝臣)은 형세도 비슷하고 덕(德)도 비슷하여 그리 높낮이가 없으므로, 그 자급(資級)의 선후를 취하여 차례로 씁니다. 이번 복상에는 먼저 자급을 취한 뒤에 인망(人望)을 취하였는데, 이제 재차 삼차 가복하였으니, 이는 신의 식견이 미치지 못한 죄입니다."

그로서는 특별히 당파를 가리지 않고 관직의 직급을 감안해 추천했을 뿐이라는 것이었다. 그러나 때마다 변하는 신하들에 대한 숙종의 생각을 감안하지 못한 것은 실수였다. 어제의 충신을 하루아침에 역적(逆賊)으로 부르기를 주저 않는 숙종 아닌가? 특히 최규서에 대한 숙종의 인식은 지극히 부정적이었다. 여러 차례 불렀는데도 출사하지 않았다는 이유였다. 그런 최규서를 복상한 데 대해 숙종은 솔직하게 "참으로 뜻밖의 복상이었다"고 평한다.

숙종과 이유의 논란을 정확히 이해하려면 먼저 홍수헌과 최규서가 어떤 인물이었는지에 대한 간략한 이해가 필요하다. 홍수헌(洪受憲, 1640년 인조 18년~1711년 숙종 37년)은 관찰사를 지낸 홍처후의 아들로 숙종 8년(1682년) 문과에 급제했으며 청요직을 거쳐 1695년 대사간에 올랐다. 이후 형조판서와 이조판서를 역임하고 좌참찬에 이르렀다. 그런데 그는 1690년 사예직을 제수받았으나 병을 핑계로 사양했다가 숙종의 노여움을 사 전라도 무안으로 귀양을 간 적이 있는 인물이다. 그리고 여러 차례 숙종에게 허례를 제거하고 대신들의 말을 들을 줄 것을 청한 적이 있는 깐깐한 인물이다. 그는 서인으로서 당색은 소론이었지만 그리 강하지 않았다.

문제는 최규서였다. 최규서(崔奎瑞, 1650년 효종 1년~1735년 영조 11년)는 나이는 홍수헌보다 열 살 아래지만 그보다 2년 먼저인 숙종 6년(1680년) 문과에 급제해 요직을 두루 거쳤고 1688년 승지로 발탁됐다. 1689년 대사간에 오르지만 기사환국으로 벼슬에서 물러났다가 숙종 20년 갑술환국 이후 형조판서로 다시 발탁된다. 1696년 대사성·대사헌·이조참판 등을 두루 거쳤고 왕세자 책봉을 위한 주청부사로 청나라에 다녀왔다. 1698년 다시 형조판서를 맡은 그는 비변사 당상의 1인으로 정국의 주도적 인물로 부상했고 이후 예조·형조·이조 판서를 두루 역임한다.

그러나 1700년부터 그는 관직에서 물러나 경기도 광주에 은거하면서 숙종이 여러 차례 불러도 나오지 않았다. 아마도 숙종의 공포정치에 대한 두려움도 컸을 것이다. 그러나 숙종으로서는 젊은 인재를 자신이 발탁하다시피 하며 키웠다고 생각했기 때문에 배신감이 컸다. 숙종 말년에 잠시 공조판서 등을 맡기기는 하지만 그가 본격적으로 관직에 복귀한 것은 숙종의 아들 경종이 즉위하고서다. 이때 그는 소론의 영수로서 우의정에 올라 노론의 세제 대리청정 기도를 막아내고 숙종 2년 좌의정에 올라 경종 때의 소론정권을 주도한다. 영조 때에는 이인좌 등이 밀풍군 이탄을 추대해 반란을 일으키려는 음모를 적발해 고변함으로써 영조로부터 친필을 신물로 받기도 했다. 이런 짐을 볼 때 정치에 대한 혐오라기보다는 숙종 정치에 대한 혐오가 컸던 것 같다. 그것을 숙종이 모를 리 없었다.

숙종은 이유에게 말한다. "나는 최규서를 괴이한 사람으로 여긴다. 오늘날 조정에 인재가 모자란다고는 하나, 어찌 달리 매복(枚卜 -정승 될 사람을 점침)할 사람이 없겠는가?" 그러면서 다른 사람을 거명해 보라고 명한다. 이에 이유는 서종태·조태채·이이명·김창집 등을 거론한다. 모두 다 서인 중에서도 노론계통의 인물이었다. 숙종은 그렇게 사람이 많은데 왜 굳이 최규서를 추천했냐며 "오늘의 복상은 매우 한심하다", "이번 매복은 공정을 잃었다"고 직격탄을 날린다. 곧바로 이유는 우의정에서 쫓겨나야 했다. 얼마 후 그 자리를 서종태가 잇는다. 서종태는 노론이라고는 해도 당론에서 과격하지 않아 두루 신망을 얻은 인물이었다. 이렇게 조정 핵심에는 노론의 인맥이 계속해서 늘어가고 있었다.

▌선위파동 이후 서두르는 노론

모주 김춘택에 대한 소론의 사전견제

숙종 31년 10월의 선위파동은 불과 5일 만에 끝났지만 노론에 준 공포와 충격은 컸다. 정말로 숙종이 전위라도 하는 날이면 노론은 발붙일 곳이 없어지기 때문이다. 당시 분위기에 대해 이건창은 굳이 김춘택의 이름을 거명하며 "선위파동 직후부터 김춘택 등이 더욱 불안해하고 사람들의 말들이 다 흉흉하였다"고 적고 있다. 갑술환국의 1등공신이자 모주(謀主)인 김춘택이 다시 움직이기 시작했다. 갑술환국 때의 적이 남인이었다면 이제는 소론이었다.

그런데 도발은 의외로 노론이 아닌 쪽에서 먼저 시작됐다. 숙종 32년(1706년) 5월 29일 소론 유생 임부가, 9월 17일에는 남인 유생 이잠이 각각 상소를 올려 김춘택을 겨냥한 것이다. 그것은 아마도 점차 노론이 소론을 제압하는 수준에 이르고 있는 정국상황에 대한 불안감 때문이었을 것이다. 두 사람의 상소는 목숨을 거는 내용을 담고 있었다. 임부는 그 상소건으로 이미 유배를 갔고 이잠은 실제로 목숨을 잃게 된다. 비슷한 내용이지만 이잠의 상소가 더 직설적이고 심각했다.

"춘궁을 보호하는 자는 귀양 보내어 내치고 김춘택에게 편드는 자는 벼슬로 상주니, 어찌 전하께서 춘궁을 사랑하는 것이 난적을 사랑하는 것만 못 하시며 그렇겠습니까? 권세 있는 척신(戚臣)이 일을 농간한 것입니다. …… 그 기틀을 잡은 자가 있고 그 성세(聲勢)를 돕는 자가 있으며 그 모략을 맡은 자가 있어 위란(危亂)을 꾸미고 선동하는 계책이 아님이 없었는데, 그 귀결처를 요약하면 좌우전후가 모두 춘궁에게 칼날을 들이대는 것이었습니다. 그런데도 전하께서는 오히려 깨닫지 못하십니까? 뭇 신하가 전하의 허물을 말하여 걸핏하면 연장(連章)을 올리기까지 하였으나, 감히 김춘택의 죄를 말하지 못하였으니, 이것은 전하의 위엄을 두려워하는 것입니까, 김춘택의 위엄을 두려워하는 것입니까? 일이 혹 김춘택에 관계되는 것이면 그 무리가 또한 따라서 중상하니, 신은 아마도 화를 면하고 복을 찾는 길이 전하에게 있지 않고 김춘택에게 있는 듯합니다.

……

접때 임부의 상소는 참으로 종사(宗社)의 대계(大計)에서 나와 말이 매우 명백하고 정당하였는데, 조태채처럼 고락을 같이할 의리가 있는 자가 앞에서 거슬러 공격하고 민진후처럼 인척(姻戚)으로 왕실에 가까운 자가 뒤를 이어 죄를 청하였으니, 이것은 다 사의(私意)에 가려져 스스로 제 몸을 버린 자입니다.

……

김춘택은 이미 능히 일세(一世)를 위세로 제압했고 이이명은 실로 좌지우지하였으니, 신의 어리석은 생각으로는 김춘택을 죽이지 않고 이이명을 귀양 보내지 않으면 나라가 망하지 않을는지 알 수 없습니다. 바라옵건대, 전하께서는 하늘의 강단(剛斷)을 몸받고 아울러 가엾게 여기는 마음도 지키시어 그 우두머리는 죽이고 나머지에게는 다 죄를 묻지 마시며 옛 허물을 씻어 스스로 새로워질 수 있게 하소서. 그러면 종시가 다행하겠습니다.”

뒷날 역사의 경로를 돌이켜보면 한 마디 한 마디가 정곡을 찌르는 말이었다. 그러나 숙종은 사태를 직시하지 못했다. 당사자이기도 하지만 세자에 대한 사랑이 완연하게 식어가고 있었기 때문이다.

이에 숙종은 사안의 민감성을 감안해 친국을 하겠다고 밝힌다. 배후를 캐겠다는 것이었다. 그러나 9월 20일 이잠은 고문을 받던 중 사망한다. 그런데 그의 상소 중에는 숙종도 몰랐던 옛날 일이 포함돼 있었다. 장희재가 귀양지에 있을 때 그의 아내가 김춘택과 간통했다는 말을 듣고는 집안사람들에게 언서로 된 편지를 보내 “김춘택이 나를 죽이려 하는데 이는 동궁에게도 이롭지 못할 것이오”라고 말했다는 것이다. 갑술옥사 당시 관련된 장씨들이 다 이를 진술했는데 당시 옥사를 맡았던 김창집이 이런 내용은 숨기고 숙종에게 말하지 않았다는 것이었다. 그러나 숙종은 김창집을 파면시키고 김춘택을 제주도로 귀양 보내는 선에서 일단 임보와 이잠의 상소파문을 마무리짓는다.

최석정의 실각, 이이명의 부각으로 찾아온 노론세상

이런 가운데도 정국을 이끄는 중심세력은 노론이 아니라 소론이었다. 소론의 중심인물은 영의정 최석정이었다. 그것은 중화(中和)를 잃지 않으려는 숙종의 정국운영 구상에 따른 것이기도 했다. 최석정은 스승 남구만이 이끌어 정승에까지 올랐고 여러 차례 파면되기를 거듭하며 영의정을 9번이나 배수받은 인물이었다. 갑술환국 이후 줄곧 이어져온 소론정권의 후반부 주역이 바로 최석정이다.

최석정(崔錫鼎, 1646년 인조 24년~1715년 숙종 41년)은 최명길의 손자로 남구만과 박세채에게서 학문을 익혔다. 현종 12년(1671년) 문과에 급제해 홍문관에서 구도 경력을 쌓았다. 숙종 11년(1685년) 부제학으로 있을 때는 소론 윤증을 옹호하고 영의정 김수항을 배척하다가 한때 파직되었으나 오히려 김수항의 요청으로 부제학으로 복귀한 일도 있었다. 그는 특이하게도 환국의 영향을 거의 받지 않고 숙종의 신임을 받은 인물이다. 학행이 뛰어난 데다가 합리적인 일처리 등이 인정을 받은 때문이다. 문장과 글씨에 뛰어났고 정제두와 함께 양명학을 발전시켜 각종 저술을 짓기도 했다.

이후 대사헌·이조판서 등을 거쳐 1697년 우의정, 1699년 좌의정에 오르는데 이때 파격적으로 대제학을 겸하여 정병(政柄-정치권력)과 문형(文衡-대제학의 별칭. 흔히 당대 최고의 문장가 중에 선발함)을 장악해 많은 업적을 남겼다. 이어 돈녕부 영사로 물러나 있을 때 장희빈을 죽이려는 숙종의 처사에 반대하다가 충청도 진천으로 유배되지만 이듬해 풀려났고 얼마 후 영의정에 오르기를 아홉 차례 반복하면서 소론정권의 중추역할을 한다.

그런 그도 정승을 예대(禮待)하지 않는 숙종의 폐단에서 예외가 되지 못했다. 숙종 36년(1710년) 1월 10일 숙종은 비망기를 내려 약방제조들을 삭탈관작하고 문외출송시키라고 전격 명했다. 약방제조란 영의정 최석정·좌의정 서종태 등 3정승을 말한다. 이유는 자신의 병이 위중한데도 최석정은 그저 형식적으로만 병을 보살폈고 서종태는 몇

달째 집무를 보지도 않고 있기 때문이라는 것이었다. 이때 숙종은 석
달가량 중병을 앓다가 1월 5일쯤 조금씩 회복의 기미를 보이고 있었
다. 신경이 날카로워질 때로 날카로워져 있었다.

"아! 『춘추』에 신하가 임금에게 올리는 약을 맛보지 않았다 하여
임금을 시해한 것으로 썼는데, 더구나 스스로 임금을 보호하는 직임
(職任)을 띠고 바야흐로 약방에 직숙하면서 군부(君父)의 질환을 가
볍게 보고 오직 대충 하기만을 일삼으니, 어찌 이와 같은 분의(分義)
와 도리가 있겠는가?"

최석정은 변명 한 마디 못하고 영의정에서 내쫓겼고 그 자리는 노
론의 이이명이 이었다. 노론정권의 탄생이었다. 순간적이었지만 최석
정에 대한 숙종의 서운함은 컸다. 최석정에 대한 삭출은 너무 심하다
는 건의를 했던 승정원과 삼사의 관리들도 모두 삭출하고 자리가 생
길 때마다 노론 인물로 채워 넣었다.

이건창은 당시의 상황급변에 대해 "그 이유를 알 수가 없었다"고 적
고 있다. 그러나 이런 정도의 추론은 해볼 수 있다. 숙종이라는 인물
에 대한 지금까지의 추적을 바탕으로 한 추론이다. 숙종이 그동안 소
론 중심으로 정국을 운영해 온 이유는 여러 가지가 있겠지만 무엇보
다 세자를 지켜줄 수 있는 세력이 소론이라고 본 때문이다.

그러나 오랫동안 병을 앓으면서 그 자신이 약해졌다. 마음이 약해
진 숙종은 세자를 위한 원대한 구상에 앞서 자신을 향한 충성심을 더
강조해서 보게 되었던 것으로 보인다. 이런 점에서는 지나치게 구조
적인 접근이 오히려 역사의 진실을 오독할 수도 있다. 새해 들어 병이
차도를 보이자 최석정은 한숨 돌린 것으로 보인다. 그래서 별생각 없

이 이런저런 국사도 이야기를 했다.

반면 좌의정을 지내고 당시 중추부 판사로 물러나 있던 노론의 핵심 이이명은 1월 5일 숙종의 쾌유를 바라는 절절한 내용의 상소를 올렸다. 바로 이 상소 한 장으로 인해 숙종의 마음속에서 최석정이 차지했던 자리를 이이명이 대신 차지할 수 있었고 이후 경종 때까지 이이명은 당대 최고의 실력자로 떠오를 수 있었다. 숙종을 생각하는 절절함이 듬뿍 묻어나는 상소의 일부다.

"옛말에 인정(人情)이 험난한 때를 당하면 쉽게 경계하게 되나, 평강(平康)한 때를 만나면 반드시 방자해진다고 했습니다. 환후(患候)가 시종 80일 동안 줄곧 증세가 여러 번 바뀌었으니, 이러한 때에는 성심(聖心)의 두려워하심이 어찌 자주 돌아보는 데에 비교할 뿐이겠습니까? 비록 위험한 때를 넘긴 후이나, 바로 마땅히 늘 두려워하고 삼가시는 마음을 가지셔야 할 것인데, 요사이에 국사를 처분하시는 것이 조금 경쾌하신 듯하다고 수백 가지의 주독(奏牘-결재서류)을 일시에 모두 들이도록 하셨고, 약원(藥院)의 직숙(直宿)도 또한 파출(罷黜)하도록 명하셨으니, 이를 미루어 본다면 의복·음식과 기거(起居)의 절차도 더러 그 마땅함을 잃을 것이니, 그 해로움을 어찌 이루 말할 수 있겠습니까?"

'약원의 직숙 파출'은 대단히 중요하다. 숙종은 여기서 일단 마음이 움직였을 것이다. 숙직을 그만 하라고 해서 아무 말 없이 그만둔 최석정이 서운했을 것이고 바로 그 점을 콕 집어서 이야기하는 이이명에게 한없는 총애가 솟아났을 것이다. 이이명의 상소는 이어진다.

"신이 일찍이 성교(聖敎)를 받든즉 말씀하시기를, '반드시 문서를 모두 본 후에 수라(水刺)를 들겠다' 하셨으니, 이 때문에 끼니때를 잃은 적이 많았습니다. 무리(無理)하심이 이와 같으니, 이미 평일의 절선(節宣-계절에 따라 몸을 조섭함)하는 도리가 아닌데, 더구나 지금은 옥체가 손상된 후이니 더욱 절실히 경계하시어야 합니다. 천하의 일이 만 가지로 다르나 이치는 오직 하나뿐이니, 병을 치료하고 나라를 다스리는 것과 무릇 학문을 하는 요체는 본래 두 가지로 이룰 수 있는 것이 아닙니다. 병이 든 후에 조섭(調攝)하는 것은 바로 난리와 흉년에 시달린 백성을 보호하듯 하여야 하는 것이니, 경계하고 두려워하며 스스로 삼가면 또한 천덕(天德)에 상달(上達)될 수 있습니다."

오랜 투병생활로 마음이 약해지고 다시 화증이 도진 숙종에게 이 말은 '세자를 위한 원대한 구상' 따위는 잊어버리게 하기에 충분했다. 그리고 사람이라면 누구나 이런 상황에서는 쉽게 자기정당화를 할 수도 있다. 나에게 진심으로 충성하는 자가 세자도 잘 보필할 것이 아닌가? 그런데 지금 나에게 진심으로 충성하는 자가 누구인가? 분명 이 순간부터는 이이명이었다. 게다가 이듬해인 1711년(숙종 37년) 3월에는 남구만마저 세상을 떠나면서 본격적인 노론의 세상이 열리게 된다.

노론의 이념에 물들어가는 숙종

송시열과 윤증의 갈등

숙종 2년 송시열은 경상도 장기에 유배 중이었다. 어느 날 자신의 제자였던 윤증이 그곳을 찾아왔다. 윤증은 숙종 즉위년 12월 사헌부 집의(종3품)에 제수되나 자신이 송시열을 스승으로 섬긴 적이 있다며 관직에 나아가지 않았다. 윤증은 서인이기는 했어도 아버지 윤선거 때부터 남인과도 교류가 적지 않았기 때문에 숙종 초 남인 정권 하에서 얼마든지 관직을 맡을 수 있었다. 그런데도 벼슬을 사양한 그는 충청도 이성(尼城-충청남도 논산)에 은거한 채 학문연마에만 전념하다가 송시열이 얼마 전에 썼던 아버지 윤선거의 비문을 고쳐줄 것을 요청하기 위해 먼 길을 달려온 것이다.

이미 살아 있을 때 송시열과 여러 차례 논쟁을 벌인 바 있는 윤선거는 현종 10년(1669년) 세상을 떠났다. 윤선거(尹宣擧, 1610년 광해군 2

년~1669년 현종 10년)는 대사간을 지낸 윤황의 아들로 김집의 문하에서 송시열·송준길 등과 함께 성리학과 예학을 익혔다. 문과에는 나아가지 않았고 진사시에 합격해 성균관 유생으로 있던 인조 14년(1636년) 청나라 사신이 입국하자 상소를 올려 사신의 목을 베어 명나라에 대한 의리를 지킬 것을 강력히 주장하기도 했다.

그해 12월 병자호란이 일어나자 강화도로 들어갔고 이듬해 강화도가 함락되자 부인 이씨는 자결했고 그는 평민 복장을 하고서 탈출하였다. 이후 이 문제를 놓고 송시열과 윤선거의 아들 윤증 사이에 격렬한 논쟁이 발생했고 그것은 노론과 소론을 가르는 중요한 이념적 근거의 하나로 자리잡게 된다. 이후 윤선거는 사헌부 지평·장령·집의 등의 벼슬에 임명되나 대의를 지켜 죽지 못한 것을 자책하여 취임하지 않았고 평생 재혼도 하지 않았다. 아버지가 죽자 윤증은 박세채에게 행장(行狀)을 지어줄 것을 부탁했고 현종 14년에는 송시열에게 비문을 지어줄 것을 청해서 받았다.

6개월 만에 아버지의 비문을 받아온 윤증은 놀라움을 넘어 속으로 분노를 느꼈다. 송시열은 새롭게 비문을 지은 것이 아니라 박세채의 행장을 그대로 옮겨 적다시피 한 것이다. 사실 생전에 송시열은 윤선거와 윤휴의 사상 문제를 놓고 논쟁을 벌이기는 했어도 사이가 나쁘지는 않았다. 오히려 제자인 윤증이 자신의 정적인 윤휴로부터 윤선거의 제문을 받는 것을 보고 기분이 상해 윤선거에 대한 비문도 대충 써준 것이다. 윤증은 자식된 입장에서 당파를 뛰어넘어 당대 최고의 석학인 송시열·박세채·윤휴 등으로부터 두루 비문·행장·제문 등을 받아 아버지를 선양하고 싶었겠지만 그때나 지금이나 하나를 얻으면 다른 하나를 버려야 한다는 격언은 변함없이 유효했다. 특히 송시열의 비문에는 "내가 비록 공을 따른 지 오래되었지만 그 깊은 학문은 엿보지 못했다"는 내용까지 들어 있었다. 이 일로 윤증은 송시열과 화해할 수 없는 길로 접어든다.

일면식도 없이 숙종이 흠모한 윤증

윤증(尹拯, 1629년 인조 7년~1714년 숙종 40년)은 유계(兪棨)·권시(權諰)·김집(金集)·송시열(宋時烈) 등에게 두루 학문을 익혔고 현종 4년(1663년) 학행(學行)으로 천거된 이래 사헌부 지평(持平) 등에 임명되나 사퇴하였고, 숙종 8년(1682년) 호조참의, 1684년 대사헌, 1695년 우찬성, 1701년 우찬성·좌찬성, 1709년 우의정, 1711년 돈녕부 판사 등에 임명되나 모두 사퇴하고 나가지 않았다. 그는 송시열의 문하에서 특히 예론에 정통한 학자로 이름났었다.

尹明齋拯

윤증_ 숙종조에 여러 관직이 제수되나 모두 사퇴하고 한 번도 나가지 않았으며, 산림에서 소론의 영수로서 지도자 역할을 하였다. 숙종은 한 번도 만나지 않은 윤증에 대한 각별한 애정을 보여주었다.

그러나 아버지의 묘갈명 문제로 송시열과 갈라선 후에는 소론의 영수로 올라서 산림에서 지도자로서의 위치를 굳건히 했다. 노론의 배후에 송시열이 있었다면 소론의 배후에 윤증이 있다고 할 정도였다. 특히 갑술환국 이후 20년 가까이 소론정권이 지배했기 때문에 윤증에 대한 숙종의 태도는 각별했다. 1714년 1월 24일 윤증이 죽자 숙종은 어제시까지 지어 그를 추모했다.

유림에서는 그의 도덕을 존경했고,

나도 또한 그를 흠모했도다.

평생 동안 얼굴 한 번 보지 못했으니,

죽은 날 한스러움이 더욱 깊구나.

사단(事端)은 숙종 39년(1713년) 5월 20일 좌의정 이이명이 숙종에게 용담현령 유상기가 자신의 할아버지 유계의 『가례원류(家禮源流)』를 국가에서 발간해 줄 것을 청하면서 열린다. 유계는 다름 아닌 윤증의 스승이면서 윤선거와는 학문적 동지였다. 그리고 유상기는 윤증으로부터 배운 바 있었다. 이중 삼중의 학문적 사제관계가 형성돼 있었던 것이다.

원래 『가례원류』는 윤선거와 유계의 공동작품이었다. 중심은 유계가 잡고 윤선거는 보조역할이었다. 두 사람이 미완성으로 끝낸 것을 이후 윤증이 유계의 부탁으로 나머지를 완성하여 홀로 집에 소장하고 있었는데 이를 알고 있는 유상기가 국가에 요청해 자기 할아버지의 단독 저작물로 해서 출간을 요청한 것이다.

이이명의 허락이 있자 유상기는 윤증을 찾아와 『가례원류』 원본을 내줄 것을 청했다. 그러나 윤증의 입장에서는 유상기가 자신과 아무런 상의도 없이 간행을 요청한 것이 의심스러운 데다가 이이명과는 입장이 맞지 않아 내줄 수 없다고 버텼다. 그러나 원저작권은 분명 유계에게 있었다고 할 수 있다.

두 집안 간에는 치열한 공방이 오갔다. 심지어 유상기는 윤증에게 "이미 한 스승(송시열)을 배반하더니 또 한 스승(유계)을 배반하는구나"라고 극언까지 퍼부었다. 그러고는 자신의 할아버지가 쓴 『가례원류』의 초본만 가지고 독자적인 간행을 강행했다. 여기에는 정호가 서문을 짓고 권상하가 발문을 썼는데 두 사람 모두 윤증을 모질게 비판했다. 이후 유상기는 비록 국가에서 간행한 것은 아니지만 당초 국가에서 간행하라는 명이 있었던 책이라며 한 권을 숙종에게 올렸다. 이게 숙종 41년(1715년) 11월의 일이니 이미 윤증이 세상을 떠난 지 2년 가까이 되어가던 시점이었다.

숙종은 아버지의 비문 문제로 송시열과 단절한 윤증을 높이 평가했다. "윤증은 아버지를 위하여 스승을 끊었으니 아버지가 중하고 스승은 가벼운 것이다." 스승보다 군부(君父)가 중하다는 자신의 세계관과 그대로 합치했기 때문이다. 윤증이 죽었을 때도 이런 말을 했다. "살아서는 군사부(君師父)의 세 가지를 한결같이 섬긴다 하나 그중에도 가볍고 무거움의 다름이 있는 것이다." 즉 숙종에게는 군(君), 부(父), 사(師)가 확고부동한 중요도의 순서였다. 그랬기 때문에 윤증을 흠모했던 것이다. 당연히 유상기가 간행한 『가례원류』를 읽어본 숙종은 정호가 어진 선비(윤증)를 헐뜯었다며 즉각 파면시켜 버렸다.

노론의 힘에 밀리는 숙종, 병신처분

그러나 『가례원류』 저작권 분쟁은 끝이 아니라 이제 시작이었다. 이미 온 천하는 노론의 인물로 가득할 때였다. 정호가 파직당한 직후인 숙종 41년(1715년) 11월 10일 호서유생 유규 등이 상소를 올려 윤증을 변호했다. 더불어 "권상하가 송시열을 위한 비문을 만들었는데 거기에 '문인 윤증이 그 아비가 일찍이 스승에게 배척당했다 하여 방자한 뜻으로 틈을 만들더니 마침내 윤휴의 당이 다시 일어나 기사년의 화를 만들었다'고 써놓았다"고 말했다.

권상하는 유상기가 펴낸 『가례원류』 초본의 발문을 지은 장본인으로 송시열의 제자이며 당시 대사헌으로 있었다. 권상하(權尙夏, 1641년 인조 19년~1721년 경종 1년)는 현종 1년(1660년) 진사시에 합격하고 관리의 길을 준비하다가 숙종 즉위년(1674년) 스승인 송시열이 유배되자 벼슬길을 단념하고 청풍에 은거하며 제자를 기르고 학문을 연마하였다. 1689년 기사환국으로 송시열이 다시 제주에 위리안치되자 그곳에 가서 스승을 만나고 돌아와서 유언에 따라 충청도 괴산 화양동(華陽洞)에 만동묘(萬東廟)를 세워 명나라 신종(神宗)과 의종(毅宗)을 제향하였다. 후에 숙종의 명으로 대보단(大報壇)도 세웠다. 1703년 호조참판에 이어 13년 동안 해마다 대사헌에 제수되나 나아가지 않았고 이후에도 우의정·좌의정 등에 임명됐으나 취임은 하지 않았다. 그는 자타가 공인하는 송시열의 수제자로 현실정치보다는 학문적 탐구에 보다 많은 열정을 쏟은 인물이다.

노론 쪽에서도 뒤질세라 유생들이 상소를 올려 유규를 비판하고 정호를 옹호했고 이어 이 논쟁은 조정 내의 노론과 소론 세력의 싸움으로 비화되기 시작했다. 숙종은 송시열과 윤선거의 처신에 대해서는 논란을 허용하면서도 『가례원류』에 대해서는 상소 자체를 금지하기도 했다. 그러나 양측은 한 치의 양보도 없는 팽팽한 상소전을 전개했고 급기야 숙종은 1716년 7월 6일 직접 송시열과 윤증의 관련 문건들을 가져오도록 하여 판단을 내린다.

"당시 윤증이 송시열에게 보내려 했던 편지를 읽어보니 과연 단단히 잡아 단속한 말이 많다. 송시열이 쓴 묘갈명에는 원래 윤선거에 대한 욕이 없다."

윤증이 지나치게 아버지 윤선거를 선양하려다가 자기 마음에 차지 않자 스승을 매몰차게 몰아세웠다는 뜻이다. 윤증에 대한 숙종의 판단이 바뀌었다. 일단 이 문제로 송시열을 옹호하다가 벌을 받은 선비들을 다 풀어줄 것을 명한다. 더불어 윤증을 배사(背師), 즉 스승을 배신한 죄인이라고 판정한다. 이것이 소위 '병신처분'이다. 병신처분과 함께 정국은 노론의 일방적 우세로 넘어간다.

노론세상이 활짝 열리다

'병신처분'은 숙종의 오랜 번민 속에서 내려진 결단이다. 이때 숙종의 나이 벌써 57세였고 무엇보다 질병이 깊어지고 있었다. 보통 때의 숙종이라면 그런 결정을 내리지 않았을지 모른다. 그러나 이미 노론을 선택한 그였고 결국 본의와 다르게 노론의 눈치를 보지 않을 수 없는 지경에 이르렀다. 숙종은 세자도 지키고 연잉군·연령군 등도 모두 살릴 수 있는 길이 뭔가를 고민하지 않을 수 없었다.

결국 모든 것을 노론의 손에 맡기기로 결심한 것이 병신처분으로 나타난 것이라고 할 수 있다. 평소의 숙종 스타일과는 달랐다. 그만큼 그의 힘도 빠지고 있었다.

노론은 숙종 42년 12월 29일 윤선거와 윤증에 대한 선정(先正-국가가 공인하는 성현)이란 호칭을 박탈했다. 숙종 43년(1717년) 2월 29일에는 자신들의 정신적 뿌리인 김장생의 문묘종향을 얻어낸다. 율곡 이이도 수십 년이 걸린 문묘종향이었다.

물론 김장생의 문묘종사 주청도 예전부터 있었다. 이미 경신환국으로 서인이 정국을 장악한 숙종 8년부터 유생들은 수시로 상소를 올려 김장생의 문묘종사를 청했고 이후 송준길·송시열이 추가되었다. 그로부터 정확히 35년 만인 숙종 43년 2월 29일 숙종은 노론에게 김장생의 문묘종향이라는 큰 선물을 내린다.

"선정의 도덕을 내가 어찌 모르겠는가? 그래도 이렇게 망설인 것은 대개 신중히 하려는 데에서 나왔으나, 중외(中外)의 선비들이 합사하여 같은 목소리로 문묘에 배향하기를 청한 것이 수십 년이 되었고 매우 간절하니, 공의(公議)가 있음을 대개 알 수 있다."

그리고 이틀 후인 3월 2일 숙종은 질병치료를 위해 온양 행궁으로 출발한다. 이때 숙종은 3월 한 달을 꼬박 온양에 머물렀다. 특기할 만한 일은 그곳에 있으면서 찬성 벼슬을 제수한 바 있는 권상하를 초치한 것이다. 이때 권상하는 노론에게 있어 송시열이 했던 역할을 그대로 하고 있었다.

뒷날 밝혀지지만 숙종은 온양에서 한 달 동안 머물면서 포스트 숙종 체제를 고민한 것으로 보인다. 그리고 자신의 구상을 은밀하게 권상하에게 일러둠으로써 혹시라도 자신에게 변이 생기더라도 국가와 왕실의 영속적 안전을 도모하려 했던 것으로 볼 수 있다. 그러나 유감스럽게도 권상하는 온양으로 오던 도중 괴산에서 병이 심해져 도중에서 상소를 올리는 것으로 대신했다. 그리고 숙종이 온양에서 돌아온 지 100여 일이 지난 7월 19일 좌의정 이이명과의 유명한 '정유독대'가 있게 된다.

그에 앞서 5월에는 윤선거와 윤증 부자의 관작 추탈이 있었고 7월에는 송시열의 문집을 교서관에서 간행토록 명한다. 또 그해 말에는 송시열과 송준길의 문묘종사가 논의되기 시작한다. 숙종의 시대는 송시열을 내치는 것으로 시작했지만 죽은 송시열을 불러들이는 것으로 마감을 준비하고 있었다.

11장

조선 절대권력의 불꽃, 사그라지다

흉흉한 민심

연은문 괘서사건

숙종 재위 46년 동안 왕권을 위협할 만한 대규모 반란이나 역모사
건은 일어나지 않았다. 허견사건을 비롯한 몇 가지 소소한 역모는 말
그대로 모의수준 혹은 무고에 가까웠고 군사력이 동원된 반란은 전혀
없었다. 그것은 그만큼 숙종의 통치가 안정적이었음을 보여주는 간접
적인 증거이기도 하다.

그러나 숙종의 시대는 상업이 본격화되고 농민의 이농현상이 극심
했으며 화폐유통으로 부익부 빈익빈이 심해 전국을 떠돌며 유리걸식
하는 유민(流民)의 숫자도 급격하게 증가했다. 그것은 중대한 사회불
안 요인이 아닐 수 없었다.

그런 점에서 말년으로 접어들기 시작하던 숙종 37년에 일어난 '연
은문 괘서사건'에 주목할 필요가 있다. 괘서(掛書)란 비밀리에 대자보

를 써서 사람들이 많이 다니는 공공장소에 내다 거는 행위를 말한다. 이해 4월 29일 서대문 연은문(延恩門)에 명나라 후손을 가장한 인물이 쓴 글이 내걸렸다.

내용은 청나라에 대한 복수를 위해 조선이 힘을 다하라는 다소 황당한 내용이었다. 반란을 선동하거나 하는 구절은 전혀 없었다. 조정 대신들이 검토한 결과 중국 사람이 쓴 글이라고 볼 수도 없었다.

숙종의 막 대료 그것은 "민심을 교란시키려는 계략"일 뿐이었다. 숙종은 즉시 범인을 색출할 것을 명했다. 그러나 결국 범인은 잡지 못했고 대신 포도청 책임자들만 여러 명 자리에서 쫓겨나야 했다.

그러나 이런 미심쩍은 사건이 일어났다는 사실만으로도 우리는 숙종의 시대가 후반기로 접어들수록 혼탁해지고 있다는 것을 알 수 있다.

궐문 괘서사건

숙종의 거듭되는 독촉에도 불구하고 범인의 행방은 오리무중이었다. 그런 가운데 4년 후인 숙종 41년 11월 1일 대궐 안에 윤지인·최석항 등 소론 인물들을 무고하는 글이 내걸리는 충격적인 괘서사건이 또 발생했다.

연은문 사건 때와 달리 궐문 괘서사건 때는 두 달쯤 지난 12월 24일 용의자가 붙잡혔다. 그러나 진범인지의 여부는 다소 불분명했다. 사건이 발생하고 전국 방방곡곡에 범인을 잡으려는 포도청의 색출작업이 활발했다. 그때 과천에 사는 이세경이라는 자가 평소 자신의 행동이 남을 모함하기를 즐겨하는 줄 알고 신고를 할까 두려워하여 미리 형조를 찾아가 선제공격을 했다.

"누구누구가 나를 괘서한 사람으로 모함하고 있다."

형조는 아무래도 이세경의 고소가 의심스러워 포도청을 거쳐 의금부로 넘겼다. 이후 의금부에서 조사를 한 결과 실제로 괘서는 이세경의 짓으로 드러났고 이기징이 공범이었다. 그 밖에 이 일을 사전에 알고 있던 이중명·이희등 같은 증인도 찾아냈다. 정황상의 증거는 모두 확보하였다. 그러나 모진 고문에도 이세경과 이기징은 범행사실을 인정하지 않았다.

결국 두 사람은 고문을 받던 중에 사망했고 이중명·이희등은 그 사실을 알면서도 관아에 고하지 않았다 하여 장(杖) 100대에 유배 3천리로 정해졌다. 그러나 『실록』에는 이세경 등이 무슨 동기로 그런 짓을 했는지에 대해서는 아무런 언급도 남기지 않았다.

급한 성질과 과로가 부른 건강 악화

불규칙한 식사와 잠자리

숙종 29년(1703년) 8월 13일 대궐이 발칵 뒤집어졌다. 숙종이 갑자기 가슴을 치받듯이 배가 아픈 증세가 있어 급히 의원들을 불렀기 때문이다. 침과 뜸을 뜬 지 한참이 지나서야 어느 정도 통증이 가라앉았다. 이에 약방제조를 맡고 있던 김우항이 의관을 몰래 불러 무슨 증세인지를 물었다. 이에 의원은 산증(疝症)이라고 답한다. 산증이란 허리나 아랫배가 아픈 증세를 말한다.

겨우 정신을 차린 숙종은 신하들을 둘러보며 "몇 년 전부터 이 병이 이미 뿌리를 내렸다. 처음에는 조금 통증을 느낄 정도였는데 이 지경까지 이를 줄은 몰랐다"고 말한 뒤 나름의 원인과 이유를 탄식조로 털어놓았다.

"사람이 자고 먹는 것을 제때에 하여야 하는데 나는 그렇지 못하였다. 성질이 너그럽고 느슨하지 못하여 일이 있으면 내던져두지를 못하고 출납(出納)하는 문서를 꼭 두세 번씩 훑어보고, 듣고 결단하는 것도 지체함이 없었다. 그러자니 오후에야 비로소 밥을 먹게 되고 밤중에도 잠을 자지 못하였다. 그래서 화증(火症)이 날로 성하여 이 지경에 이른 것이다. 내가 병의 원인이 있는 곳을 모르는 바 아니지만 또한 어쩔 도리가 없었다."

이에 김우항·이유 등이 마음을 편하게 가지시고 음식과 잠자리를 제때 하라고 권했지만 숙종은 아무런 대답도 하지 않았다고 『실록』은 적고 있다. 이는 "당신들이 똑바로 일을 하면 내가 이 지경에 이르렀겠는가"라는 불만의 표시라고 할 수 있다.

그러나 이 무렵 숙종에 대한 신하들의 불만도 만만치 않았다. 숙종의 자가진단에 대한 사관의 가혹할 정도의 예리한 사평(史評)이 이 점을 추측할 수 있게 해준다.

"삼가 살펴보건대, 군주는 천하를 다스리니, 하루에 만기(萬機)를 살피고자 하면 번잡하다 아니할 수 없을 것이다. 그러나 주나라 문왕(文王)은 해가 기울도록 먹지 못했고, 한나라 광무제(光武帝)는 한밤중에야 잠을 잤으나 수고로움과 피곤함을 느끼지 않았다. 또한 이 두 군주가 이 때문에 병이 났다는 말은 듣지 못하였다. 우리 주상께서도 날이 새기 전에 일어나 옷을 입고 해가 진 후에야 늦게 저녁을 드시면서 기무(機務)를 지체하지 않았으므로, 중외(中外)에서 흠송(欽誦)하지 않는 이가 없었다. 그런데 근년 이래로는 들어주고 결단하는 정성이 그전만 못하고 정사에 피로를 느끼는 뜻이 말과 안색에 나타났으며, 한 달 동안을 누차 편치 아니하게 지내면서는 '침식을 제때에 못하여 이 병이 생겼다'고까지 말하니, 아아! 병이 오는 것은 성인(聖人)도 면할 수 없고, 피로가 겹치면 쉬고 싶은 것은 사람의 상정이 그런 것이지만, 참으로 문왕과 광무제의 마음으로써 마음을 먹는다면 이런 말이 갑자기 나오지는 않았을 것이다. 옛사람들이 치병을 논한 바는 많다. 예컨대 폭로(暴怒)가 혈기를 상하는 원인이 될 수도 있으니, 병을 살펴 약을 쓰는 데는 마음을 맑게 가지고 욕심을 적게 하는 것보다 더 좋은 방법이 없다. 그런데 주상의 걱정은 여기에 있지 않았고, 신하의 받드는 바도 그 뜻을 거스르지 못하여 그저 자질구레하게 문서나 줄이기에 바쁘니, 이는 병의 치료에도 이익이 없을 뿐만 아니라, 한갓 일을 폐지하는 폐단만 있을 것이니, 또한 근본을 모른다 하겠다."

어쩌면 이때부터 이미 숙종은 정치에 염증을 갖기 시작한 것인지 모른다.

즉위 초부터 병마와 싸워야 했던 숙종의 병력

숙종 1년 10월 23일 약방제조 허적이 급히 숙종의 침전을 찾았다. "임금이 침상에 누웠는데, 얼굴빛이 아주 붉고 열이 심하며 여러 군데에 반점이 있었다. 저녁 후에는 두통과 열이 더하고 밤이 깊은 뒤에는 열이 극성하였는데, 새벽에 이르러 땀이 나고 조금 나았다." 숙종 2년 9월에는 황달 증상이 나타나 한 달 가까이 고생했다. 숙종 4년 1월과 2월에도 중병으로 누워서 지내다시피 했다.

숙종 8년 3월, 숙종 9년 2월과 5월에 잔병치레를 한 숙종은 숙종 9년

10월부터 이듬해 초까지도 병상에서 주요 국정을 재결해야 했다. 숙종이 산증으로 인한 통증을 처음으로 호소한 것은 숙종 22년 12월 3일이다. 이때부터 중추부 영사 남구만 등이 약방제조를 맡아 숙직체제에 들어갔다. 그만큼 병이 심했다는 뜻이다. 이때의 통증은 12월 21일에야 겨우 가라앉았다.

숙종 25년 10월 4일 약방에서 진찰을 마치자 숙종은 자신의 병에 대해 다음과 같이 소상하게 털어놓는다.

"내가 춘궁(春宮-세자 시절)에 있을 적부터 이미 화증(火症)이 있었는데, 그 뒤 잇달아 한없는 슬픔을 당하고, 또 일찍 만기(萬機)를 주관하게 되어 많은 흉년을 만나 노심초사했기 때문에 수염이 다 하얗게 세였다. 거기다가 성미가 느긋하지 못하여 처리해야 할 사무가 앞에 있으면 버려두지를 못하니라. 식사 때를 어겨 너무 지나치게 몸이 피곤하고 파리해졌다. 근래에는 현기증이 발작하면 수레나 배 위에 있는 것 같다가 한참을 있어야 안정이 된다. 이러하니 정신과 근력이 얼마나 남아 있겠는가? 신료 가운데 오랫동안 힘든 업무를 관장하던 사람은 정력이 쉽게 무너졌는데, 호판(戶判-호조판서) 민진장(閔鎭長)이 병판(兵判-병조판서)으로 있을 적에 안색이 바뀐 것을 본 적이 있다. 이 또한 노고에 몸을 상한 소치인 것이다. 내가 무오년(숙종 4년) 이전에는 섭양(攝養)을 삼갔다고 할 수 없지만, 무오년 정월(正月)에 중병(重病)을 앓은 이후 그대로 혼자 거처하면서 14개월 동안 의학 공부를 쌓았었다. 그런데 이 심화증(心火症)은 30년 동안이나 쌓여온 병근(病根)이어서 실로 말하기 어려운 걱정이 있다."

숙종은 누구보다 자신의 병의 원인을 알고 있었다. 숙종 30년 12월에는 해소 증상을 호소한다.

"수년 이래로 병세가 더해가고 차도는 없어 어제보다 오늘이 더하고 작년보다 금년이 심하여, 오랜 시간 동안 수응(酬應)하면 화열이 위로 올라 비록 한겨울이라도 손에서 부채를 놓을 수가 없다. 피부는 꺼칠하고 정신이 날로 혼모(昏耗)해지며 심지어는 가슴이 답답하여 트이지 않는다. 또 이번 겨울부터는 화기가 오르면 코가 타고 목이 건조하여 기침이 문득 나오니, 그 조짐이 좋지 못하다. 무릇 화증을 고치는 방법은 조식(調息)하는 것이 최상이고 탕약이나 환약은 그 다음인데, 매일 일에 시달려 조(調攝)할 겨를이 없고 단지 묵은 뿌리와 썩은 풀로써 그 효과를 바라니, 이 어찌 한 방울 물로써 수레에 실린 장작불을 끄려는 것과 다를 바가 있겠는가? 실로 두려운 근심이 있다."

숙종 31년 9월에는 엉덩이에 난 종기 때문에 고생을 한다. 양쪽 엉덩이에 번갈아 나는 종기 때문에 이듬해 1월까지 종기를 짜내느라 큰 고생을 했다. 그해 6월에는 다시 가슴과 배의 중간이 막히는 증세로 치료를 받았다. 산증이었던 것으로 보인다. 숙종 33년 7월에는 여름인데도 온몸이 떨리는 증세로 고통받았다.

숙종 36년 1월에도 한열(寒熱)로 인해 병상에 누워 지내야 했다. 아마도 이때는 숙종의 신경도 날카로워졌던 것 같다. 화증·두통·입맛 상실이 한꺼번에 나타난 것이다. 오랜 질병에 시달리는 많은 환자들이 보여주는 신경질이 국사에도 그대로 나타난 것이다. 1월 10일 약방의 세 제조, 즉 3정승을 한꺼번에 내쫓아버린 것이다. 그 이유는 너무나도 사소했다.

"내가 어제 수라를 든 것이 그저께 든 것만 못하였는데, 근래에 약방의 신하들은 수라 드는 것을 싫어함을 걱정하지도 않는다. 반드시 마음을 조용히 하고 여러 날 조식(調息)하여 조금 나은 후에야 평소와 같이 회복될 것을 기약할 수 있다. 경들은 별 것 아닌 것처럼 생각하는데, 나만 혼자 걱정하고 있으니, 또한 어찌 직숙(直宿)할 필요가 있겠는가? 입진(入診)하지도 말라."

오랜 병에 효자 없다고 오랜 병에 충신도 없는가? 식사하는 것을 제대로 챙기지 않았다는 이유로 최석정을 비롯한 정승들이 하루아침에 삭탈관작 문외출송이라는 처벌을 받아야 했다.

이후 최석정을 대신해 이이명이 약방 도제조를 맡아 숙종이 세상을 떠날 때까지 곁을 지키게 된다. 최석정은 소론, 이이명은 노론이었다. 사실상의 정권교체가 이때 이뤄진 것이다.

병은 차도가 없이 계속 진행됐고 숙종 37년 12월에는 학질의 증세까지 나타났다. 숙종 38년 1월 24일에는 팔다리의 통증이 심해졌다. 이듬해 3월 25일에는 손발까지 마비되는 증상이 나타났다. 침과 뜸을 번갈아 맞았지만 조금도 차도를 보이지 않았다. 그나마 11월 초가 돼서야 조금씩 나아지는 듯했다. 그러나 11월 말이 되면 다시 증세가 악화된다.

2년 후인 숙종 39년이 되면 잠도 제대로 잘 수 없는 지경에 이른다. 사실 이런 상황에서 정상적으로 정무를 처리한다는 것은 불가능했다. 한때 전위의사를 밝혔지만 신하들의 결사반대로 무산된 채 병상정치를 이어가는 것도 점차 한계에 이르고 있었다.

숙종 40년 6월 4일 『실록』은 참으로 오랜만에 "임금의 환후가 한결같이 깨끗하게 나았다"고 적고 있다. 어쩌면 숙종의 말기 중 숙종 40년

이 한 해는 그가 가장 건강했던 때인지 모른다. 그러나 11월이 되면 다시 종기가 발견된다. 그리고 완쾌된 줄 알았던 각종 증세들이 이듬해 9월이 되면서 모두 되살아났다. 숙종 43년 초에는 온양으로 치료를 위한 온천여행을 다녀오기도 하지만 전혀 회복의 기미가 보이지 않았다. 그런데 온천을 다녀온 7월부터 왼쪽 눈에 이어 오른쪽 눈도 침침해지며 잘 보이지 않는다고 호소한다. 그리고 7월 19일 문제의 정유독대기 있게 되고 세사의 대리청정이 행해진다.

정유독대와 세자 대리청정

창덕궁 희정당에서 벌어진 '정유독대'

이날 세종대왕 못지않은 '걸어다니는 종합병원'이던 57세의 숙종은 약방의 진찰을 받았다. 원래 약방의 최고책임자인 도제조(都提調)는 영의정이 겸직토록 돼 있었다. 그런데 이때 마침 영의정 김창집은 열흘째 병가(病暇) 중이었기 때문에 좌의정 이이명을 대신 불렀다. 진찰이 끝나자 숙종은 이이명과 약방제조 민진후 등에게 중대발언을 한다.

"전부터 왼쪽 안부(眼部)가 어두워 문서(文書)를 다루기가 매우 어렵다. 그런데 오른쪽 눈도 또 이러하니 눈앞의 걱정은 어두워 보이지 않는 데에 있을 뿐만이 아니다. 안력(眼力)을 쓰지 않으면 혹시 조금 나아질 방도가 있을 것도 같은데 지금은 문서가 점점 더 많아지는 상황이니, 이같이 계속된다면 이는 장님이 되는 것을 재촉하는 격이다.

반드시 변통시키는 방도가 있은 뒤에라야 병이 더해지는 걱정이 없
게 될 것이다."

눈병은 핑계가 아니었다. 이틀 전인 7월 17일 숙종은 "안질이 심해
큰 글씨도 제대로 보이지 않는다"며 긴급한 결재서류 말고는 일단 승
정원에 보류해 둘 것을 명한 바 있다. 신하들의 가슴이 철렁내려 앉은
대목은 눈병 이야기보다는 "변통시키는 방도"라는 말이었다. '혹시 세
자에게 대리청정(代理聽政)을 하시겠다는 뜻인가?' 그렇다고 직접 그
것이 무언인지를 물어볼 수도 없었다.

이이명은 "아래에서 변통시킬 방도는 문서를 줄이는 것에 불과합니
다. 신의 얕은 소견으로는 음독이 분명한 사람으로 하여금 문서를 읽
게 하시고 결재를 허가하실 때에는 왕세자로 하여금 곁에 있으면서
참견하게 하면 될 듯합니다"고 말한다. 숙종도 자신의 입에서 '대리청
정'이라는 말이 나오는 것을 최대한 절제하면서 "당태종도 말년에 병
이 위중해지자 변통시킨 일이 있지 않았느냐?"고 사실상의 대리청정
의사를 밝힌다. 이이명도 "옛 고사를 인용할 필요도 없이 세종대왕께
서도 몸이 편찮아 문종대왕이 별전에 나가 국정을 결단한 적이 있습
니다"고 답했다. 그러면서도 이이명은 "창졸간에 결정할 일은 아니고
더 생각하신 다음에 대신들을 불러 의논하는 것이 좋겠습니다"고 건
의했고 숙종도 "다시 생각해 보겠다"고 말했다. 민진후도 당황스럽다
면서도 "만일 시행할 수 없는 것이라면 신 등이 마땅히 극력 간쟁할
것입니다만, 시행해도 되는 일이라면 어떻게 감히 뜻을 받들지 않을
수 있겠습니까?"라고 말한다.

그러나 아무리 생각해도 이해하기 힘들다. 조선에서 역대 임금치고
선위(禪位)나 대리청정 의사를 안 밝힌 임금이 없을 만큼 자주 있는

일이기는 했지만 일단 임금의
입에서 그 소리가 나오는 순
간 신하들은 한 달이고 두 달
이고 만류하는 입장을 밝히는
것이 정상이다. 그런데 이이
명이나 민진후 모두 주상의
뜻이 확고하고 사정이 어쩔
수 없다면 대리청정을 해야
하지 않겠냐는 식으로 답변을
하고 있다.

이이명 숙종, 경종 때의 문신으로 성리학에 정
통했으며 특히 『주역』 해석에 탁월했던 것으로
전해진다.

이이명(李頤命, 1658년 효종
9년~1722년 경종 2년)은 세
종의 아들 밀성군(密城君)의
6세손으로 영의정을 지낸 이경여(李敬輿)의 손자이자 대사헌 이민적
(李敏迪)의 아들인데, 작은아버지인 지평 이민채(李敏采)의 양자로 들
어갔다. 숙종 6년(1680년) 문과에 급제해 홍문관·사헌부·사간원 등
의 요직을 두루 거쳤고 송시열과 김석주 등의 지원 아래 이선(李
選)·이수언(李秀言) 등과 함께 노론의 선봉으로 활약하였다. 그 덕에
남다른 승진을 거듭하였으나 1689년 기사환국을 당하여 영해로 유배
되었다가 뒤이어 남해로 이배되는 곤욕을 치르기도 하였다.

그후 유배생활 5년 만에 서인이 다시 집권하는 갑술옥사가 일어나
호조참의로 조정에 돌아온 뒤 승지를 거쳐 1696년 평안도 관찰사로
탁임되지만 늙은 어머니의 병을 이유로 사절하고 강화부 유수로 나갔
다. 그후 2년 만에 대사간이 되어 돌아왔으나 이번에는 형 이사명(李
師命)의 죄를 변호하다가 다시 공주로 유배되었다. 이듬해 2월 유배가

풀리기는 하였으나 2년 동안 기용되지 못하고 있다가 1701년 예조판서로 특진했고 이어 대사헌·한성부판윤·이조판서·병조판서를 거쳐 1706년 우의정에 올랐다.

1708년 숙종의 전폭적인 신임을 받으며 좌의정에 올라 세제(世弟-영조)의 대리청정을 추진하다가 실패하여 다시 남해로 유배되기까지 15년 동안 노론정권의 핵심으로 활동하였다. 경종 1년 그가 추진한 세제의 대리청정은 결국 실패로 돌아갔고 이를 주도한 김창집 등과 함께 삭탈관작을 당하고 남해에 유배되어 있던 중 목호룡의 고변사건이 터지면서 이듬해 4월 한양으로 압송되어 사사(賜死)되었다. 그는 당대의 석학으로 성리학에 정통했으며 특히『주역』에 밝아 숙종이 경연에서『주역』을 읽을 때 치밀한 주석으로 높은 평가를 받기도 했다.

빈청에 물러나 있던 좌의정 이이명을 숙종이 다시 희정당으로 부른 시각은 같은 날 오후 2시경이었다. 승지와 사관들도 이이명과 함께 입시하기 위해 합문 앞에까지 달려갔다. 그런데 어명전달과 알현을 담당하는 사알(司謁)이 와서 어명이라며 이이명 혼자만 입시하라고 말했다. 처음에는 어명이라는 말에 당황하여 들어갈 생각을 못하다가 승지 남도규를 비롯한 사관들을 바라보며 "벌을 받더라도 나와 함께 들어가야 한다"고 하고 우선 빨리 들어갔다.

그러자 권적이 그 말이 옳다며 뒤를 따라 마침내 희정당으로 들어가려는 순간 남도규가 그래도 어명을 전하는 내시인 승전색(承傳色)에게 통보는 하고 들어가자고 해서 승전색을 만나 자신들의 의사를 전달했다. 시간은 흘러가고 있었다. 승전색이 들어가서 품의를 올렸는데도 숙종이 답을 내리지 않자 일행은 일단 희정당으로 들어가려고 했다. 마침 그때쯤 숙종은 들어와도 좋다는 명을 내렸다. 그리고 남도규 일행이 들어갔을 때 이미 상황은 종료돼 있었다. 이이명은 이미 숙종과의 '독대(獨對)'를 끝내고 자기 자리에 엎드려 있었다. 독대의 내용은 의문에 휩싸일 수밖에 없었다.

'독대'에서 숙종과 이이명은 무슨 이야기를 한 것일까?

이이명이 나가자 숙종은 시임, 원임 대신들만 들어오도록 하였다. 전현직 고위관리들만 부른 것이다. 뭔가 특별한 말씀을 하려는 것이 분명했다. 자리에 나아가는 대신들은 긴장하지 않을 수 없었다. 희정당에서 숙종이 대신들을 맞은 시각이 오후 4시경인 것을 보면 모든 것이 속전속결로 진행되고 있었다. 이 자리에는 행(行) 중추부 판사 이유, 영의정 김창집, 좌의정 이이명 등이 참석했고 승지와 사관도 함께 입시했다. 그러나 행 중추부 판사 서종태, 조상우, 김우항은 병을 이유로 끝내 참석하지 않았다. 소론은 보이콧한 가운데 노론 대신들만 모인 것이다.

숙종은 이미 세자를 바꾸기로 결심했다. 이이명과의 독대는 마치 태종이 은밀하게 유정현과 박은을 불러 미리 자신의 뜻을 밝힌 다음 폐세자를 추진했던 장면을 떠올리게 한다. 그러나 태종처럼 단호하게 밀어붙이지 못한 것은 양녕처럼 누가 봐도 세자의 자격을 유지하기 힘든 병폐를 세자가 보이지 않고 있다는 데 있었다. 그래서 생각해 낸 것이 세자에게 대리청정을 맡긴 다음 폐세자의 구실을 만들어내는 쪽으로 일을 추진키로 하고 그 같은 속뜻을 노론의 영수 이이명에게 통보한 것이다.

영의정 김창집 등이 들어오자 숙종이 먼저 말을 꺼냈다. 왼쪽의 안질이 심해 전혀 물체를 알아볼 수 없고 오른쪽 눈도 점점 나빠져 희미하게만 보인다며 이렇게 말한다. "대단히 변통하는 방도가 있은 다음에야 일신(一身)이 조금쯤 편안할 수 있고 국사(國事)도 걱정이 없게 되겠기에 여러 대신을 만나보고 이 일을 의논하려고 한 것이다." 이에 김창집이 "대단히 변통하는 방도"로 무엇을 생각하고 있느냐고 묻자 숙종은 세자에게 청정(聽政)토록 하겠다는 뜻이라고 답한다. 그런데 김창집은 당연하다는 듯이 숙종의 말을 받아들인다. 심지어 이유는 숙종이 막상 청정토록 하자니 걱정이 앞선다고 하자 "춘궁(春宮)의 춘추(春秋)가 지금은 이미 상성하시고 덕성도 전보다 더욱 향상되었으니 청정하게 하는 일을 진실로 행해야 합니다. 주상께서 일을 과단성 있게 처리하지 못하시고 미룰 단서가 무엇이 있겠습니까?"라며 청정을 재촉한다. 다른 임금 같았으면, 아니 평상시의 숙종 같았으면 그 자리에서 목이 달아날 엄청난 발언을 태연하게 하고 있는 것이다. 이미 숙종과 노론 사이에는 묵계가 있었다. 훗날 밝혀진 일이지만 숙종이 독대에서 이이명에게 한 말은 "연잉군을 부탁한다"는 말이었다.

같은 날 이 말을 하면서 동시에 세자에게 청정을 맡기겠다는 것은 과연 무슨 뜻인가? 사실 권력의 속성은 숙종 자신이 누구보다 잘 알고 있었다. 병약한 데다 노론의 지지를 얻지 못하는 세자가 왕위를 이었을 때 무슨 일이 일어나게 될지는 불보듯 뻔했다. 그렇다고 멀쩡한 세자를 폐세자시킬 수도 없었다. 고민 끝에 생각해 낸 것이 아마도 이 방안이었을 것이다. 세자에게 청정을 맡긴 다음 실정(失政)을 꼬투리로 폐세자시키고 연잉군으로 하여금 자신의 뒤를 잇게 하면 자신이 평생 추구해 온 강한 왕실도 구현되고 세자와 연잉군 모두의 목숨도 살릴 수 있는 길이라고 보았던 것이다. 권력의 화신이던 숙종으로서도 두 아들을 살리면서 왕실의 존엄을 지키는 두 마리 토끼를 잡는 길은 그것밖에 없었다. 신하들에게 자기 아들들의 뒷일을 부탁하지 않으면 안 되는 신세가 된 것이다. 그리고 바로 이날 숙종은 세자에게 청정토록 한다는 하교를 발표했다.

세자와 연잉군

훗날의 경종으로 즉위하는 세자는 숙종 14년(1688년) 10월 27일 숙종과 소의 장씨 사이에서 탄생했다. 그로부터 6년 후인 숙종 20년(1694년) 9월 20일 훗날 경종의 뒤를 이어 영조로 즉위하게 되는 왕자가 숙종과 숙의 최씨 사이에서 태어났다. 숙의 최씨는 소의 시절이던 숙종 19년에도 왕자를 낳았으나 두 달 만에 숨졌다. 장씨는 남인, 최씨는 서인 노론과 밀접한 연관을 맺고 있었다.

숙종으로서는 처음 본 아들인 세자는 당초 후궁의 몸에서 났다 하여 원자(元子)의 명호를 얻을 때는 서인이 집권하고 있었기 때문에 강한 반대에 직면해야 했다. 그러나 숙종은 조금도 굴하지 않고 자신의 의지를 관철했다. 소의 장씨가 낳은 아들이 원자의 명호를 얻게 된 것은 숙종 15년 1월 11일, 3살 때인 숙종 16년(1690년) 6월 16일 세자로 봉해진다. 그러나 세자 책봉은 상당히 서둘렀음에도 불구하고 그때는 이미 남인의 세상이었기 때문에 그리 강한 반론은 없었다. 같은 해 10월 22일에는 희빈으로 승품했던 장씨가 마침내 정비(正妃)의 자리에까지 오르게 된다. 한편 소의 최씨 사이에서 난 왕자 이금이 연잉군(延礽君)으로 봉해진 것은 6살 때인 숙종 25년 12월 24일이다.

세자는 여덟 살이 되던 숙종 21년 4월 관례를 치렀고 이듬해 4월 청송 심씨 집안인 성균관 유생 심호의 딸을 세자빈으로 맞아들인다. 이때 세자빈의 나이 11세로 세자보다 세 살 위였다. 그러나 세자빈은 숙종 44년 2월 7일 병을 얻어 사망하는 바람에 왕비의 자리에 오르지는 못한다. 세자빈으로 있는 동안 동궁을 공경하고 예의로서 섬겨 숙종의 큰 사랑을 받았다고 한다.

연잉군은 11세이던 숙종 30년(1704년) 2월 21일 진사 서종제의 딸과 혼인을 한다. 연잉군과 결혼할 때만 해도 서종제의 딸(훗날의 정성왕후 서씨)은 자신이 국모의 자리에 오르리라고는 생각도 못했을 것이다. 혼인 당시 나이는 연잉군보다 두 살 많은 13세였다. 당시 연잉군에 대한 숙종의 사랑이 어느 정도 각별했는지는 당일 『실록』의 다음과 같은 한 마디가 모든 것을 말해 준다. "이 혼인은 사치가 법도를 넘어 비용이 만금(萬金)을 헤아릴 정도였다." 특히 다른 임금들에 비해 사치를 경계했던 숙종이기에 이 한 마디의 의미는 더욱 크게 봐야 할 것이다. 숙종의 마음이 세자와 연잉군 중에서 어느 쪽에 가 있었는지를 살펴볼 수 있는 중요한 잣대이기 때문이다.

숙종의 연잉군 사랑은 연잉군의 출합(出閤)을 몇 년 동안 미룬 데서도 알 수 있다. 당초 혼인을 하면 세자를 제외한 왕자나 공주, 옹주 등은 궐 밖에 집을 얻어 나가 살아야 하는데 이를 출합이라고 했다. 당초 곧바로 이뤄질 듯하던 연잉군의 출합은 8년이 지난 숙종 38년 2월 12일에야 이뤄졌다. 궁궐생활을 하던 중 연잉군은 마마(천연두)를 앓아 얼굴이 살짝 얽기도 했다. 무려 8년을 곁에 두고 싶어할 만큼 연잉군에 대한 숙종의 사랑은 각별했던 것이다. 연잉군의 출합이 이뤄지던 날 『실록』의 평이다. "작년 이래로 해조(該曹 - 해당기관)에서 여러 번 출합의 날을 가렸는데도 막상 기일이 되면 임금이 문득 명하여 조금씩 뒤로 물리더니, 이때에 이르러 비로소 출합한 것이다." 반면 그만큼 세자에 대한 총애는 사그러들고 있었다.

세자는 숙종 27년(1701년) 그의 나이 14세 때 어머니 장희빈과 그 집안이 멸문지화를 당하는 비극을 몸소 겪어야 했다. 소론의 정치적 보호를 받고는 있었지만 아버지의 사랑이 연잉군에게 쏠리면서 그는 궁궐 내에서 점차 고립무원의 지경에 빠져든다. 막연하기만 한 아버지의 정국구상과 소론만이 세자라는 자리를 지켜줄 뿐 자신이 할 수 있는 것은 아무것도 없었다.

그러나 세자는 효성과 행실이 뛰어나 숙종은 물론이고 조정신하들로부터 높은 평가를 받으며 소년에서 청년으로 자라고 있었다. 당시 이미 노론은 세자를 바꾸려는 움직임을 몰래 추진하고 있었는지 모른다. 숙종 32년 유생 임부는 노론이 세자 자리를 위협하고 있다는 상소를 올렸다가 사형에 처해진다. 뭔가 있지 않고서는 이런 상소는 애당초 불가능하다. 그러나 이때는 별다른 증거가 발견되지 않아 유야무야되고 만다.

숙종 34년에는 숙종과 신하들 사이에 세자에게 자손이 생기지 않는 문제가 심각하게 논의된다. 혼인한 지도 벌써 13년째였기 때문에 숙종의 입장에서는 고민이 되지 않을 수 없었다. 어쩌면 야사에서 거론하듯이 세자가 장희빈의 자식이어서라기보다는 후손이 없었기 때문에 숙종의 마음이 점점 더 연잉군 쪽으로 기울어갔는지 모른다. 숙종 37년이 되면 점차 세자가 자식을 낳을 수 없는 것이 아니냐는 논의가 확산돼 숙종은 말할 것도 없고 신하들 사이에서도 우려가 높아갔다. 이때 세자의 나이 벌써 24세였다.

그러나 아들을 낳지 못했다는 이유로 세자를 폐할 수는 없었다. 세자는 아직 20대였기 때문이다. 세월은 흘러 숙종 43년(1717년) 7월 19일 숙종과 좌의정 이이명의 '정유독대'가 있었고 숙종과 노론의 은밀한 구상에 따라 그날부터 전격적으로 세자 대리청정이 시작된다. 세자는 위태롭기만 한 시험대 위에 올려진 것이다.

살얼음을 밟듯 대리청정을 하다

세자에게 대리청정은 덫이나 마찬가지였다. 빌미만 생기면 언제든지 세자를 교체하려는 숙종과 노론의 묵계(默契)가 세자와 소론을 짓눌렀다. 모델은 세종 때 이뤄진 세자(문종)의 대리청정이었다. 세자는 대리청정의 명을 거둘 것을 여러 차례 청했으나 받아들여지지 않았다. 이미 큰 방향은 정해져 있었기 때문이다.

상황이 심각성을 이미 소론의 노정객들은 정확히 알고 있었다. 독대 열흘 후인 7월 28일 중추부 영사 윤지완이 시골에 머물다가 서둘러 도성에 들어와 장문의 상소를 올렸다.

"우리 춘궁께서는 성후(聖后-중궁)를 받들어 섬김에 있어 지극한 효성으로 간단(間斷)이 없었으며, 무릇 기뻐하도록 모시고 슬픈 마음으로 거상(居喪)하는 의절에 있어 신료들이 이를 눈으로 직접 보고 감읍한 사람이 많았습니다. 중간에 변고(變故-어머니 장희빈의 죽음)를 만났을 적에는 지극히 난처한 상황이었습니다만, 털끝만큼도 그러한 기미를 밖으로 드러내지 않았습니다. 덕을 배양하여 온 30년 동안 전혀 한 가지의 잘못도 말할 만한 것이 없기 때문에 온 나라의 모든 백성이 목을 길게 빼고 몹시 기대하면서 세자를 위하여 죽기를 원하지 않는 사람이 없으니, 이는 종사(宗社) 억만 년의 큰 복이므로 바야흐로 전하를 위해 두 손을 모아잡고서 묵묵히 축하드리려 하고 있었는데, 어찌 오늘날 이런 일이 있을 줄 생각했겠습니까? …… 그리고 독대한 일에 이르러서는 상하(上下)가 서로 잘못했다는 것을 면할 수 없습니다. 전하께서 어떻게 상국(相國-정승을 뜻하는 말로 여기서는 이이명을 가리킨다)을 사인(私人)으로 삼을 수가 있으며 대신(大臣)도 또한 어떻게 여러 사람들이 바라보는 정승의 지위를 임금의 사신(私臣)으로 만들 수가 있겠습니까? 중외(中外)가 놀라 의혹하고 국언(國言)이 떠들썩한 것이 당연한 일입니다."

완곡하게 표현했지만 결국 임금과 정승이 밀약을 맺어 세자를 궁지에 빠트리려는 것이 아니냐는 지적이었다. 이에 대해 숙종은 여러 차례 질병 때문이라고 밝혔는데도 의심을 풀지 않는 윤지완을 나무라는 것으로 대답을 대신한다.

결국 8월 1일부터 세자의 대리청정이 시작되고 세자의 처소는 '시민당(時敏堂)'으로 명명되었다. 이렇게 되자 이제 좌의정 이이명이 그 자리를 지키기 곤란하게 됐다. 청정을 세자가 하게 된 마당에 윤지완의 말대로 세자를 '옭아넣으려는 음모'를 꾸민 자신이 그 자리에 있을 수 없었기 때문이다. 이에 이이명은 9월 2일까지 한 달 동안 무려 15차례나 사직소를 올렸으나 세자는 윤허하지 않는다. 그러나 9월 23일 30여 차례의 상소를 낸 이이명은 결국 중추부 판사로 자리를 옮겨 정치일선에서 물러나게 된다. 후임에는 권상하가 임명되지만 도성에 올라오지는 않았다.

이이명이 물러가자 얼마 후에는 영의정 김창집이 물러나겠다는 사직서를 20여 차례 냈다. 그때마다 세자는 물리쳤고 김창집의 경우에는 이듬해 2월 7일 정사를 보게 된다. 즉 세자에 대한 노론의 입장은 일종의 스트라이크였다. 우의정 조태채만이 그럭저럭 정사에 참여하고 있었다. 반면 소론계 인사들은 독대와 대리청정의 문제를 제기하다가 계속해서 파직을 당했다. 김창집이 기복하여 다시 정사를 보게 되는 2월 7일은 세자로서는 말할 수 없는 고통을 겪은 날이기도 했다. 이날 세자빈 심씨가 병으로 세상을 떠났기 때문이다.

석 달 후인 5월 21일 약방 도제조로 숙종의 병을 보살피던 중추부판사 이이명은 진찰을 위해 입시했다가 세자의 계빈 문제를 제기한다. 세자가 이미 30세가 넘었는데 자식이 없으니 서둘러 다시 빈을 들여야 한다는 것이었다. 이에 숙종은 좋다고 답한다. 그리고 윤8월 1일 계빈으로 병조참지 어유귀의 딸이 간택된다. 대례는 한 달 후인 9월 3일에 있었다.

무엇보다 세자의 대리청정 자체가 나무랄 데 없이 원만하게 이뤄졌다는 사실이다. 이때 숙종뿐만 아니라 왕비도 중병을 앓았는데 세자는 하루 세 번 탕약을 올리는 일을 정성으로 다했으며 국사(國事)도 능숙하게 처리했다. 노론으로서야 결정적인 잘못을 기대했는지 모르지만 그런 잘못을 저지르지는 않았다. 다만 너무 말이 없고 소극적이라는 이유로 대간들의 지적이 있긴 했지만 그리 중대한 잘못은 아니었다.

죽음에 이르는 병

숙종 46년(1720년) 4월 28일 병세가 계속 악화되자 숙종은 시약청 설치를 명한다. 시약청이 설치됐다는 것은 숙종의 병이 쉽게 치유할 수 있는 질병이 아니었음을 보여준다.

"이것은 일시적인 증상이 아니다. 십중팔구는 낫기를 바랄 수 없다."

시약청 총책임자인 도제조 이이명이 위로의 말을 던졌지만 숙종은 "이번 병세로 보아 다시 일어나기 어려울 것"이라고 못을 박는다. 이이명이 물러나가자 숙종은 깜빡 잊은 게 있다며 내시를 불러 메모 하나를 시약청에 전하라고 명한다. 역사의식이 투철했던 그가 전한 메모에는 이런 내용이 적혀 있었다.

"즉위식을 가질 때 늘 청나라 국새(國璽)를 쓰는 것이 마음에 편치 않았다. 언젠가 황조(皇朝-명나라)의 사본(賜本)을 얻었는데 전획(篆劃)이 아주 선명하였다. 이제 이를 모각하여 금보(金寶)로 만들어 보관해 두었으니 (앞으로) 임금의 즉위식에서는 이것을 사용하도록 하라."

즉 숙종은 청나라 국새를 사용하는 것을 못내 안타까워하다가 승문원에 보관돼 있던 문서 중에서 글자가 뛰어난 것을 골라 이를 베끼도록 해서 비밀리에 새로운 옥새를 만들어둔 것이다. 내심 청나라에 대한 사대(事大)는 받아들일 수 없었던 것이다.

병이 위중한 가운데도 국정을 처리하지 않을 수 없었다. 4월 27일에는 영의정 김창집이 들어와 육승지 가운데 지금 3자리가 공석이라고 하자 채워 넣었다. 국정의 공백현상은 더욱 심해갔다. 그러나 숙종의 병은 차도를 보이지 않고 오히려 더욱 악화되어갔다. 5월 7일자의 『실록』이다.

"이때 성상의 환후는 복부가 날이 갈수록 더욱 팽창하여 배꼽이 불룩하게 튀어 나오고, 하루에 드는 미음이나 죽의 양이 얼마 안 되었으며, 호흡이 고르지 못하고 정신이 때때로 혼수상태에 빠지니, 중외(中外)에서 근심하고 두려워하였다."

의원이라고 해서 뾰족한 수가 있는 것도 아니었다. 쑥뜸을 뜨는 정도가 당시로서 할 수 있는 최선의 치료법이었다. 정신이 잠시 돌아왔다가 다시 혼수상태에 빠지는 일이 반복되고 있었다. 5월 22일이 되면 말이 빨라져 바로 옆에 있는 내시들도 알아들을 수 없을 정도가 된다. 5월 24일자 『실록』이다.

"임금이 정신이 혼미하고 복부가 가득 부풀어 오르며 혀가 마르고 말을 더듬거리는 등의 증상이 더욱 심하였다. 여러 신하들이 병의 증세를 문의하기, 혹은 일어나지 못하기도 하고 혹은 가느다란 소리로 답하기도 하였는데, 태반은 알아들을 수가 없었다."

조정 안팎이 침통해 하는 가운데 숙종의 병은 5월을 겨우 넘겼다. 그러나 6월 3일부터는 증세가 더욱 심해져 구토가 계속됐고 아무것도 먹지 못하게 됐다. 이틀 후부터는 숙종과 신하들과의 의사소통은 불능상태에 빠진다. 말을 못하는 것은 물론이고 알아듣지도 못했다. 목구멍이 막혀가면서 숨을 쉬기가 점점 어려워지고 특히 숨을 쉴 때마다 어깨가 들썩거렸다. 의원들은 손쓸 수 있는 게 없었다.

세자는 6월 4일 대신들과 협의해 죄수들을 대거 석방하며 숙종의 쾌유를 기원했다. 그리고 6월 7일에는 종묘사직에 제사를 지낼 준비를 했고 숙종의 곁에서 연잉군, 대신들과 함께 밤을 지냈다.

6월 8일, 마침내 운명의 날이 찾아왔다. 시약청 제조 3인과 사관 등은 전날 저녁에 입시해 꼬박 밤을 새우고 새벽녘에야 물러나왔다. 이들은 잠시 집에 가서 쉬려고 내시를 인원왕후에게 보냈다. 그런데 내시들이 달려와 어서 들어오라고 하신다고 전했다. 이들은 숙종이 누워 있던 침실인 와내(臥內)로 급히 달려갔다.

연잉군이 도제조 이이명을 맞았다. "드셨던 약물을 모조리 토해내셨습니다." 숙종의 목구멍에서는 담 끓는 소리가 크게 났다. 중전을 방문하고 돌아온 연잉군은 "부원군만 남아 있고 도제조 이하 관원들은 조금 물러가 있으라"고 말했다. 부원군이란 숙종의 장인 경은부원군 김주신이다. 중전은 마지막까지 포기하지 않으려 했다. 그러나 김주신은 차분하게 설득했다. 이제 더 이상 손쓸 수 없다는 것이었다. 왕실 사람들이 속속 임종을 위해 몰려들었다.

숙종의 손을 붙들고 있던 연잉군이 갑자기 울면서 소리쳤다. "손가락이 이미 다 푸른색으로 변했습니다." 급히 의원이 진맥을 했고 "오른쪽 맥은 이미 끊어졌고 왼쪽의 맥도 흔들리며 안정이 되지 않고 있습니다"고 말했다. 그때 숙종의 숨소리와 담 끓는 소리가 가늘어지더니 갑자기 크게 구토를 한 다음 숨을 거뒀다. 오전 8시 30분이었다. 대궐에서는 동시다발로 곡(哭) 소리가 터져 나왔다. "대신 이하 종척(宗戚)들이 흐느껴 울면서 허둥지둥 어쩔 줄을 몰랐다." 왕권강화를 위해 앞만 보고 달려온 숙종도 세월의 무게 앞에서는 어쩔 수 없었다. 그의 꿈, '왕권이 강한 나라 조선'의 실현은 다시 시험대에 서게 된다.

인원왕후 김씨가 곁에서 지켜본 숙종

숙종이 세상을 떠난 직후 인원왕후 김씨는 영의정 김창집을 비롯한 원상들에게 글을 내려 자신이 가까이에서 지켜보았던 숙종의 모습을 전한다. 그것은 왕비만이 지켜볼 수 있는 모습이었기 때문이다.

"대행대왕(大行大王-숙종)의 평일의 거룩한 덕행을 조정신하들이 모르는 바 아니나, 그래도 오히려 다 알지 못하는 점이 있을 것이다. 여러 가지 정무에 응하시느라 누차 침식을 폐하셨고, 하늘을 공경히 섬겨 재앙을 만나면 두려워하셨다. 사시(四時)의 기후가 간혹 고르지 못하거나 우설(雨雪)의 절기가 만일 시기를 잃어 무릇 농사에 피해가 있으면 곧 근심이 얼굴빛에 나타나셨다. 날씨의 흐리고 맑음과 바람이 어느 방향에서 부는가 하는 것 등을 비록 밤중이라도 반드시 여시(女侍)로 하여금 살펴보도록 하셨다. 백성에 대한 걱정과 나라에 대한 일을 생각하고 또 생각하여 잠시도 잊지 않아 이른 아침부터 밤늦게까지 근심하고 근로하심이 시종 하루와 같아 여러 해 동안 계속 손상되니 머기 성수(聖壽)늘 난죽시키게 된 것이다. 상장(喪葬)의 제구(諸具)에 이르러서는 경비를 걱정하여 일찍이 조치한 바가 있었다. 모든 여러 제기(祭器)는 이번에 내려 주는 은자(銀子)로 만들도록 하고, 또 이 3,700금(金)은 대행대왕께서 진휼의 자금으로 미리 준비해 두셨던 것인데, 이제 국장(國葬)의 비용에 보태 쓰도록 한다. 생전에 백성을 구휼하고 경비를 절약하던 대행대왕의 지극한 뜻에 힘써 따르도록 하라."

숙종은 성종 때 한명회의 등장과 함께 줄곧 이어져온 군약신강(君弱臣强)의 정치문화를 일거에 뒤엎기 위해 과하다 싶을 정도로 철권통치를 했다. 그러나 그는 일하는 국왕이고자 했다. 그런 점에서는 국왕의 권세를 누리고자 했던 성종이나 문제를 인식하면서도 행동에 나서는 데는 소극적이었던 선조와 확연히 달랐다. 그는 검소했고 국무(國務)에 혼신의 힘을 쏟았다. 무능한 신하, 게으른 신하는 두고 보질 못했다. 그의 정치스타일에 대해 다양한 규정이 가능하겠지만 굳이 하나를 꼽으라고 한다면 '일하는 국왕'이 가장 적합한 게 아닌가 하는 생각을 하며 숙종의 일생에 대한 탐색을 여기서 맺는다.

숙종, 조선의 지존으로 서다

초판 1쇄 2007년 8월 30일
초판 4쇄 2013년 5월 25일

지은이 | 이한우
펴낸이 | 송영석

펴낸곳 | (株) 해냄출판사
등록번호 | 제10-229호
등록일자 | 1988년 5월 11일

서울시 마포구 서교동 368-4 해냄빌딩 4 · 5 · 6층
대표전화 | 326-1600 **팩스** | 326-1624
홈페이지 | www.hainaim.com

ISBN 978-89-7337-871-5